레고® 파워 펑션 아이디어 북

다양한 기계와 동작 원리

VOLUME 1

레고® 파워 펑션 아이디어 북

다양한 기계와 동작 원리

지은이 **이소가와 요시히토** | 옮긴이 **공민식**

인사이트 insight

The LEGO® Power Functions Idea Book, Volume 1: Machines and Mechanisms

레고® 파워 펑션 아이디어 북 Volume 1 : 다양한 기계와 동작 원리

초판 1쇄 발행 2016년 5월 4일 **지은이** 이소가와 요시히토 **옮긴이** 공민식 **펴낸이** 한기성 **펴낸곳** 인사이트 **편집** 조은별 **본문 디자인** 윤영준 **제작·관리** 박미경 **용지** 월드페이퍼 **인쇄** 현문인쇄 **제본** 자현제책 **후가공** 이지앤비 **등록번호** 제10-2313호 **등록일자** 2002년 2월 19일 **주소** 서울시 마포구 잔다리로 119 석우빌딩 3층 **전화** 02-322-5143 **팩스** 02-3143-5579 **블로그** http://blog.insightbook.co.kr **이메일** insight@insightbook.co.kr **ISBN** 978-89-6626-182-6 책값은 뒤표지에 있습니다. 잘못 만들어진 책은 바꾸어 드립니다. 이 책의 정오표는 http://blog.naver.com/legoinsight/220692916381에서 확인하실 수 있습니다. 이 도서의 국립중앙도서관 출판예정도서목록(CIP)은 서지정보유통지원시스템 홈페이지(http://seoji.nl.go.kr)와 국가자료공동목록시스템(http://www.nl.go.kr/kolisnet)에서 이용하실 수 있습니다(CIP제어번호: CIP2016010301).

차례

간단한 동작 원리

팔, 날개, 그리고 다른 구동부

소개

이 책은 레고 테크닉 부품을 이용해 만들어 볼 수 있는 다양한 모델을 소개하는 아이디어 북입니다. 특히, 레고 파워 펑션(Power Function) 시리즈의 모터, 램프와 같은 전기 관련 부품의 활용 기법에 초점을 맞추고 있습니다.

왜 설명이 없나요?

이 책은 여러분이 지금 읽고 있는 '서문' 과 '목차' 외에는 글이 없습니다. 대신, 특정한 기법 또는 원리를 보여 주기 위한 조립 모델을 쉬운 것부터 어려운 것까지, 여러 각도로 찍은 사진을 제공합니다.

이 책에서는 모델을 완성시키는 데 필요한 부품에 대해서는 소개해 주지만, 레고 기성품에 포함된 것과 같은 단계별 조립도는 제시하지 않습니다. 여러분은 다양한 각도에서 촬영된 이미지를 보며, 흡사 퍼즐을 풀어나가는 과정처럼 스스로 모델을 완성시켜야 합니다. 이 과정은 처음에는 약간 익숙치 않게 느껴질 수도 있지만 하나씩 단계를 밟아 나가다 보면 충분히 여러분만의 노하우가 생길 것입니다.

부품색의 의미

이 책에 등장하는 예제들은 모두 여러분이 구조를 이해하기 쉽도록 의도적으로 다른 색상을 조합해 만들었습니다. 모델을 따라 만들기 위해 책의 예제와 같은 색을 고집할 필요는 없습니다. 부품의 모양, 좀 더 나아가 부품의 동작 특성만 동일하다면 여러분이 원하는 색상과 모양의 부품을 사용해도 무방합니다.

부품 대체하기

이 책의 모델들은 가능한 한 쉽게 구할 수 있는 부품 위주로 만들었습니다. 하지만 예제에 사용된 모든 부품의 모양과 색을 똑같이 맞추는 것은 쉽지 않을 것입니다.

대부분의 독자들은 자신이 가지고 있는 레고 부품을 활용해 이 책의 모델을 만들어보고 싶어할 것입니다. 만약 책에 나온 것과 같은 부품이 없다면 대체할 만한 부품을 찾는 과정도 필요하겠지요.

예를 들어, 레고에는 많은 종류와 크기의 타이어가 있습니다. 만약 여러분이 이 책의 특정한 모델에 사용된 타이어와 똑같은 타이어가 없다면, 비슷한 크기의 다른 타이어를 사용해도 크게 문제가 되지 않습니다. 파워 펑션 모터도 마찬가지입니다. 이 책에서 가장 많이 사용되는 것은 파워 펑션 M 모터(미디엄 모터)입니다. 대부분의 모델에서, 여러분은 M 모터와 거의 크기가 비슷한 파워 펑션 L 모터 또는 구형의 9V 모터를 사용해도 구동할 수 있을 것입니다.

참고로, 이 책의 맨 뒤에서 책에서 제시된 모델들을 만드는 데 필요한 부품 목록을 볼 수 있습니다. 부품 목록은 여러분이 부품을 찾거나 구하는 데 많은 도움을 줄 것입니다.

당신이 창작가입니다

모델을 만들 때 단순히 따라 만드는 것보다 면밀히 검토하고 고민하며 만드는 것을 추천합니다. 왜 이렇게 만들었을까, 어떻게 이런 움직임이 완성되는 것일까를 고민하고 이런 모양을 갖추게 된 이유를 생각해 보는 과정을 통해 여러분은 자신의 조립 능력을 크게 향상시킬 수 있습니다.

이 책은 여러분의 상상력을 자극하기 위해 만든 아이디어 북입니다. 여러분이 이 책을 통해 각각의 프로젝트를 자신만의 것으로 소화해 내고, 각각의 것을 결합해서 보다 멋지고 재미있는 여러분만의 작품을 만들어낼 수 있기를 진심으로 희망합니다.

1부

간단한 동작 원리

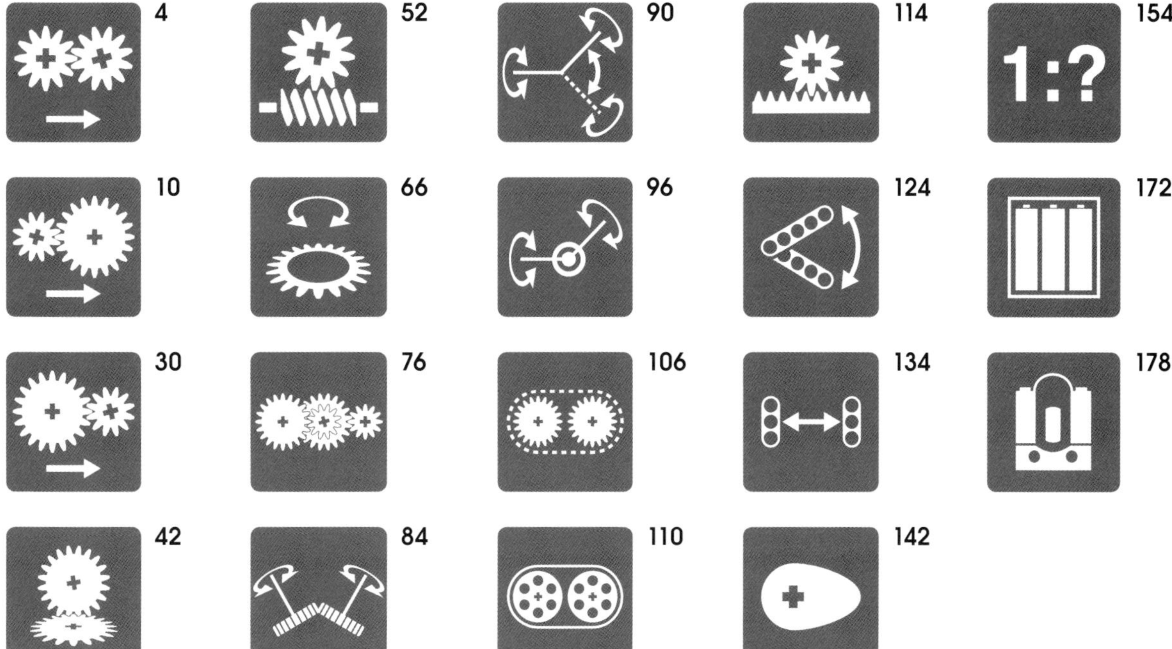

기어비, 그리고 회전력의 전달

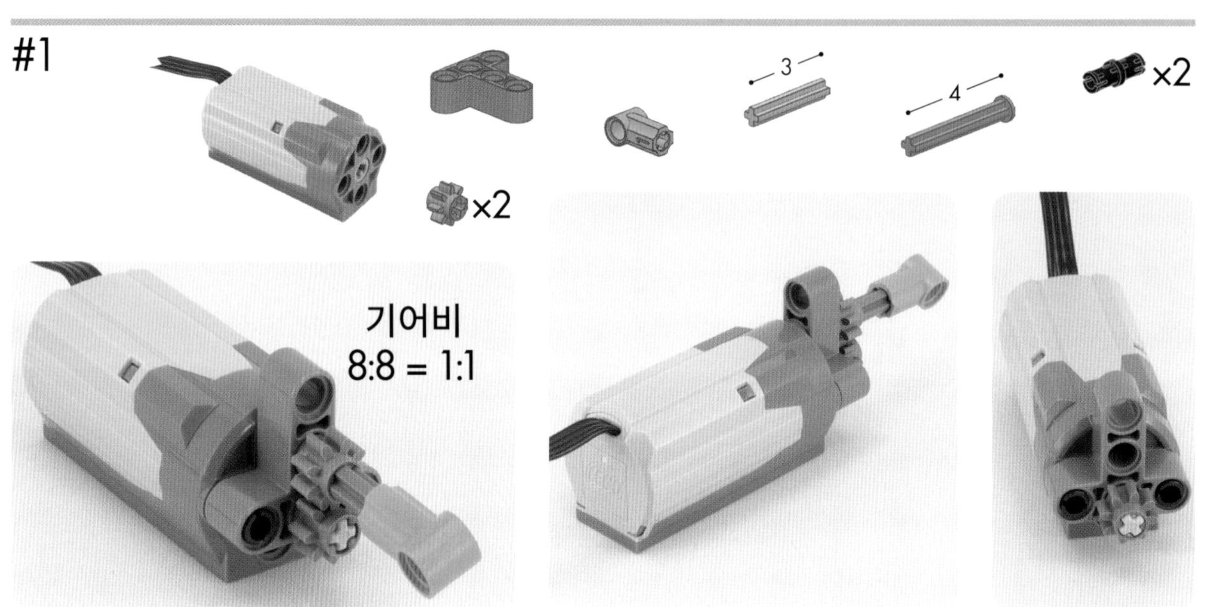

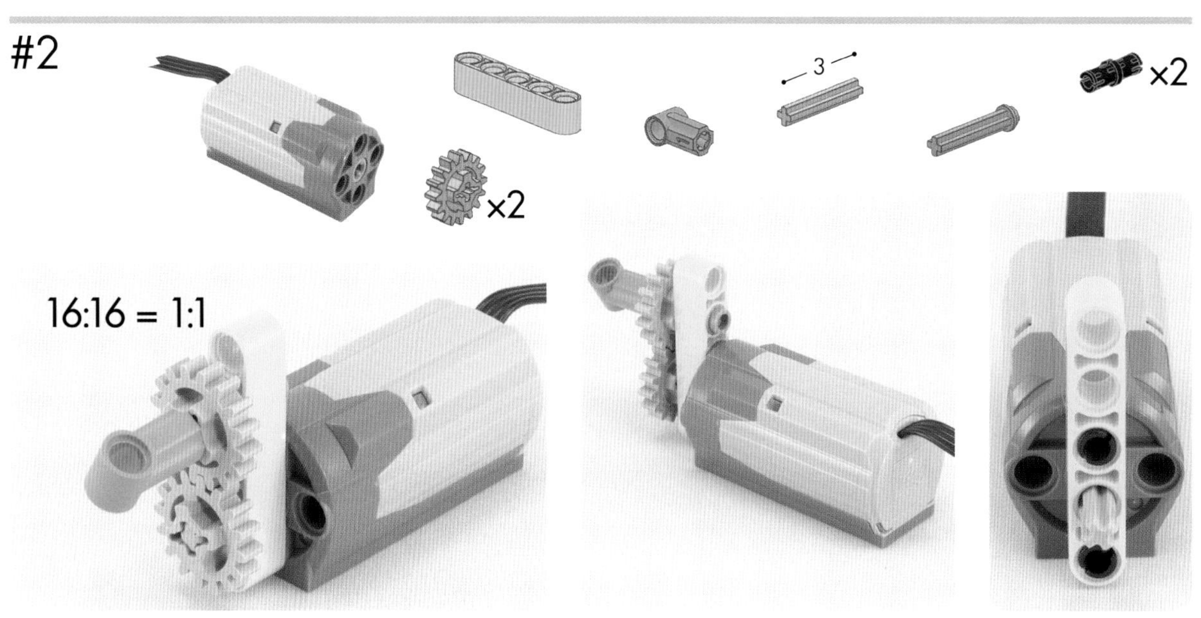

#3

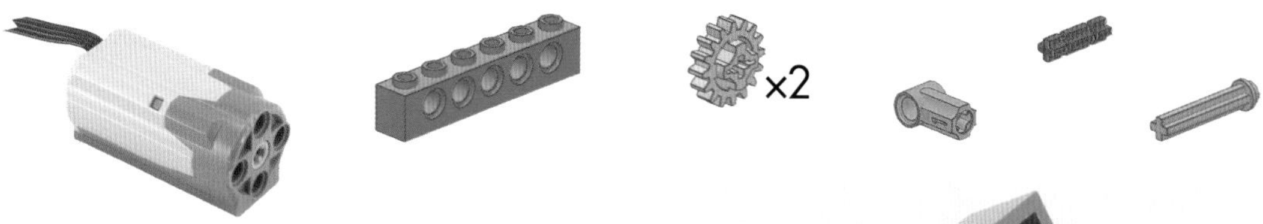

×2

16:16 = 1:1

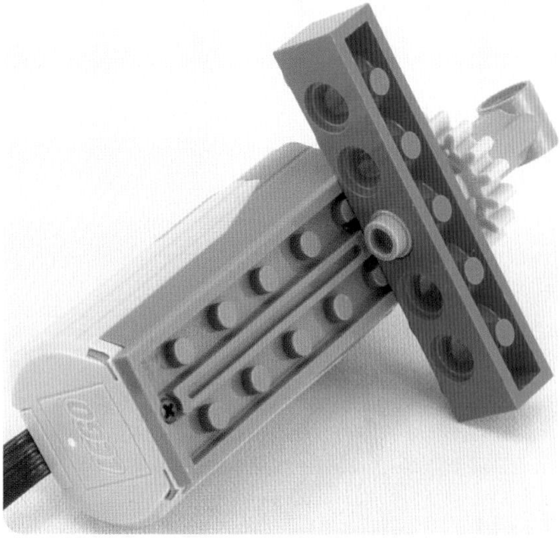

#4

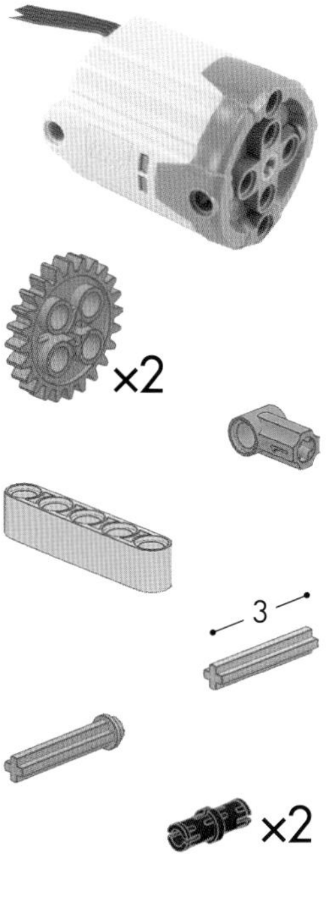

24:24 = 1:1

×2

3

×2

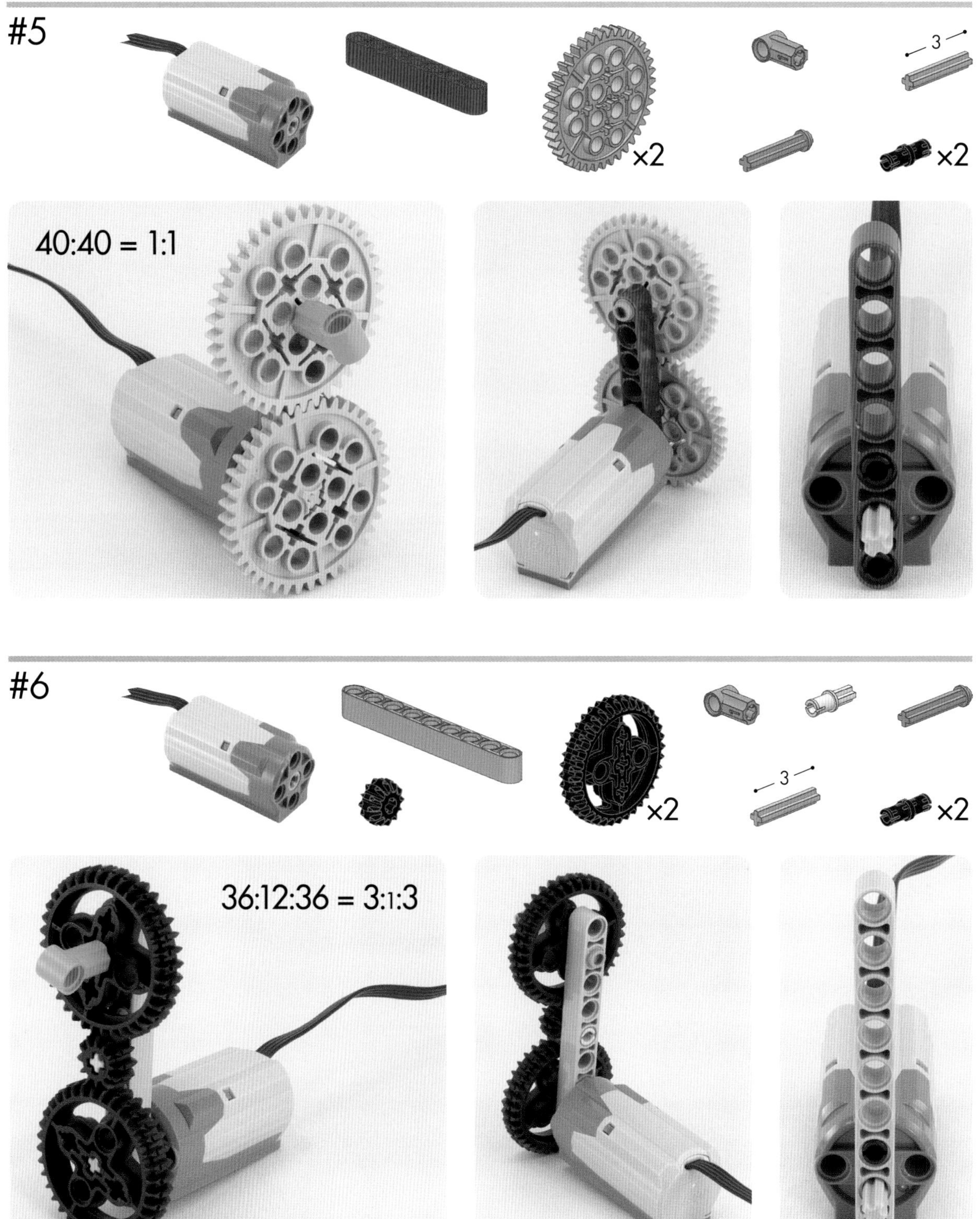
#5
×2
3
×2
40:40 = 1:1
#6
×2
3
×2
36:12:36 = 3:1:3

#7

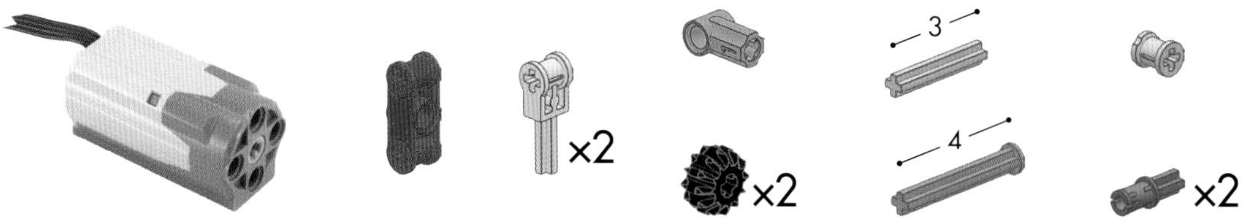

×2

×2

— 3 —

— 4 —

×2

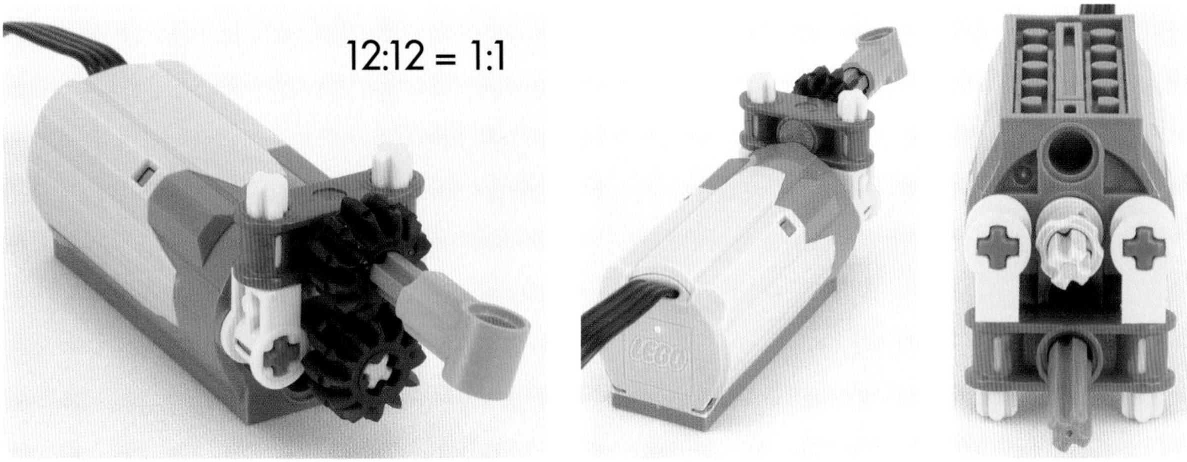

12:12 = 1:1

#8

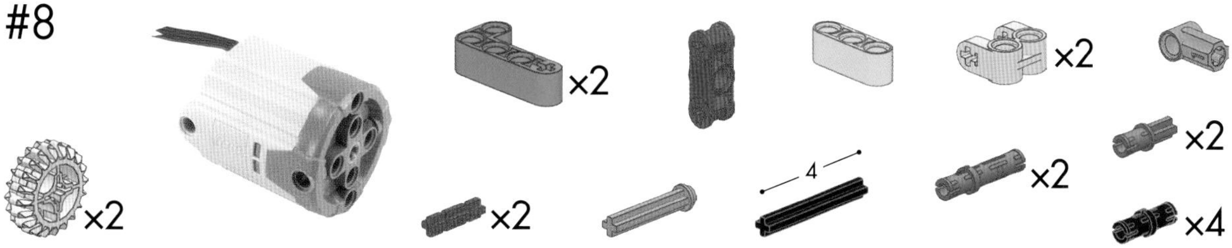

×2

×2

×2

×2

×2

×2

— 4 —

×2

×4

20:20 = 1:1

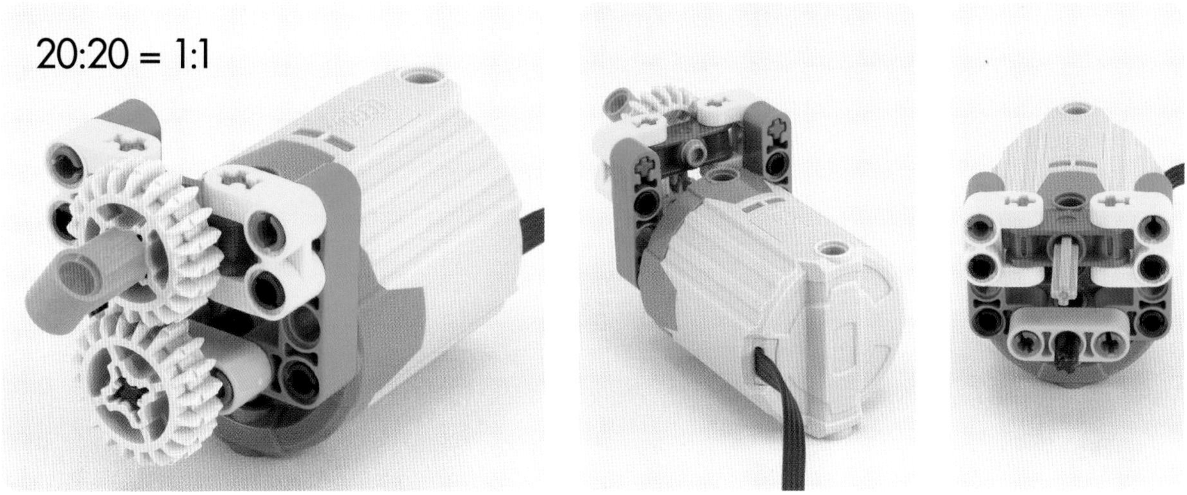

#9

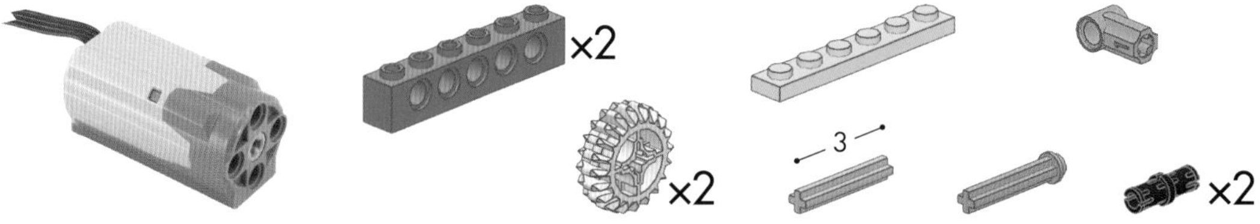

×2

×2

3

×2

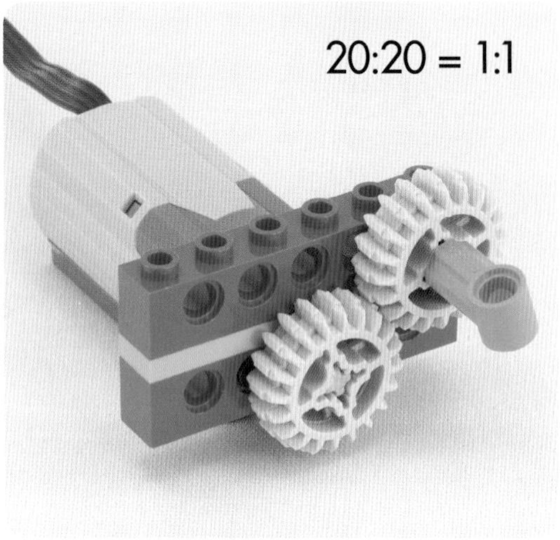

20:20 = 1:1

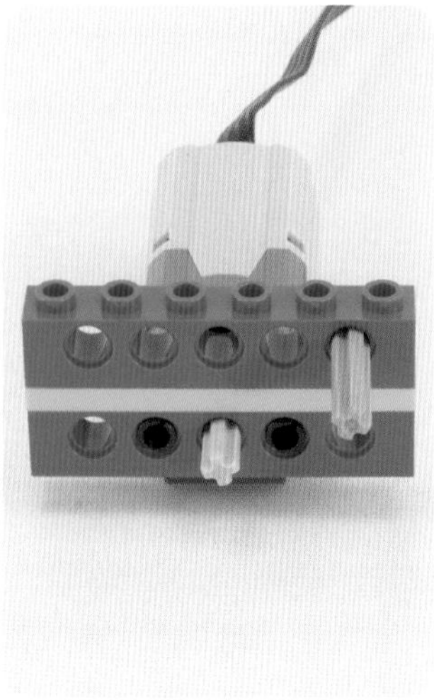

#10

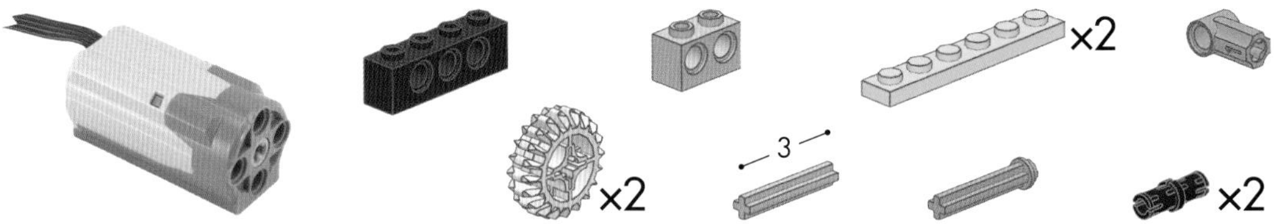

×2

×2

3

×2

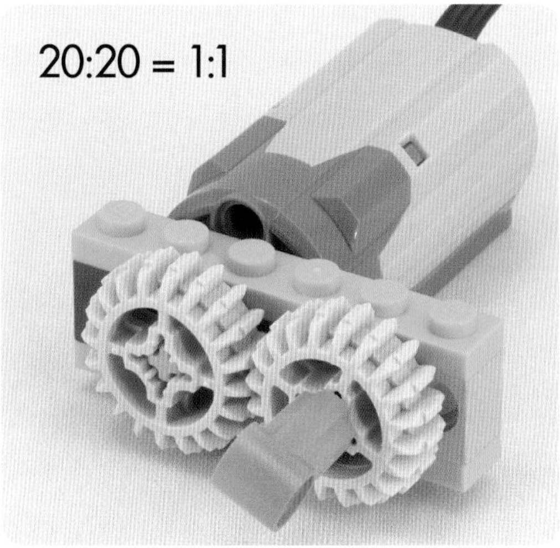

20:20 = 1:1

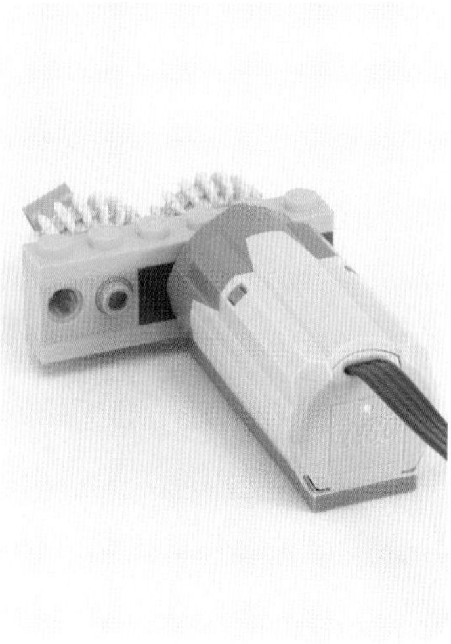

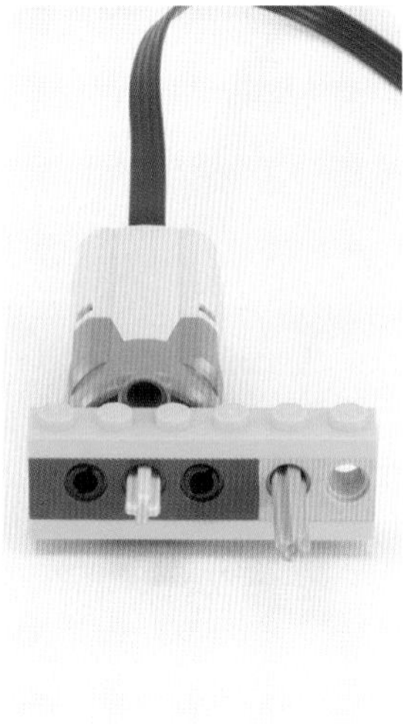

#11

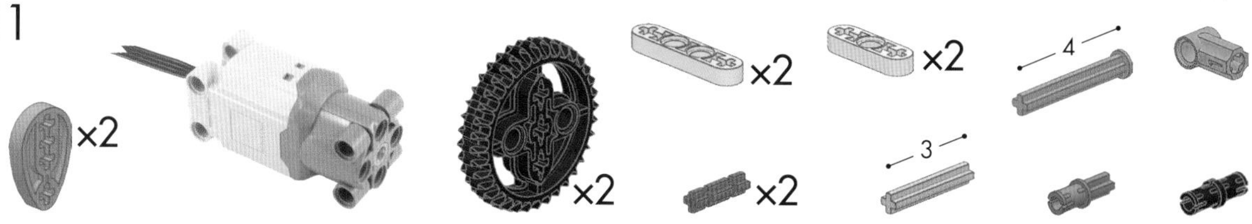

×2

×2

×2

×2

×2

— 4 —

— 3 —

36:36 = 1:1

#12

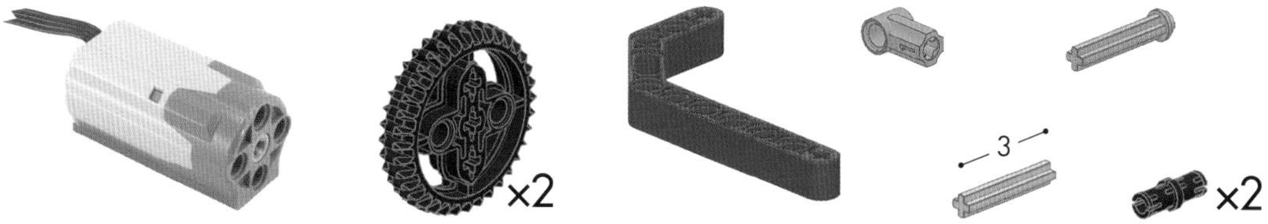

×2

— 3 —

×2

36:36 = 1:1

기어 감속 구조 (힘의 증가)

#13

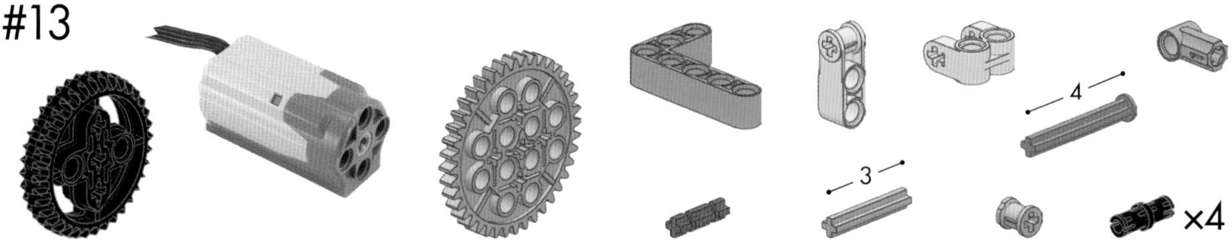

4

3

×4

36:40 = 9:10 ▸ 0.90

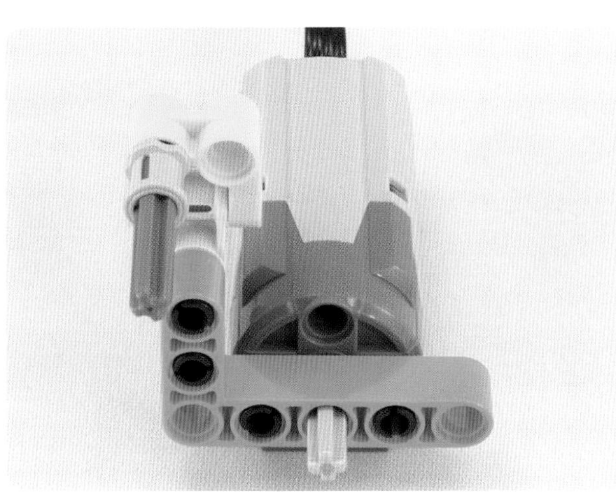

#14

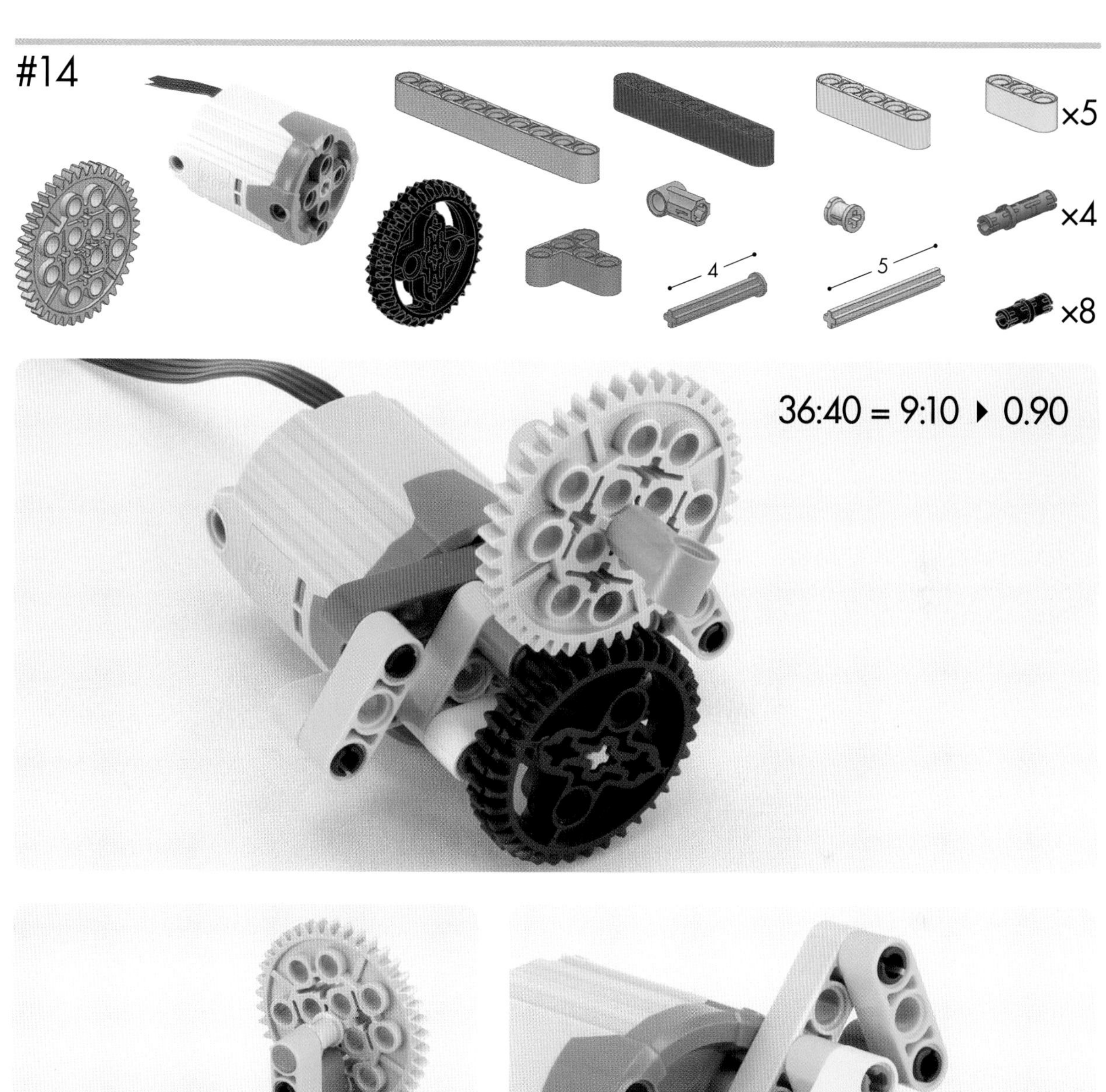

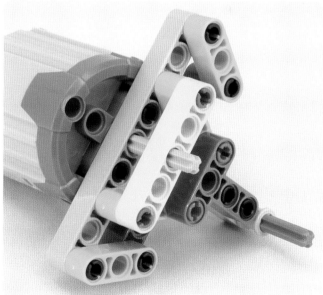

#15

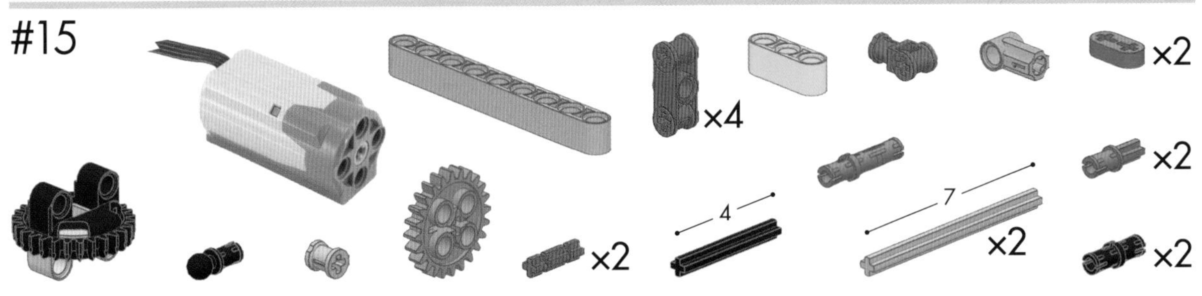

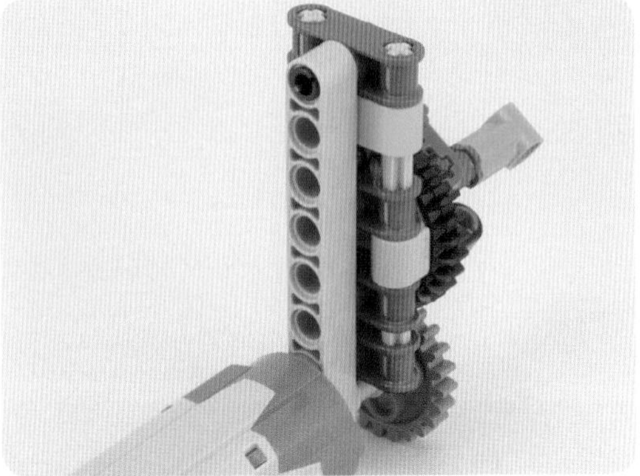

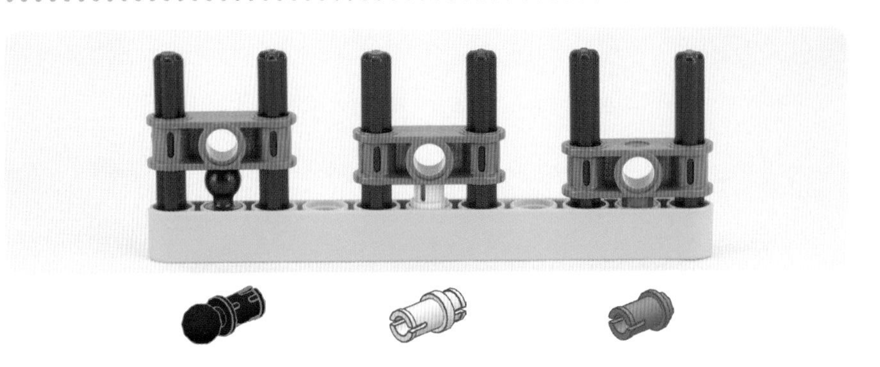

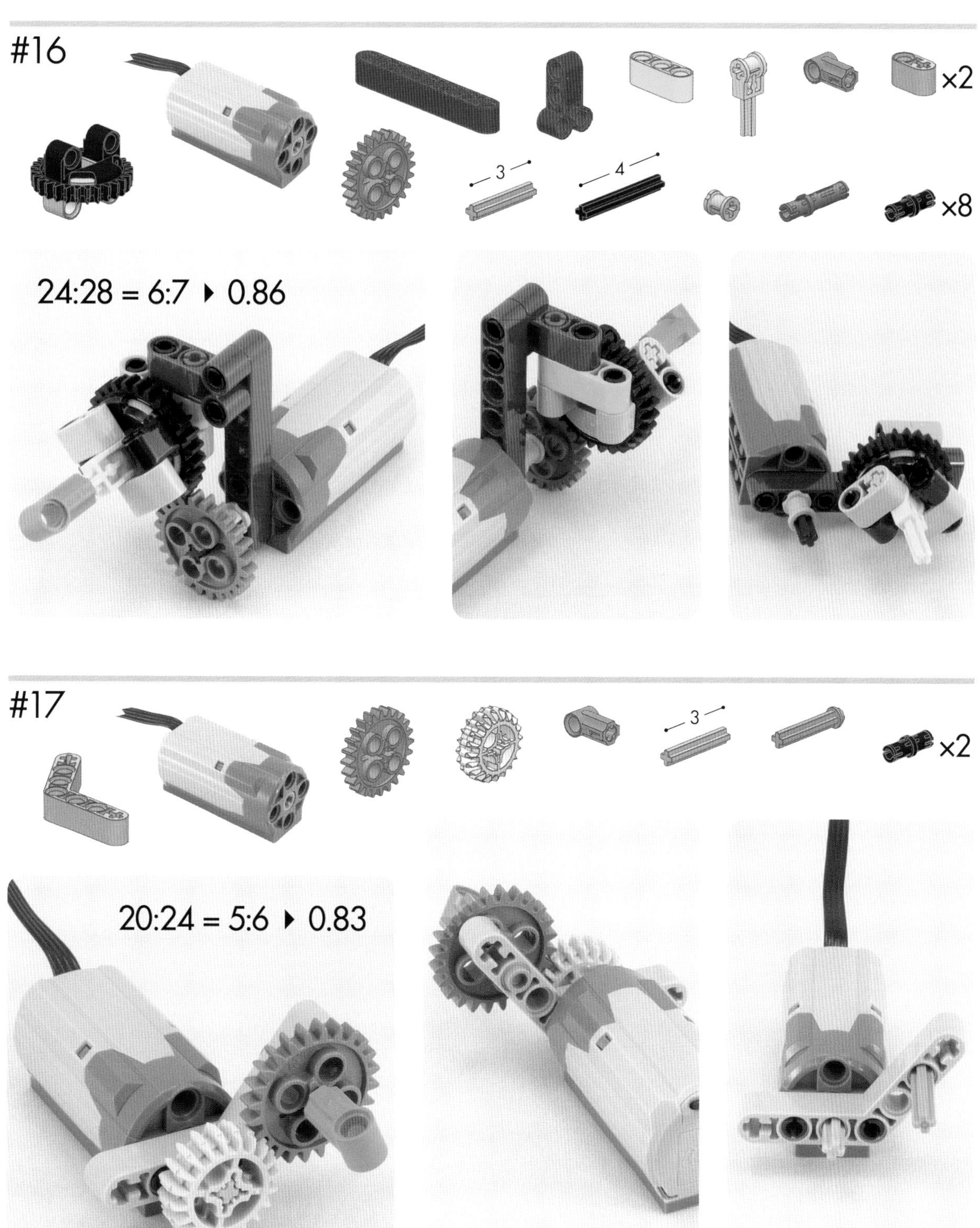
#16
×2
3
4
×8
24:28 = 6:7 ▸ 0.86
#17
3
×2
20:24 = 5:6 ▸ 0.83

#18

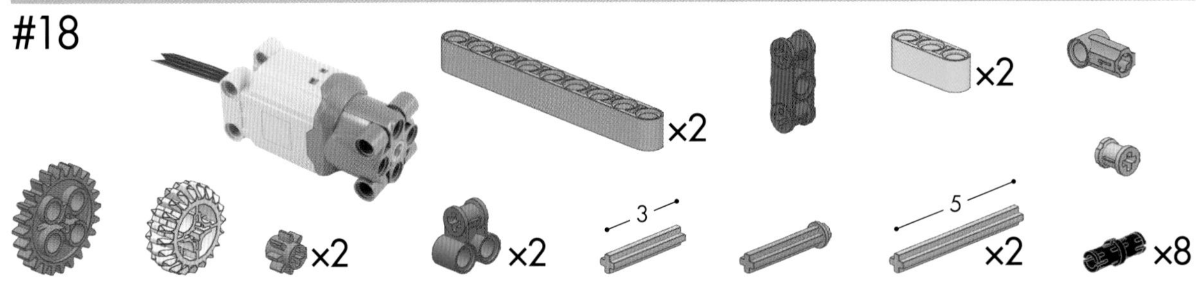

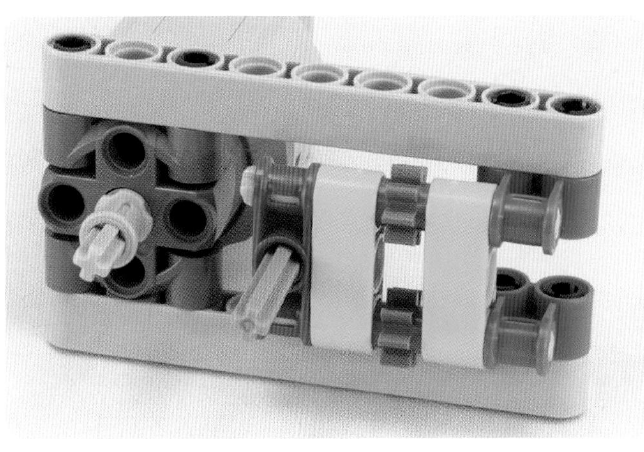

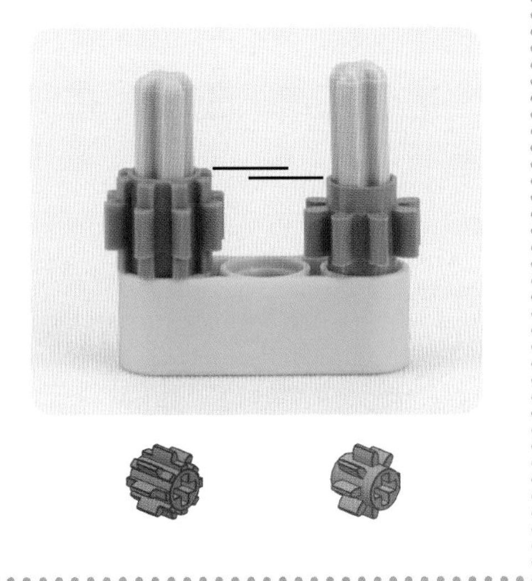

#19

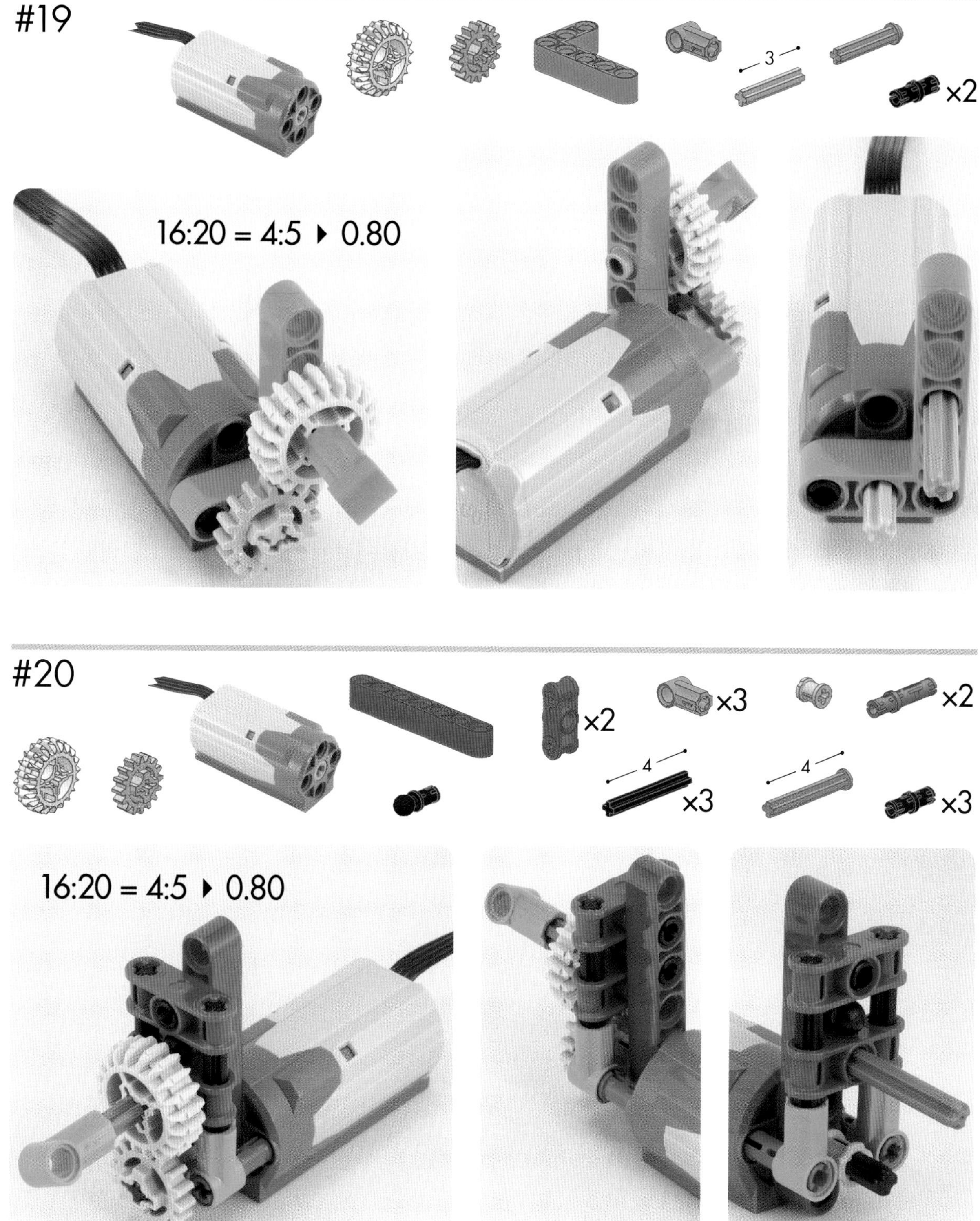

#20

#21

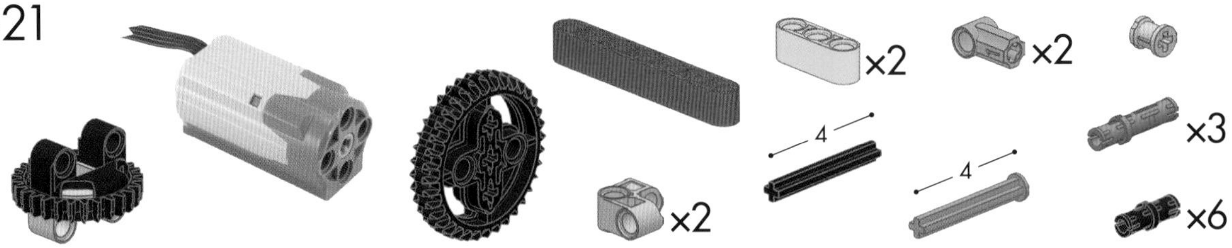

×2
×2
4
4
×3
×2
×6

28:36 = 7:9 ▸ 0.78

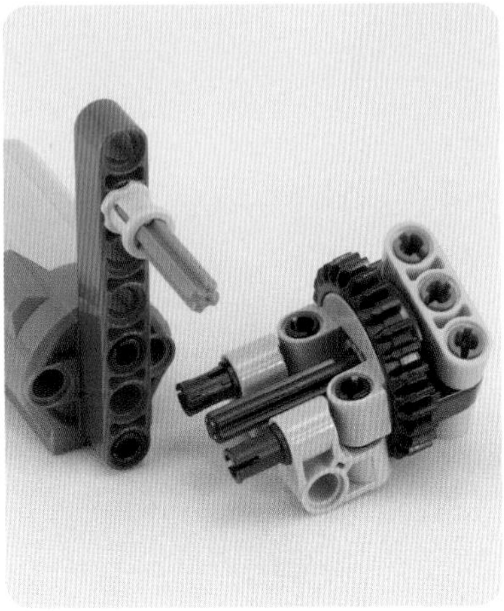

#22

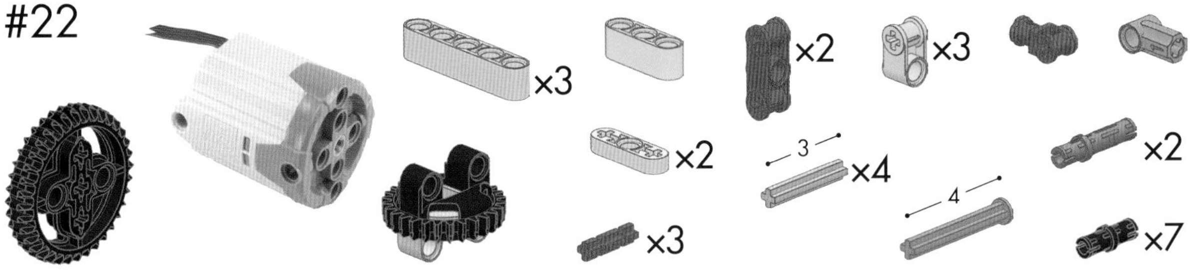

×3
×2
×3
×2
3
×4
×2
4
×3
×7

28:36 = 7:9 ▸ 0.78

#23

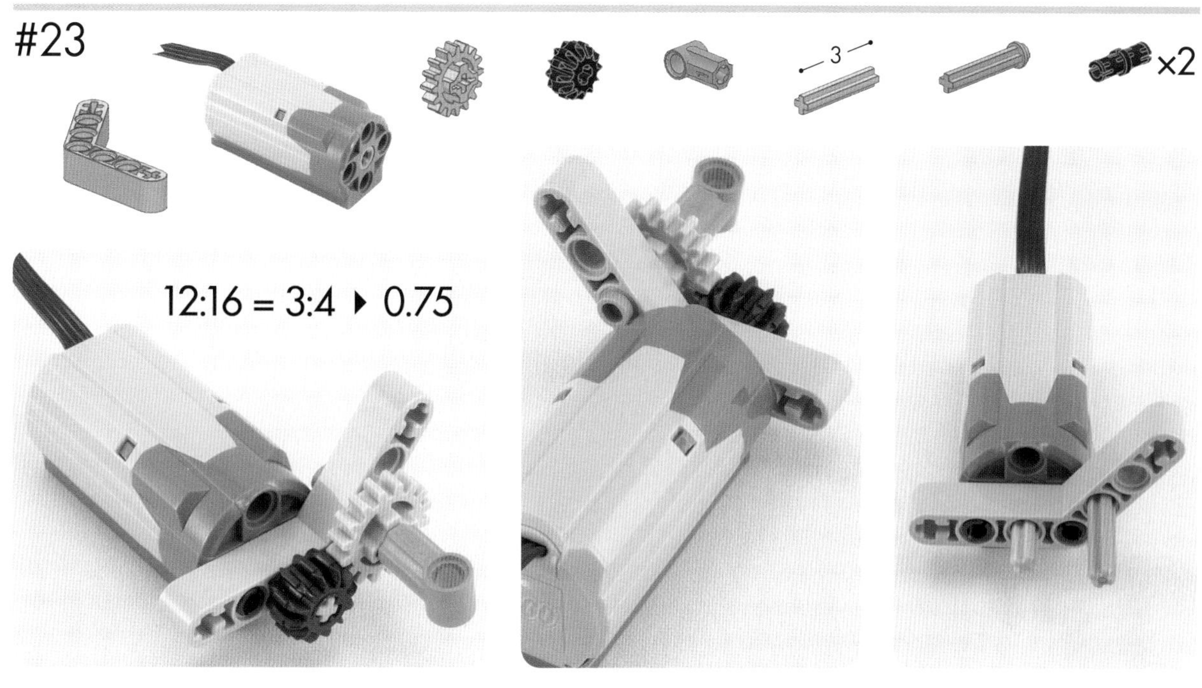

#24

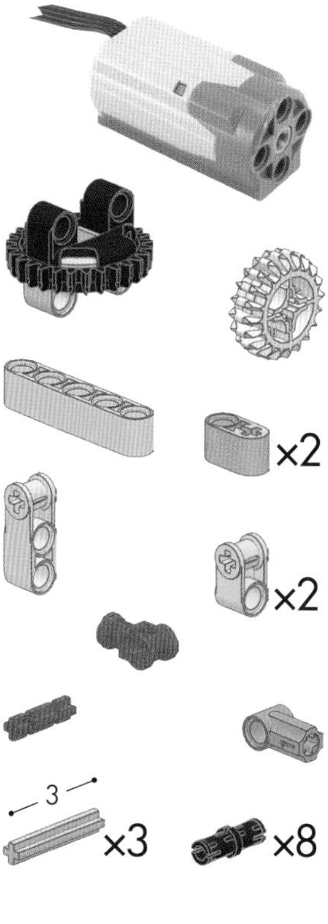

20:28 = 5:7 ▸ 0.71

×2

×2

3

×3

×8

#25

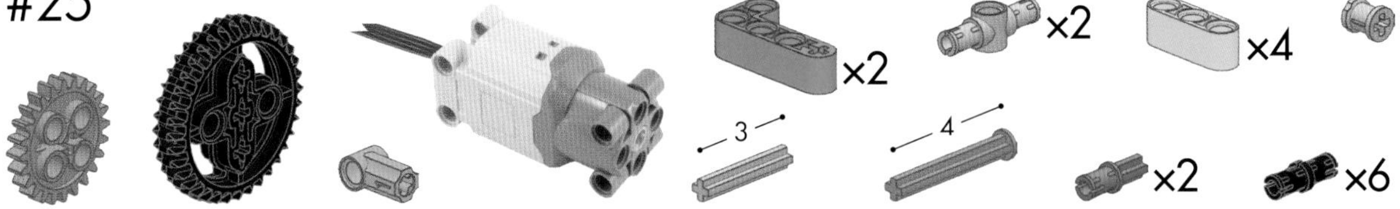

×2
×2
×4
3
4
×2
×6

24:36 = 2:3 ▸ 0.67

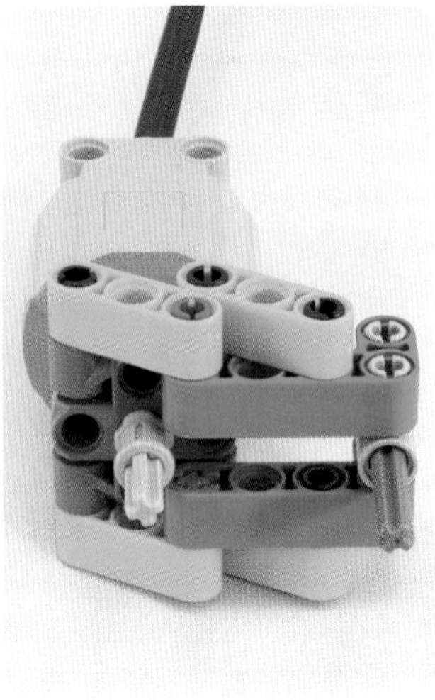

#26

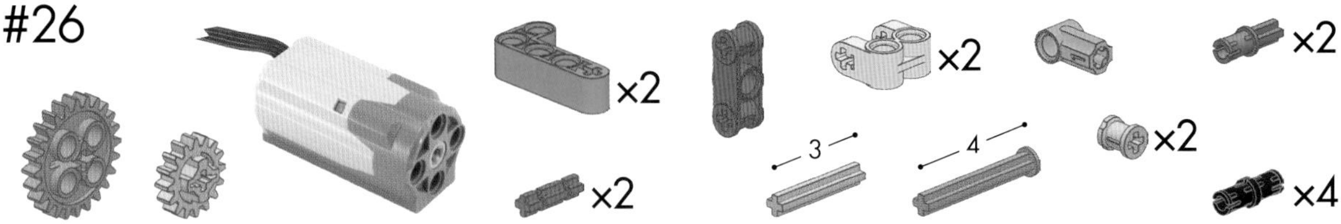

×2
×2
×2
3
4
×2
×2
×4

16:24 = 2:3 ▸ 0.67

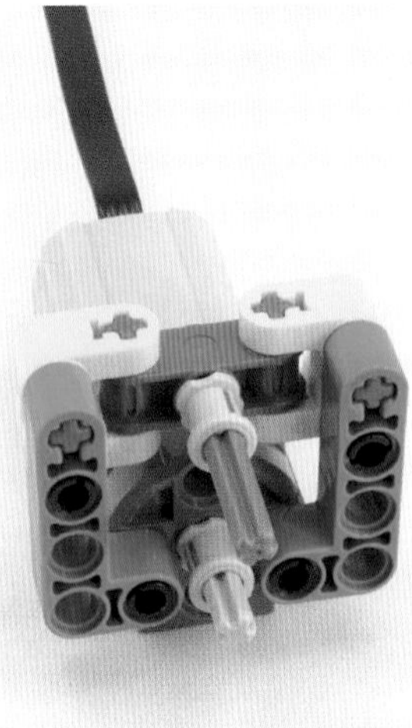

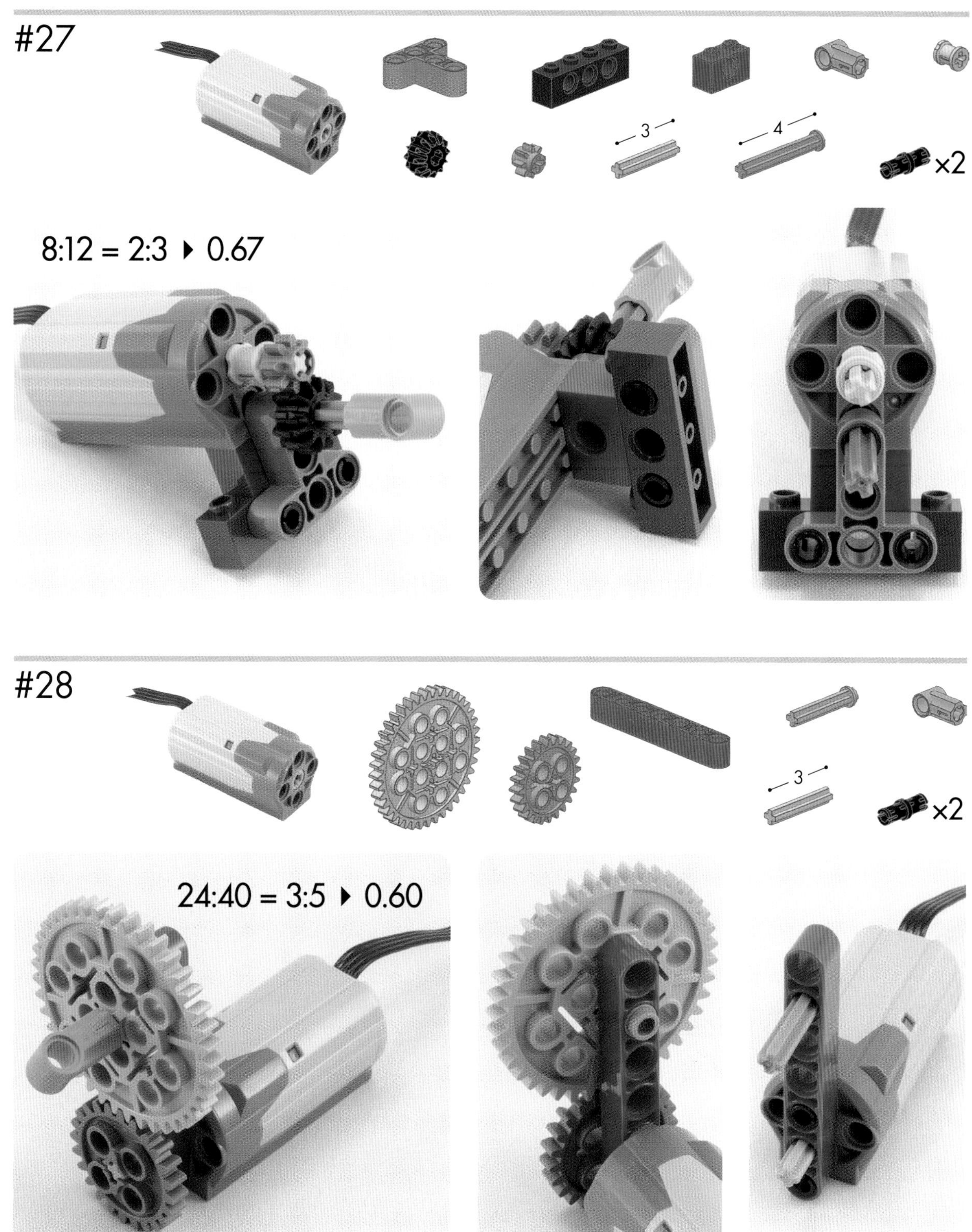
#27
3
4
×2
8:12 = 2:3 ▸ 0.67
#28
3
×2
24:40 = 3:5 ▸ 0.60

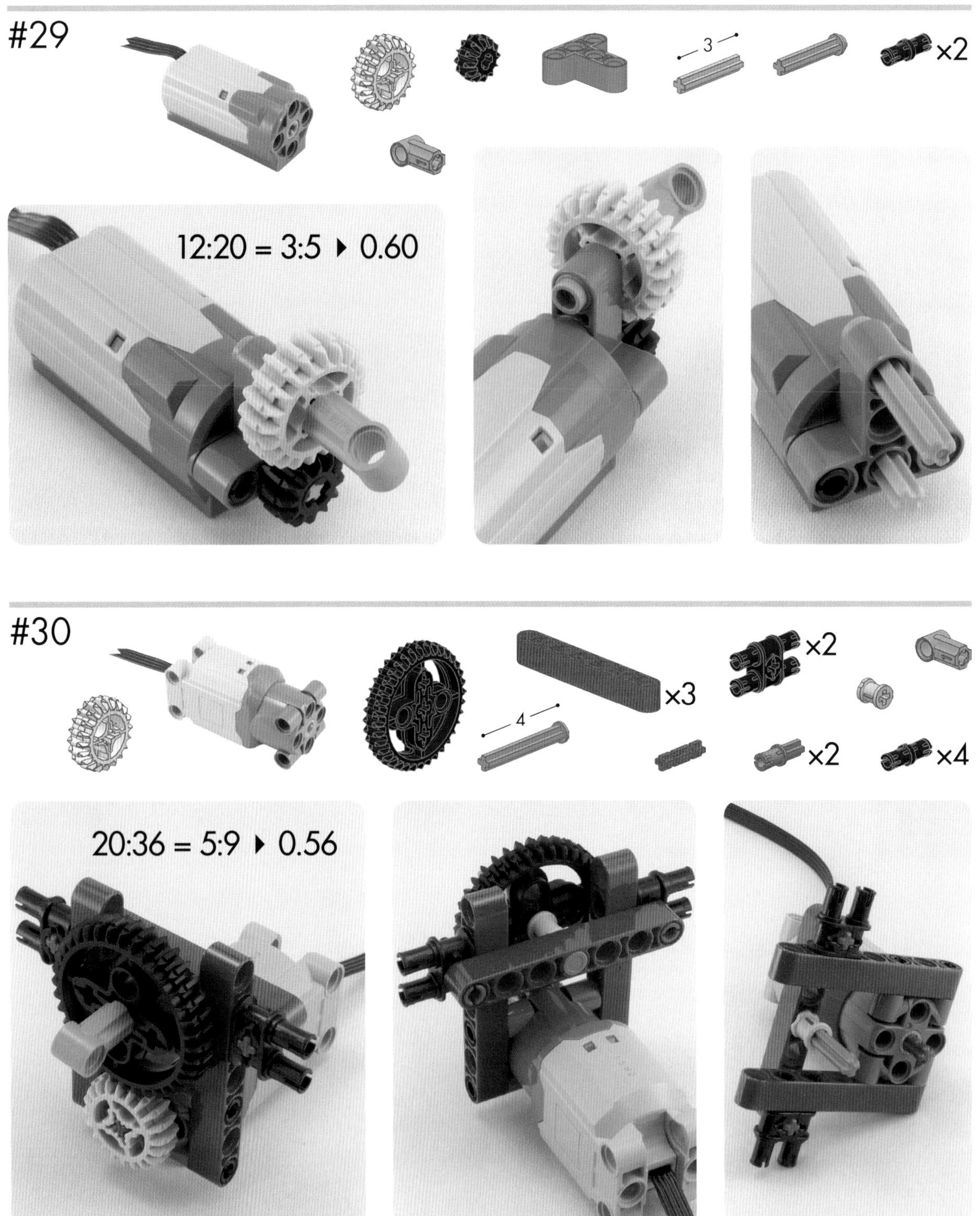
#29
3
×2
12:20 = 3:5 ▸ 0.60
#30
4
×3
×2
×2
×4
20:36 = 5:9 ▸ 0.56

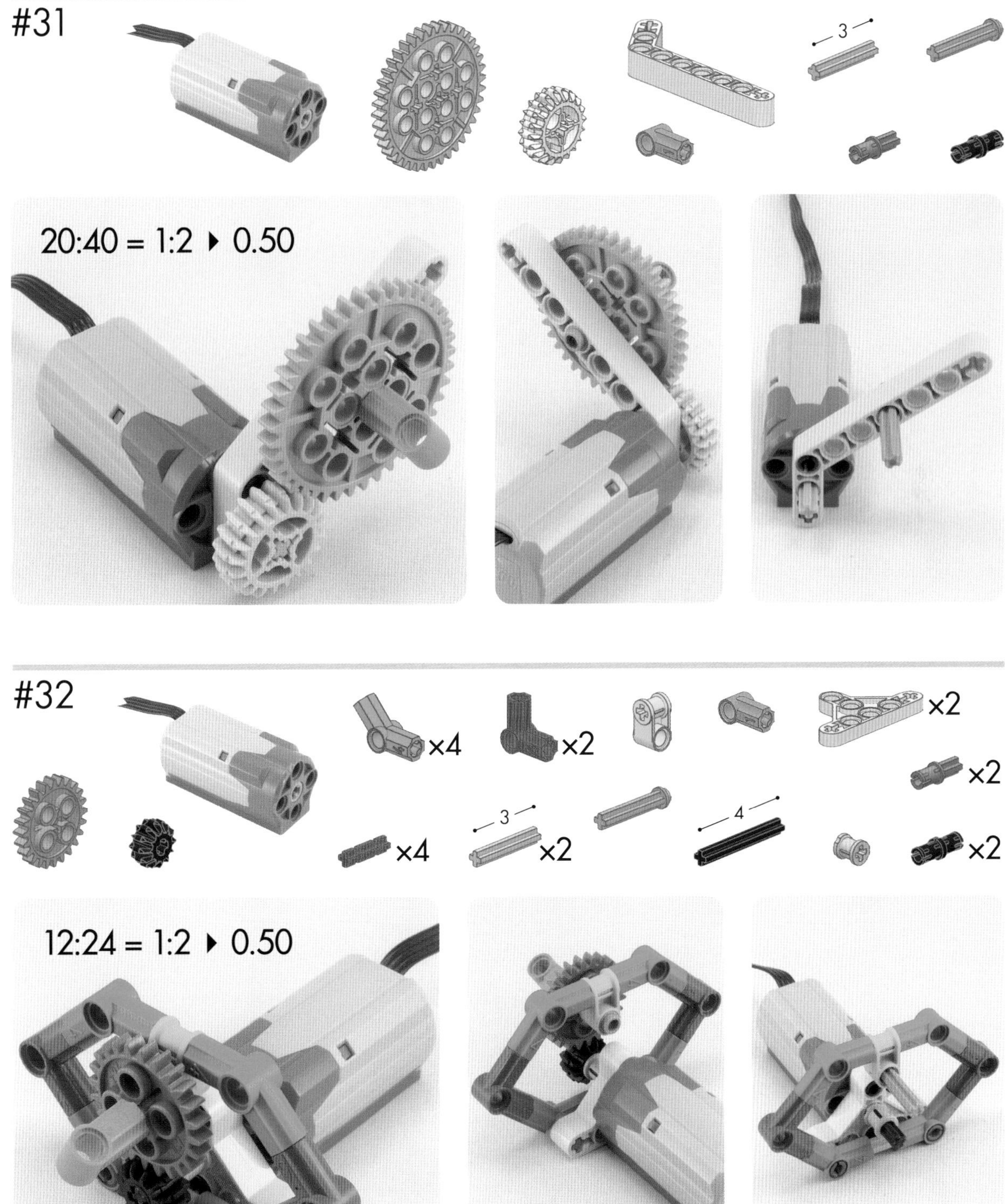
#31
3
20:40 = 1:2 ▸ 0.50
#32
×4
×2
×2
×2
3
×4
×2
4
×2
12:24 = 1:2 ▸ 0.50

#33

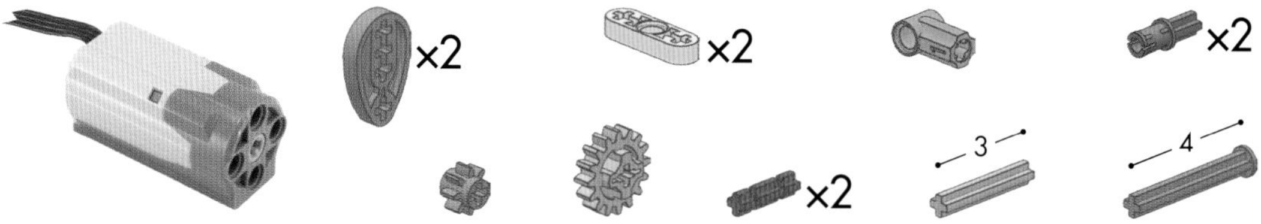

×2
×2
×2
×2
3
4

8:16 = 1:2 ▸ 0.50

#34

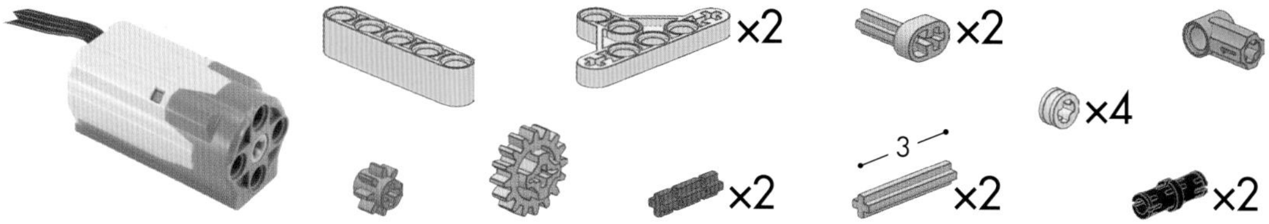

×2
×2
×4
×2
×2
3
×2

8:16 = 1:2 ▸ 0.50

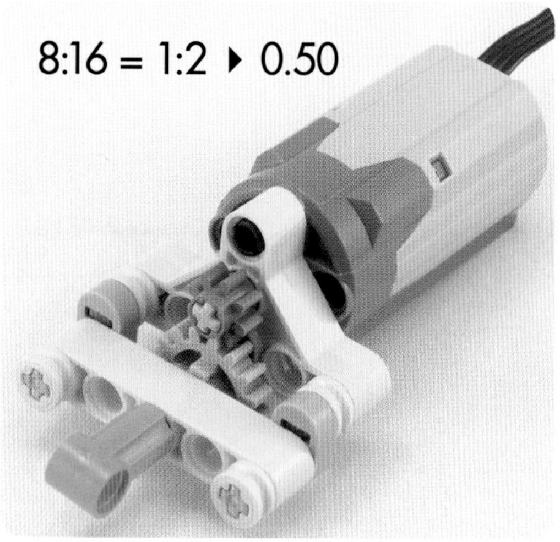

#35

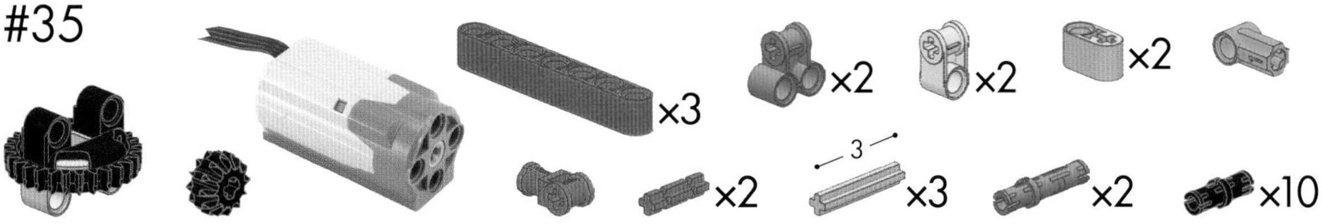

×3 ×2 ×2 ×2

×2 3 ×3 ×2 ×10

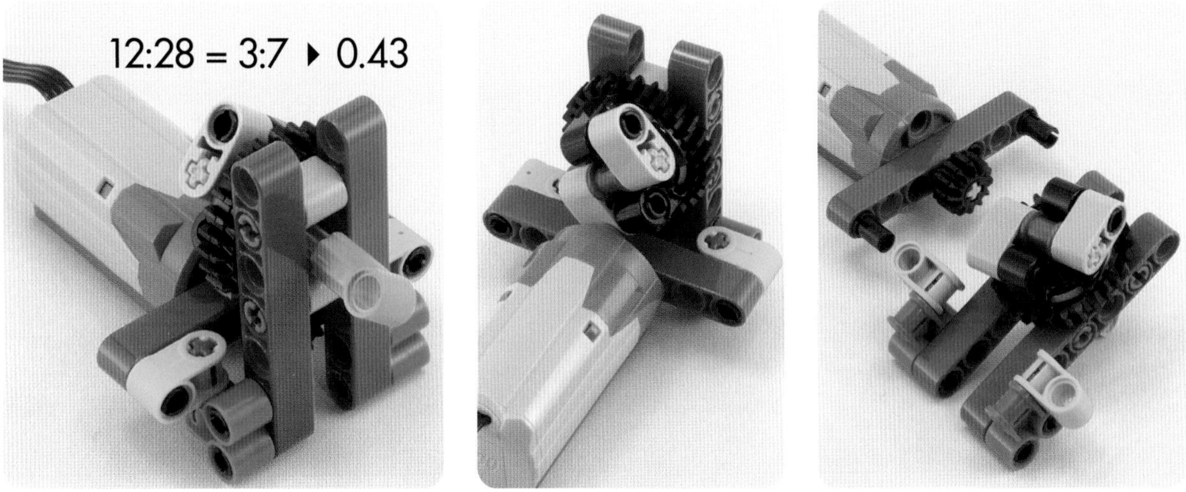

12:28 = 3:7 ▸ 0.43

#36

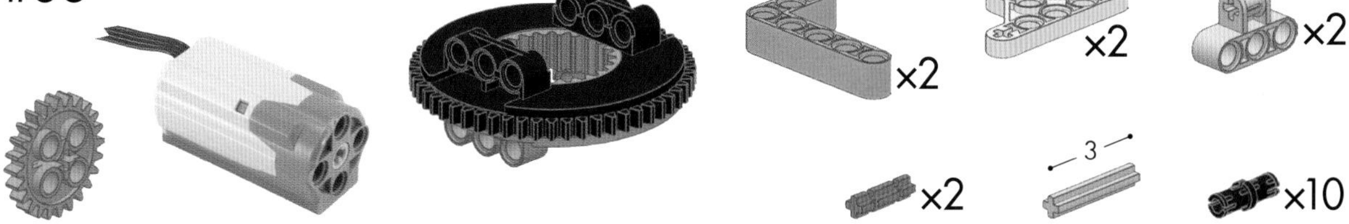

×2 ×2 ×2

×2 3 ×10

24:56 = 3:7 ▸ 0.43

#37

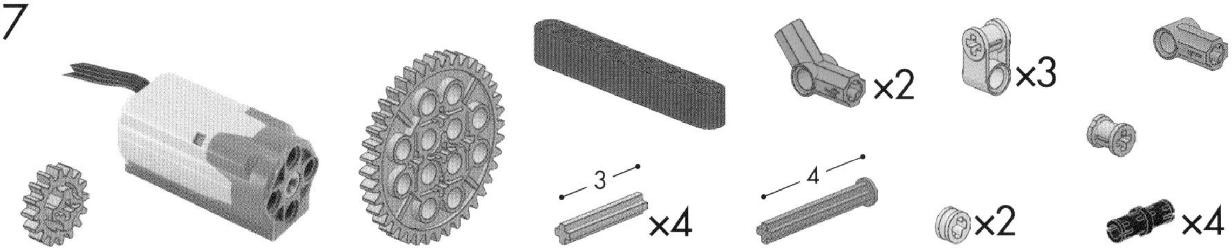

×2
×3
3
×4
4
×2
×4

16:40 = 2:5 ▸ 0.40

#38

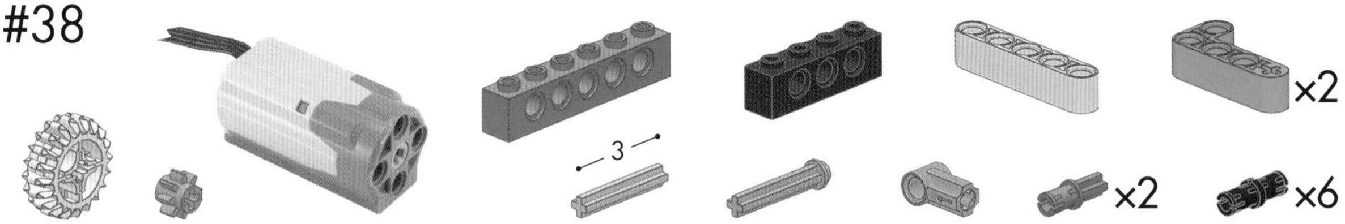

×2
3
×2
×6

8:20 = 2:5 ▸ 0.40

#39

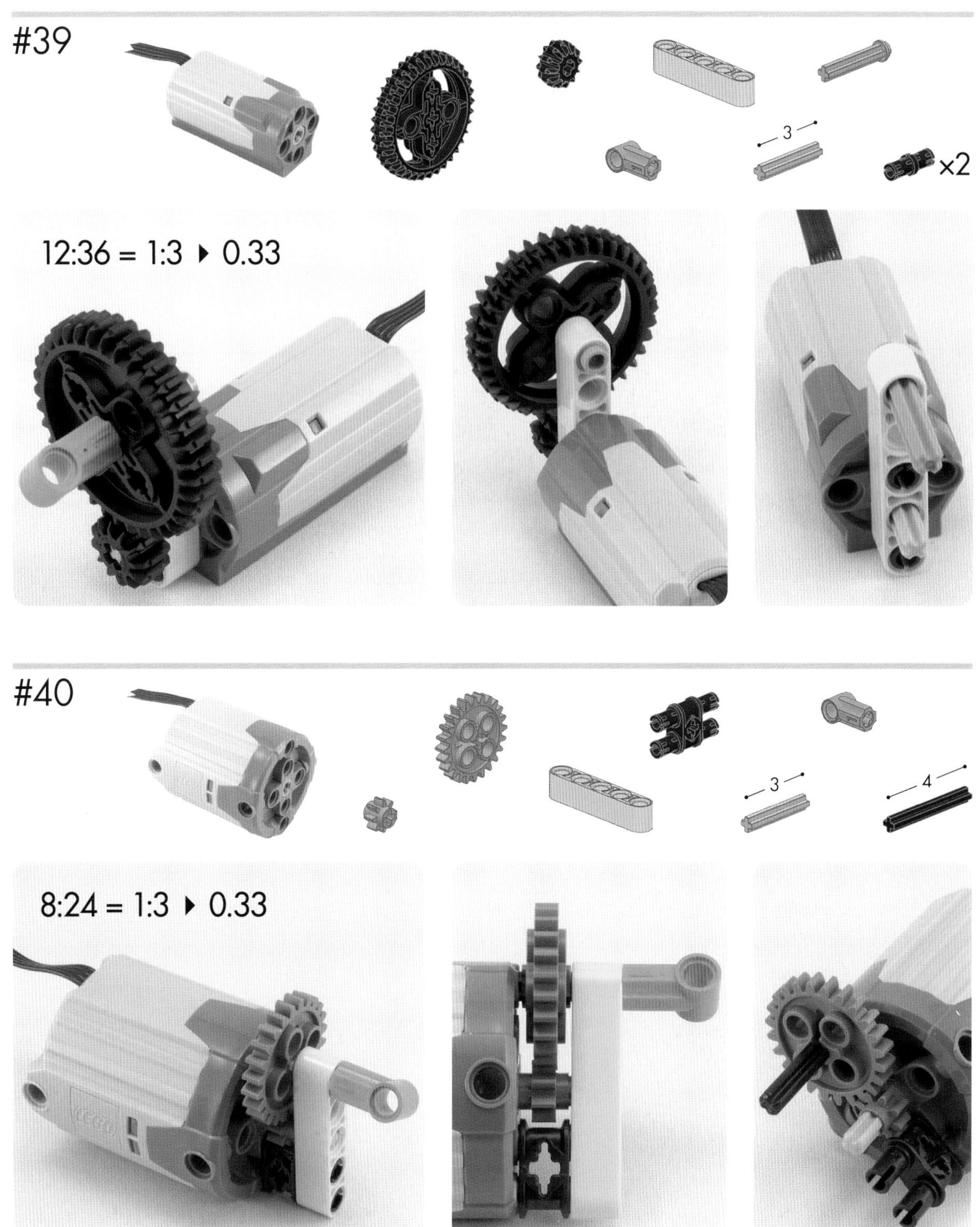
3
×2
12:36 = 1:3 ▸ 0.33

#40

3
4
8:24 = 1:3 ▸ 0.33

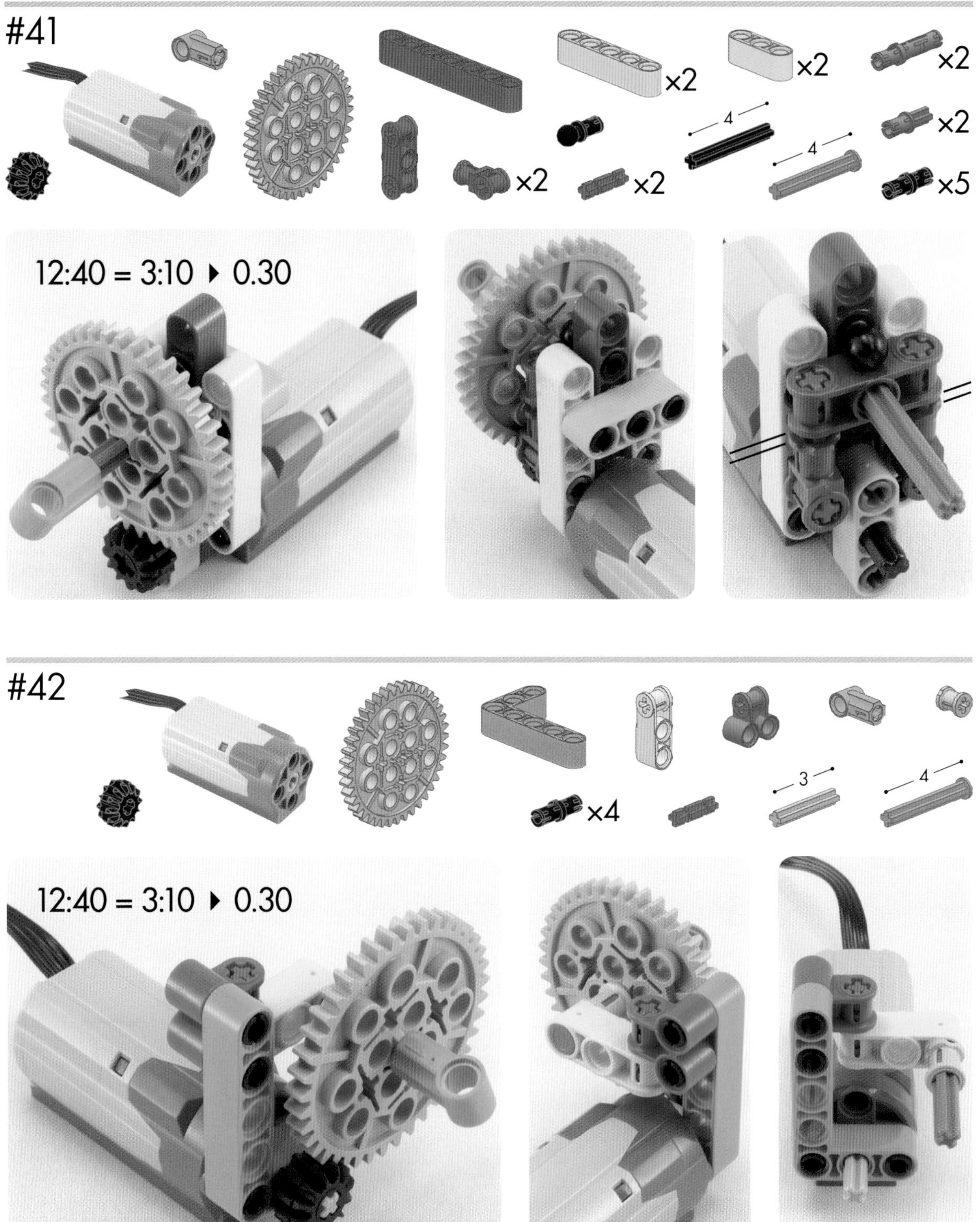
#41
×2
×2
×2
×2
×2
×2
×5
4
4
12:40 = 3:10 ▸ 0.30
#42
×4
3
4
12:40 = 3:10 ▸ 0.30

#43

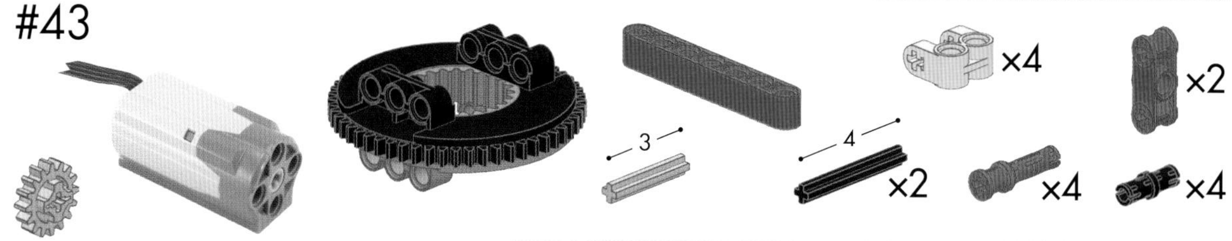

×4

×2

3

4

×2

×4

×4

16:56 = 4:14 ▸ 0.29

#44

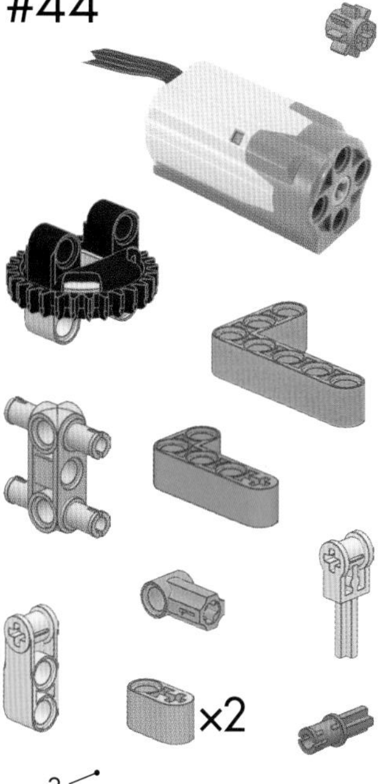

8:28 = 2:7 ▸ 0.29

×2

3

×2

×8

#45

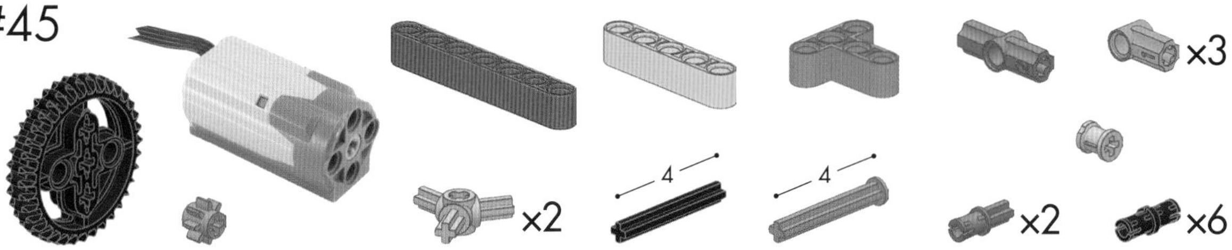

×3

×2

4

4

×2

×6

8:36 = 2:9 ▸ 0.22

#46

3

×6

12:56 = 3:14 ▸ 0.21

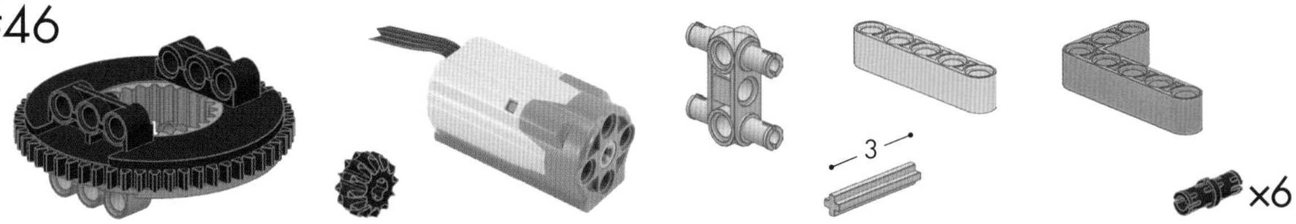

#47

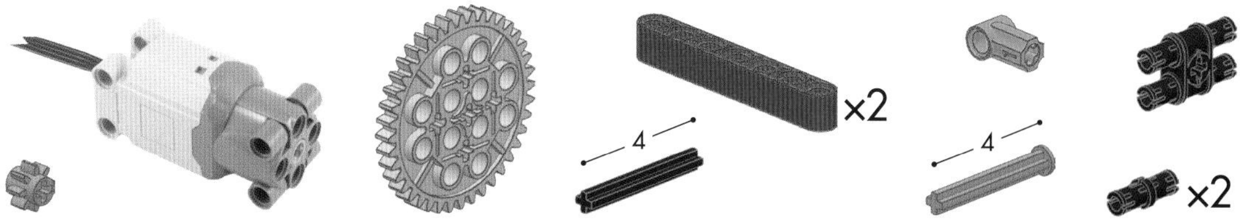

×2

4

4

×2

8:40 = 1:5 ▸ 0.20

#48

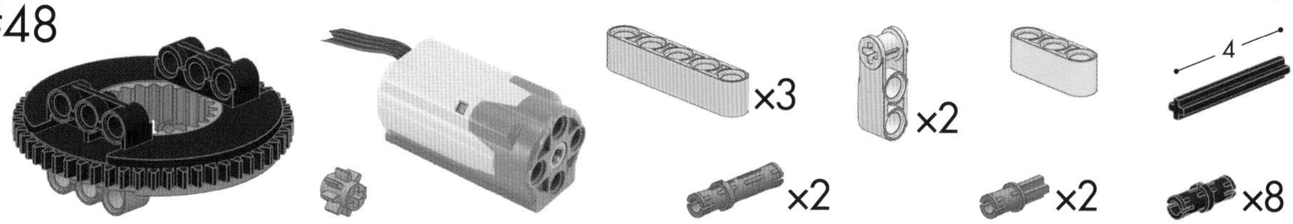

×3

×2

4

×2

×2

×8

8:56 = 1:7 ▸ 0.14

기어 가속 구조 (속도의 증가)

#49

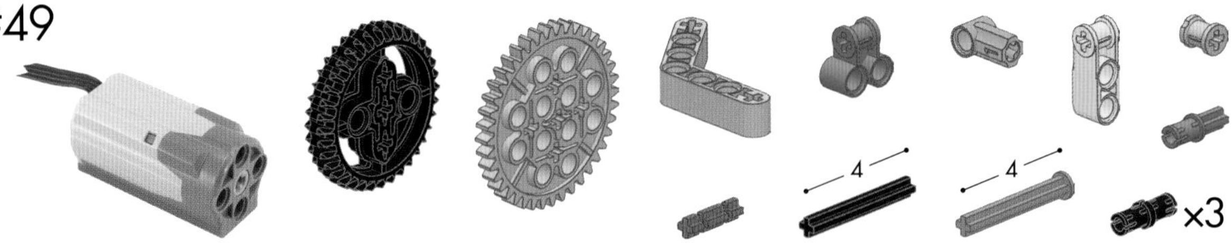

4

4

×3

40:36 = 10:9 ▸ 1.11

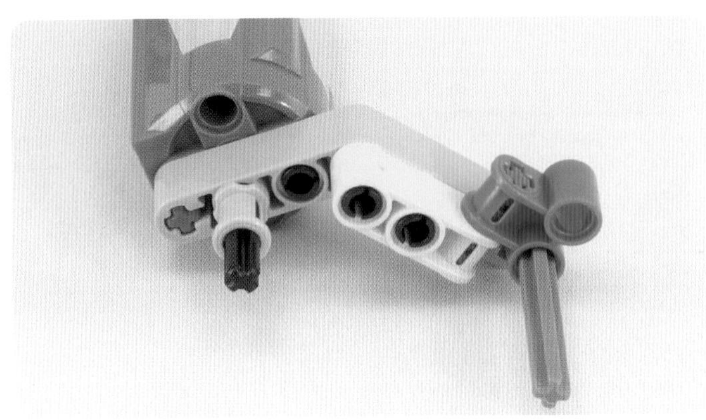

#50

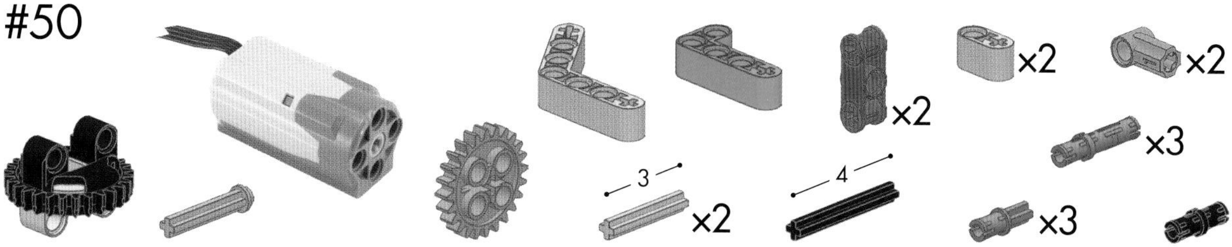

3 ×2 4 ×2 ×2 ×2 ×3 ×3

28:24 = 7:6 ▸ 1.17

#51

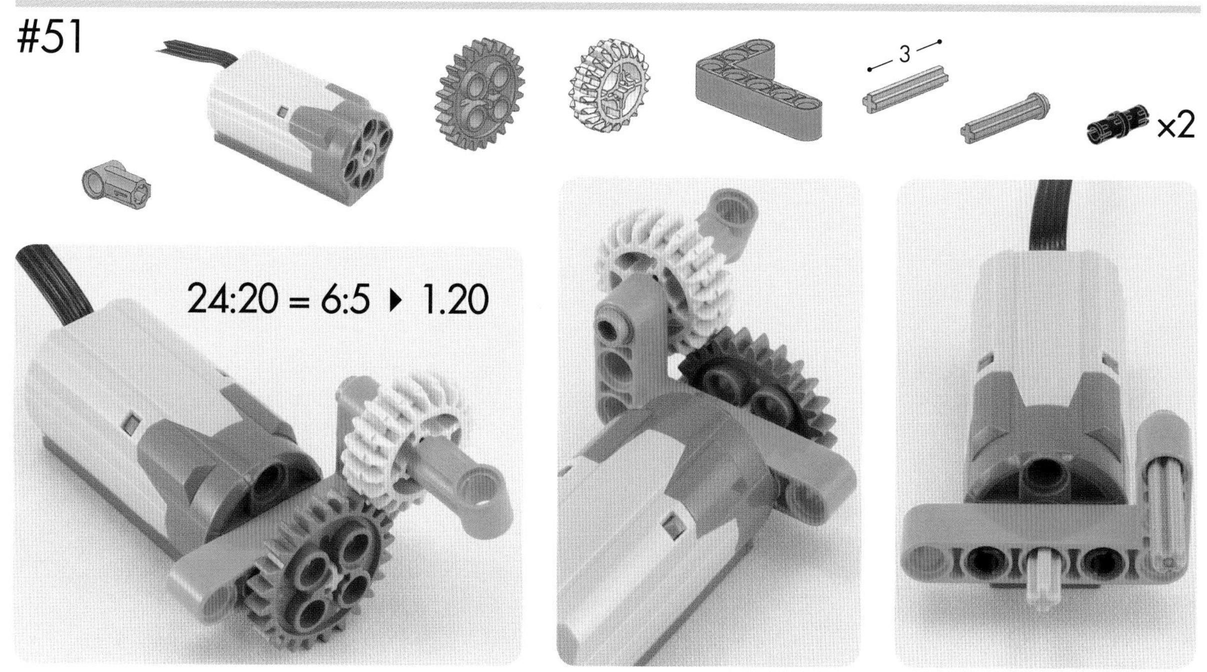

#52

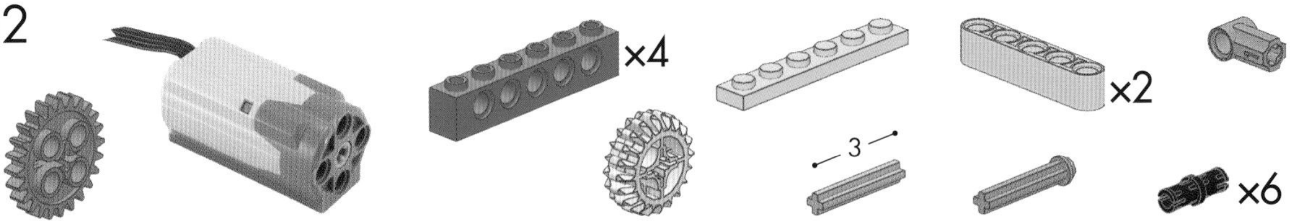

×4

×2

3

×6

24:20 = 6:5 ▸ 1.20

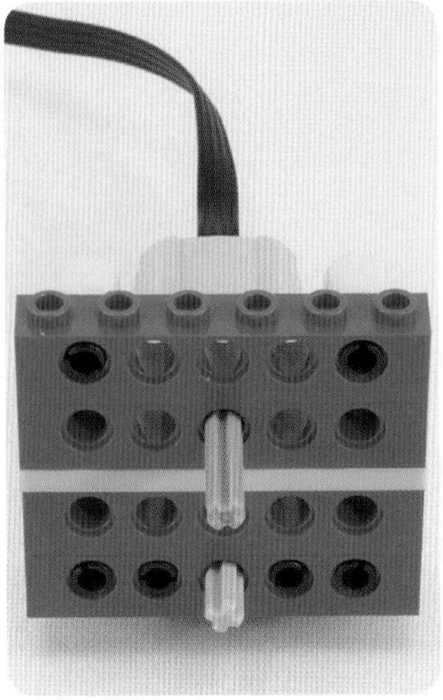

#53

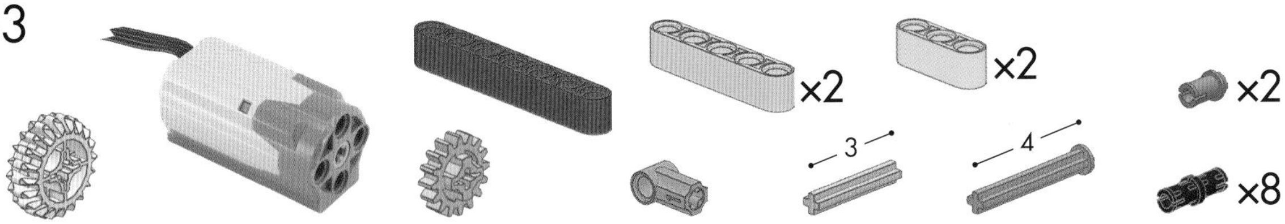

×2

×2

×2

3

4

×8

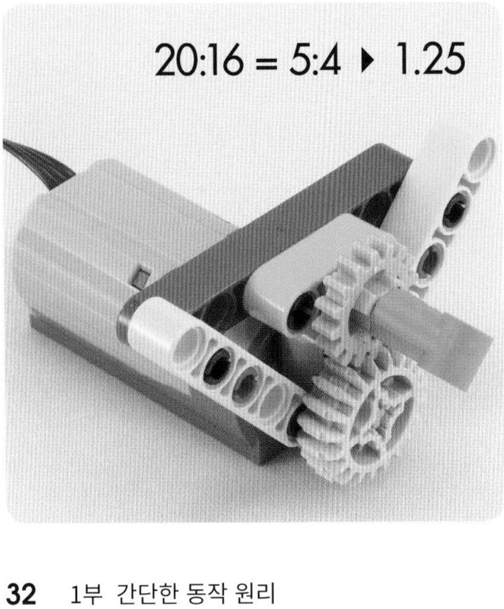

20:16 = 5:4 ▸ 1.25

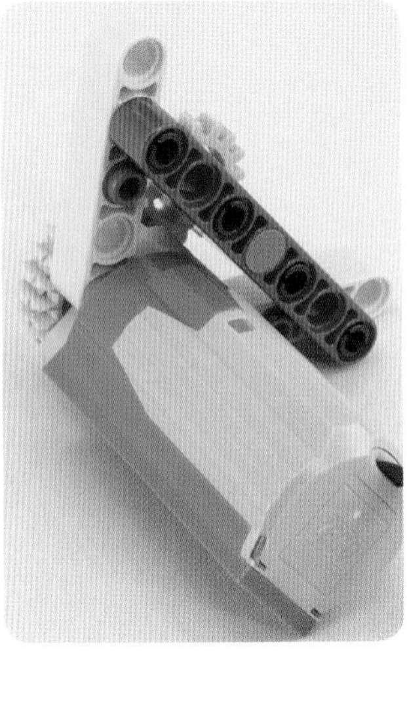

#54

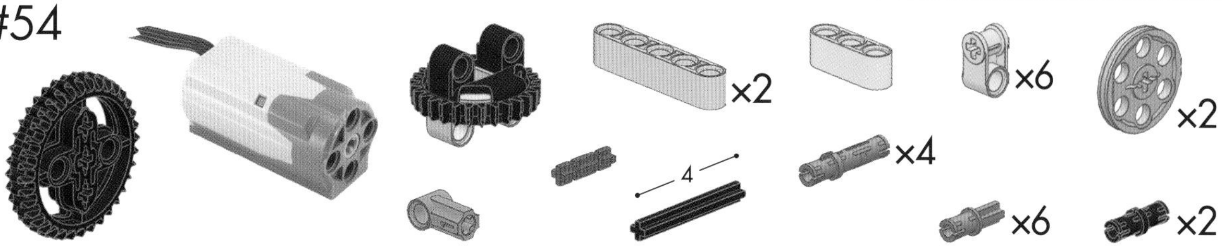

×2

×6

×2

4

×4

×6

×2

36:28 = 9:7 ▸ 1.29

#55

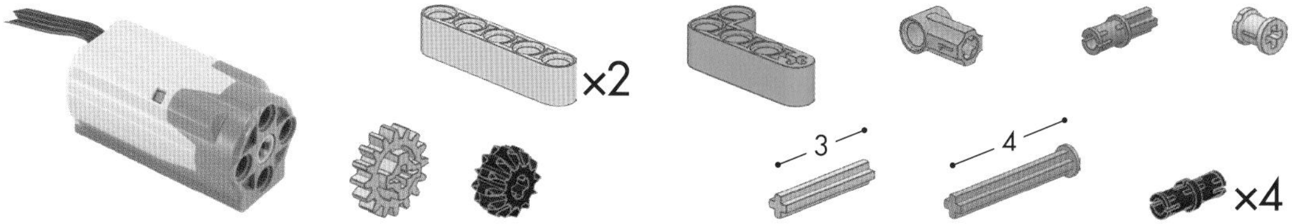

×2

3

4

×4

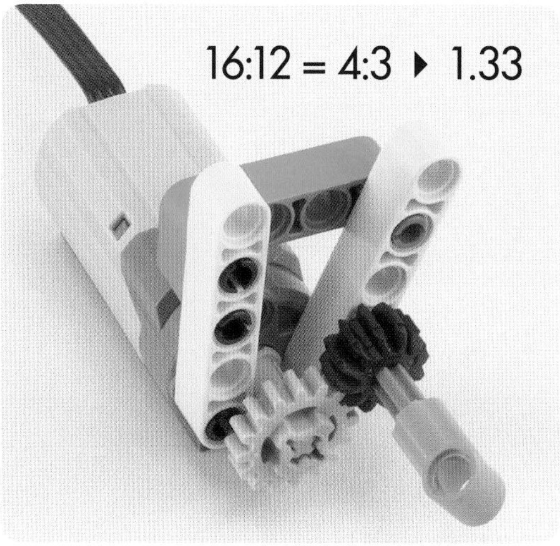

16:12 = 4:3 ▸ 1.33

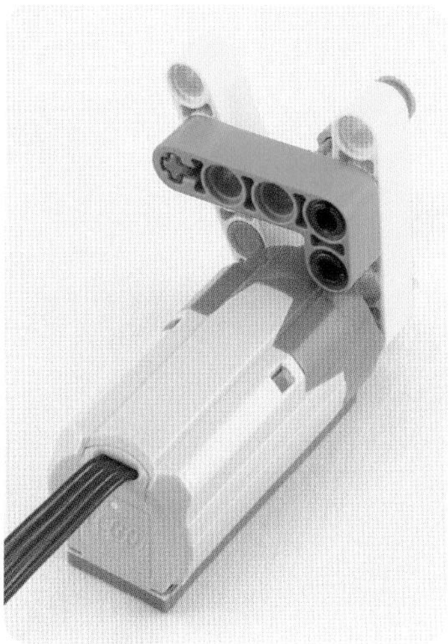

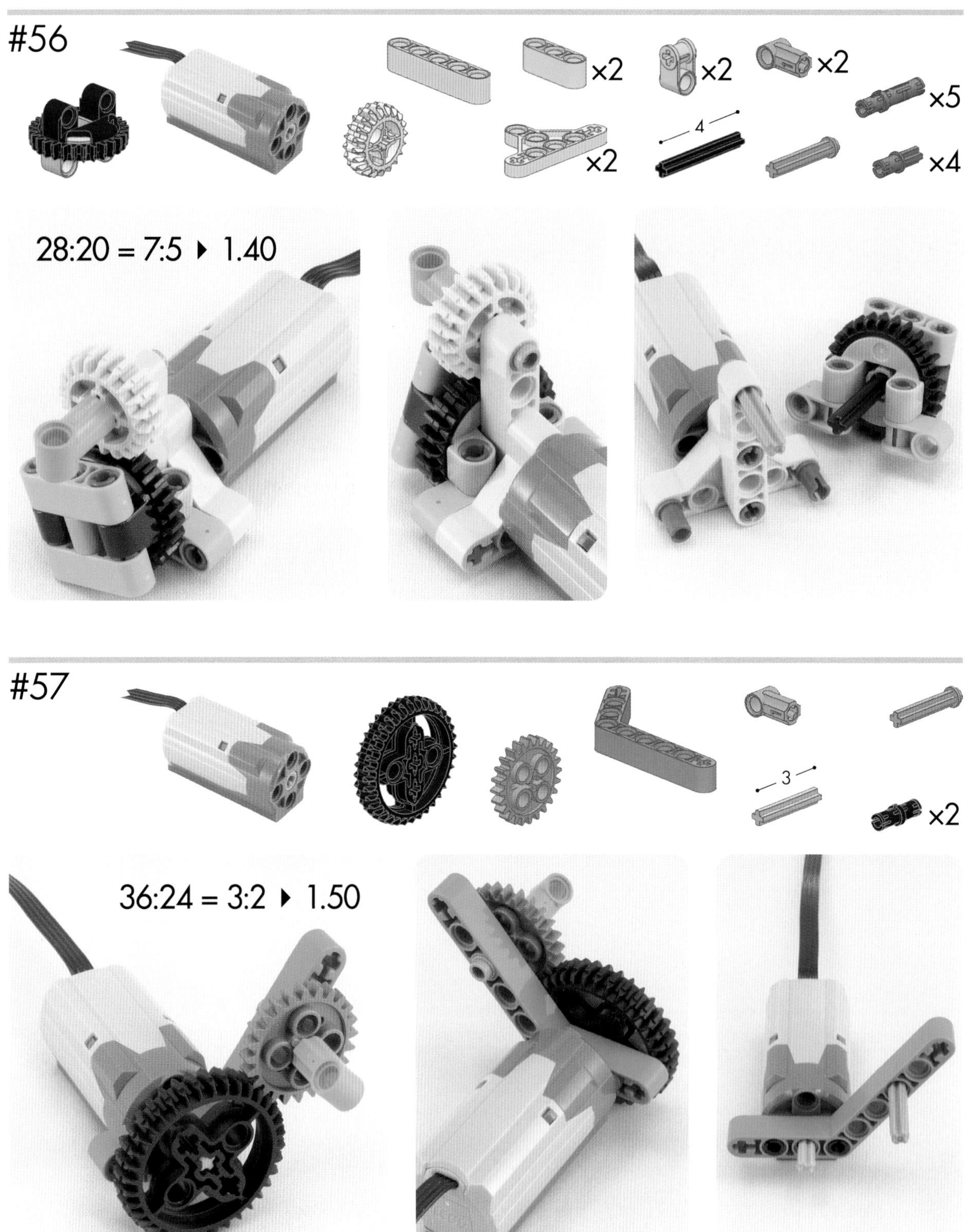
#56
×2
×2
×2
×5
×2
4
×4
28:20 = 7:5 ▸ 1.40
#57
3
×2
36:24 = 3:2 ▸ 1.50

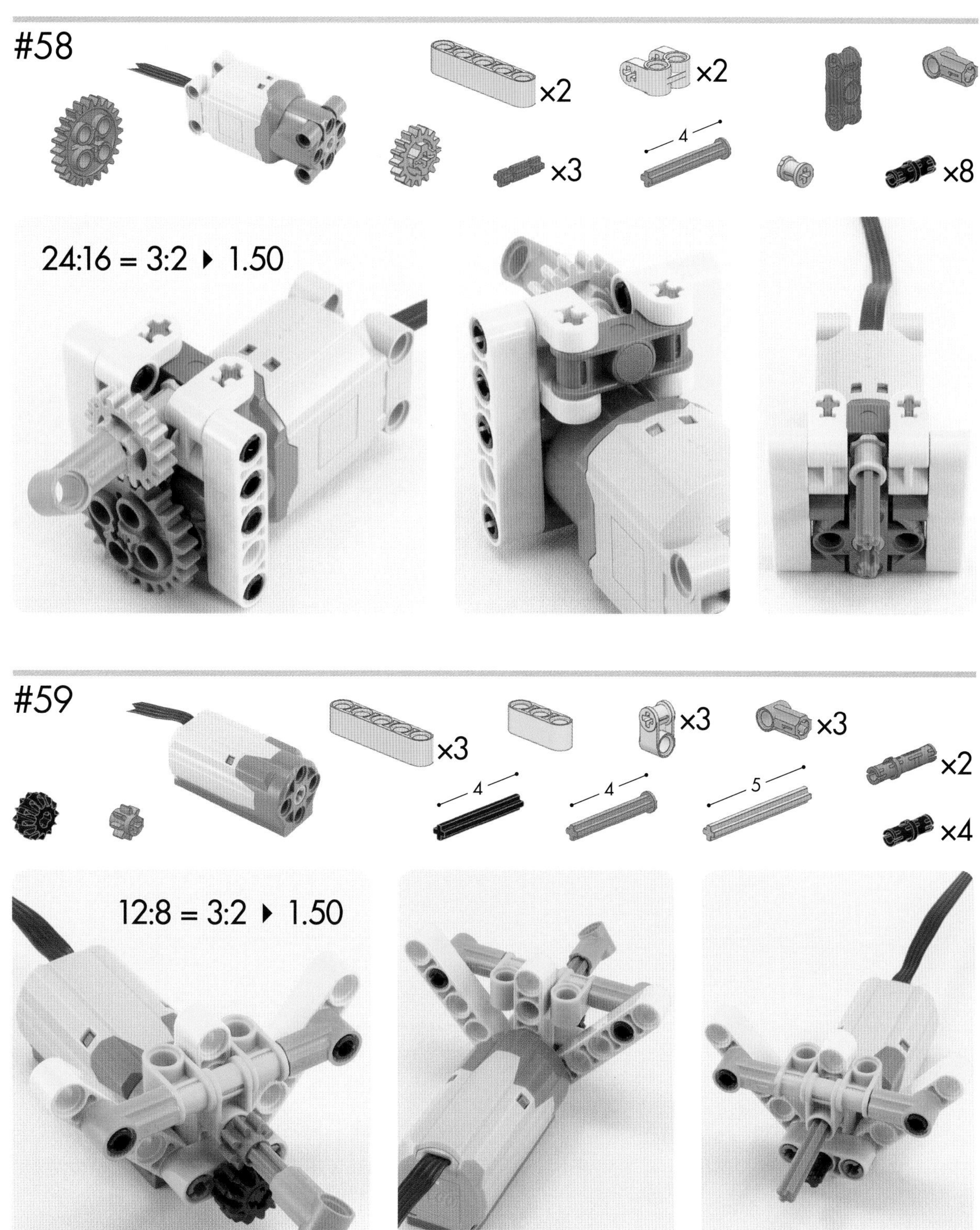
#58
×2
×2
×3
4
×8
24:16 = 3:2 ▸ 1.50
#59
×3
×3
×3
4
4
5
×2
×4
12:8 = 3:2 ▸ 1.50

#60

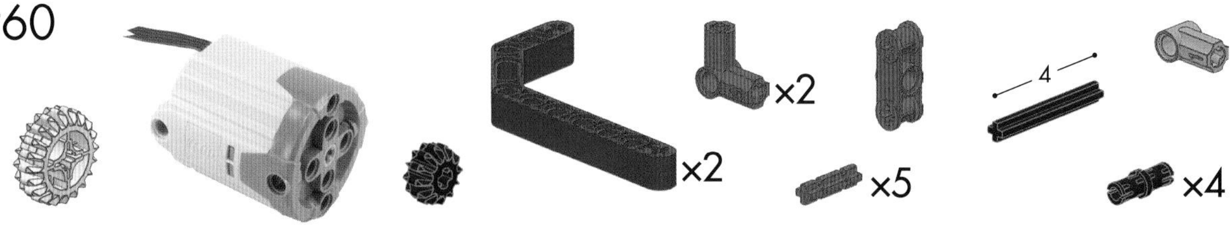

×2

×2

×5

4

×4

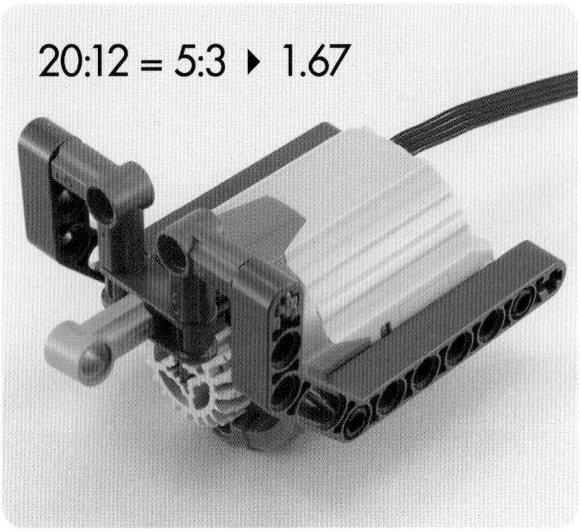

20:12 = 5:3 ▸ 1.67

#61

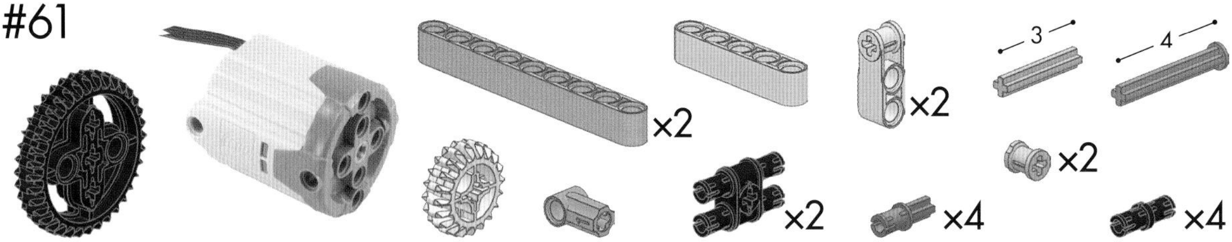

×2

×2

3

4

×2

×2

×4

×4

36:20 = 9:5 ▸ 1.80

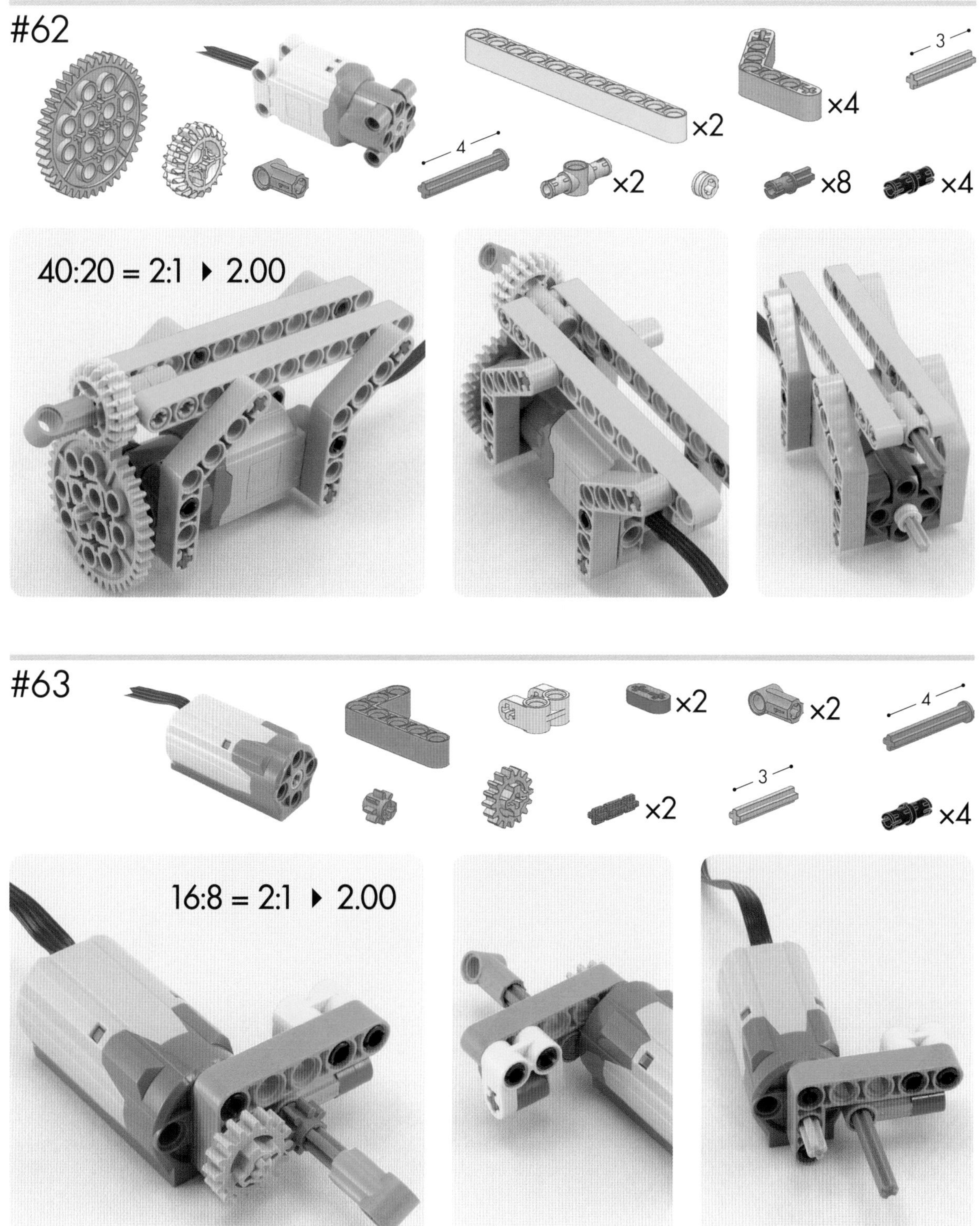
#62
×2
×4
3
4
×2
×8
×4
40:20 = 2:1 ▸ 2.00
#63
×2
×2
4
×2
3
×4
16:8 = 2:1 ▸ 2.00

#64

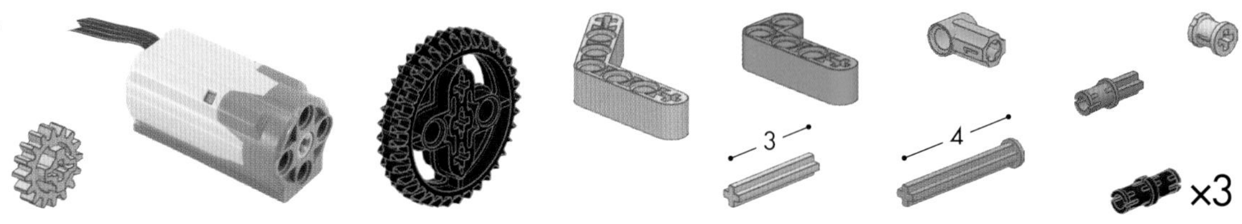

3

4

×3

36:16 = 9:4 ▸ 2.25

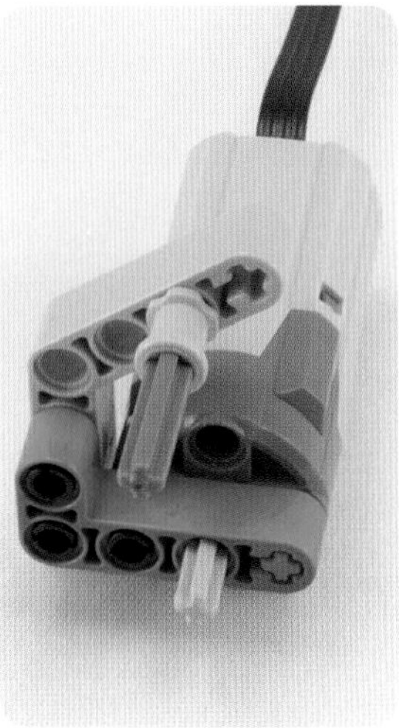

#65

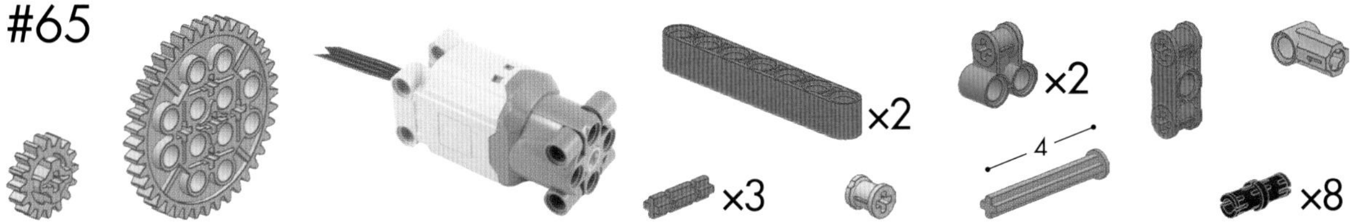

×2

×2

×3

4

×8

40:16 = 5:2 ▸ 2.50

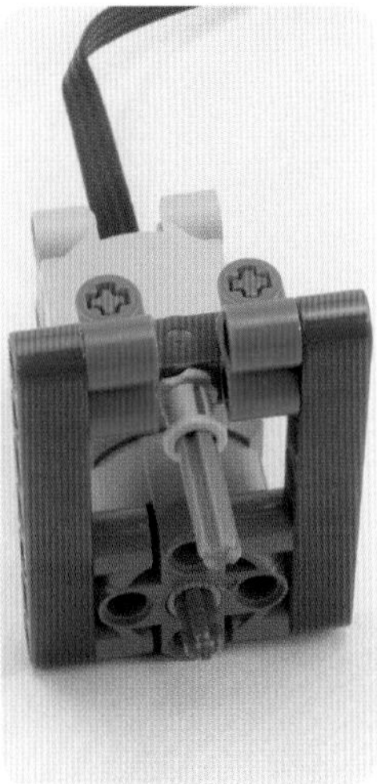

#66

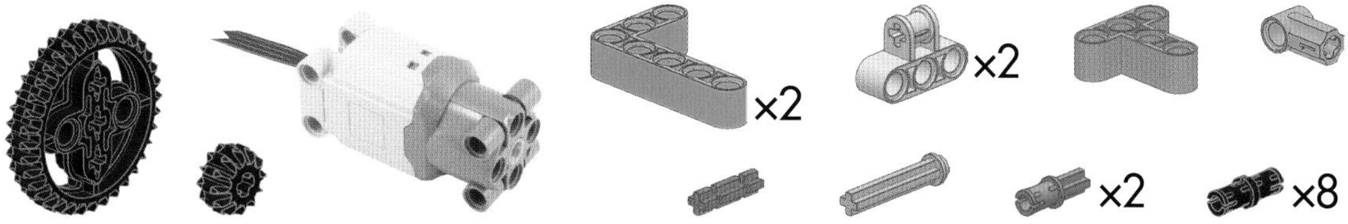

×2 ×2 ×2 ×8

36:12 = 3:1 ▸ 3.00

#67

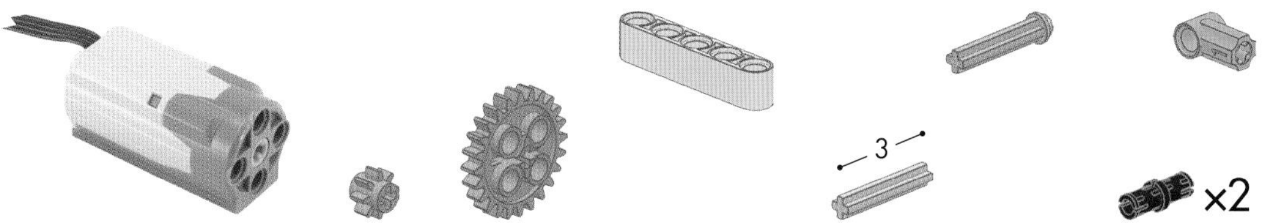

3

×2

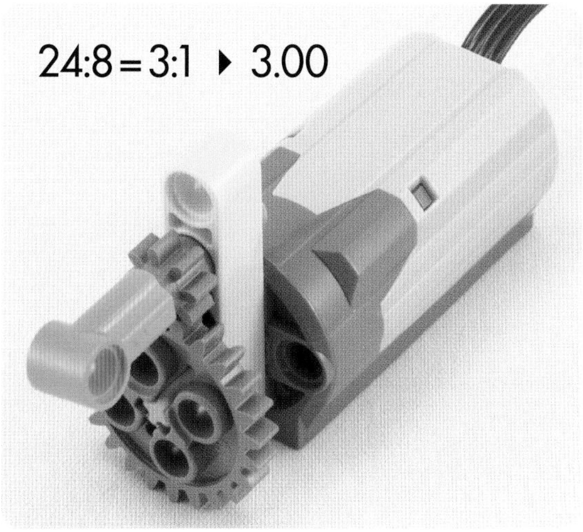

24:8 = 3:1 ▸ 3.00

#68

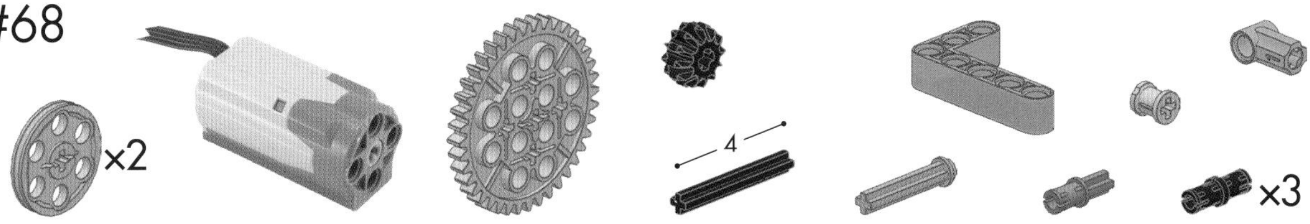

×2

4

×3

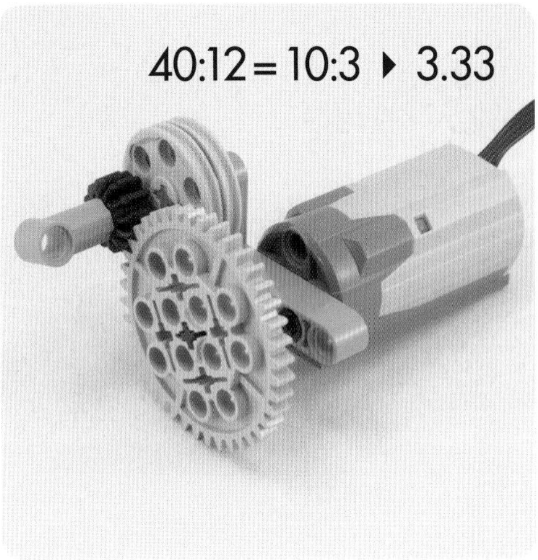

40:12 = 10:3 ▸ 3.33

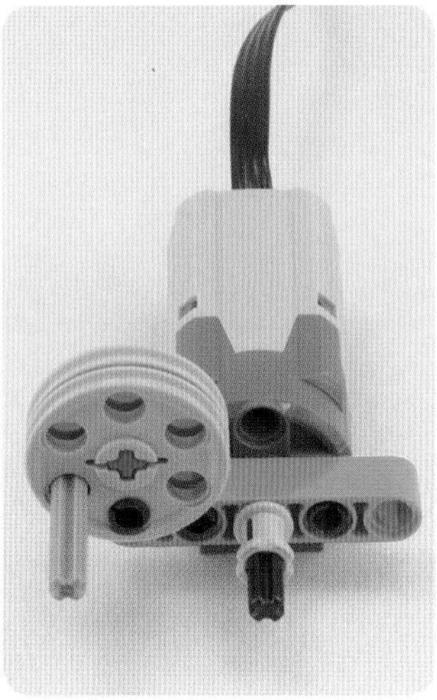

#69

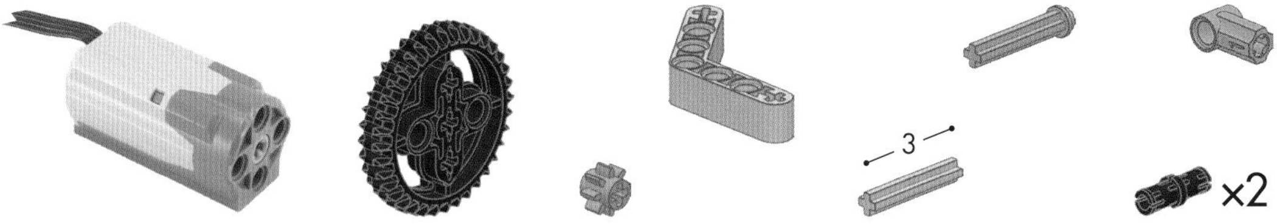

3

×2

36:8 = 9:2 ▸ 4.50

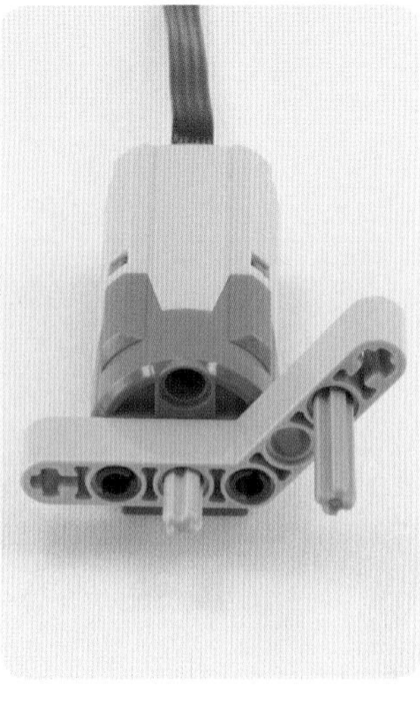

#70

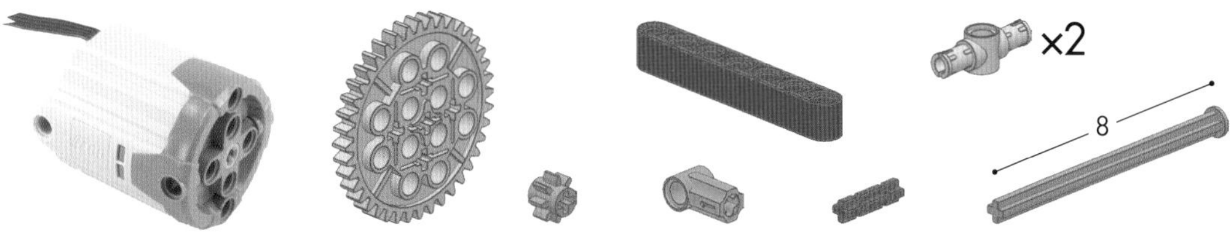

×2

8

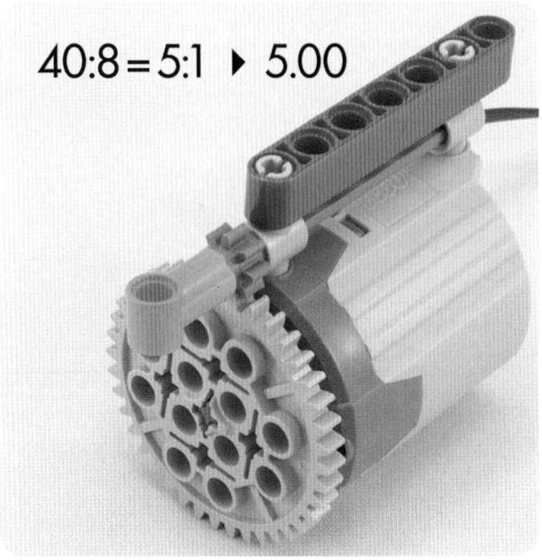

40:8 = 5:1 ▸ 5.00

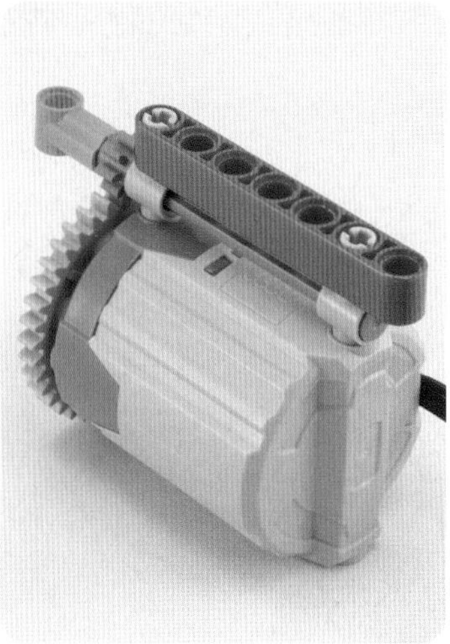

#71

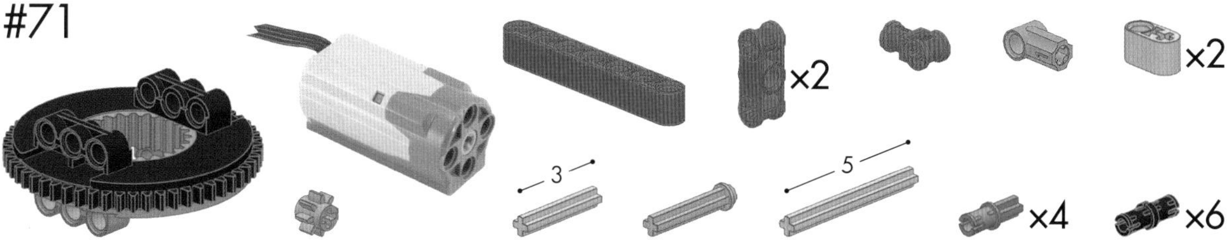

×2

×2

3

5

×4

×6

56:8 = 7:1 ▸ 7.00

회전 축의 방향 바꾸기 1 (90도)

#72

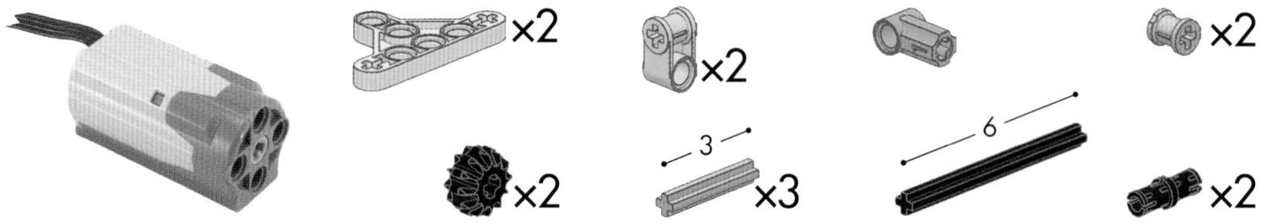

×2 ×2 ×2

×2 3 ×3 6 ×2

12:12 = 1:1

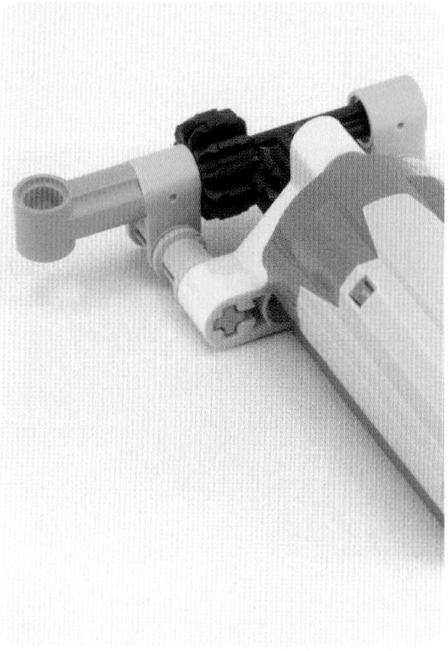

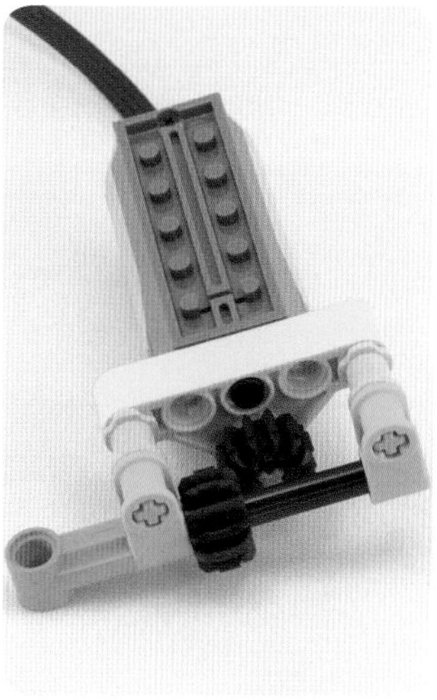

#73

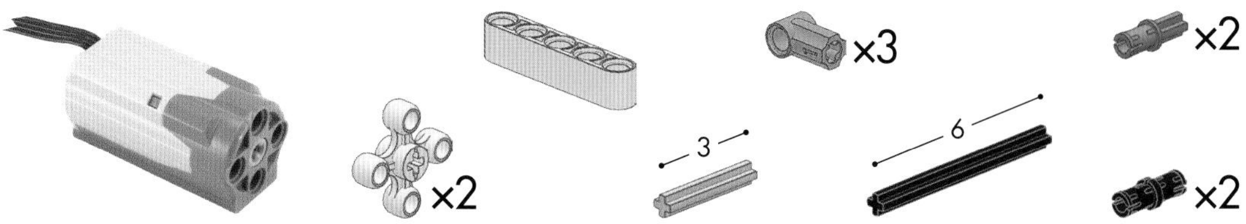

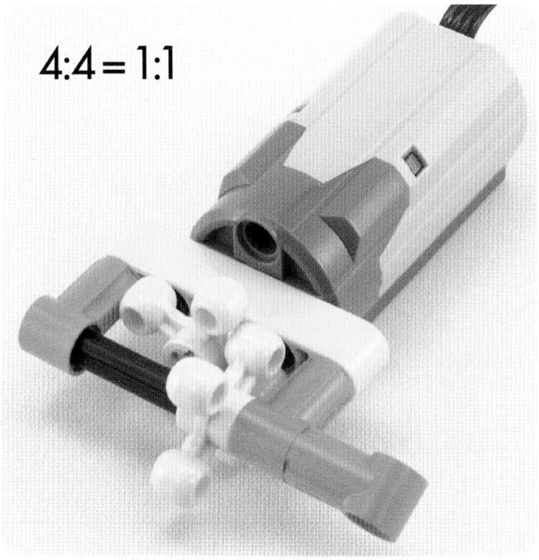

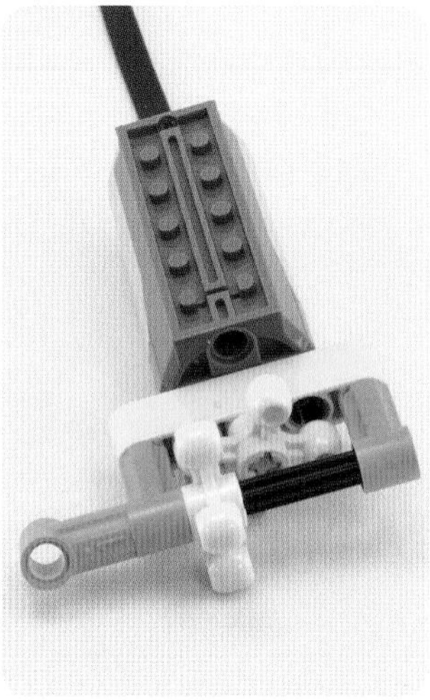

×2

×3

×2

3

6

×2

4:4 = 1:1

#74

×2

×2

3

×3

×2

12:12 = 1:1

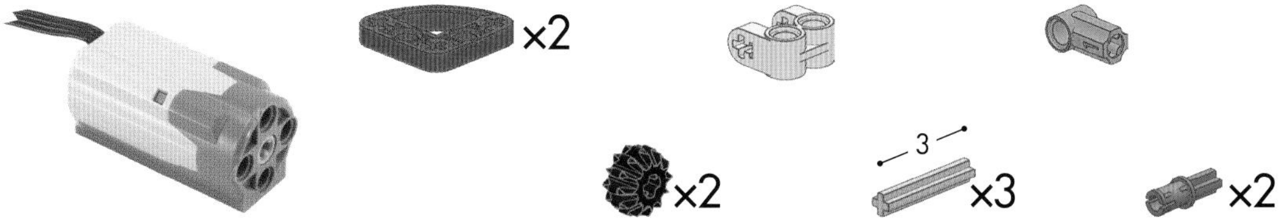

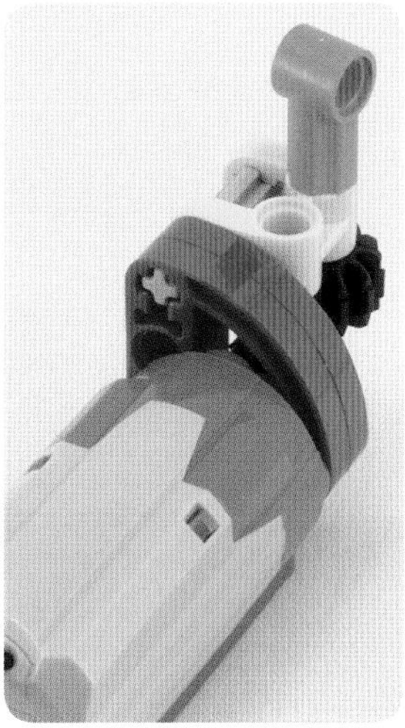

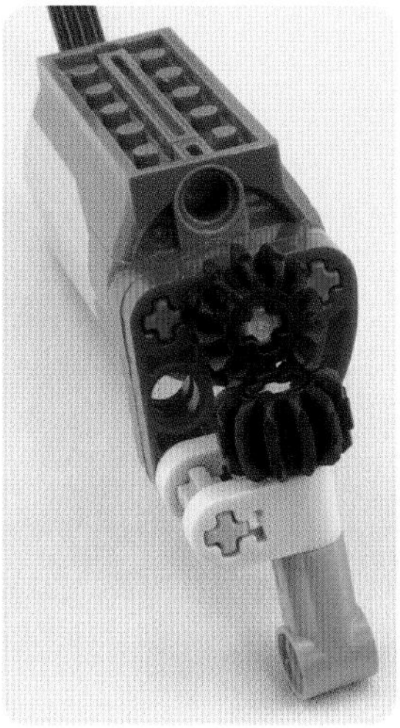

#75

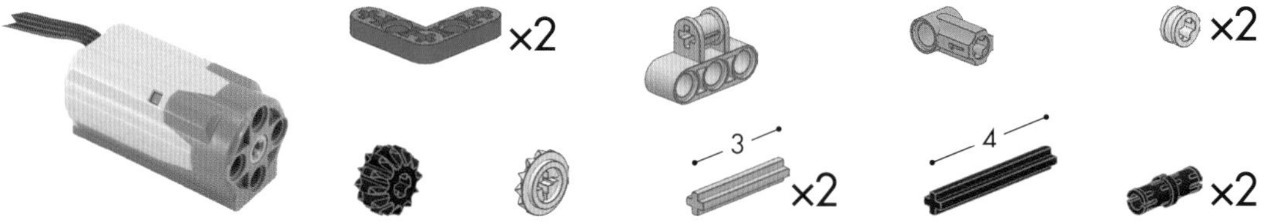

×2

×2

3

×2

4

×2

×2

12:12 = 1:1

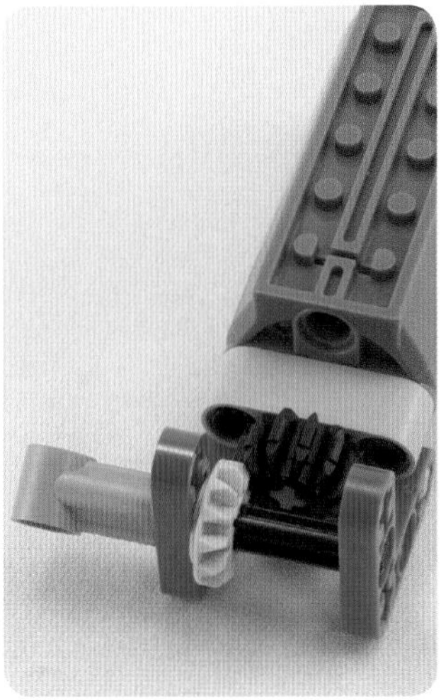

#76

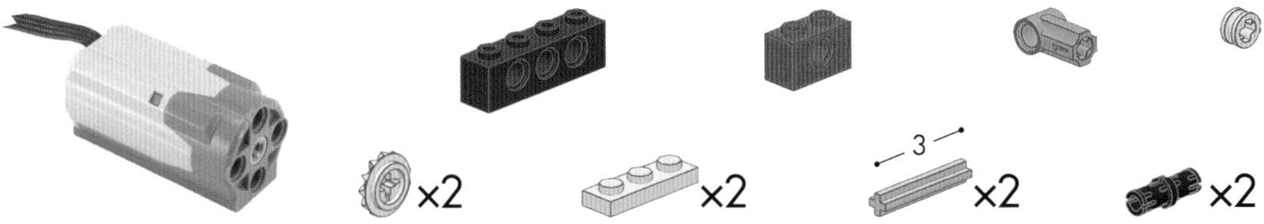

3

×2

×2

×2

×2

12:12 = 1:1

#77

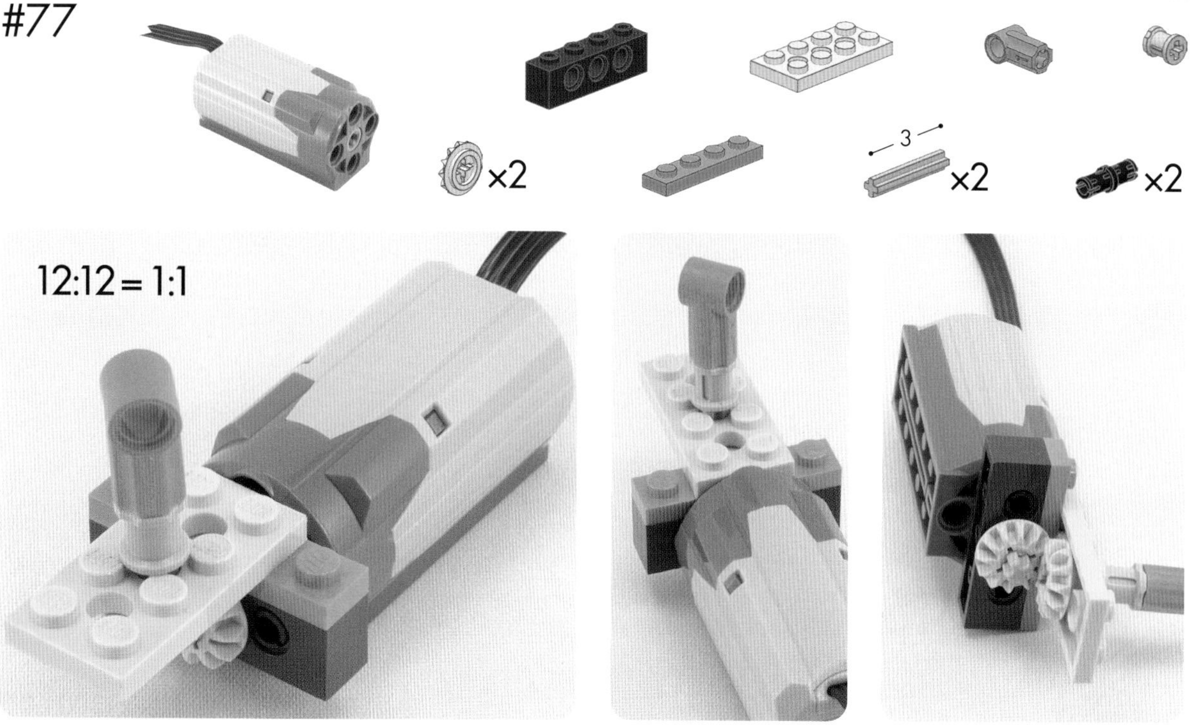

×2

3

×2

×2

12:12 = 1:1

#78

×2

3

×2

×2

12:12 = 1:1

#79

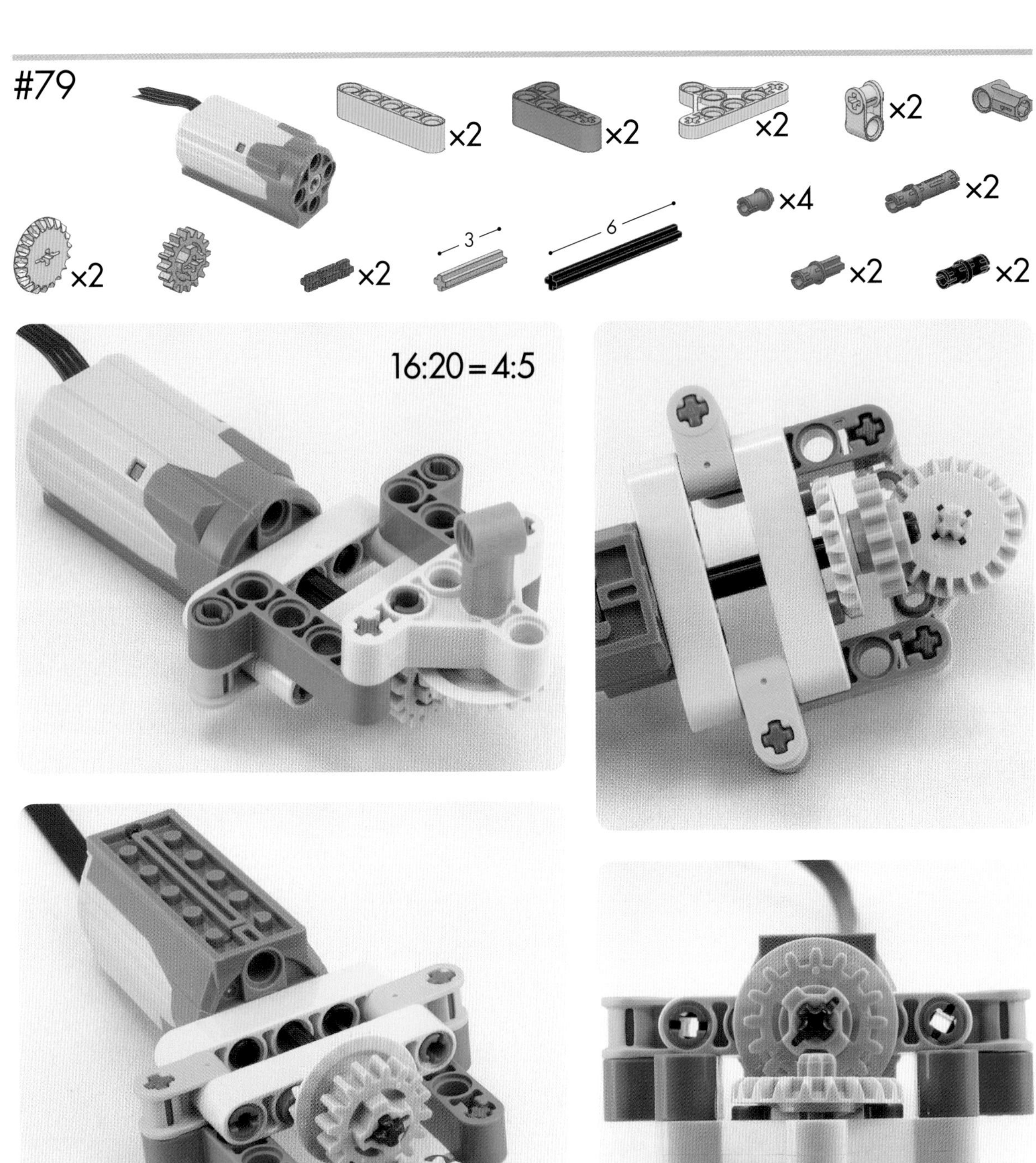

#80

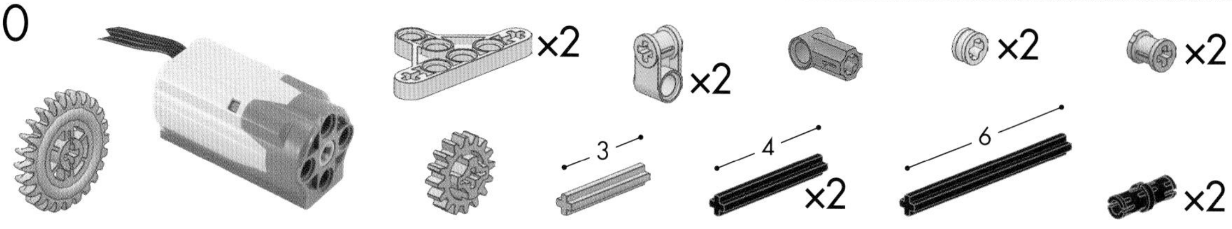

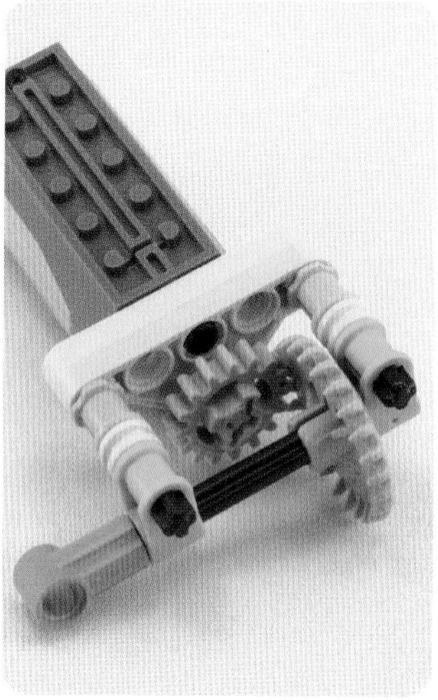

×2 ×2 ×2 ×2

3 4 6

×2 ×2

16:24 = 2:3

#81

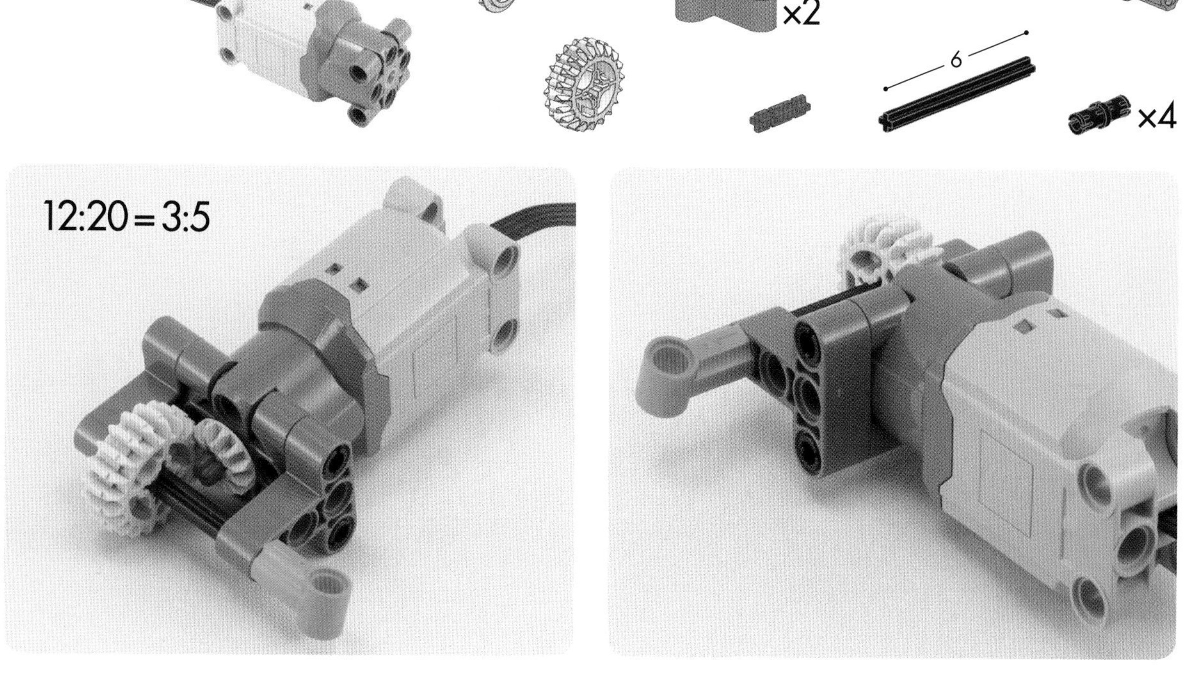

#82

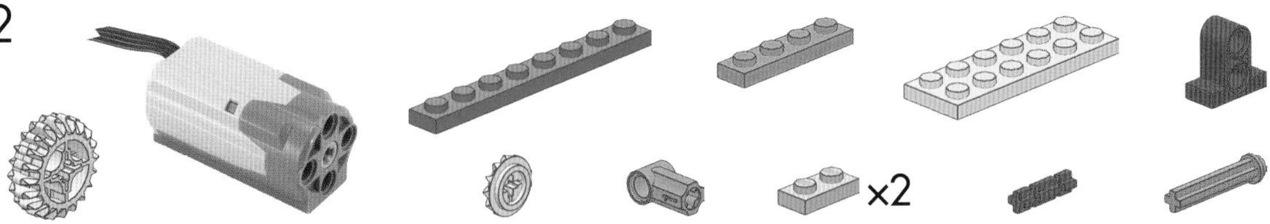

×2

12:20 = 3:5

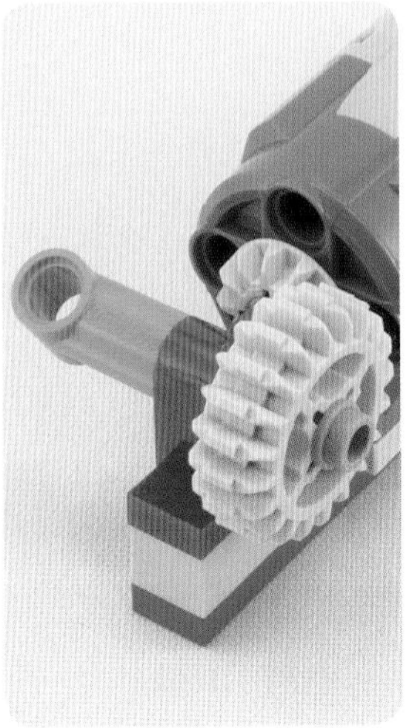

#83

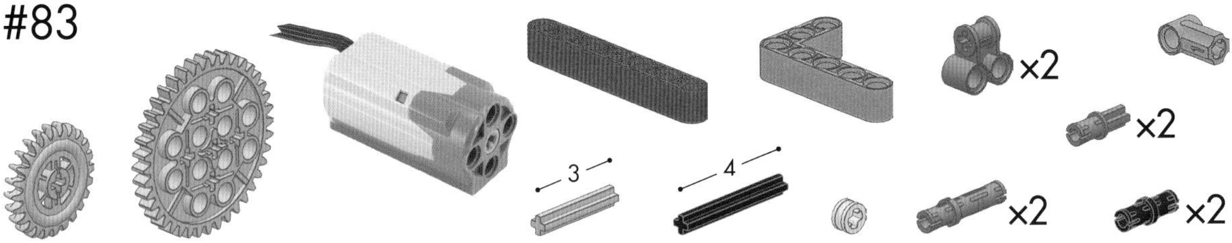

×2

×2

3

4

×2

×2

24:40 = 3:5

#84

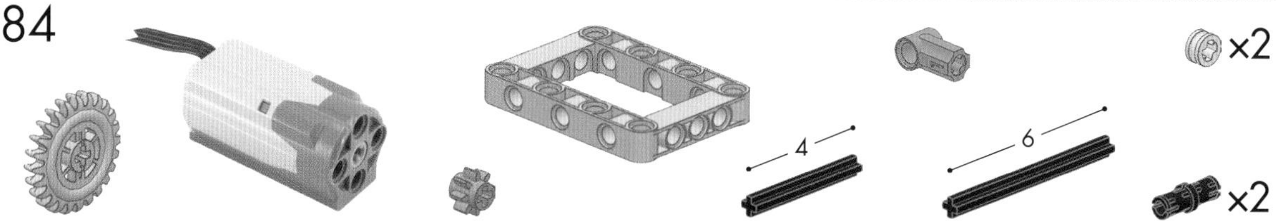

×2

4

6

×2

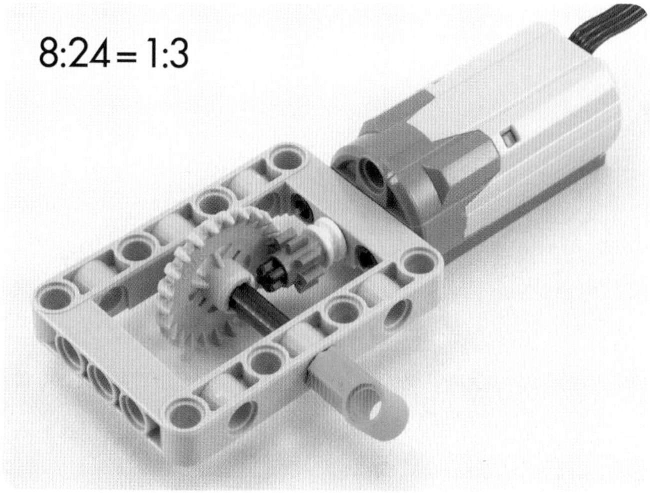

8:24 = 1:3

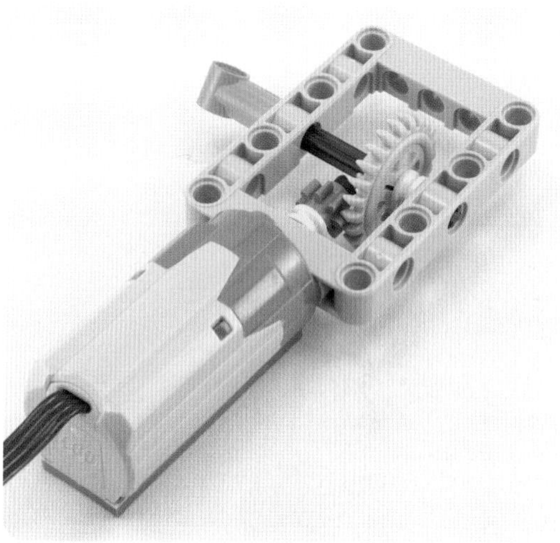

#85

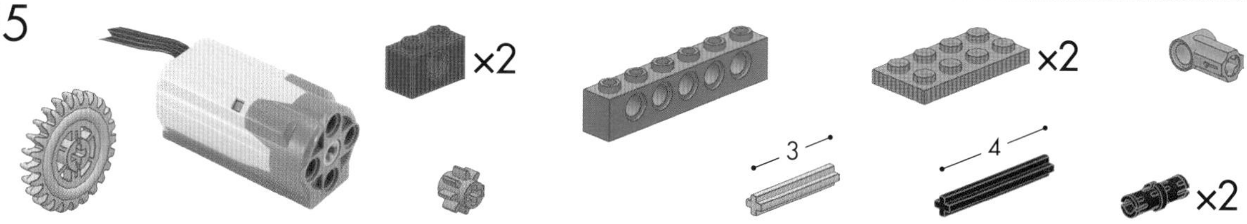

×2

×2

3

4

×2

8:24 = 1:3

#86

×2

×2

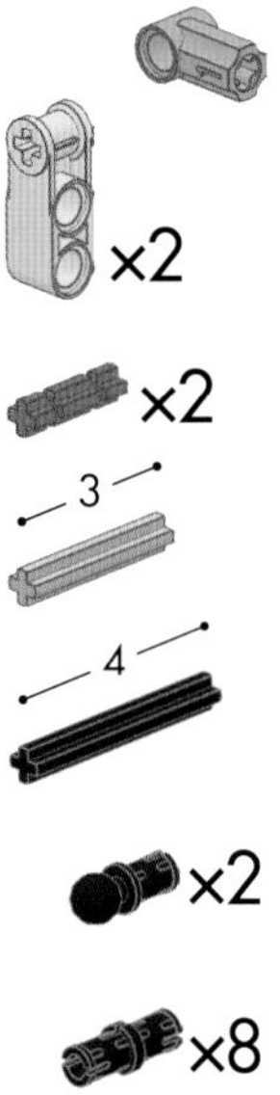

×2

×2

3

4

×2

×8

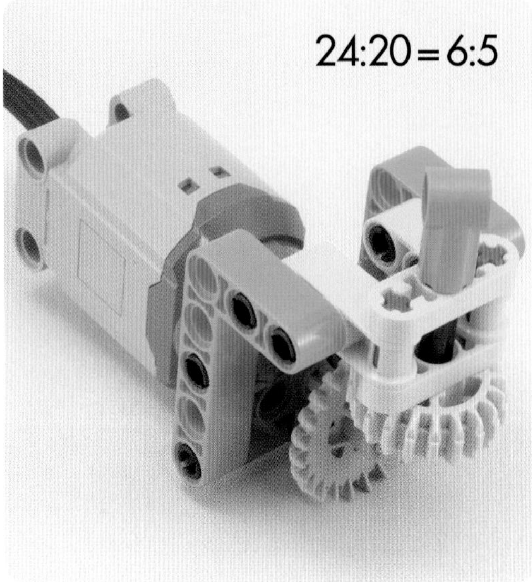

24:20 = 6:5

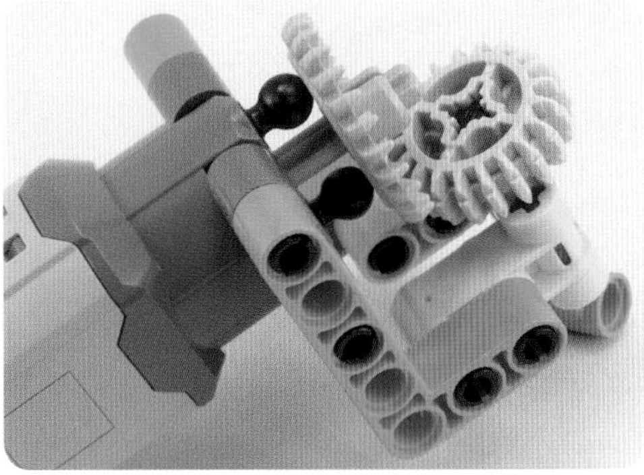

#87

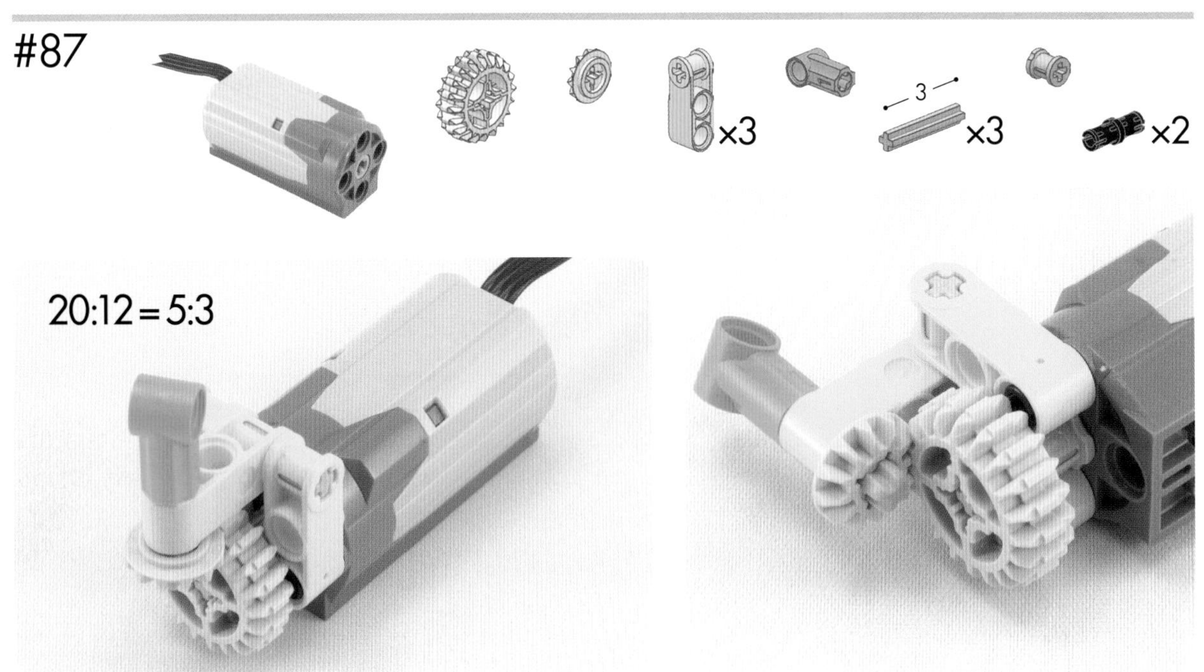

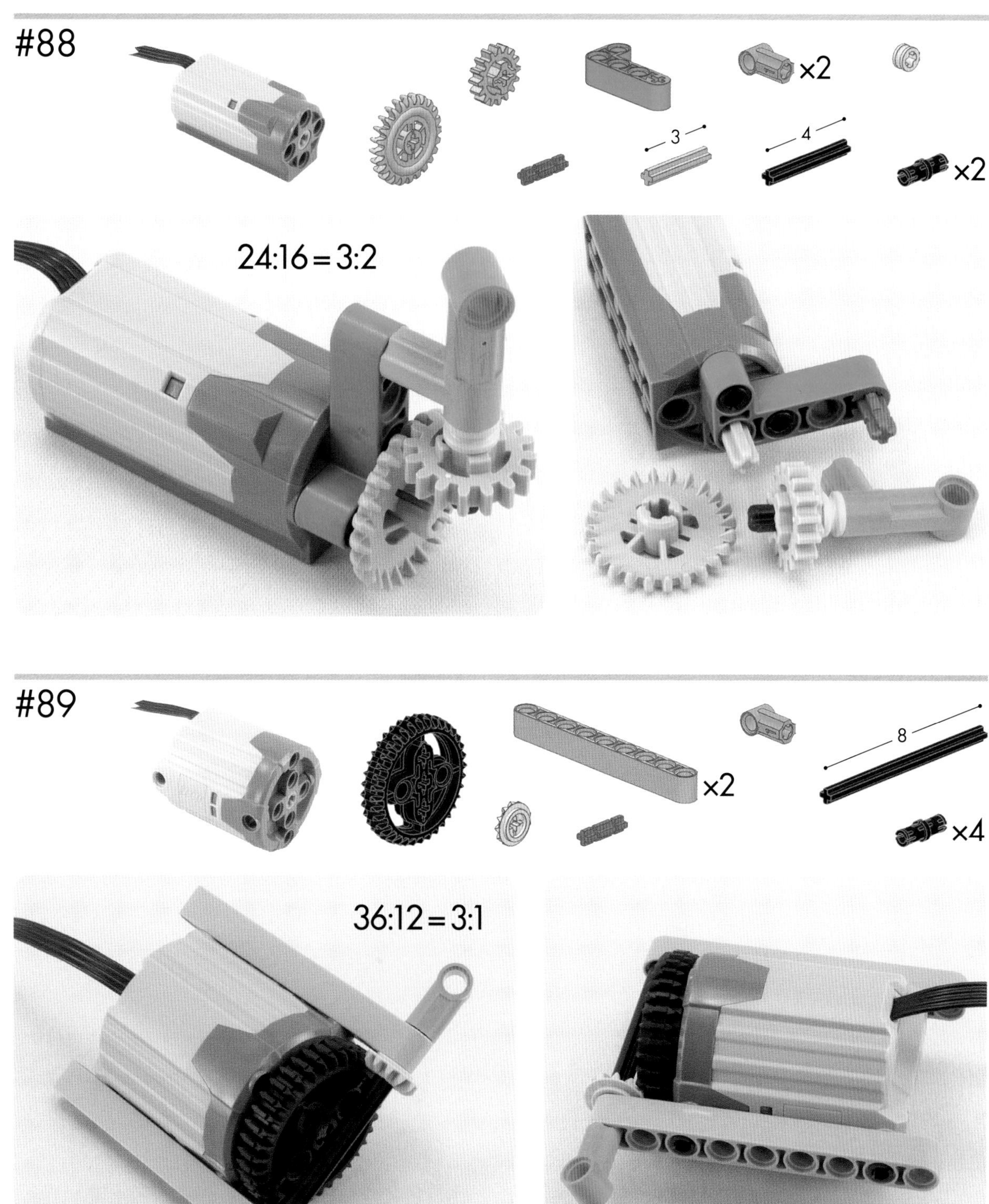
#88
×2
3
4
×2
24:16 = 3:2
#89
×2
8
×4
36:12 = 3:1

웜(스크류) 기어를 이용한 감속 구조

#90

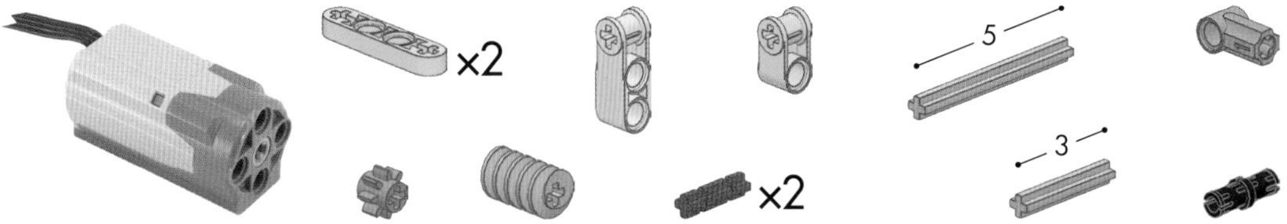

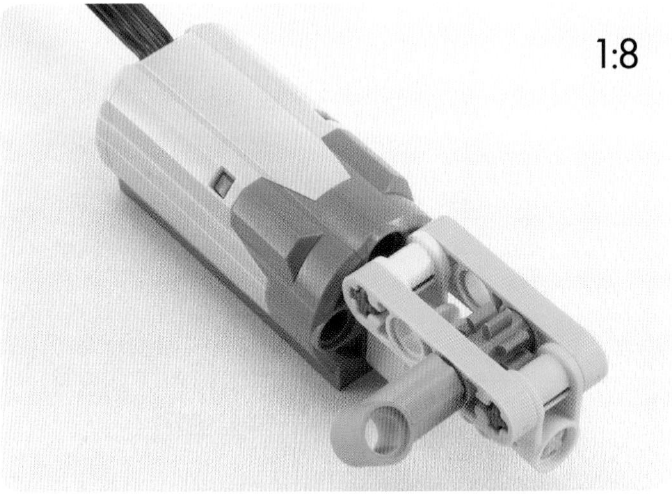

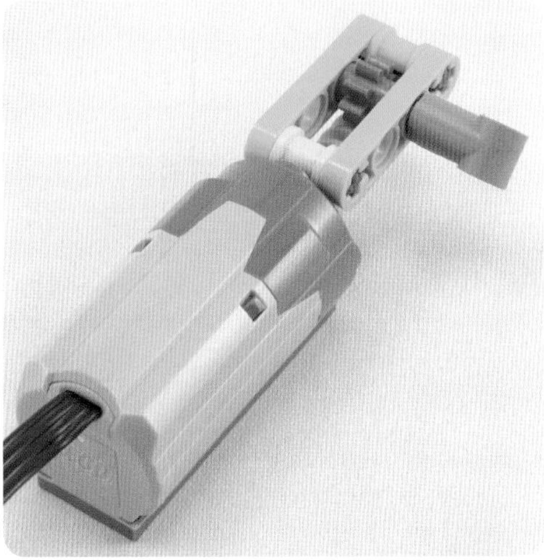

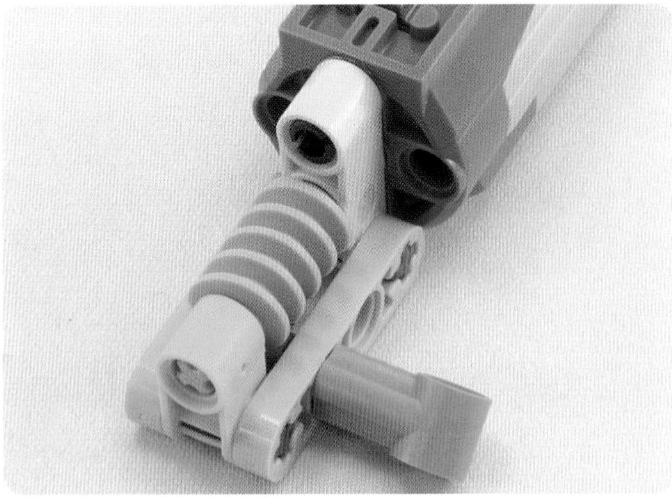

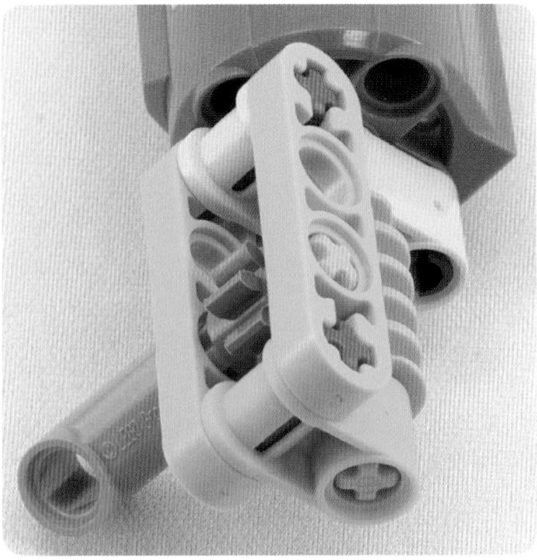

×2

×2

5

3

1:8

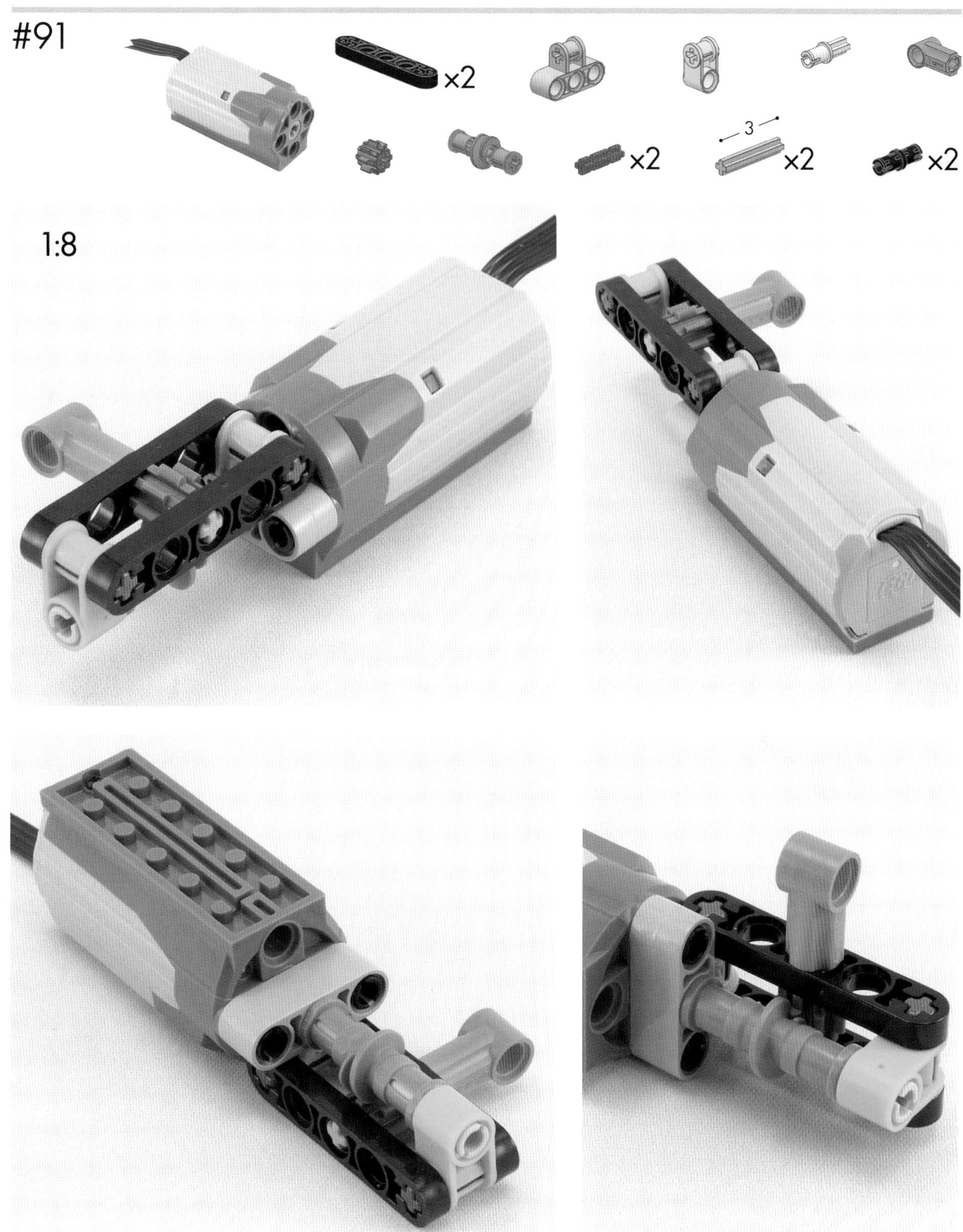
#91
×2
3
×2
×2
×2
×2
1:8

#92

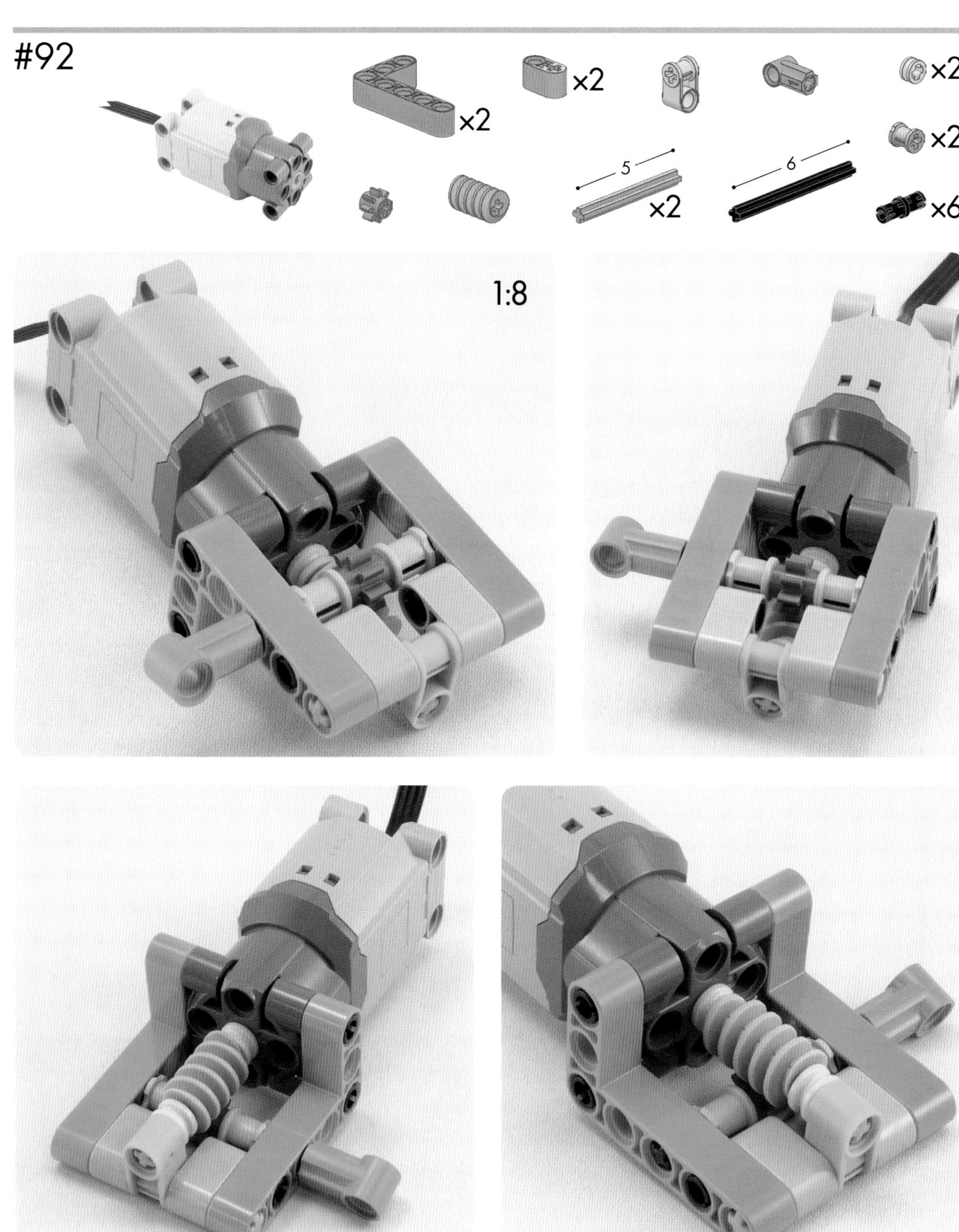

#93

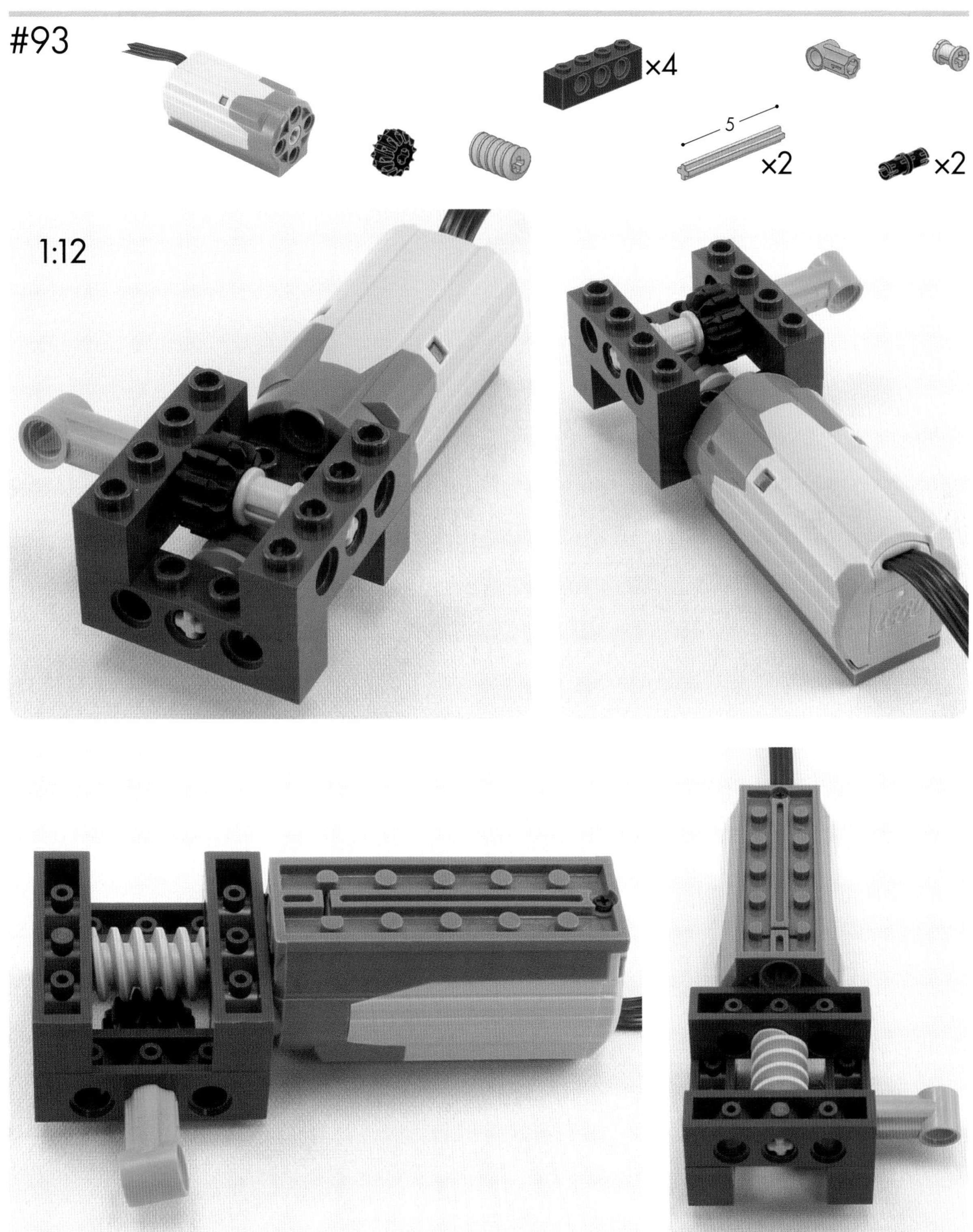

#94

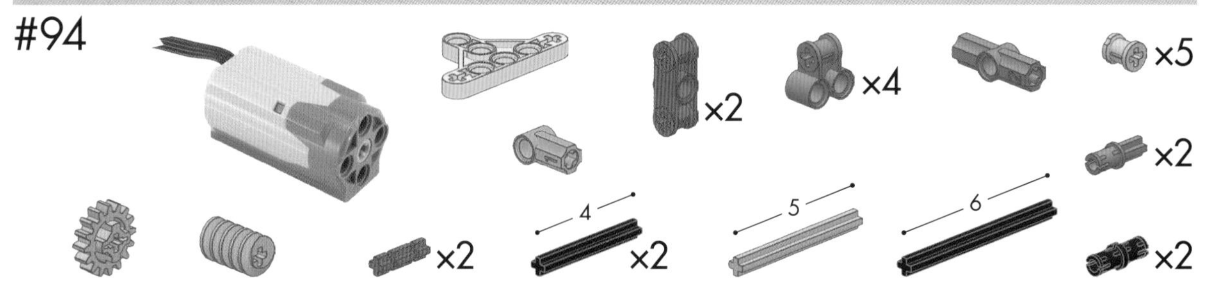

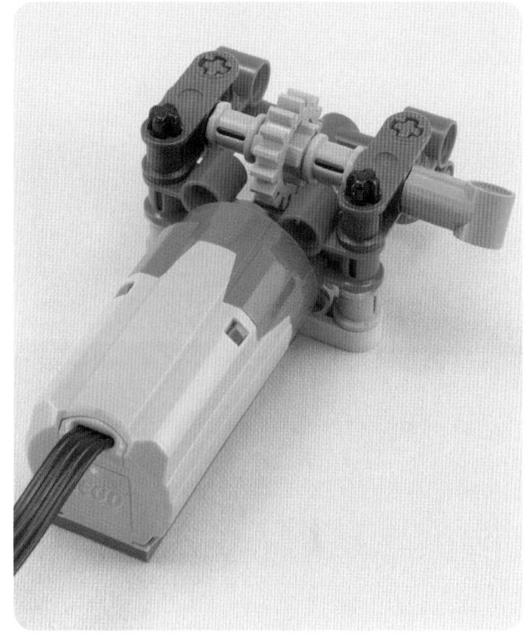

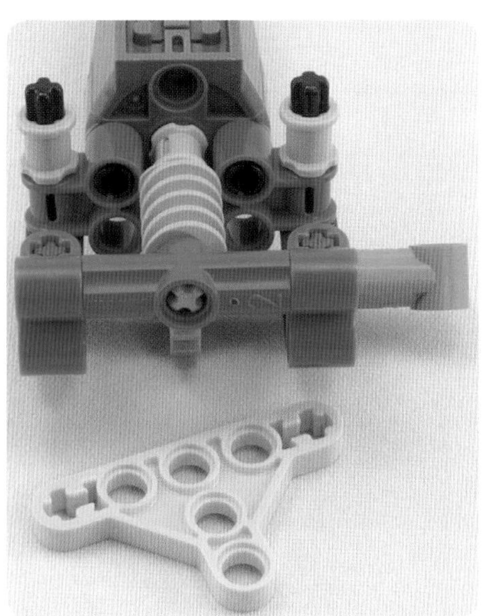

#95

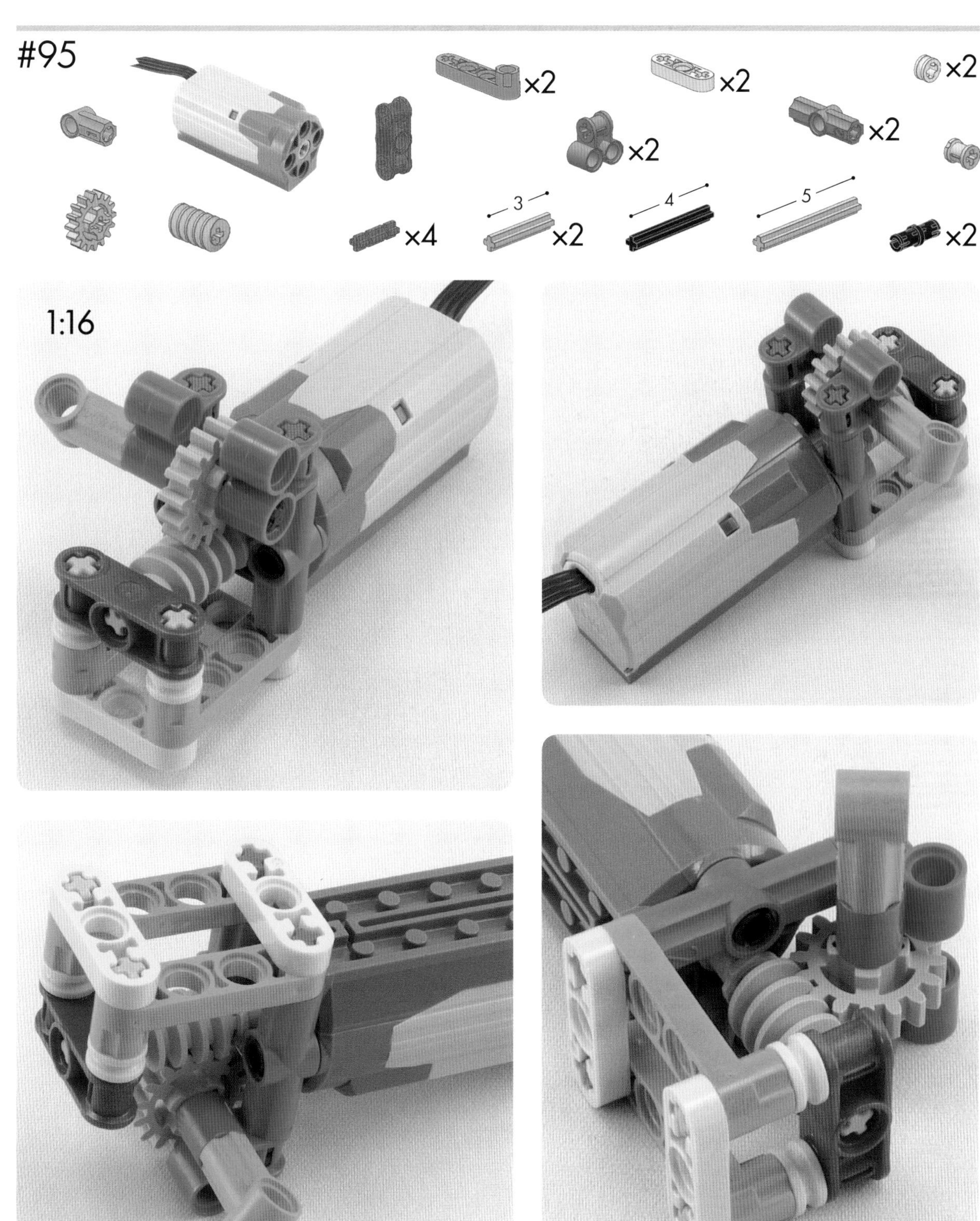

#96

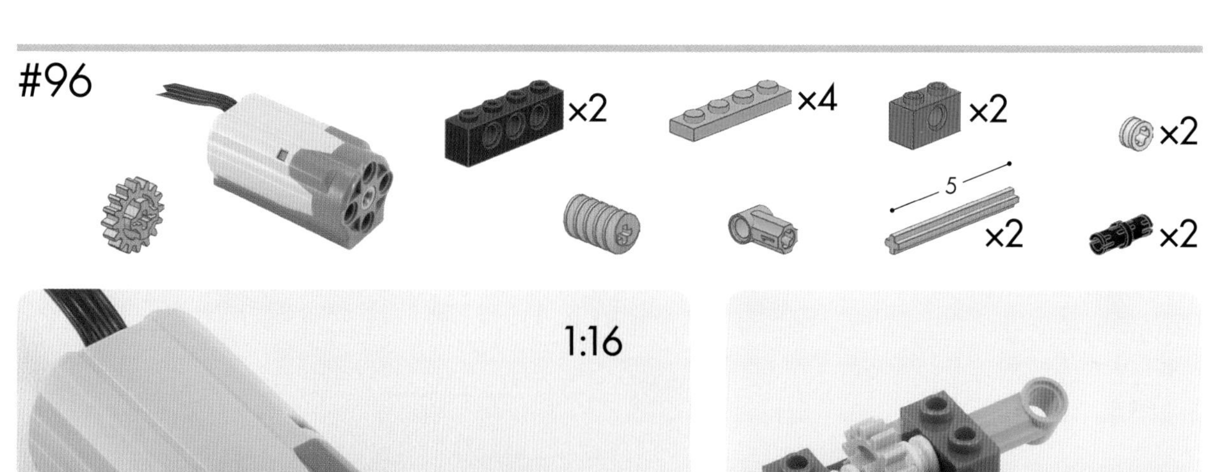

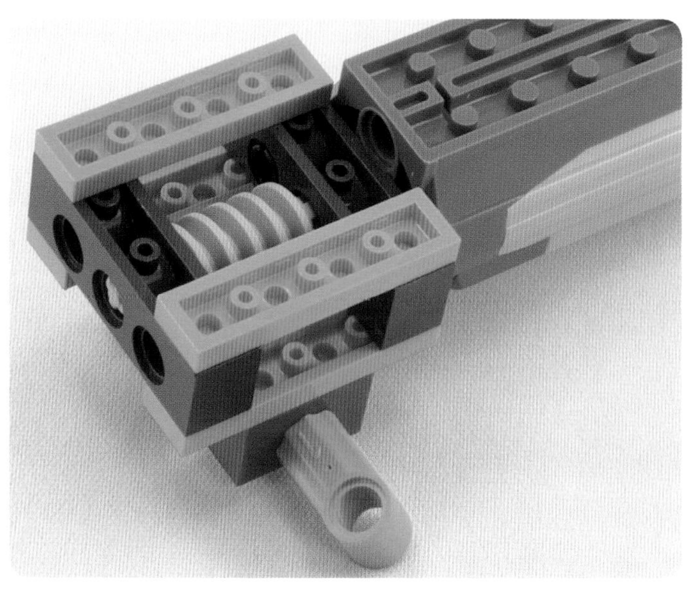

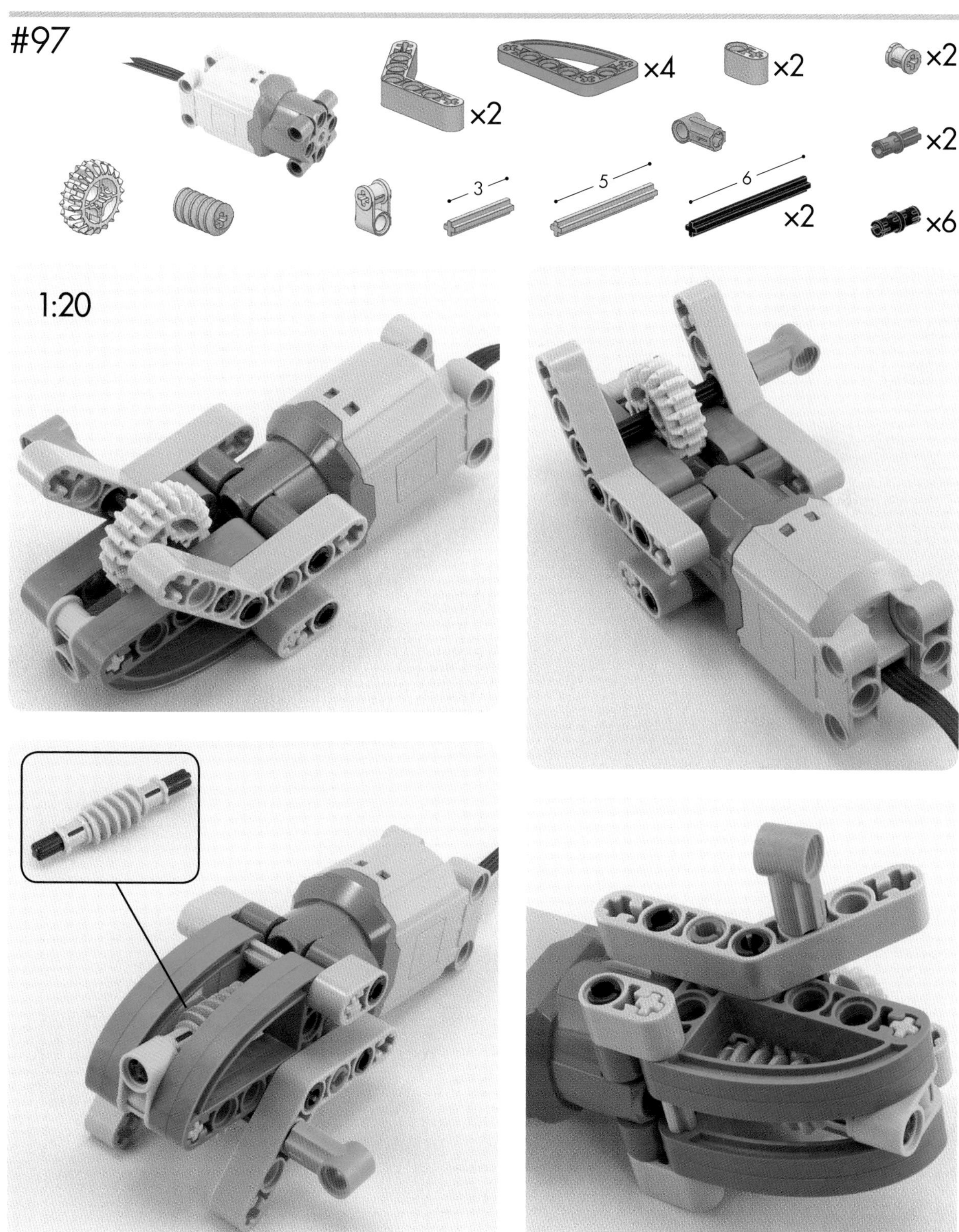
#97
×2
×4
×2
×2
×2
3
5
6
×2
×6
1:20

#98

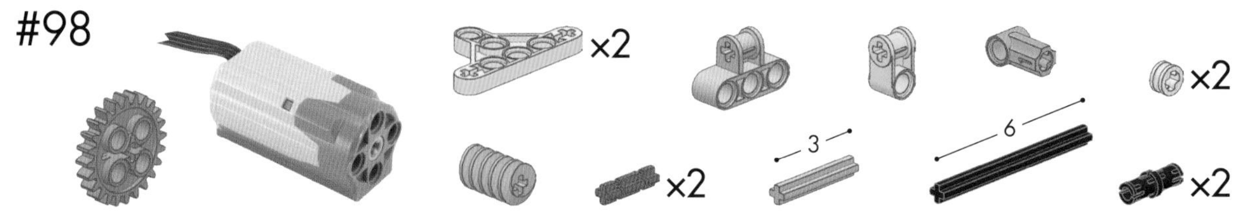

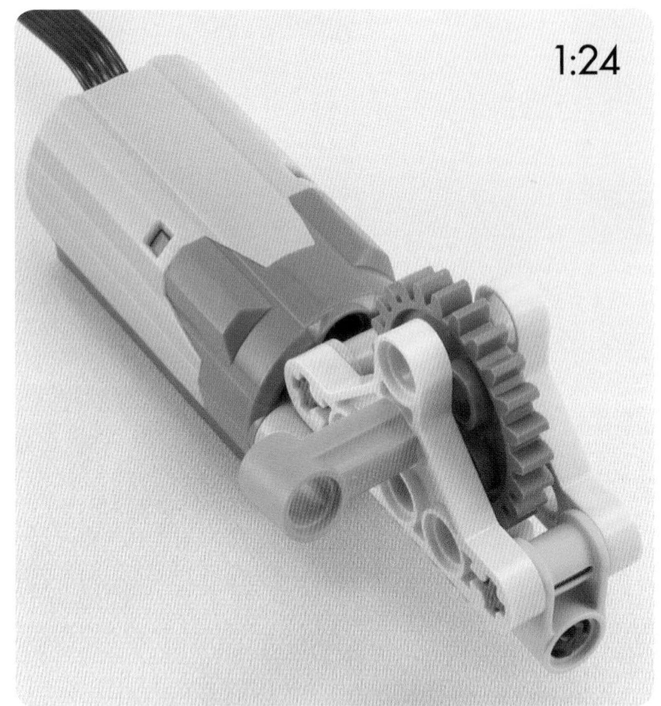

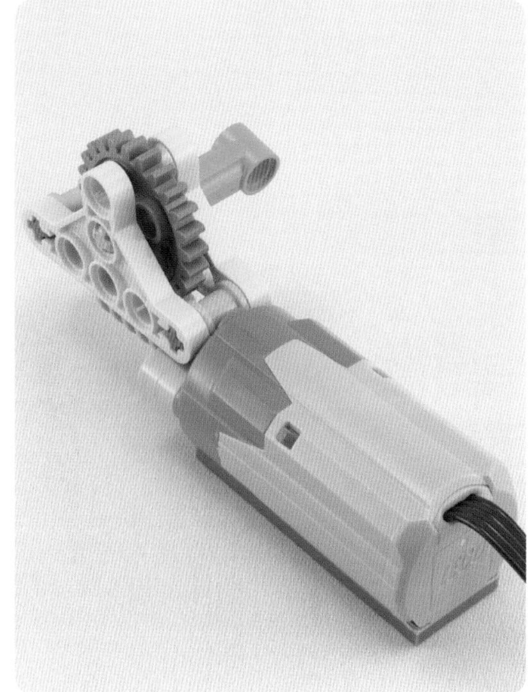

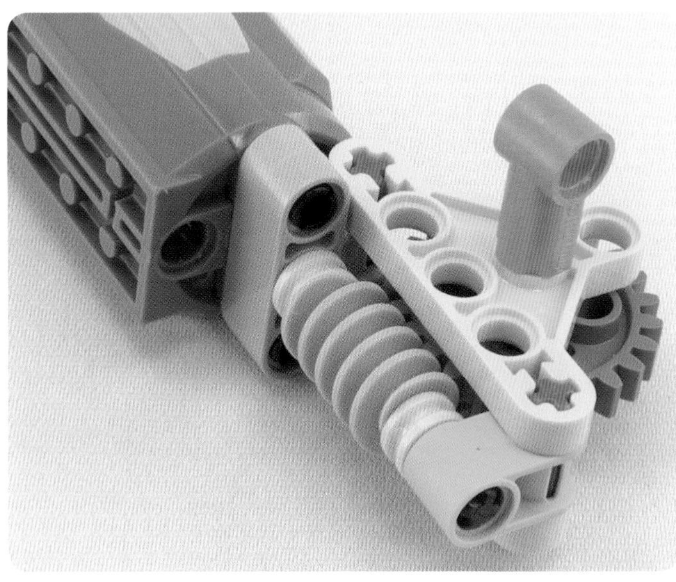

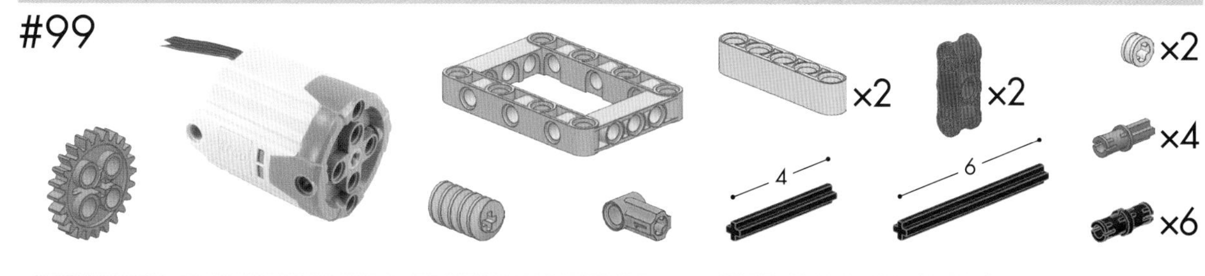
#99
×2
×2
×2
×4
4
6
×6

1:24

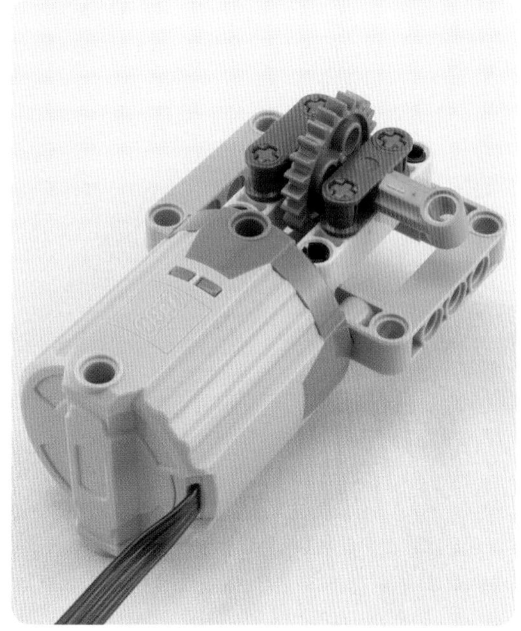

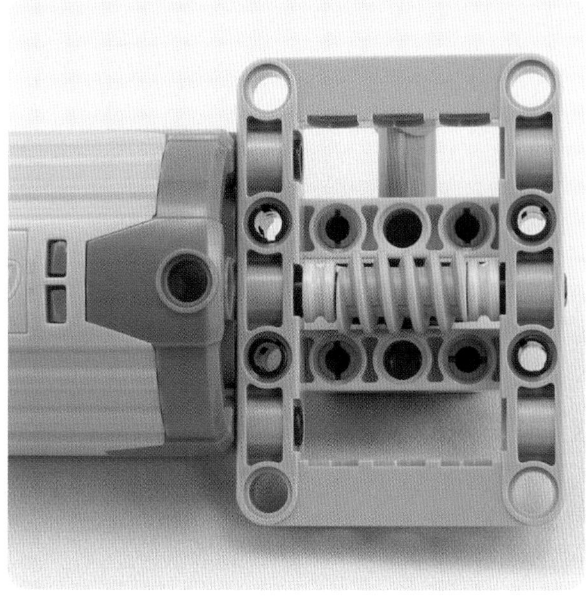

#100

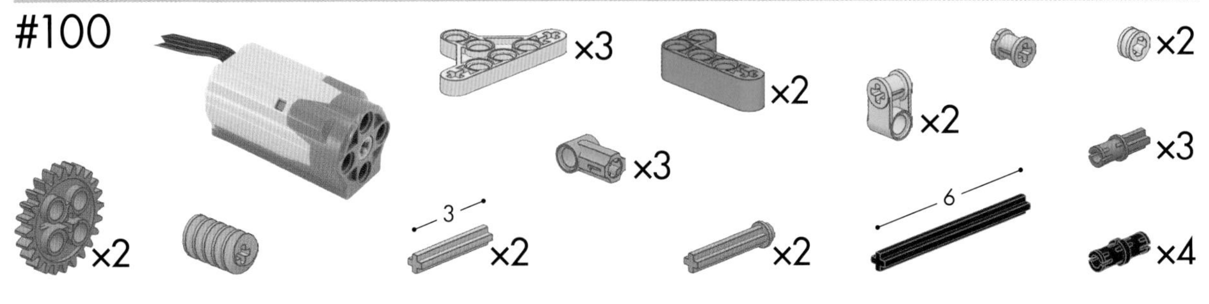

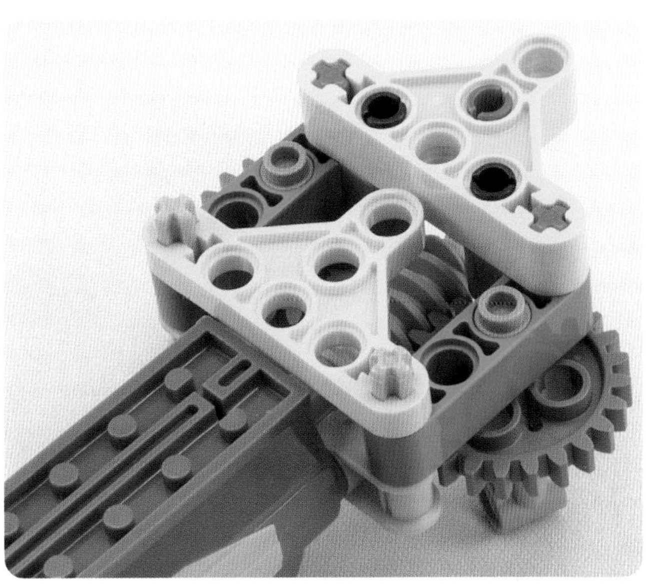

#101

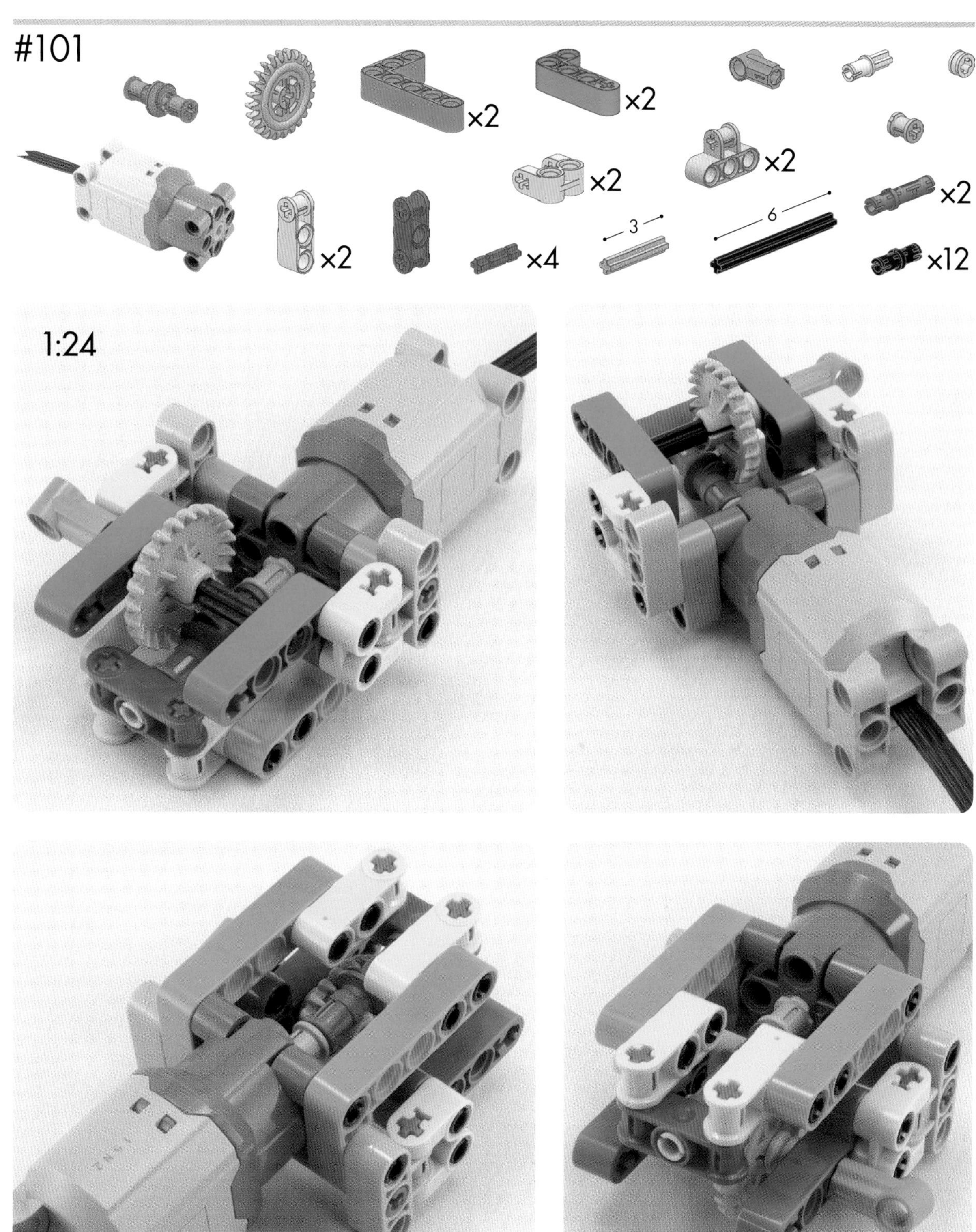

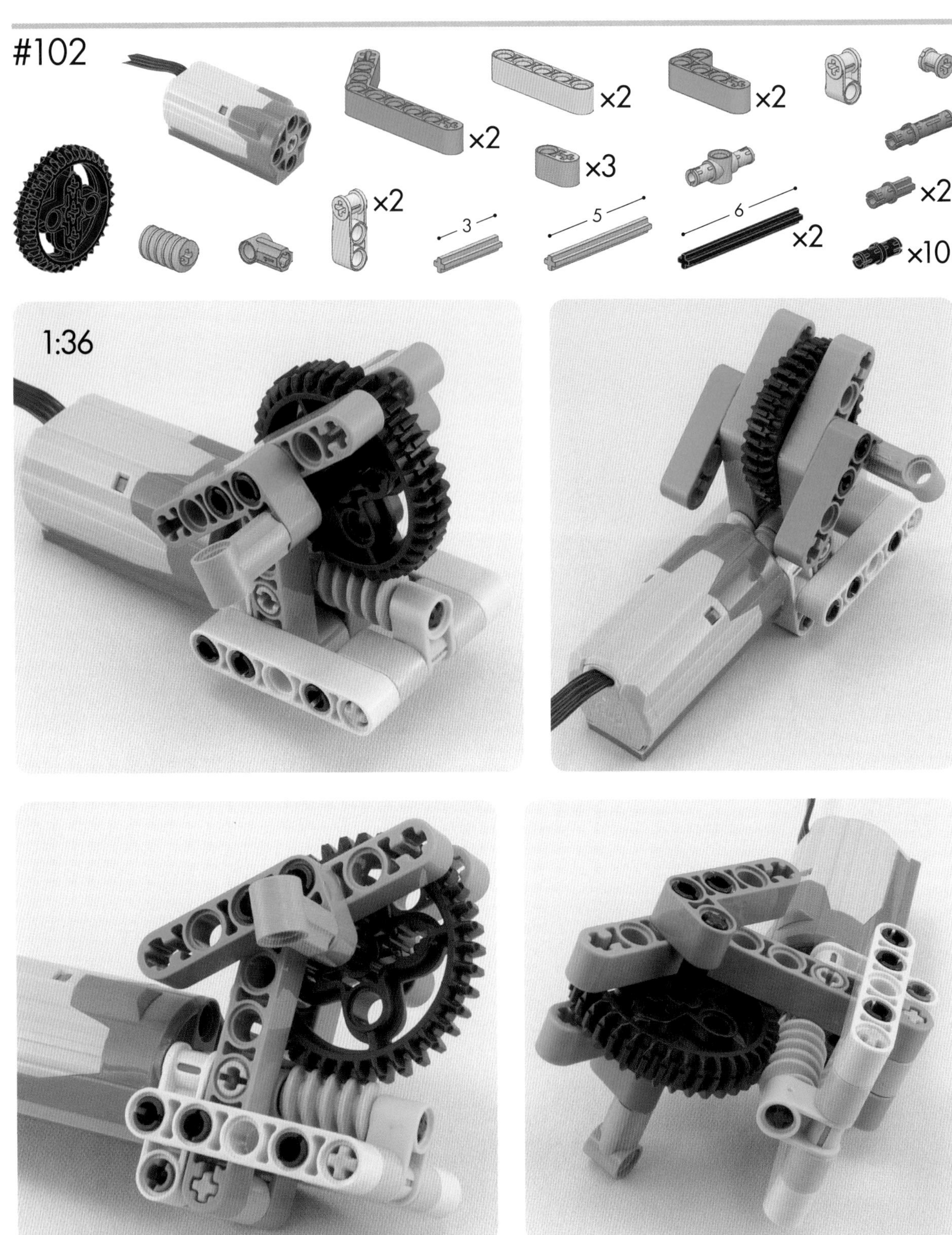
#102
×2
×2
×2
×3
×2
3
5
6
×2
×2
×10
1:36

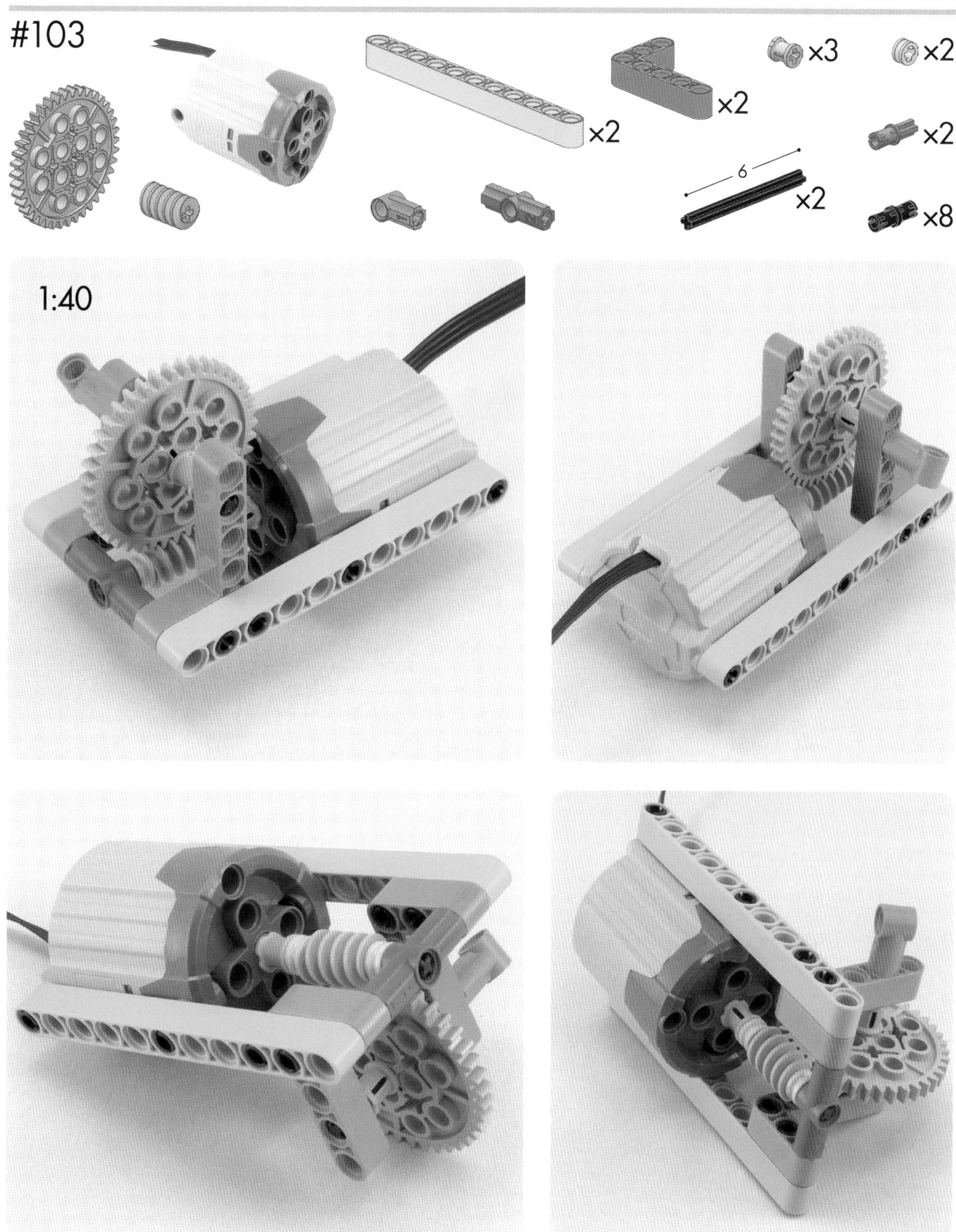
#103
×2
×2
×3
×2
×2
6
×2
×8
1:40

턴테이블의 활용

#104

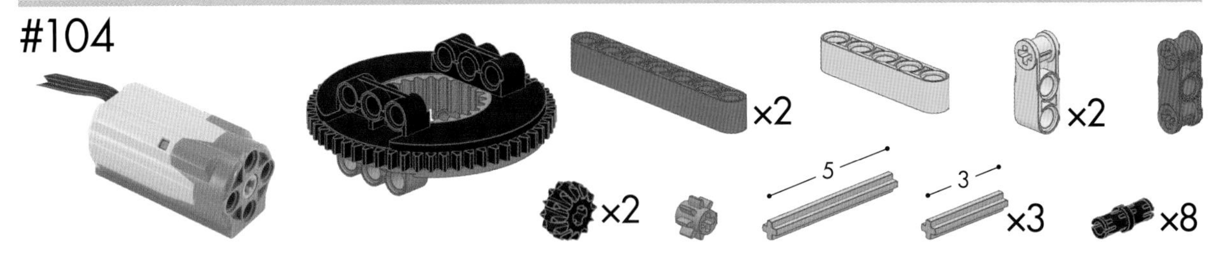

#105

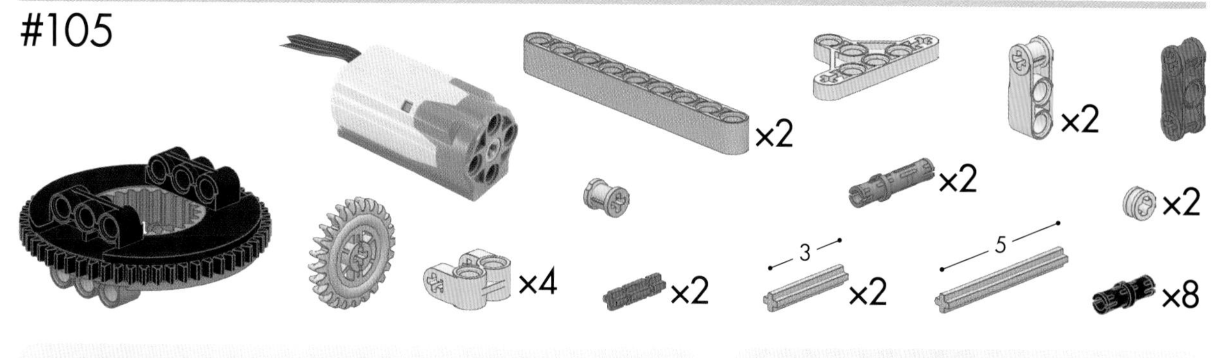

#106

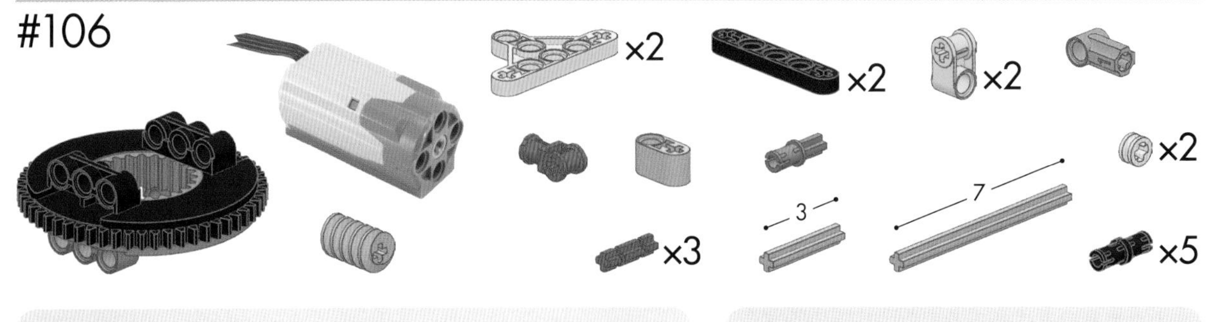

#107

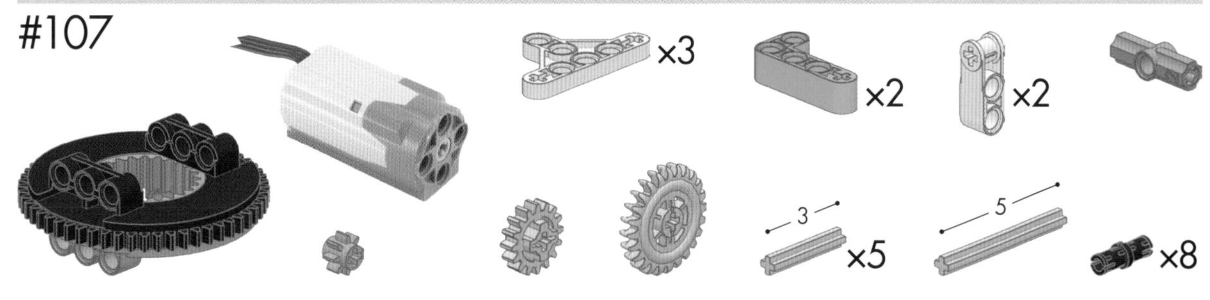

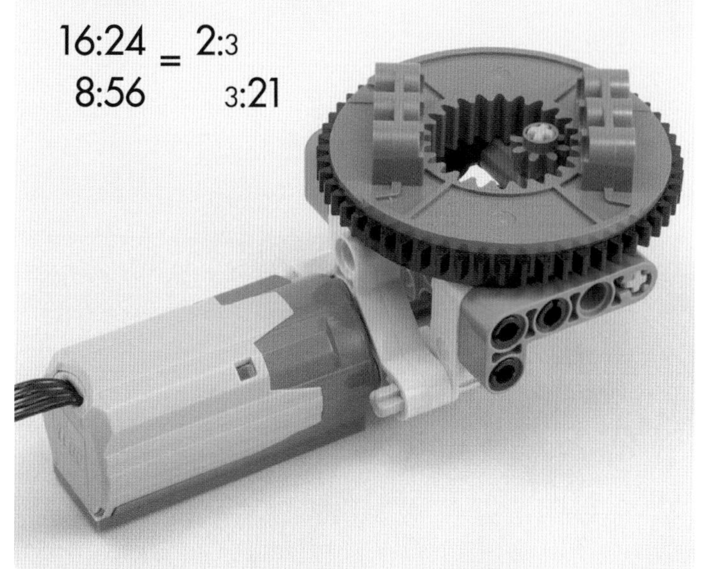

#108

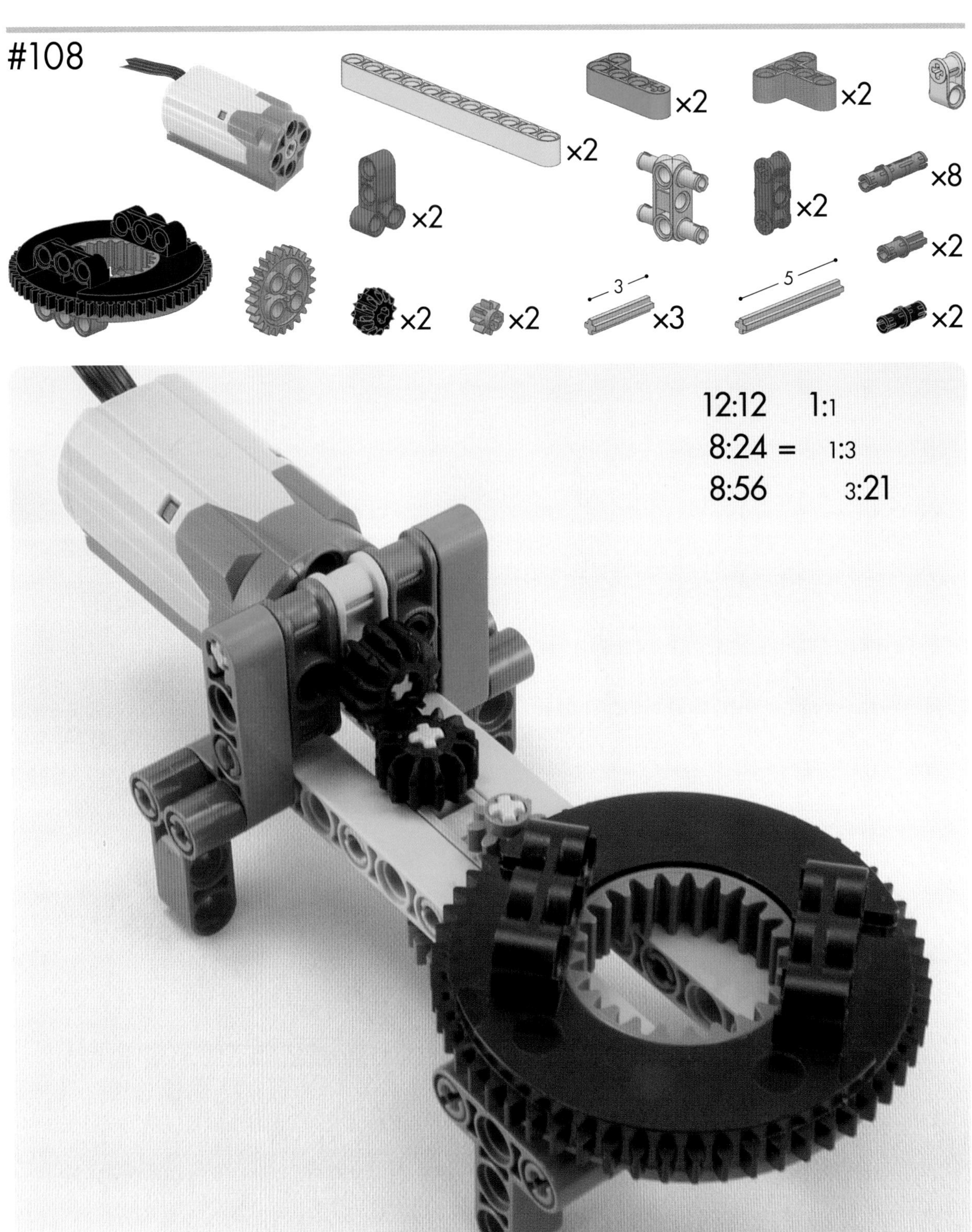
×2
×2
×2
×2
×8
×2
×2
×2
×2
3
×3
5
×2
12:12 1:1
8:24 = 1:3
8:56 3:21

8:24

12:20

16:16

20:12

24:8

#109

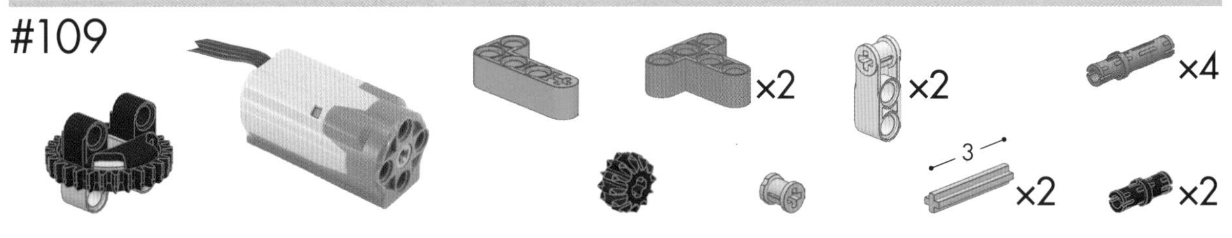

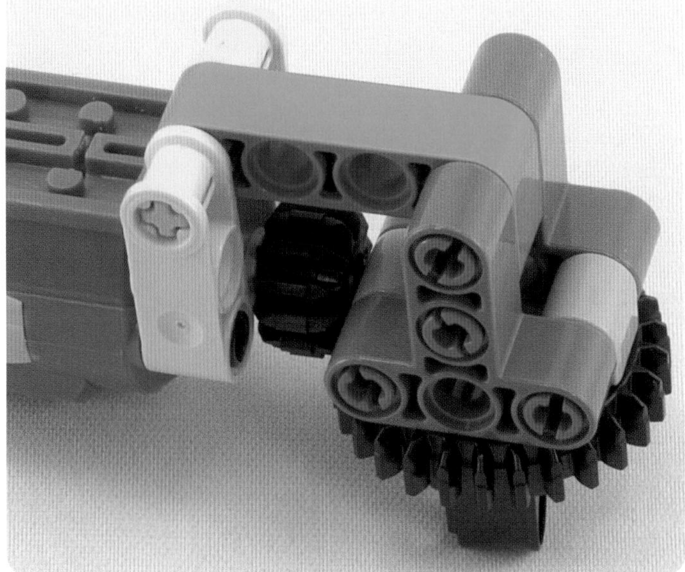

#110

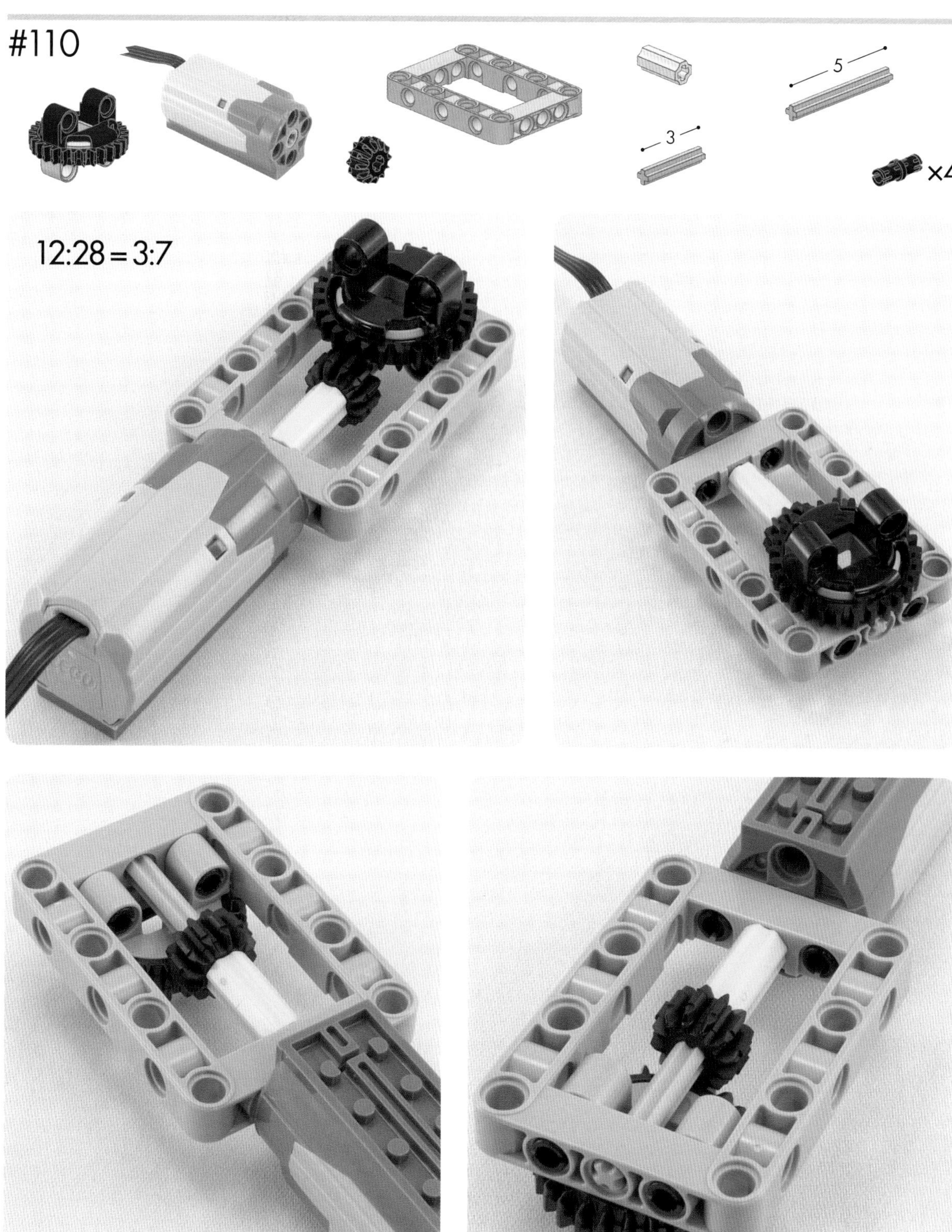

#111

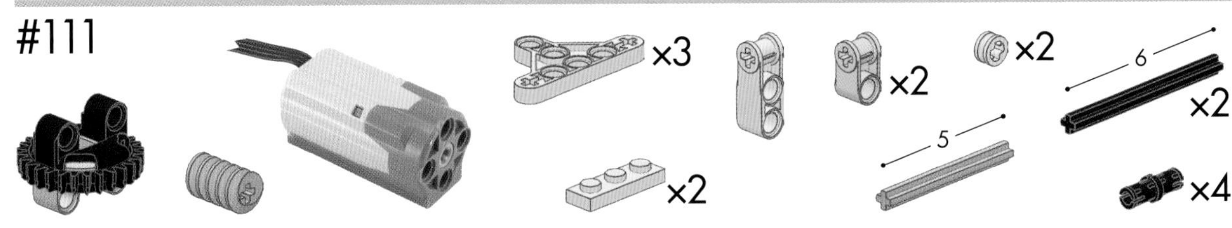

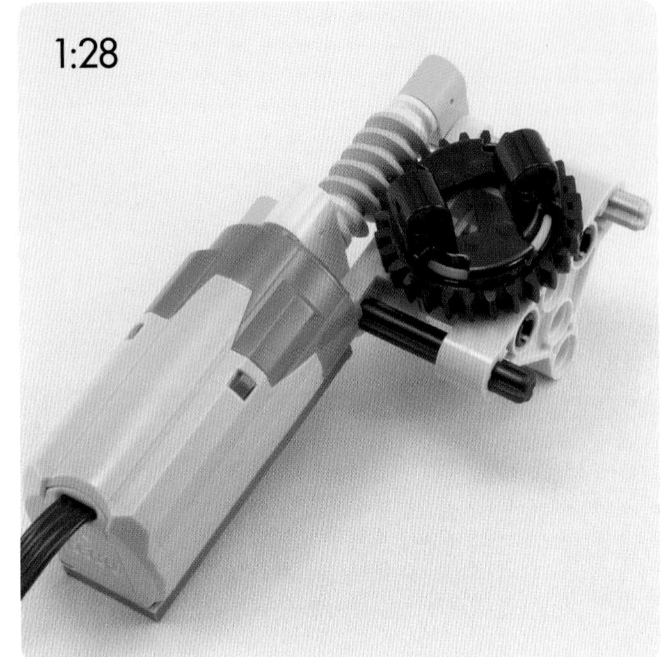

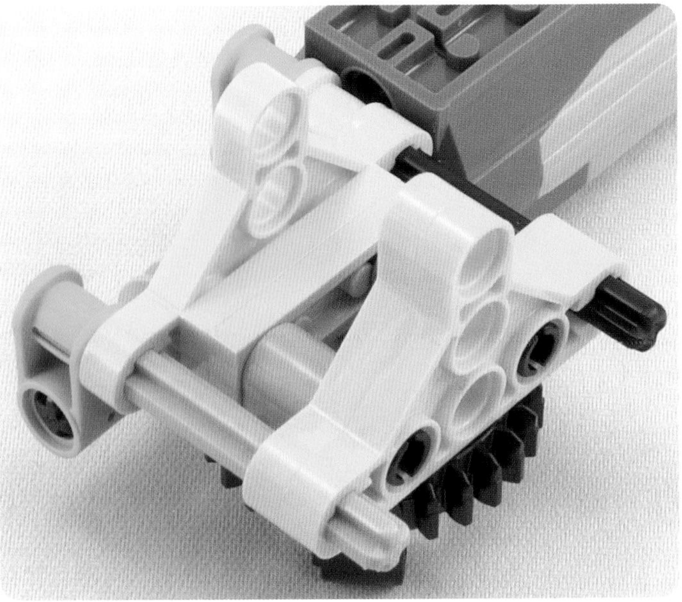

#112

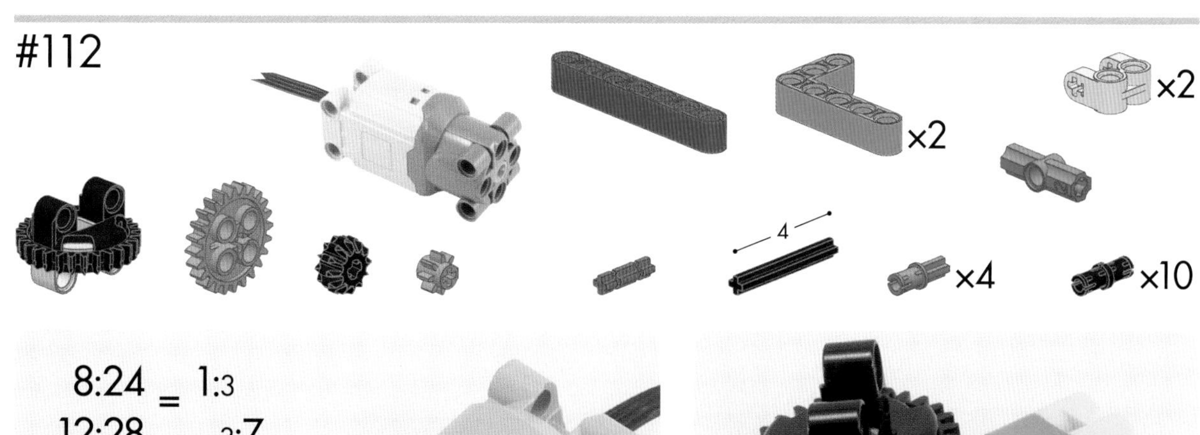

복합 기어 구조

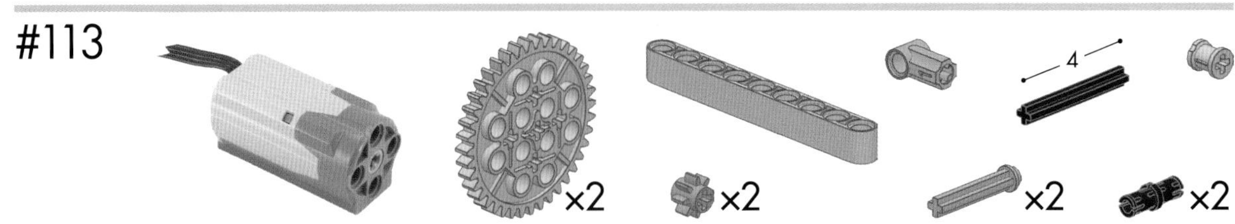

#114

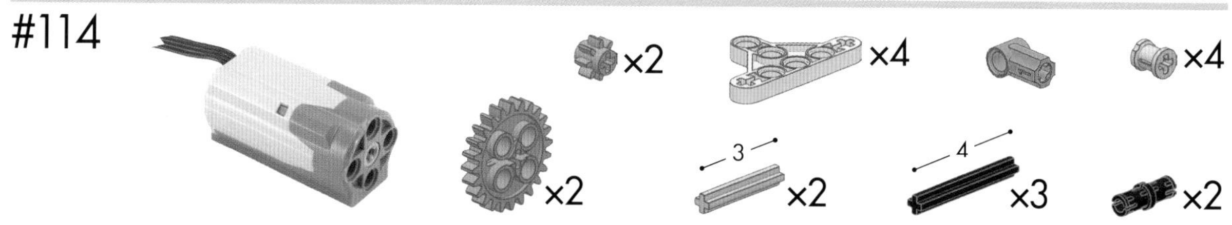

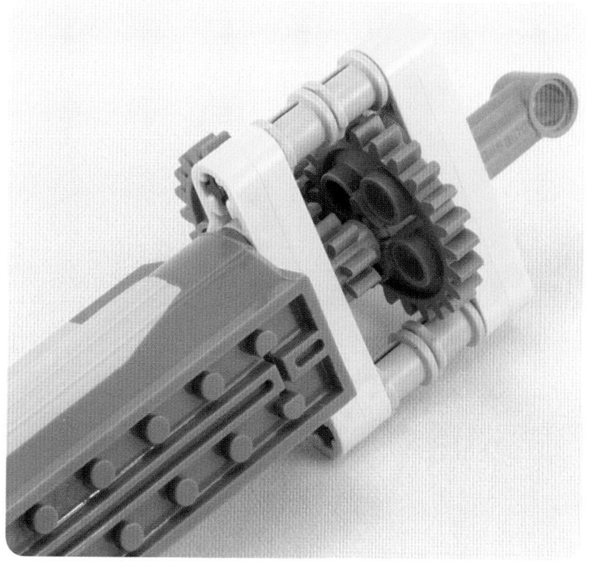

#115

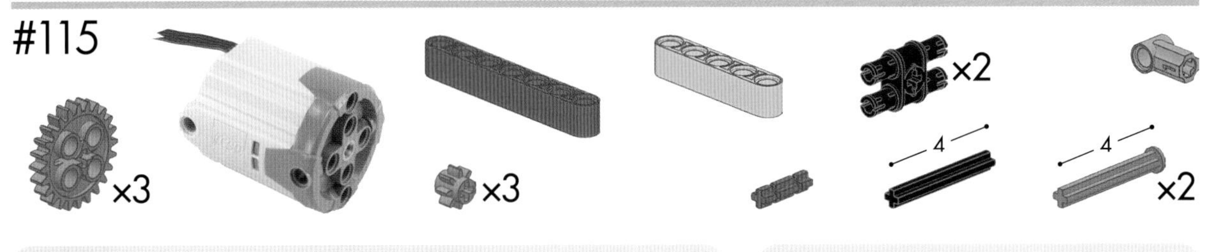

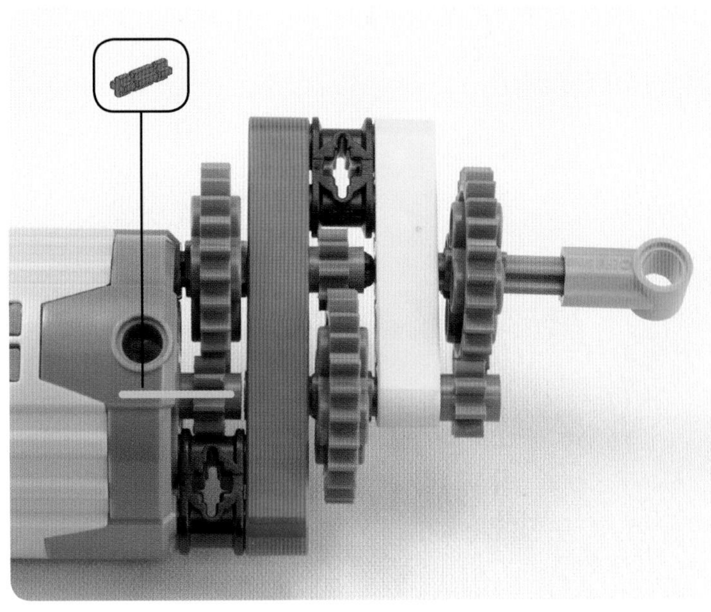

#116

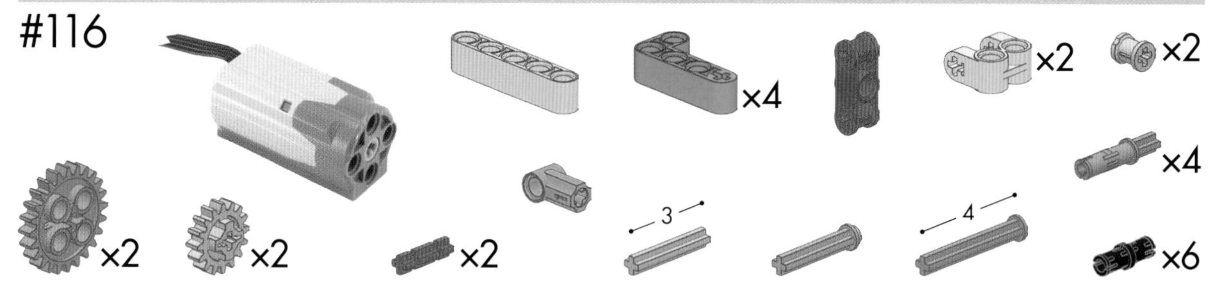

×4
×2
×2
×4
×2
×2
×2
3
4
×6

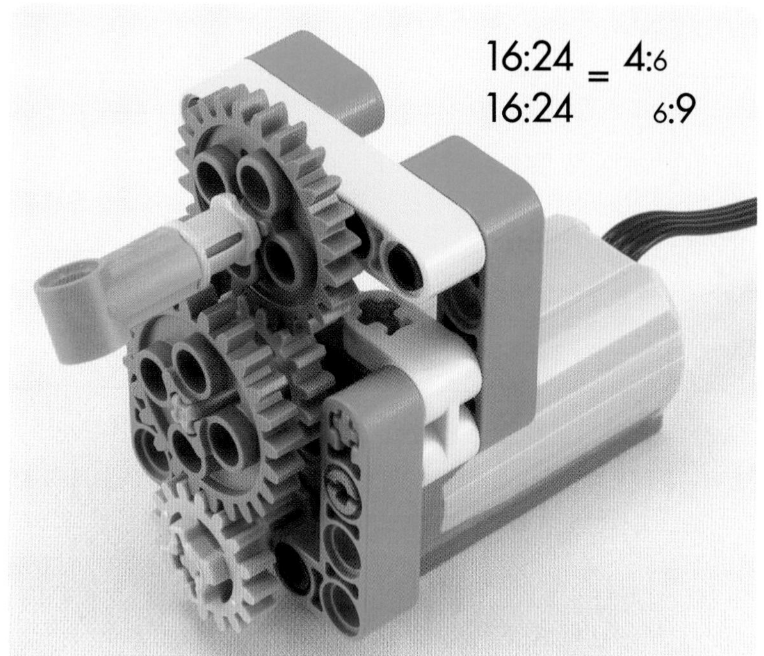

16:24 = 4:6
16:24 6:9

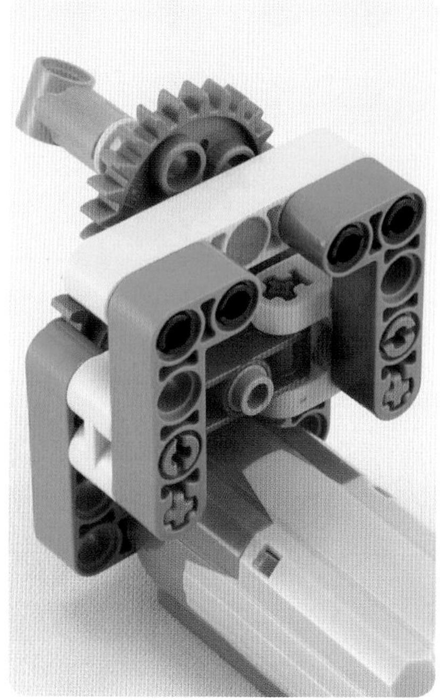

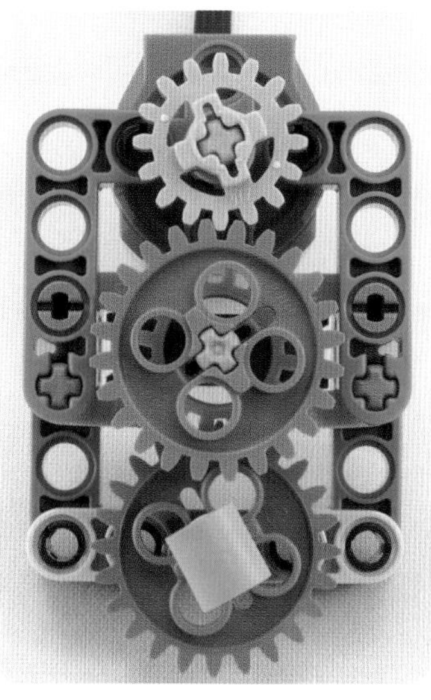

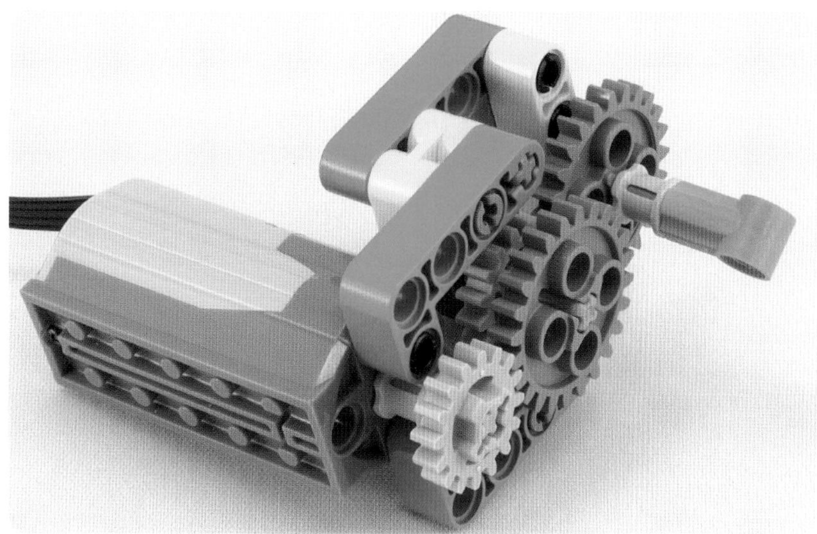

#117

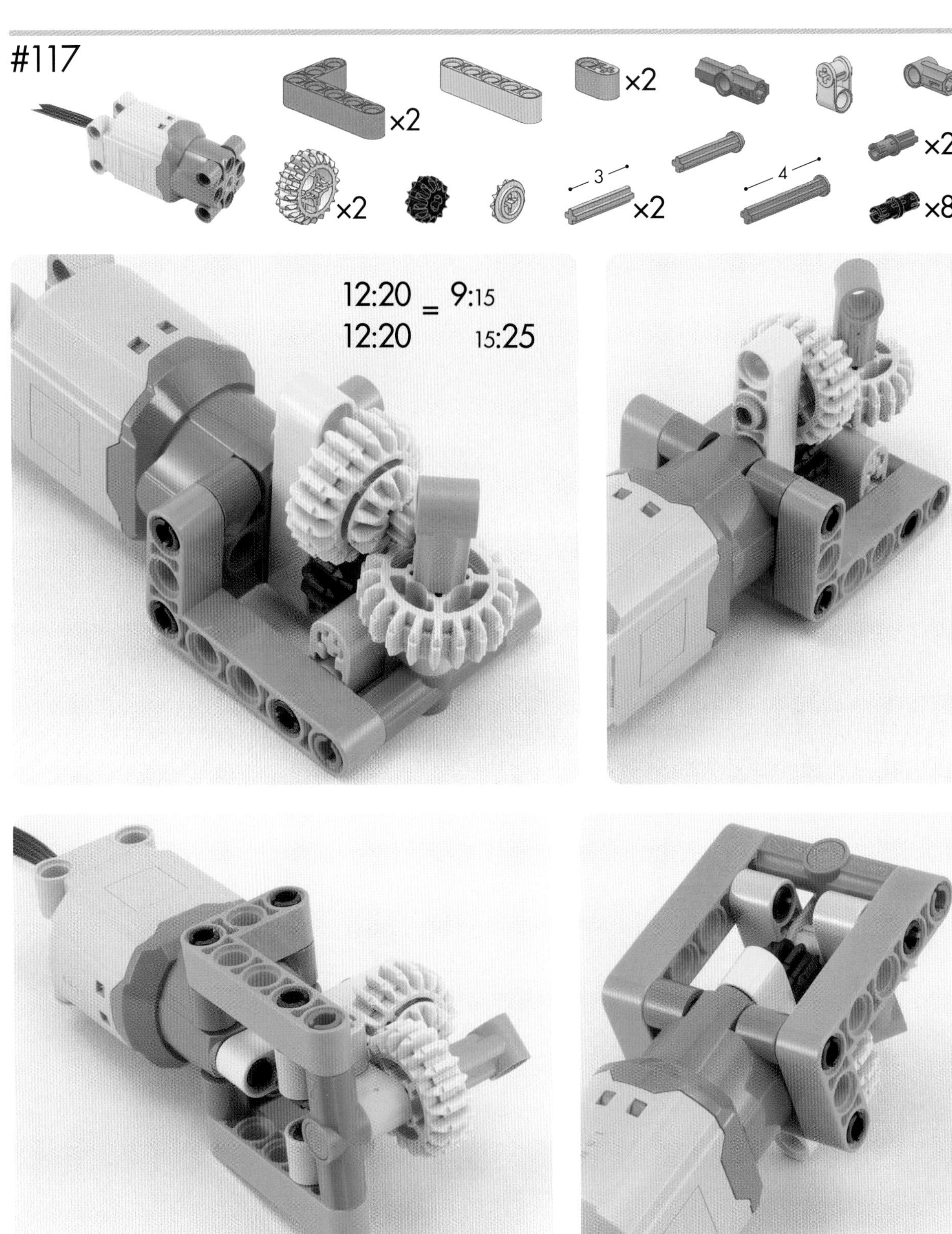
×2
×2
×2
×2
3
×2
4
×2
×8
12:20 = 9:15
12:20 15:25

#118

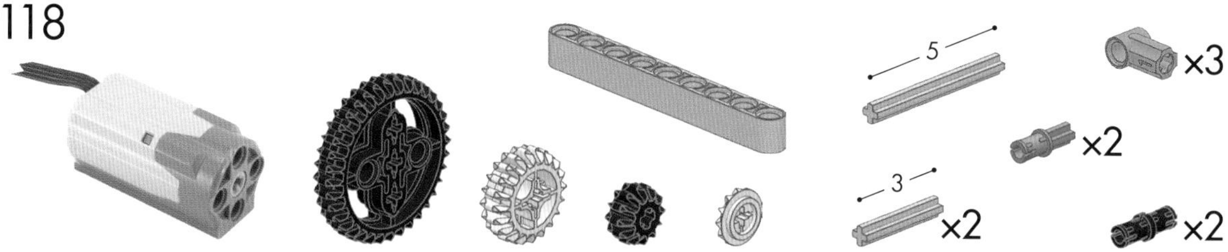

5 ×3 ×2 3 ×2 ×2

12:36 = 1:3
12:20 = 3:5

#119

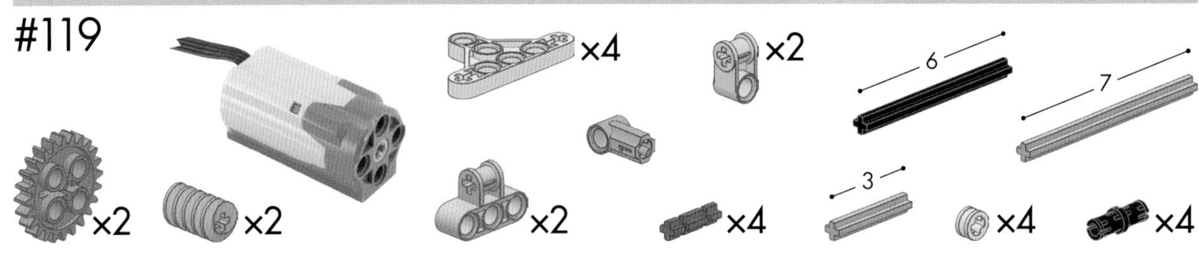
×4
×2
6
7
×2
×2
×2
×4
3
×4
×4

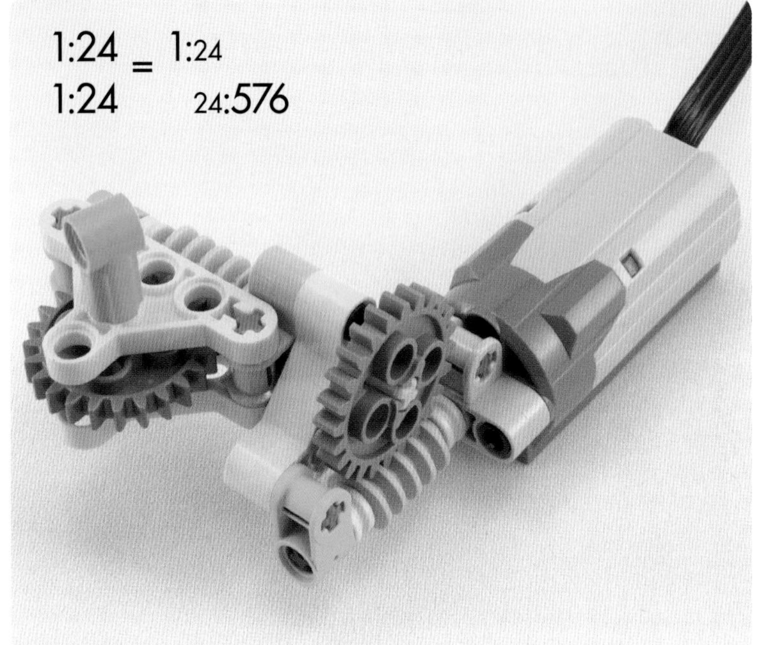
1:24
1:24
=
1:24
24:576

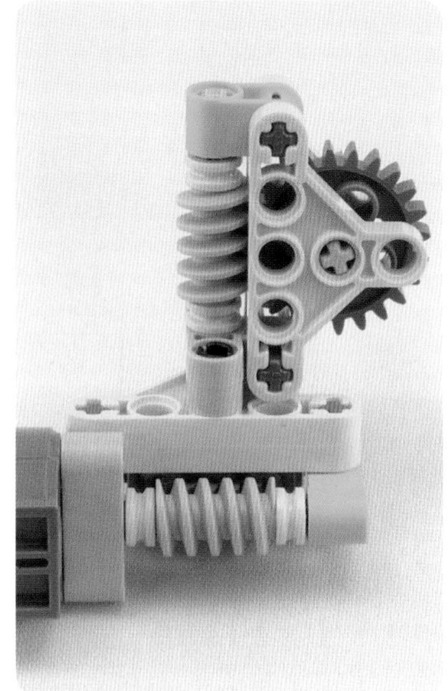

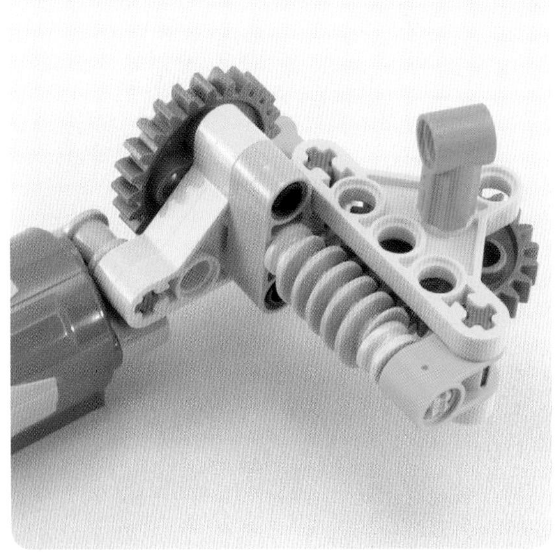

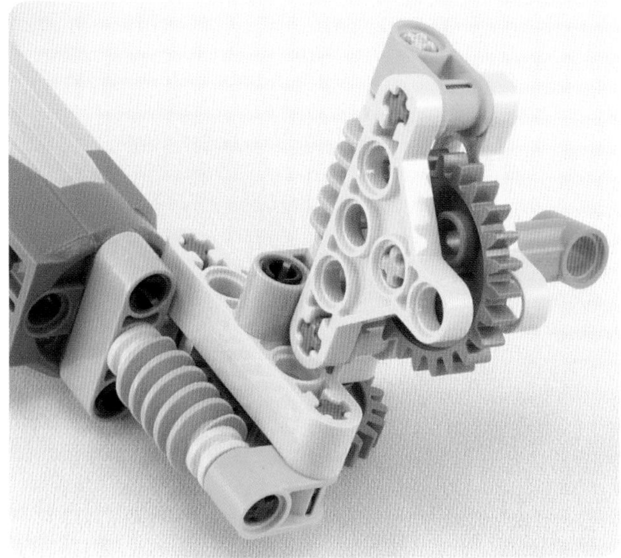

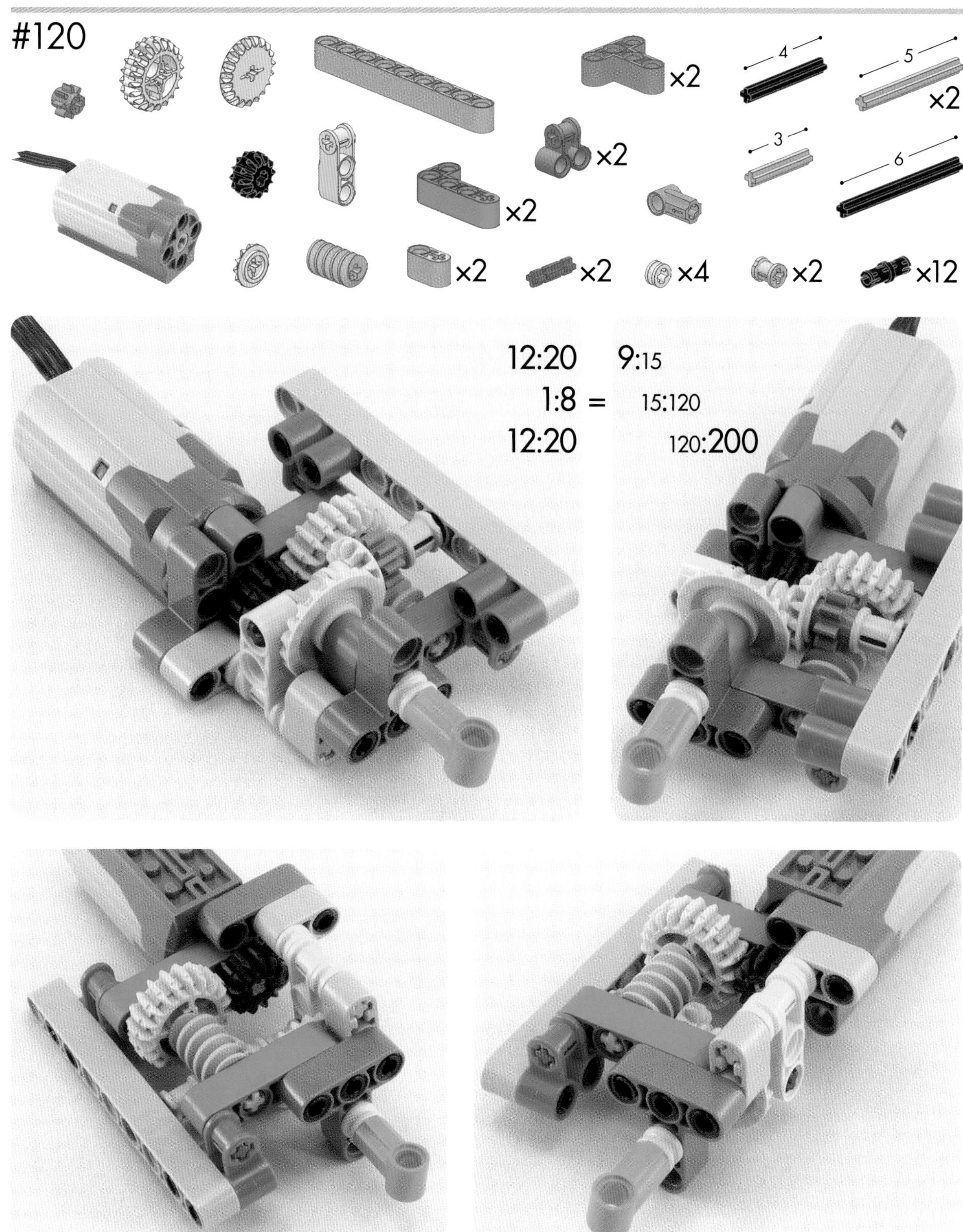
#120
×2
4
5
×2
3
6
×2
×2
×2
×2
×4
×2
×12
12:20 9:15
1:8 = 15:120
12:20 120:200

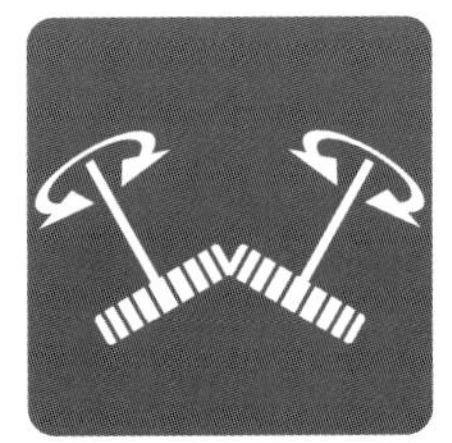

회전 축의 방향 바꾸기 2 (기타 각도)

#121

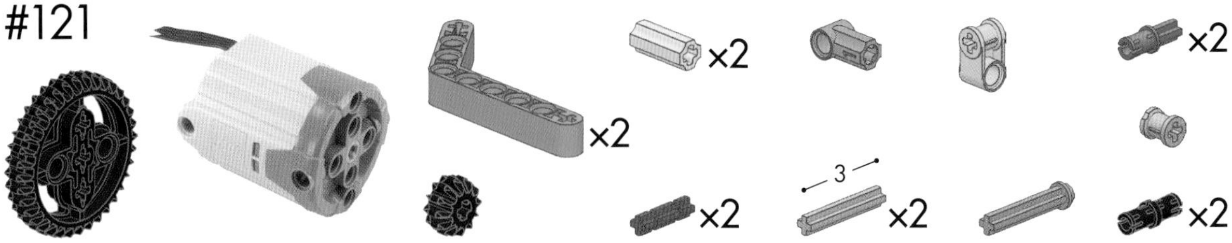

×2 ×2 ×2

×2

3

×2 ×2 ×2

12:36 = 1:3

36.87°

#122

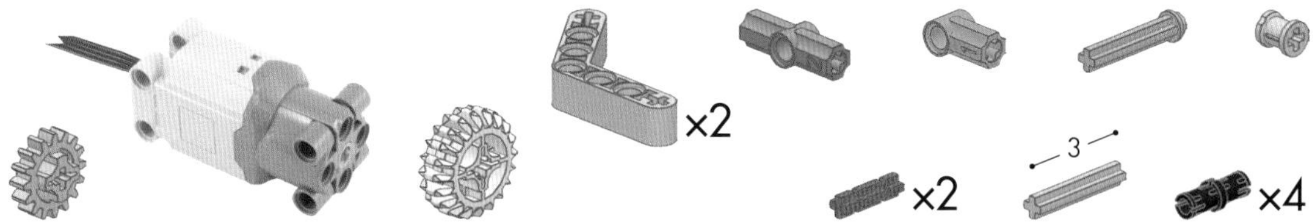

×2

×2

3

×4

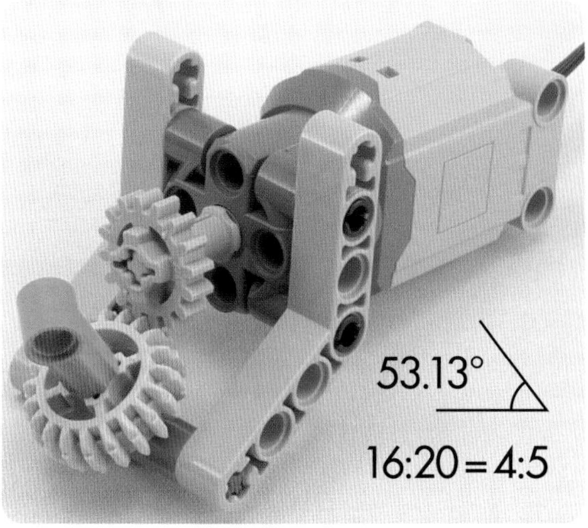

53.13°

16:20 = 4:5

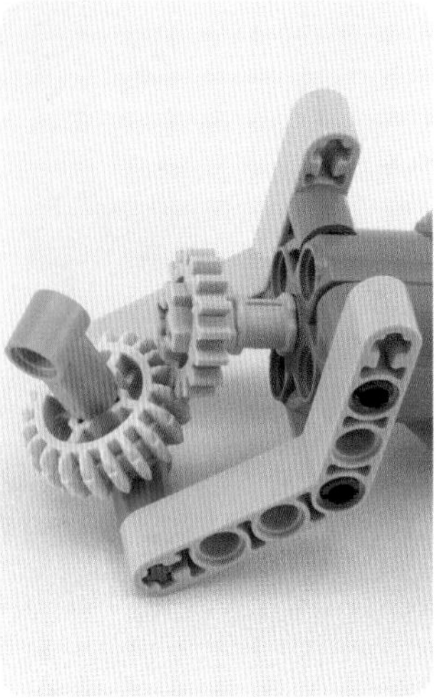

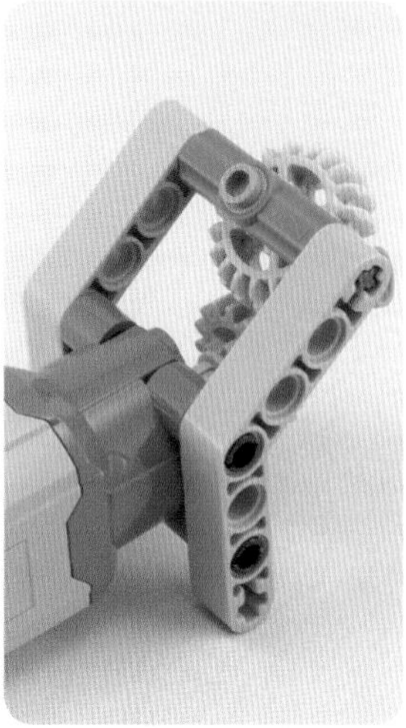

#123

×2

4

3

×4

×2

20:36 = 5:9

53.13°

#124

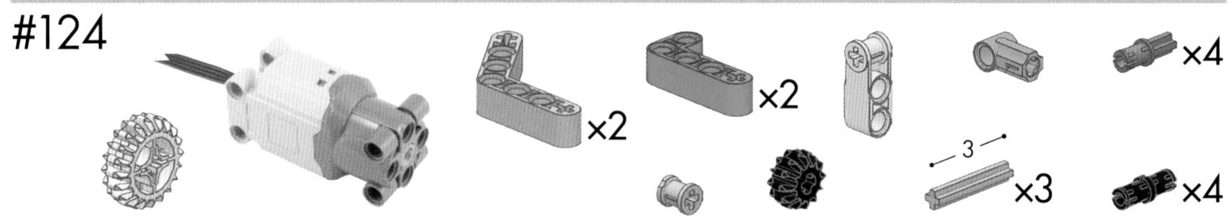

×2
×2
×4
3
×3
×4

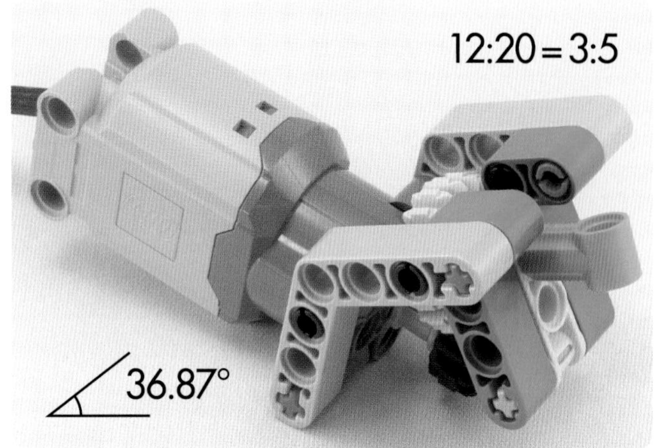

12:20 = 3:5
36.87°

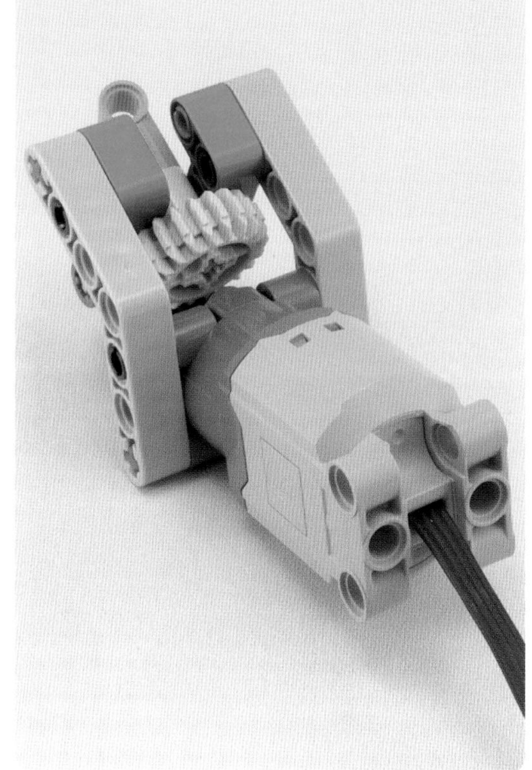

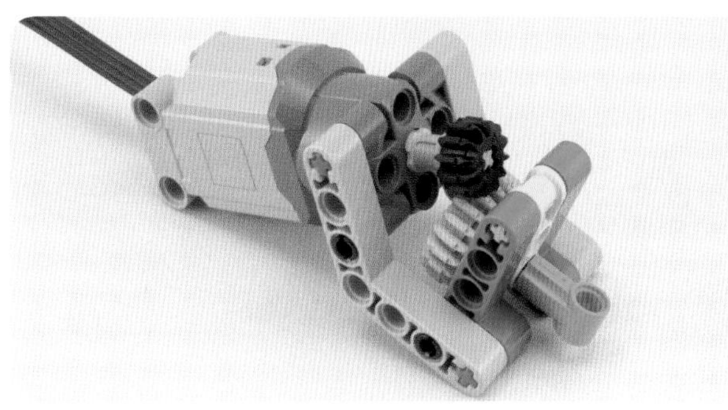

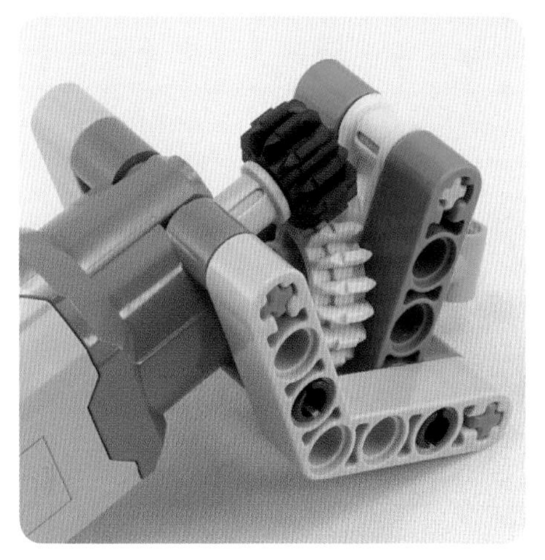

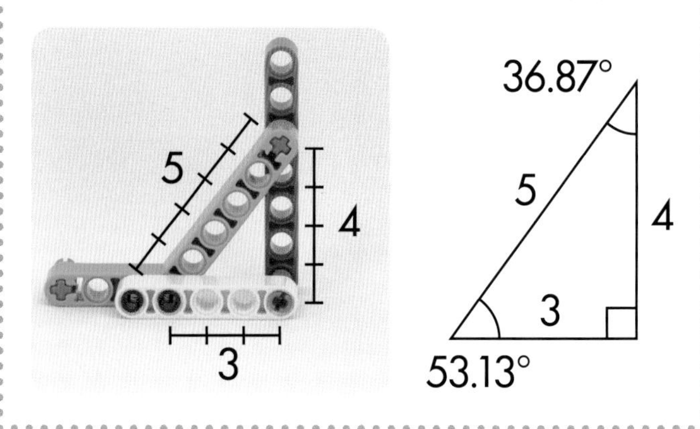

5
4
3
36.87°
5
4
3
53.13°

#125

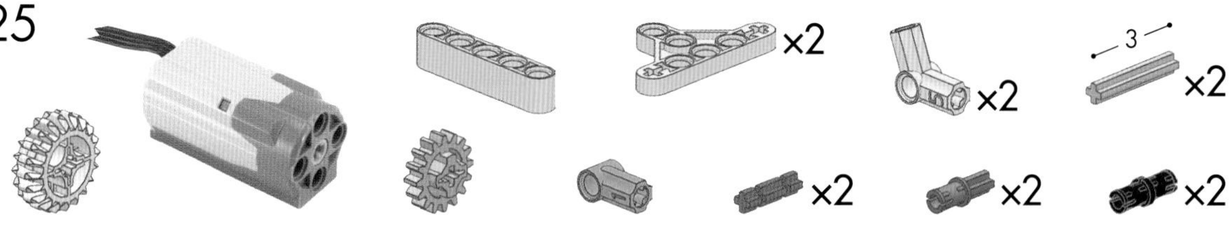

×2
×2
3
×2
×2
×2
×2

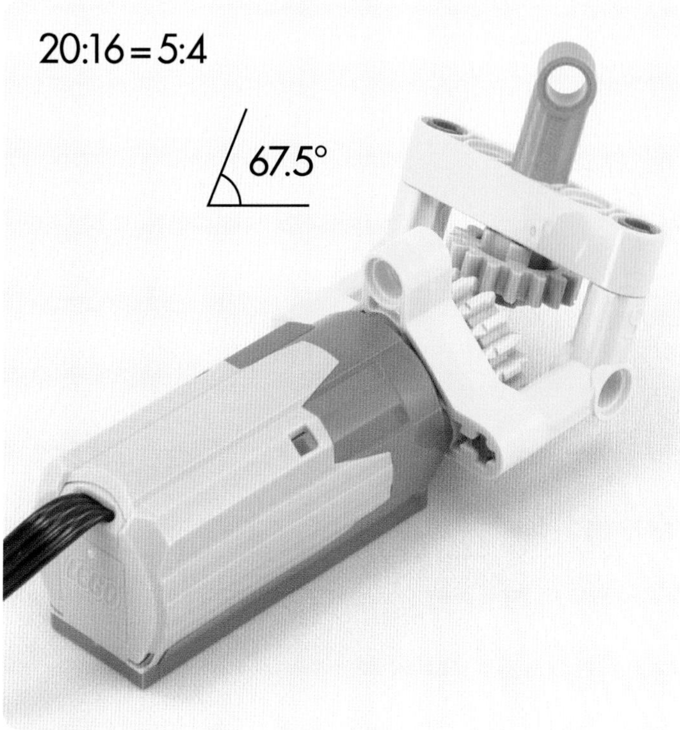

20:16 = 5:4

67.5°

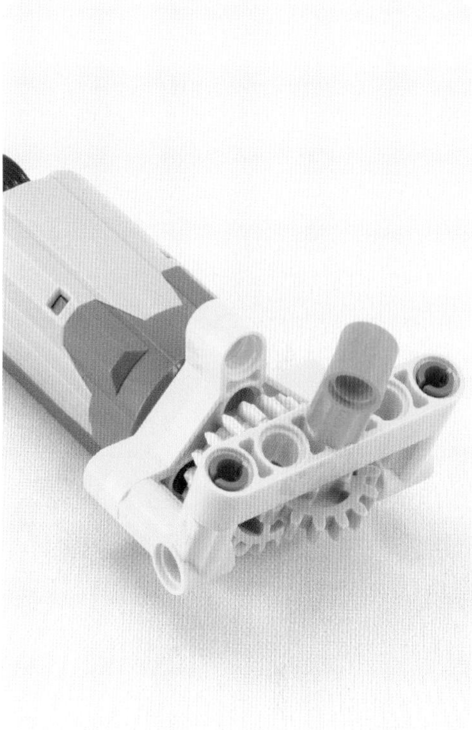

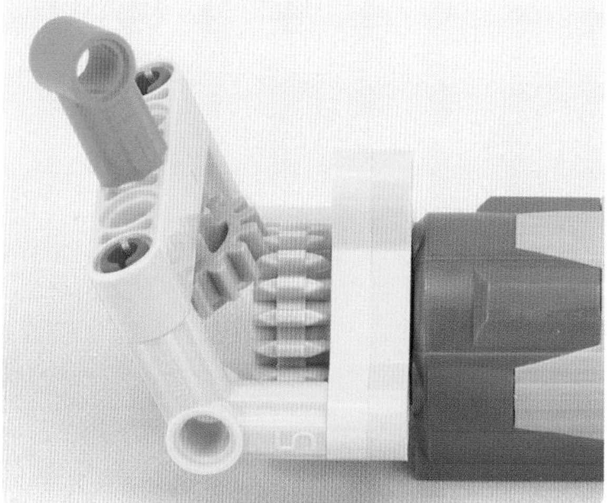

#126

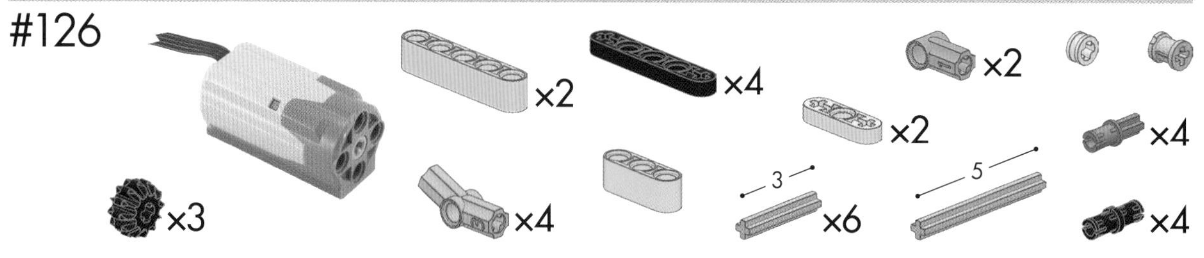
×2
×4
×2
×2
×4
×3
×4
3
×6
5
×4

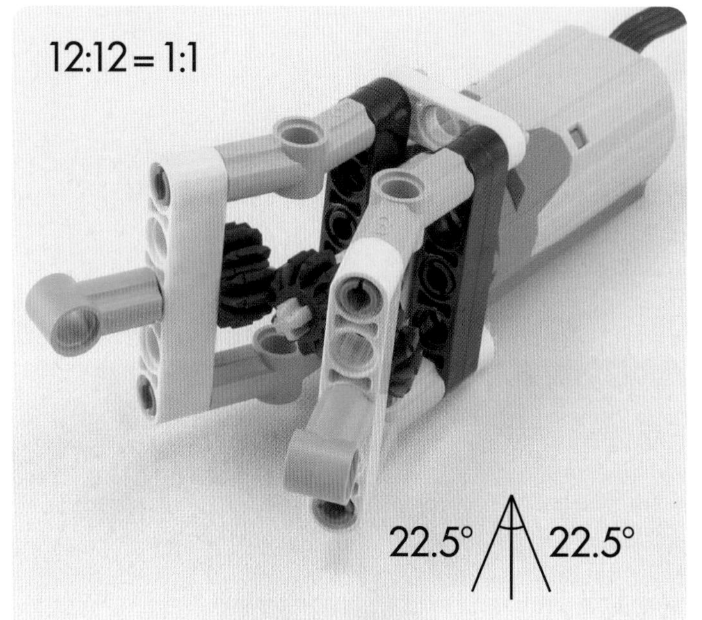
12:12 = 1:1
22.5°
22.5°

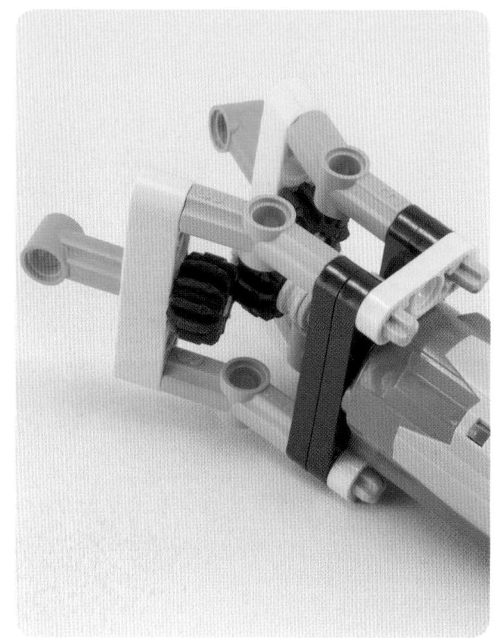

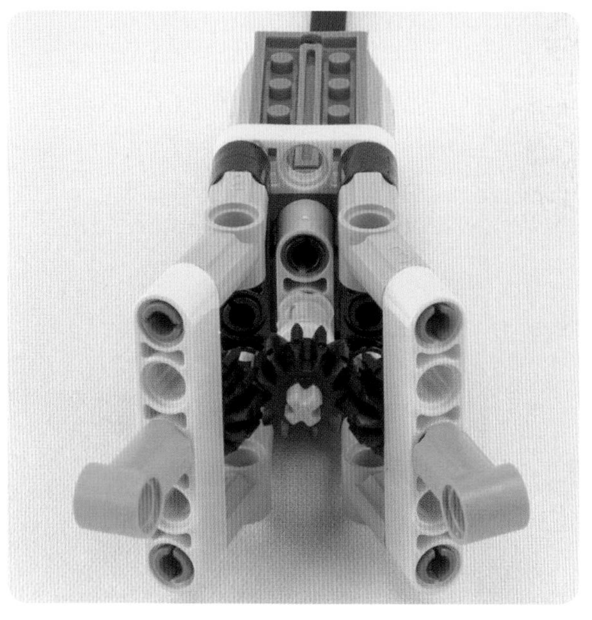

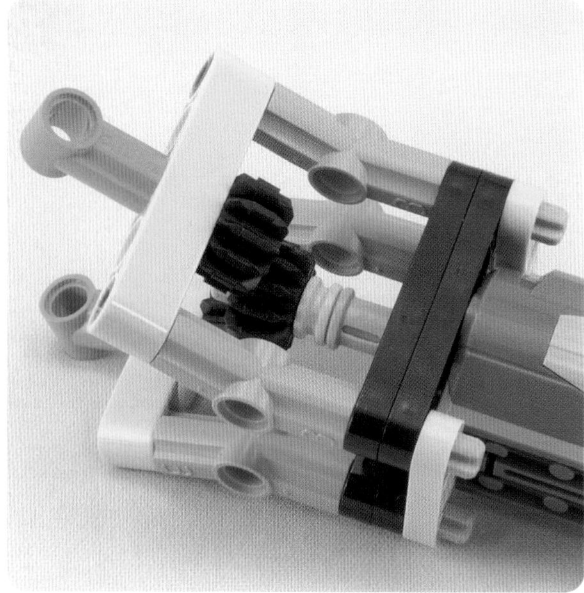

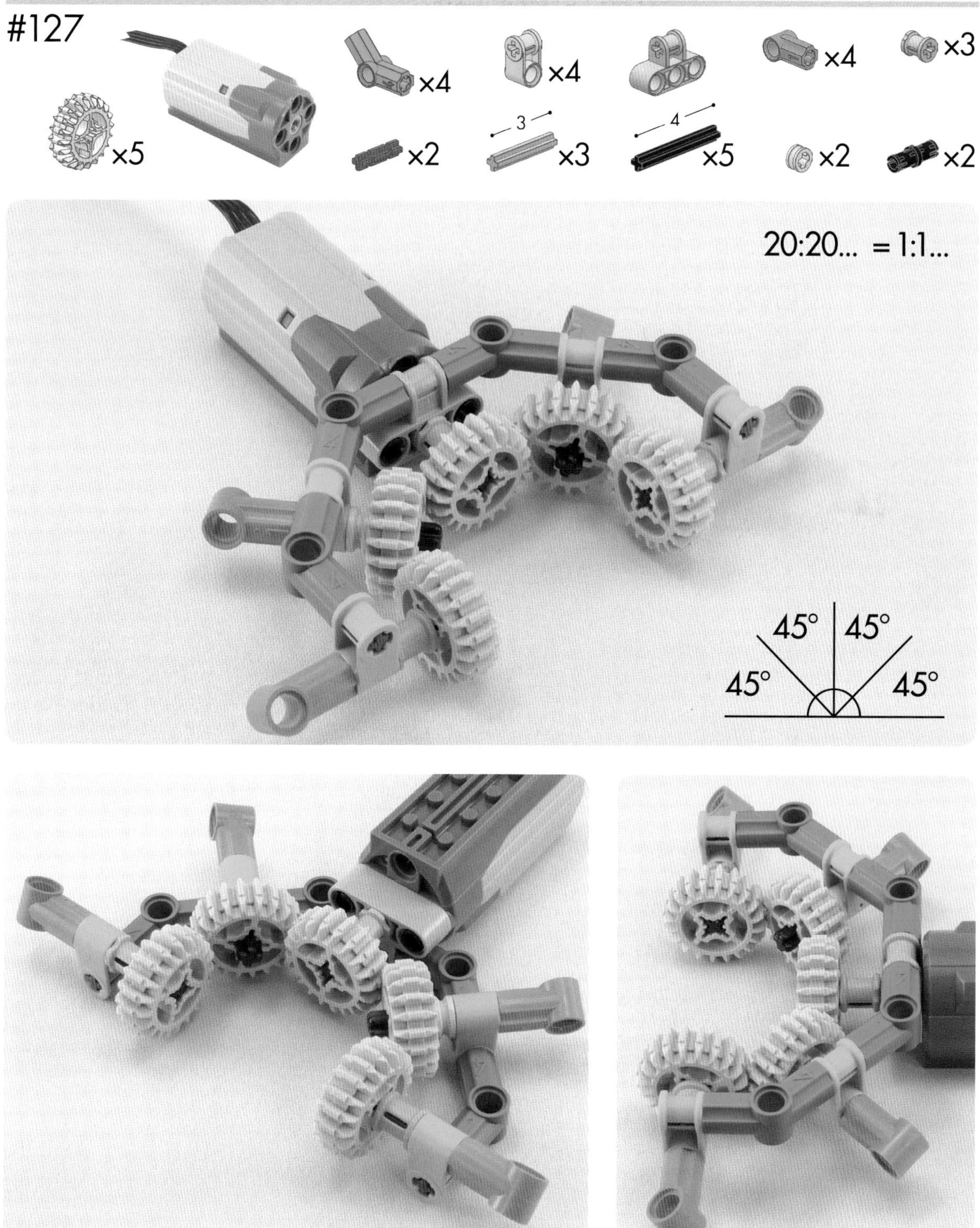
#127
×5
×4
×4
×4
×3
×2
3
×3
4
×5
×2
×2
20:20... = 1:1...
45°
45°
45°
45°

회전 축의 방향 바꾸기 3 (구동 중 방향 변환 가능)

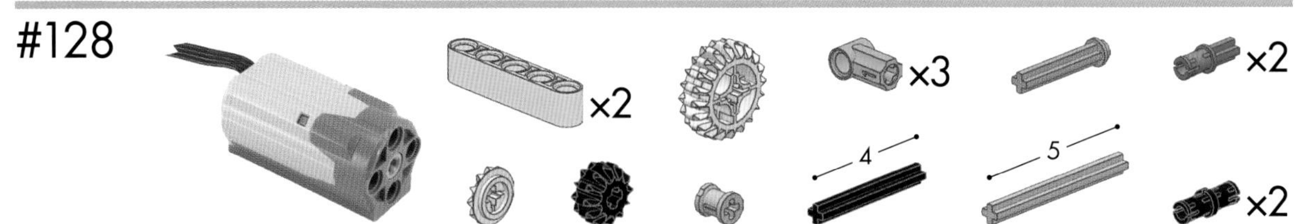

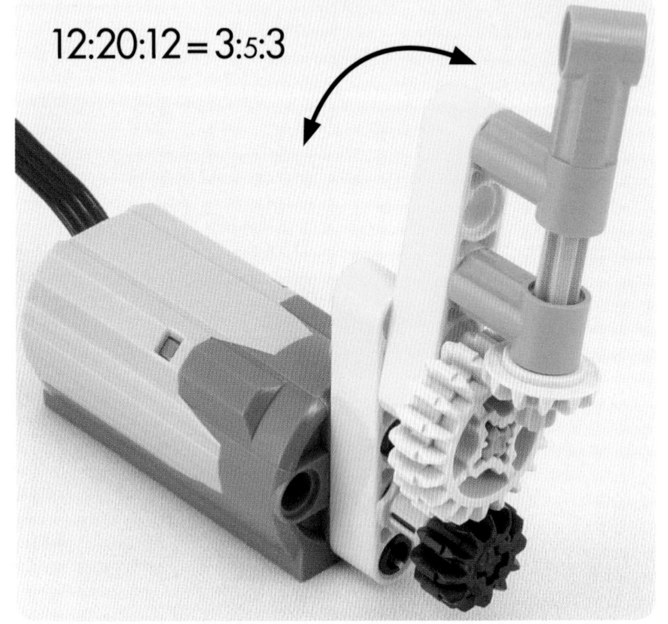

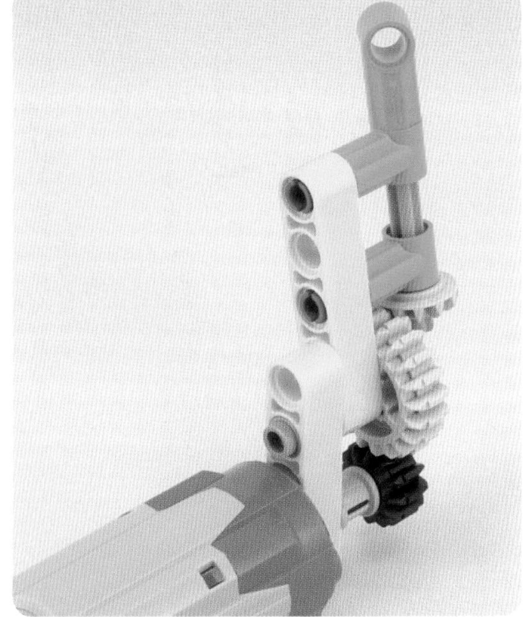

#129

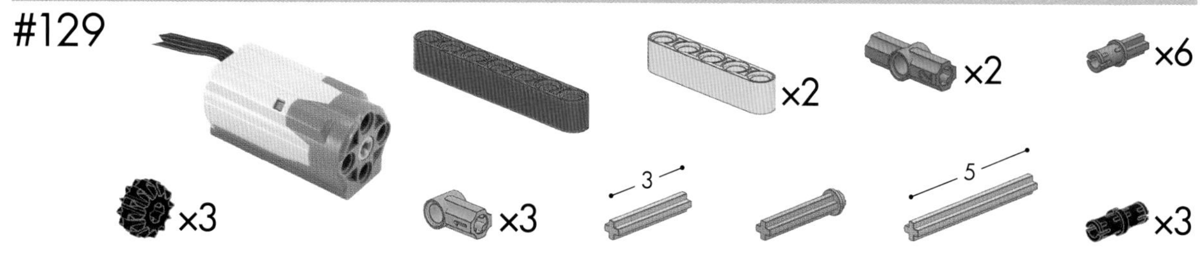

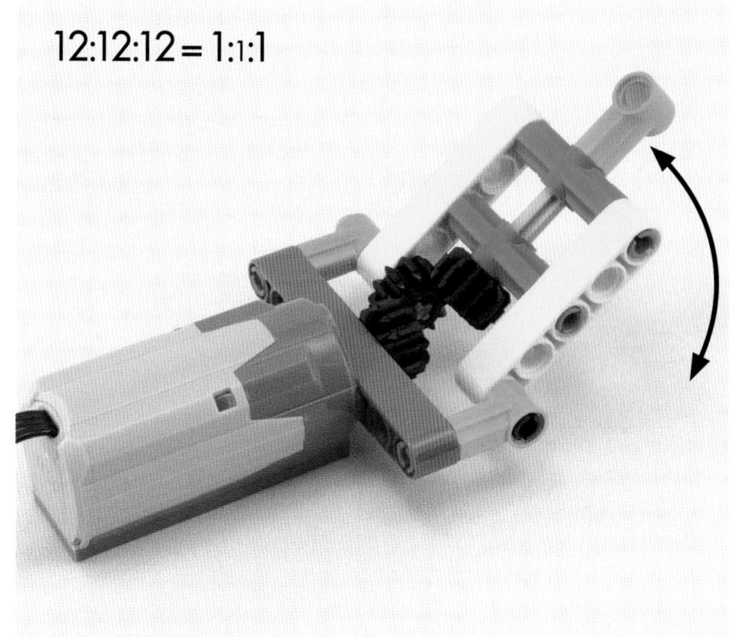

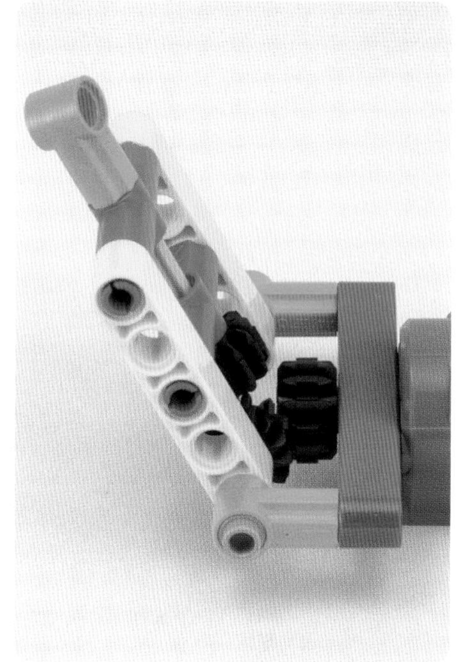

#130

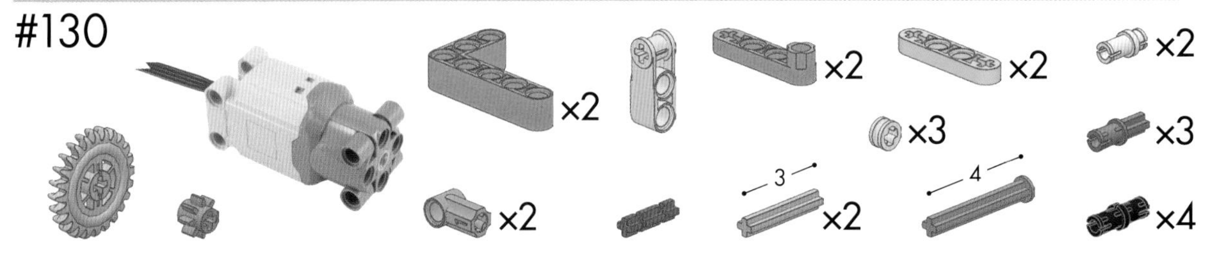

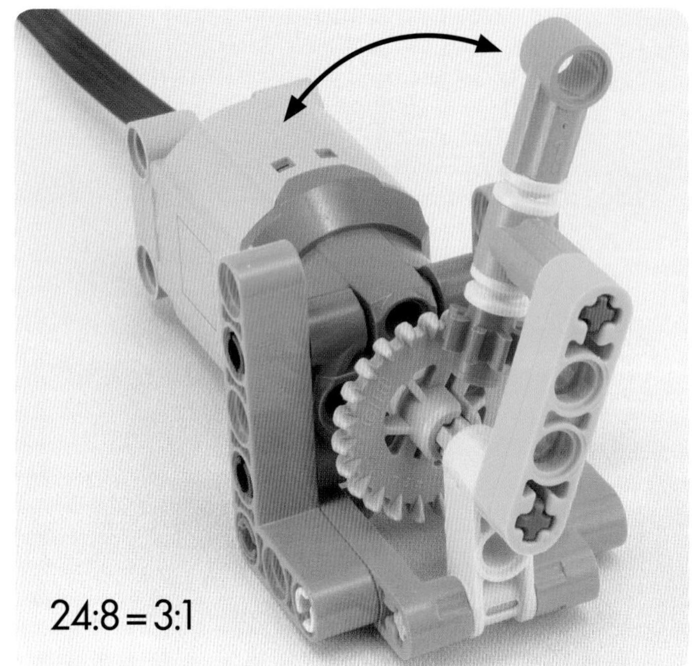

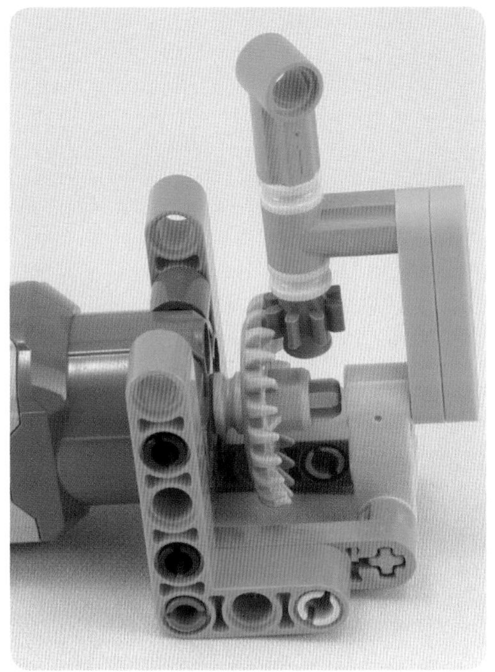

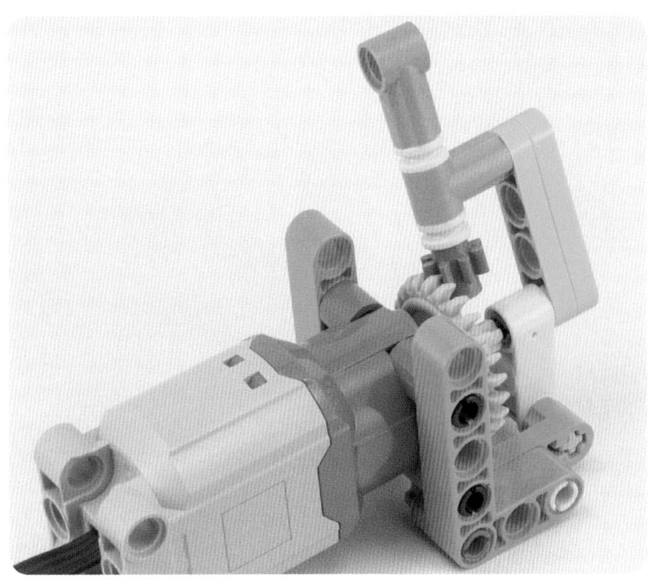

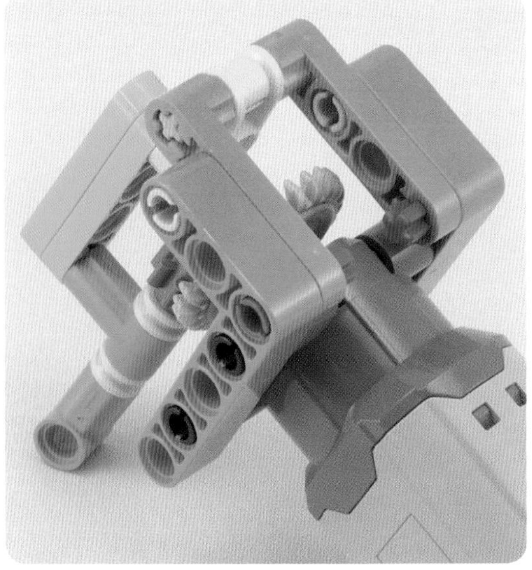

#131

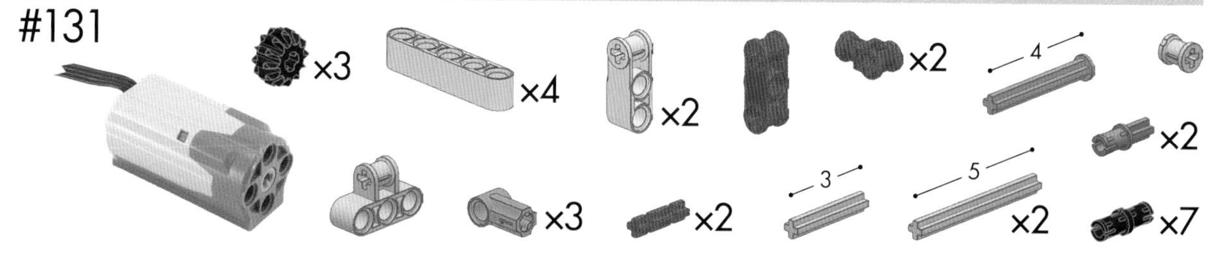
×3
×4
×2
×2
4
×2
3
5
×3
×2
×2
×7

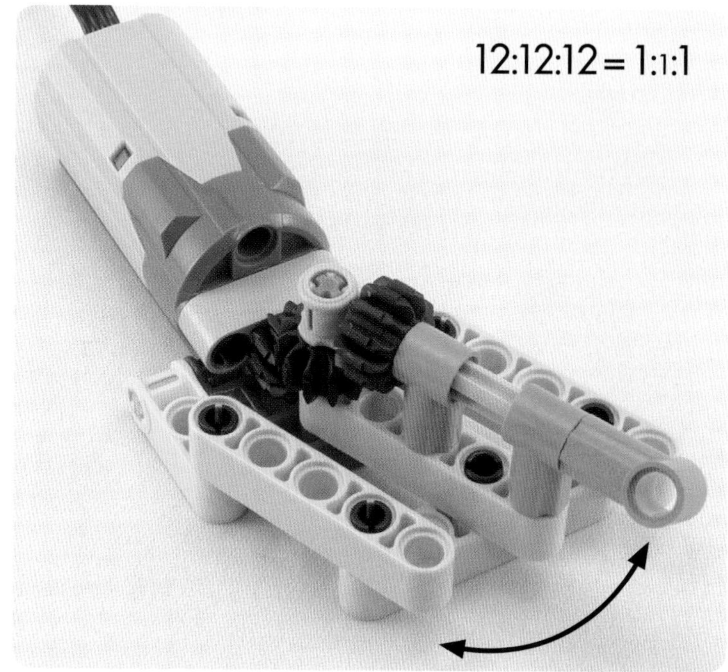
12:12:12 = 1:1:1

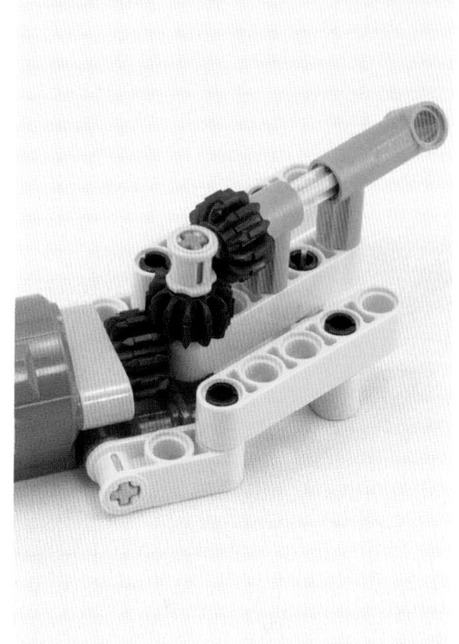

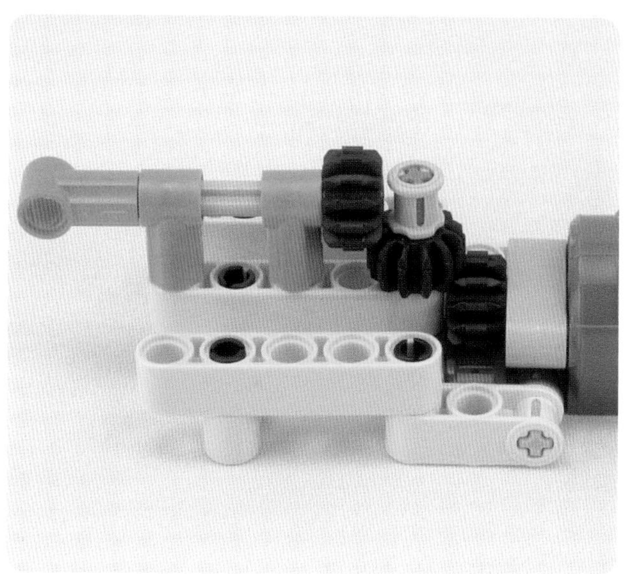

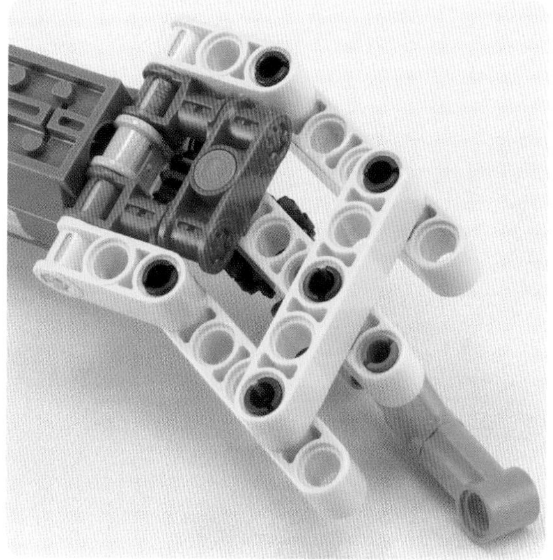

#132

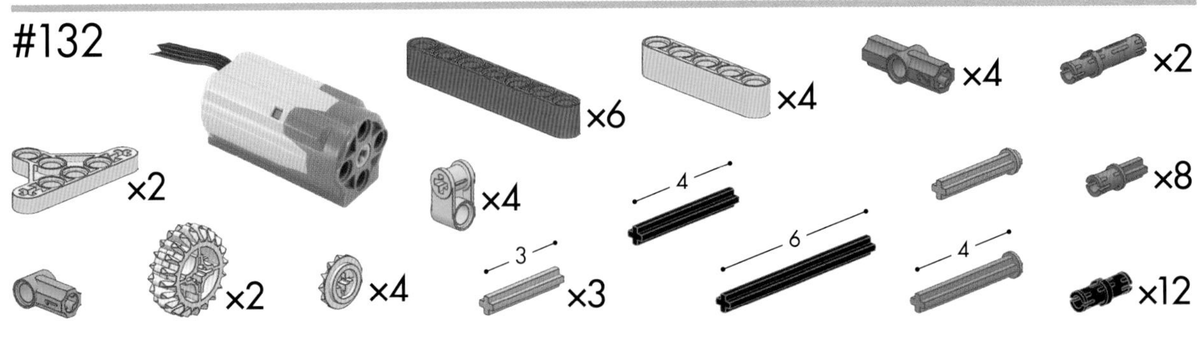

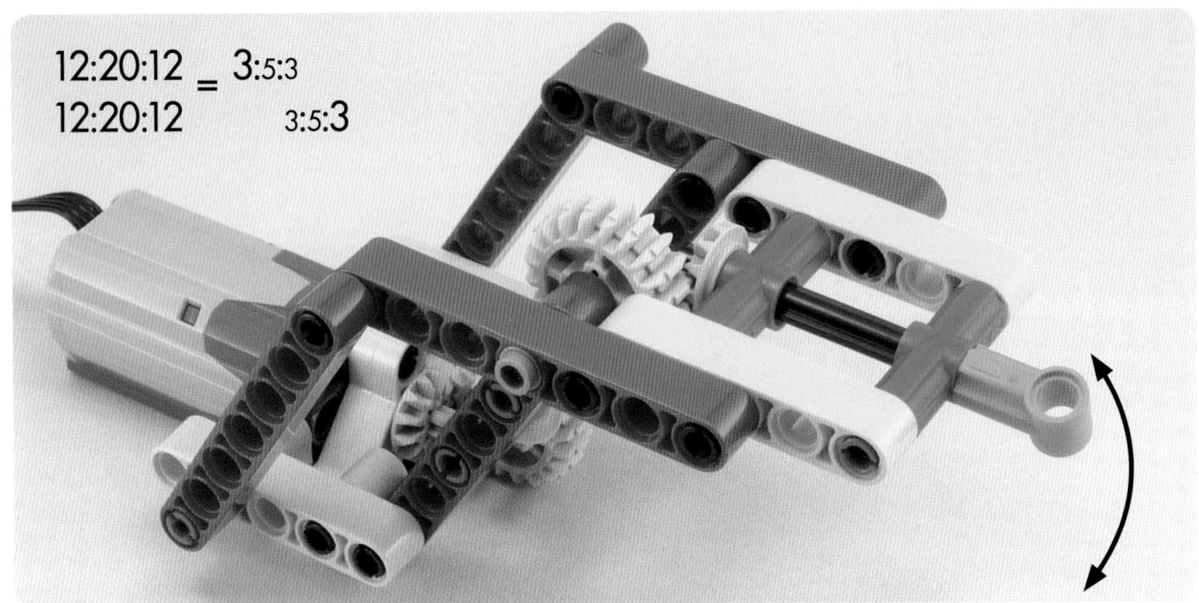

유니버설 조인트의 제작과 활용

#133

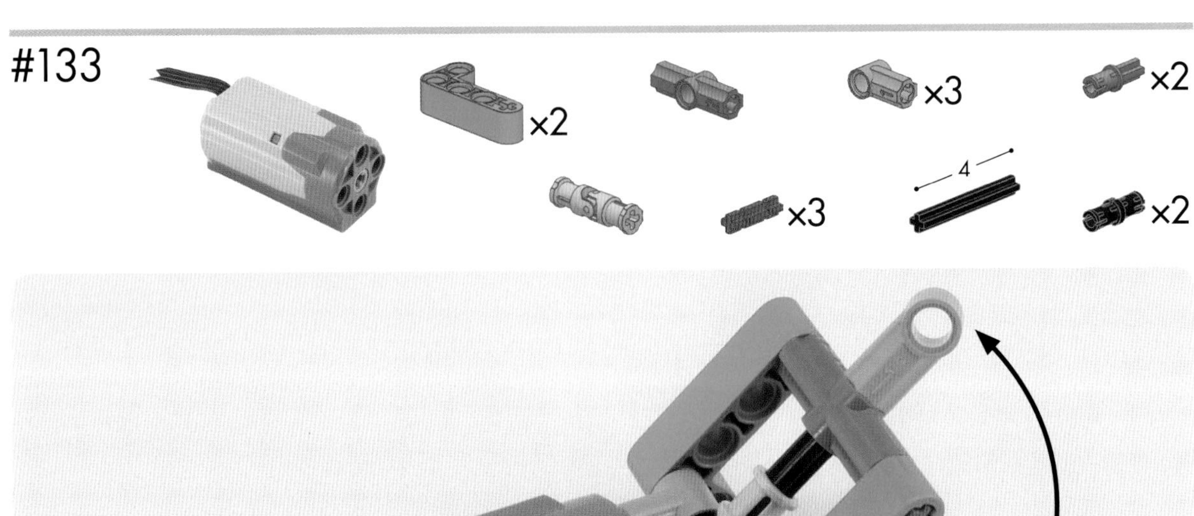

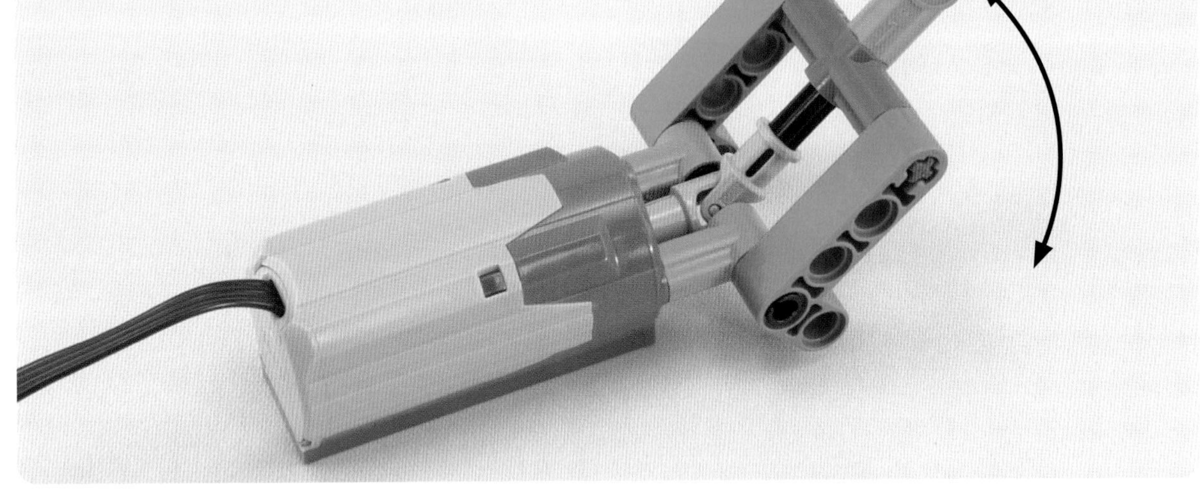

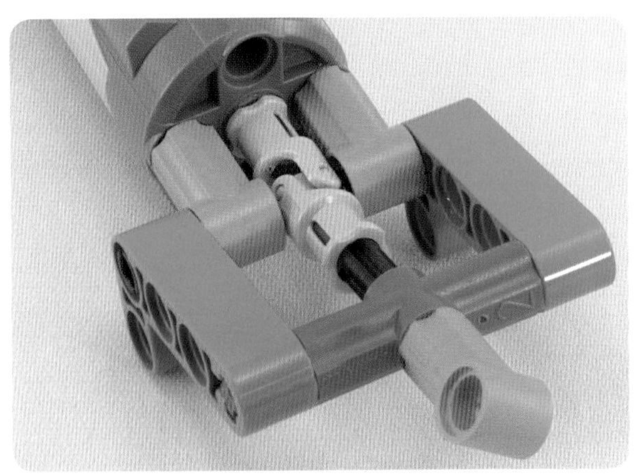

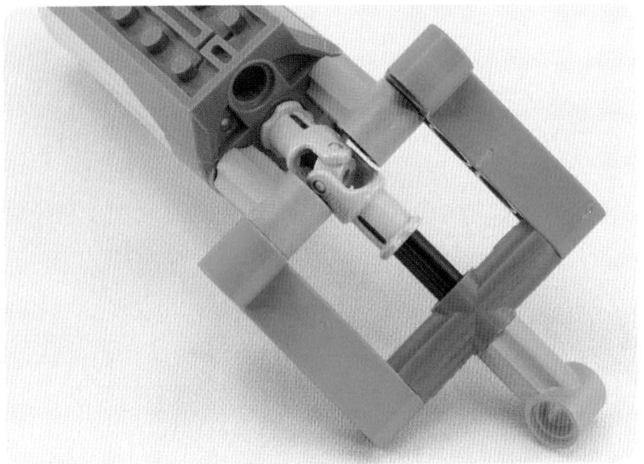

#134

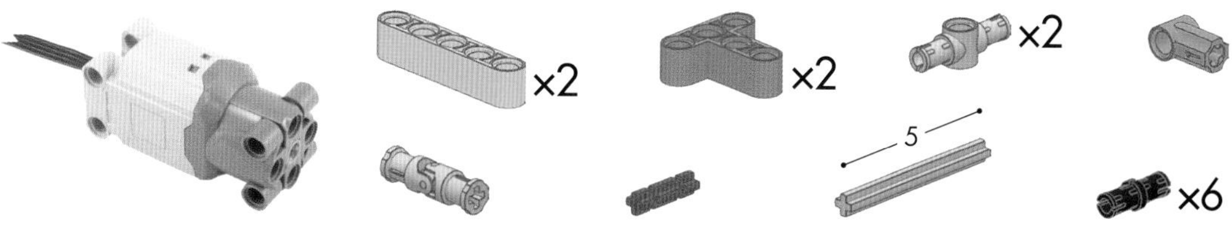

×2

×2

×2

5

×6

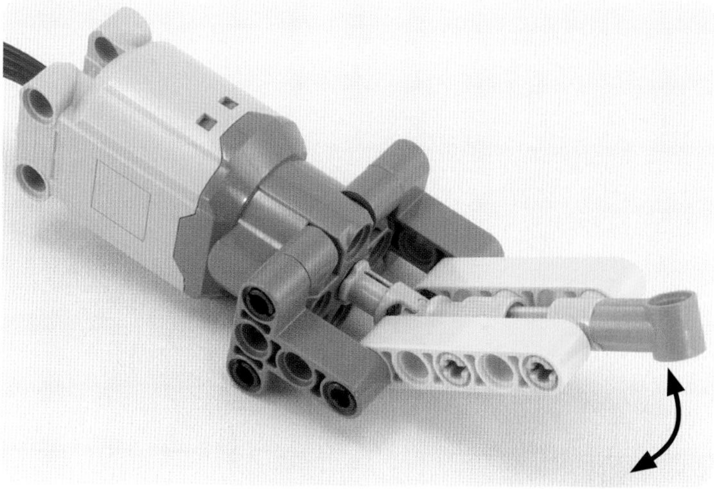

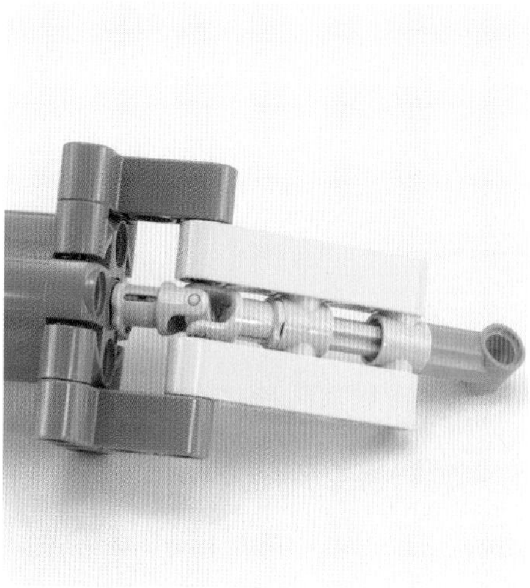

#135

×2

×3

×2

×3

5

×3

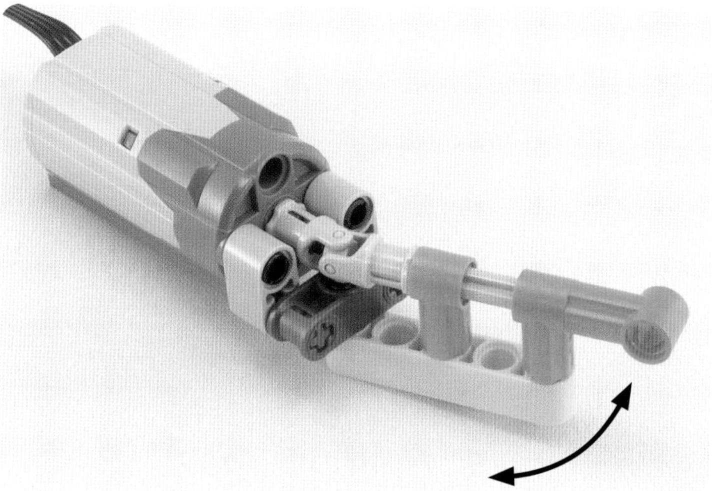

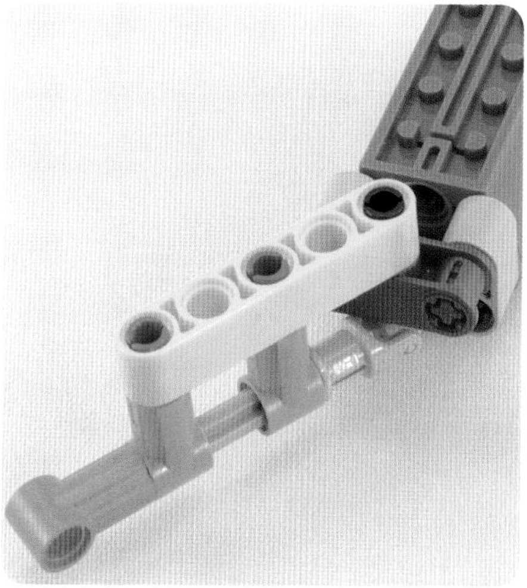

#136

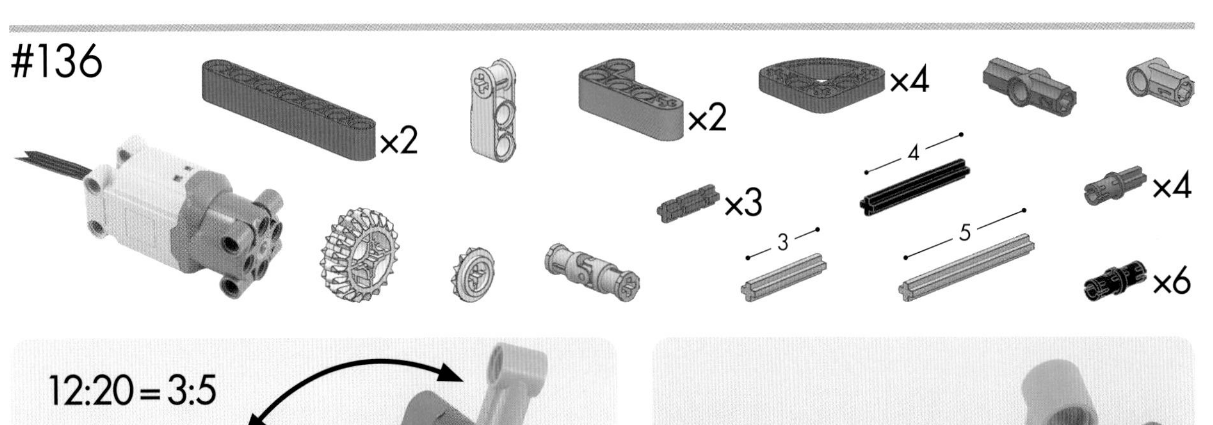

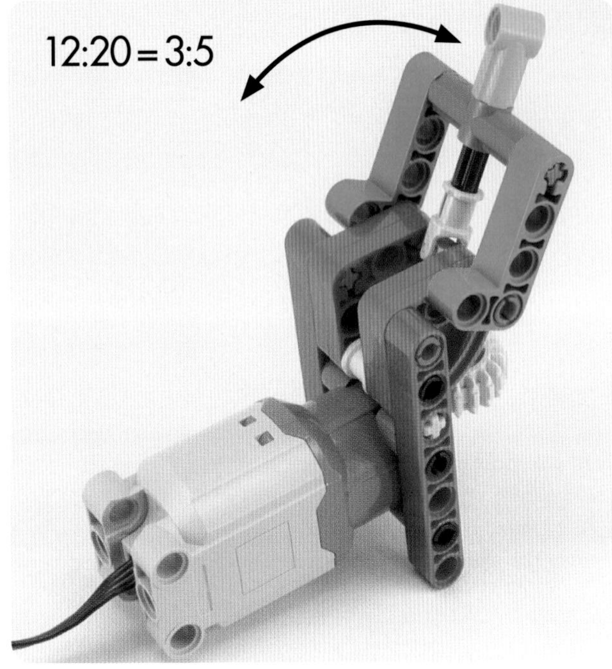

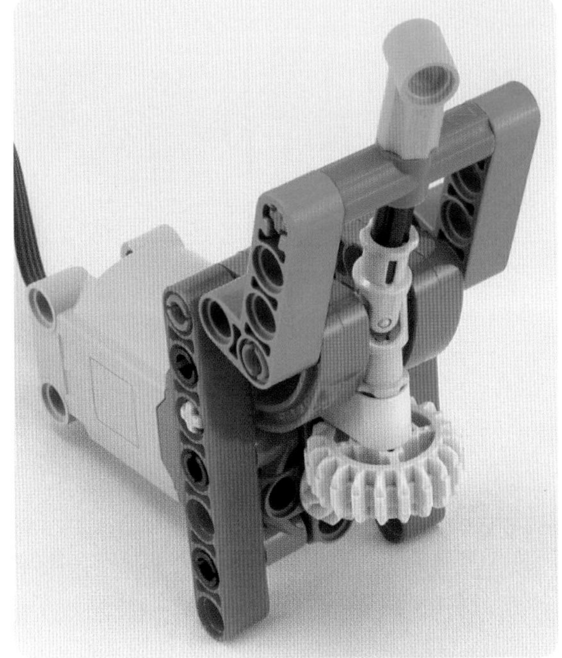

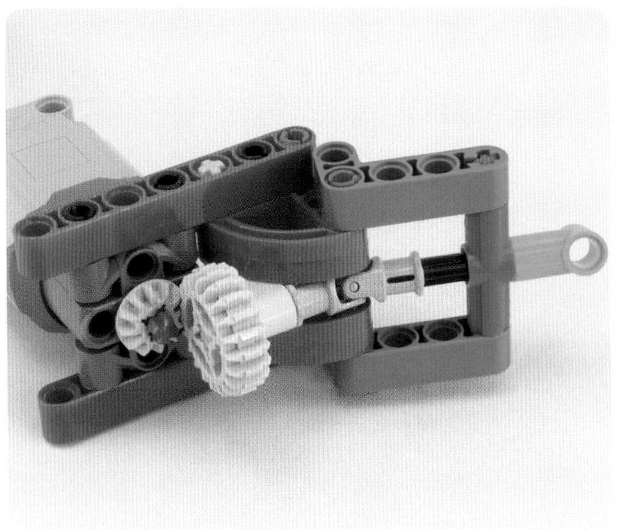

#137

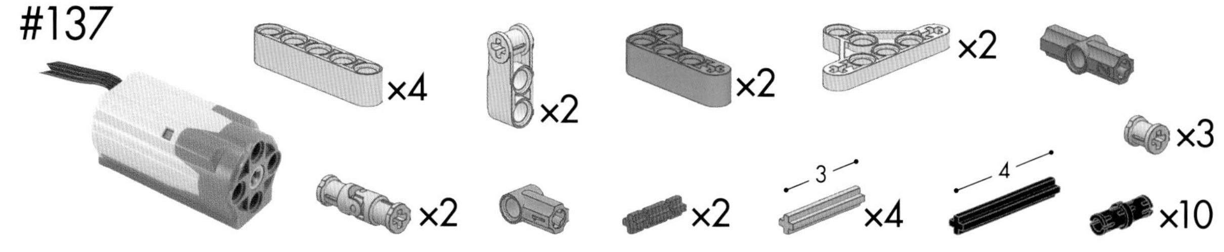

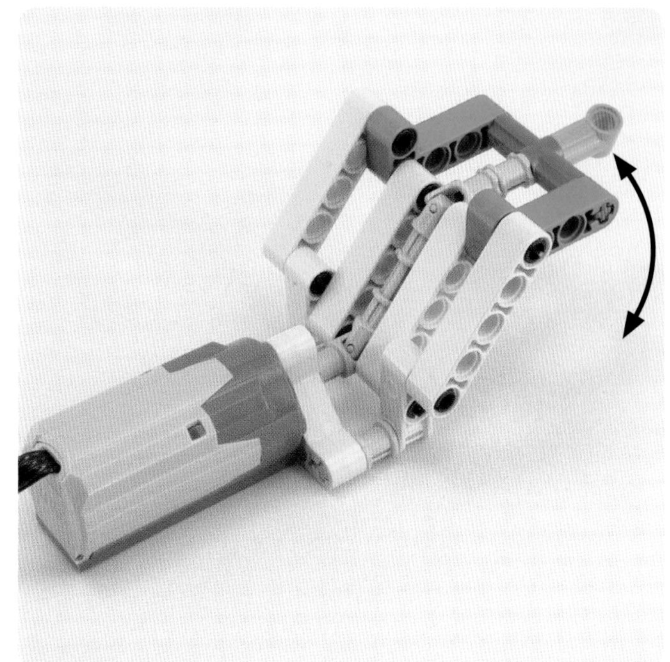

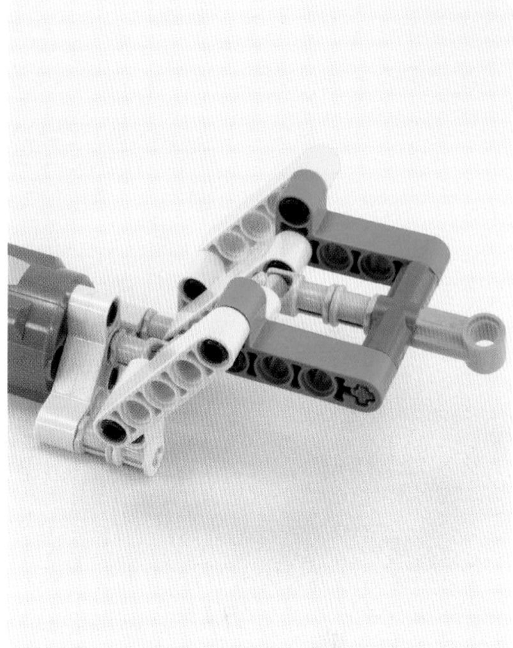

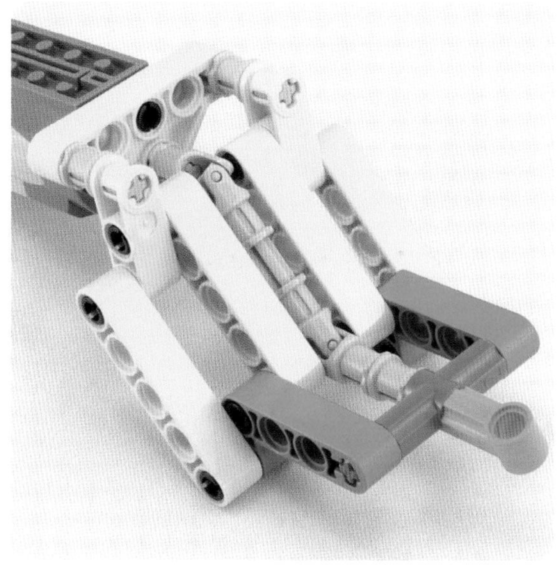

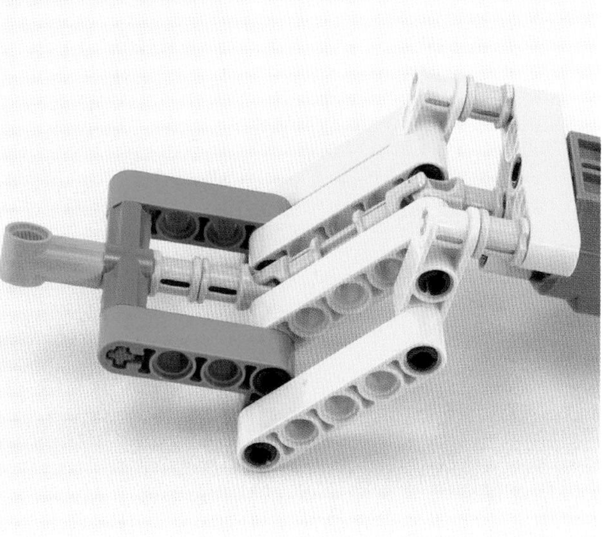

#138

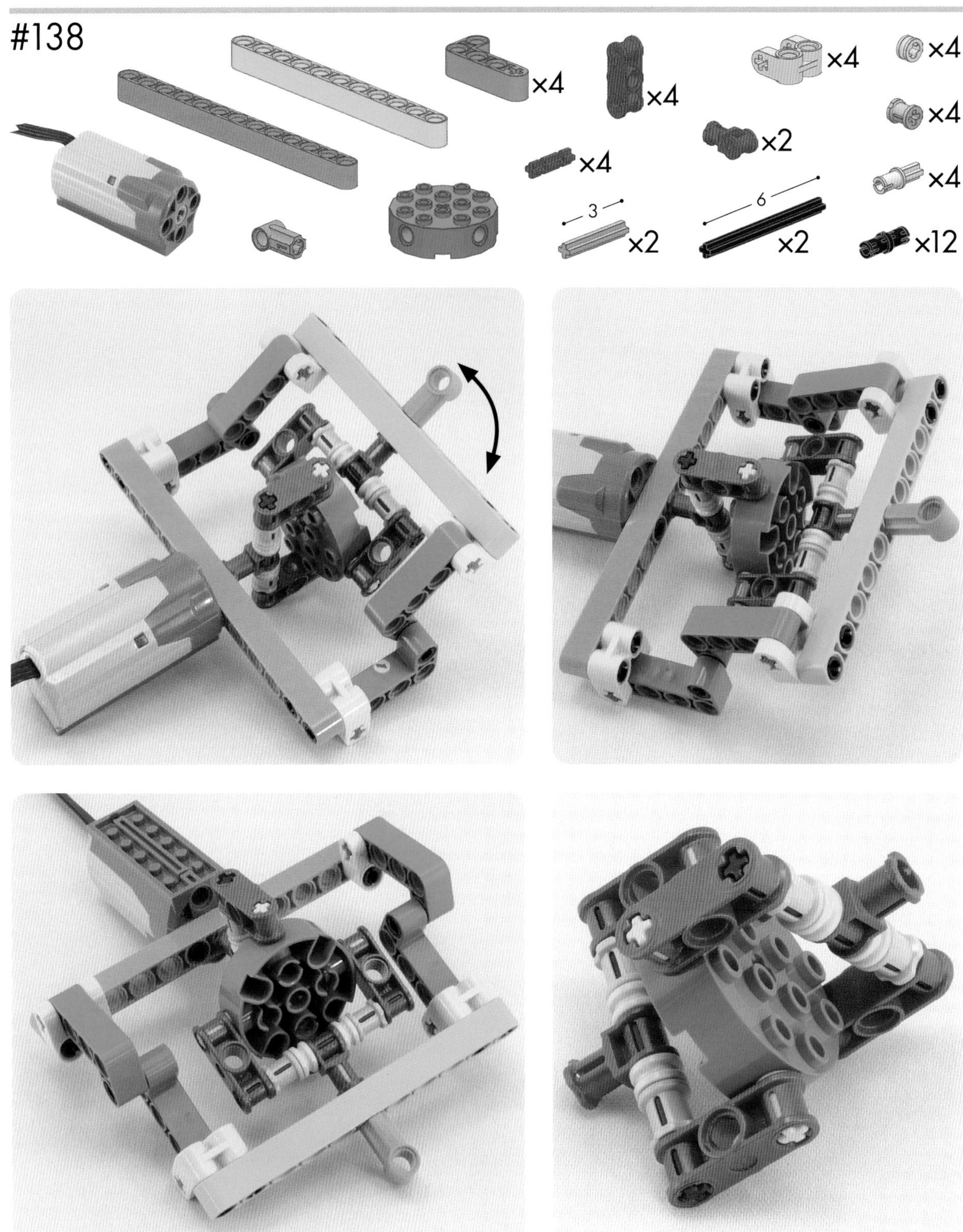

#139

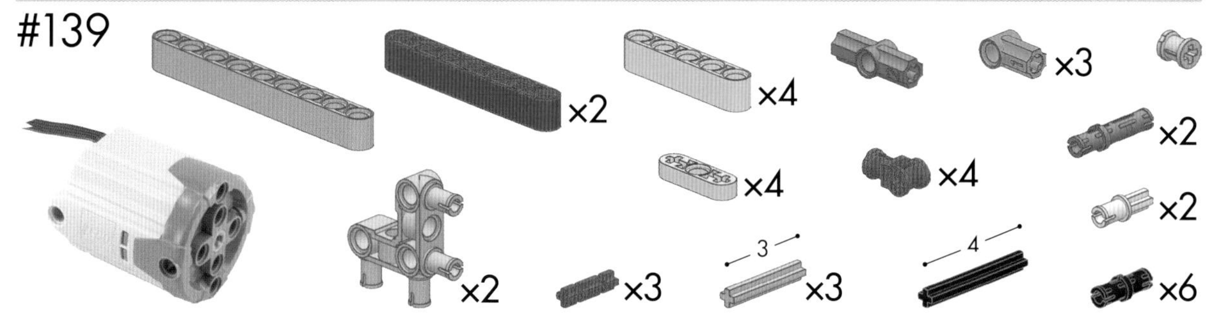

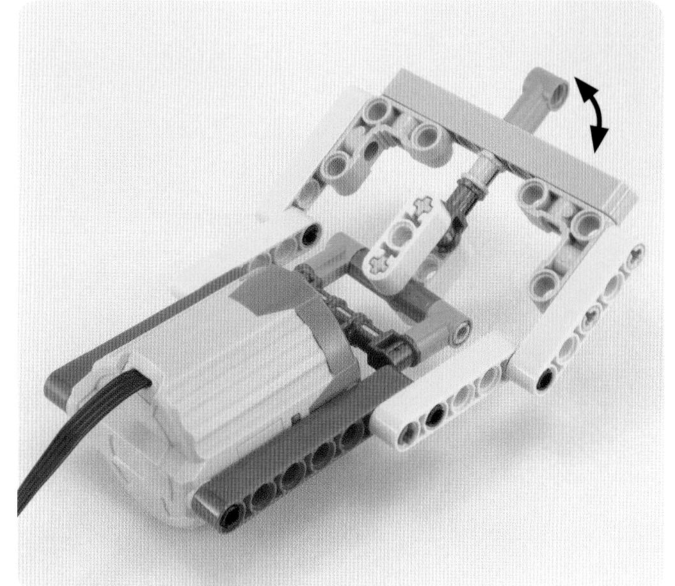

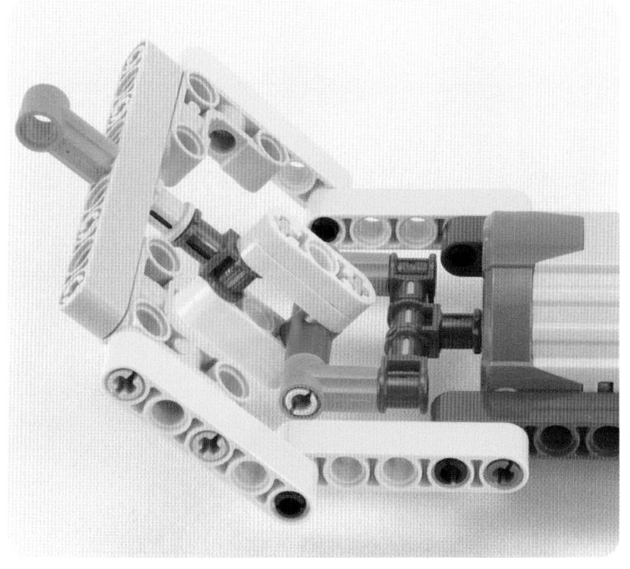

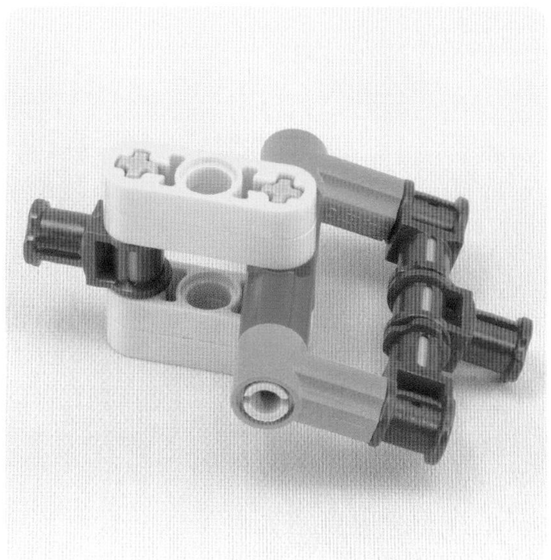

#140

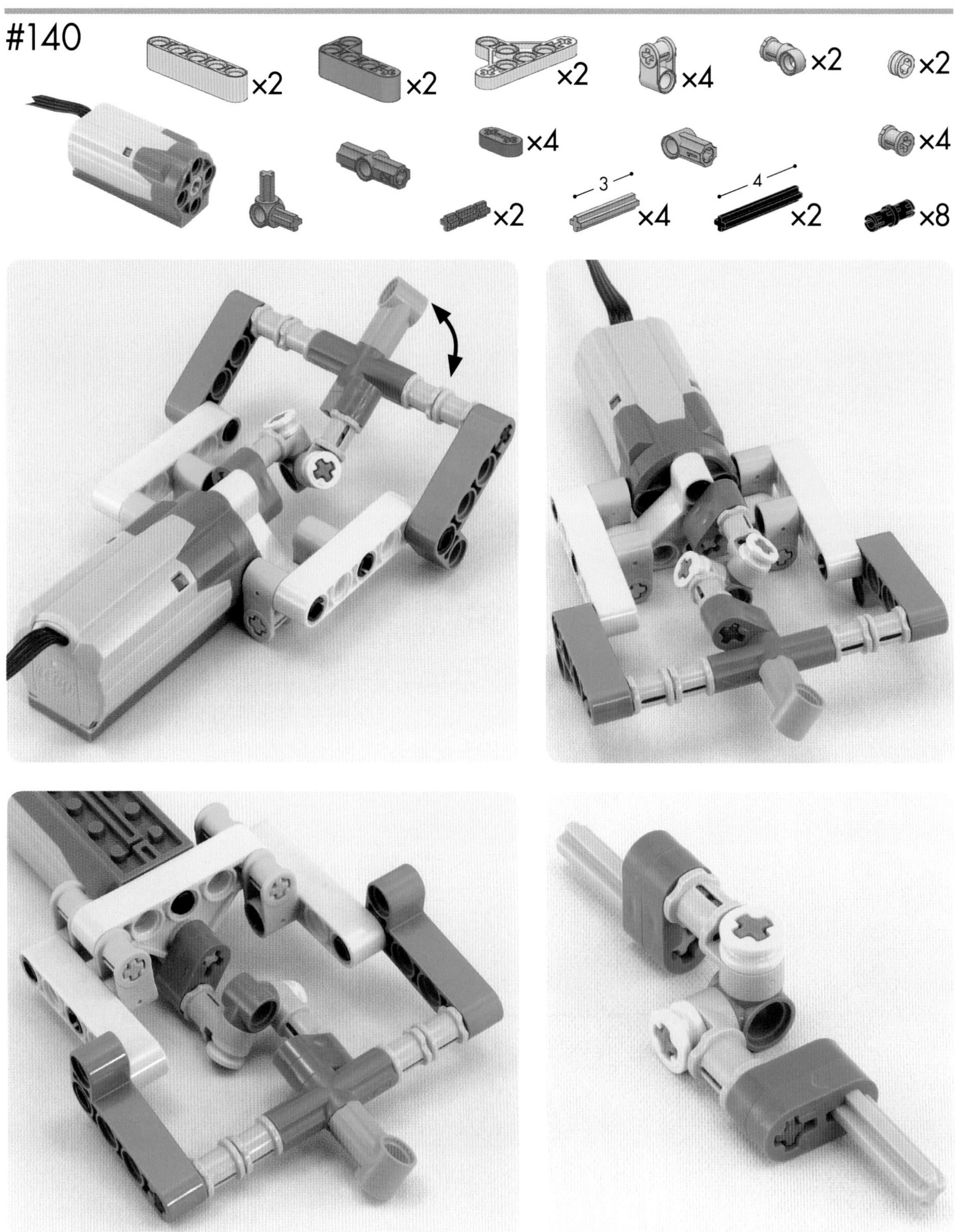

#141

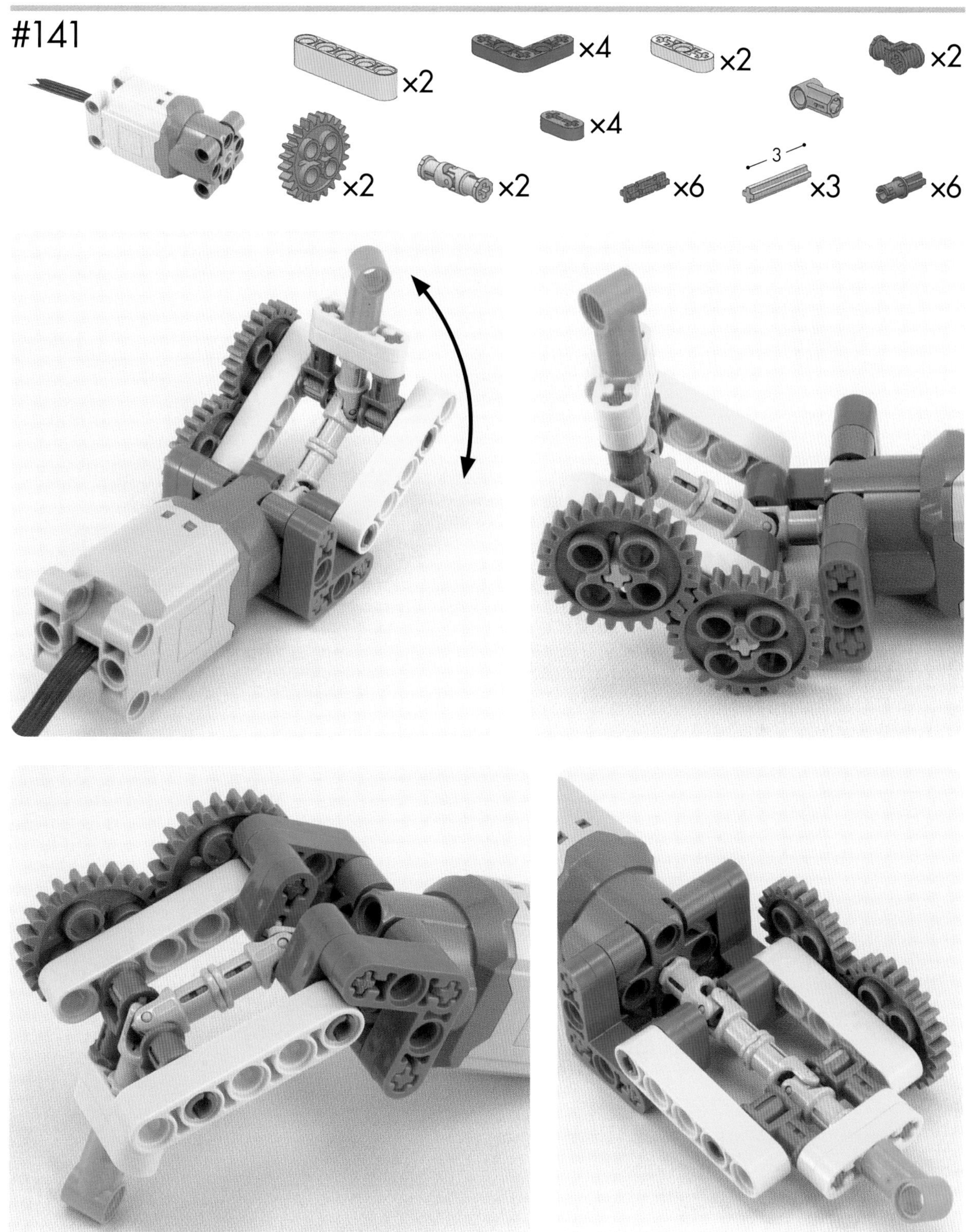

#142

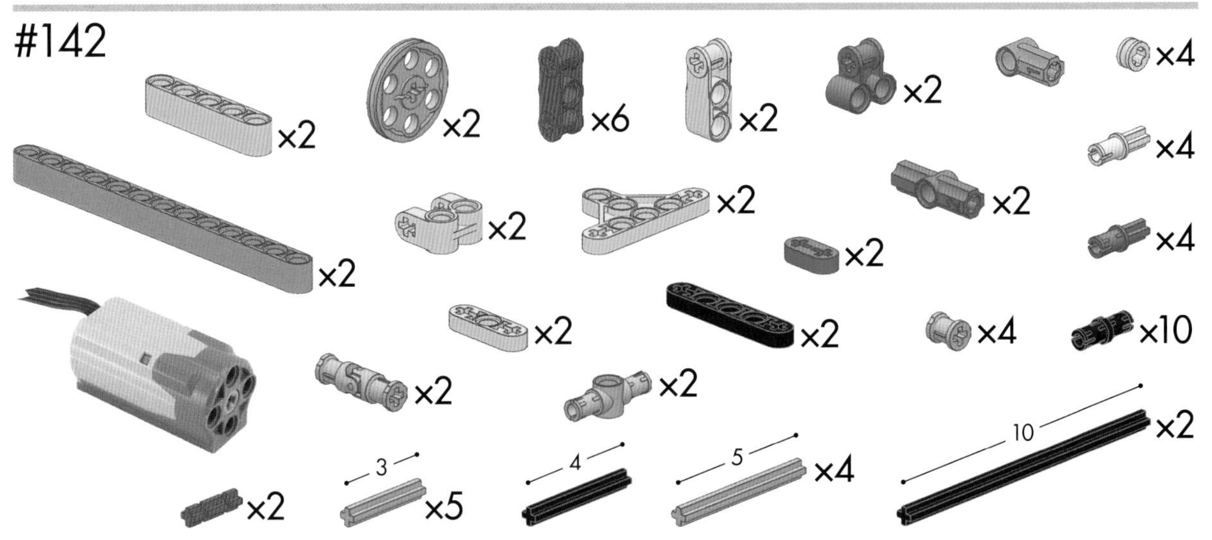

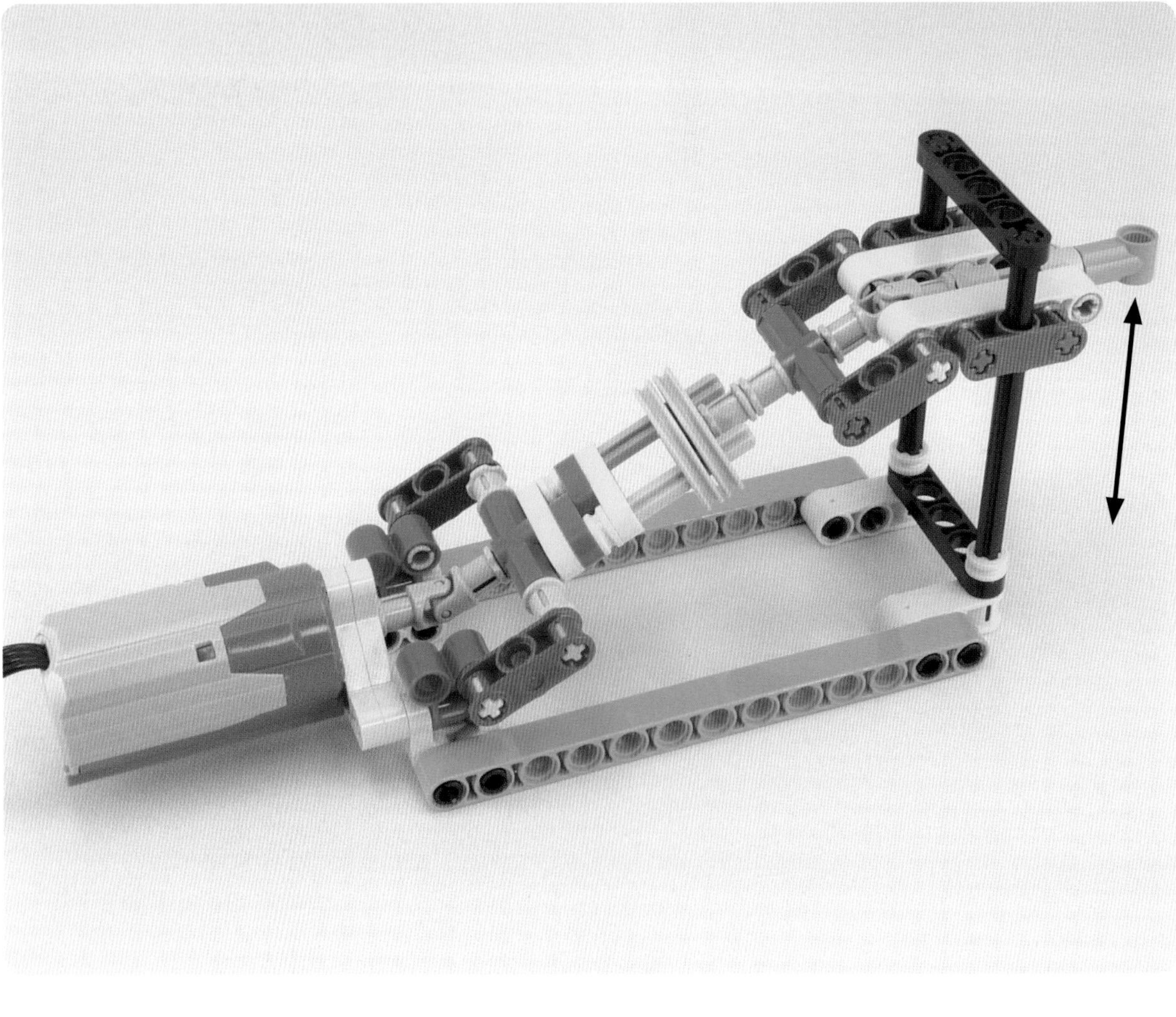

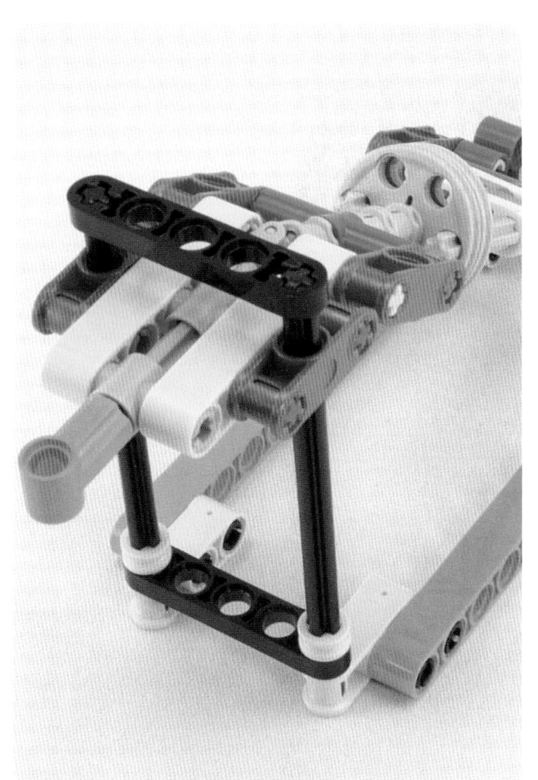

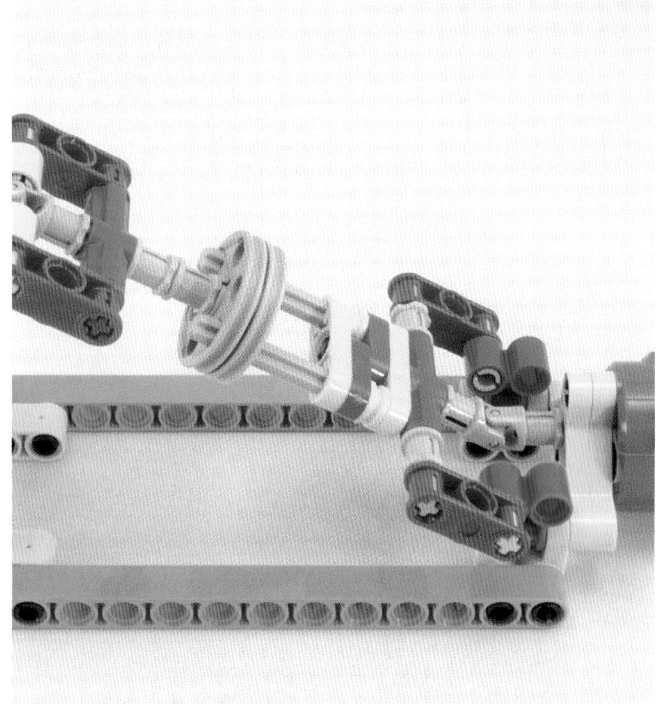

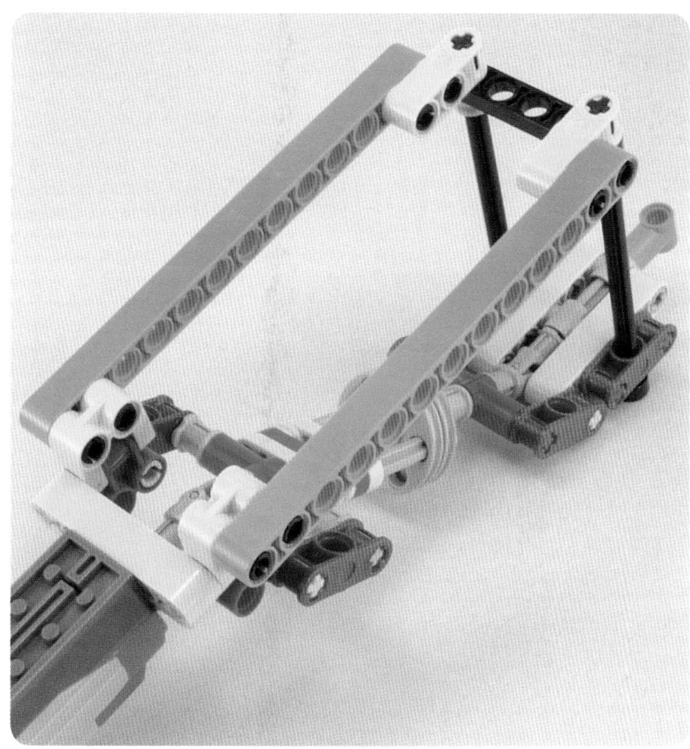

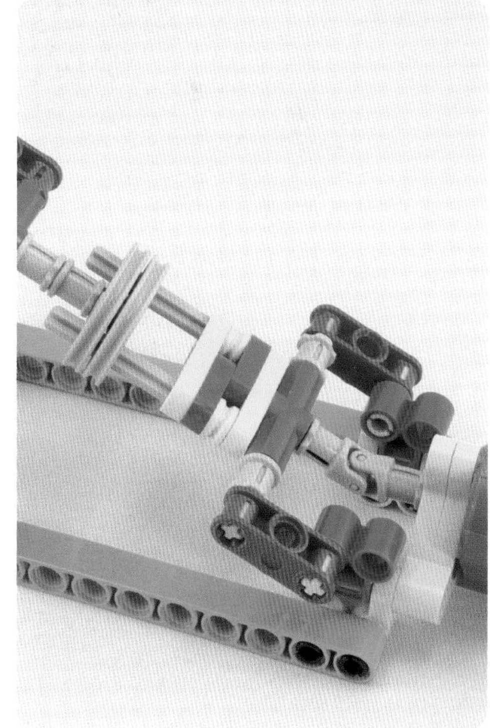

체인, 무한궤도를 이용한 동력의 전달

#143

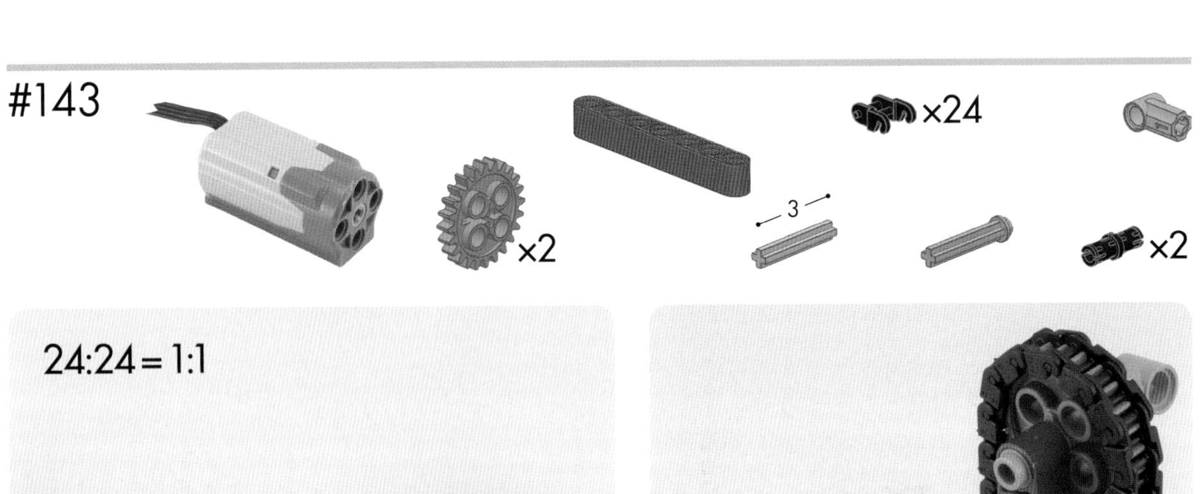

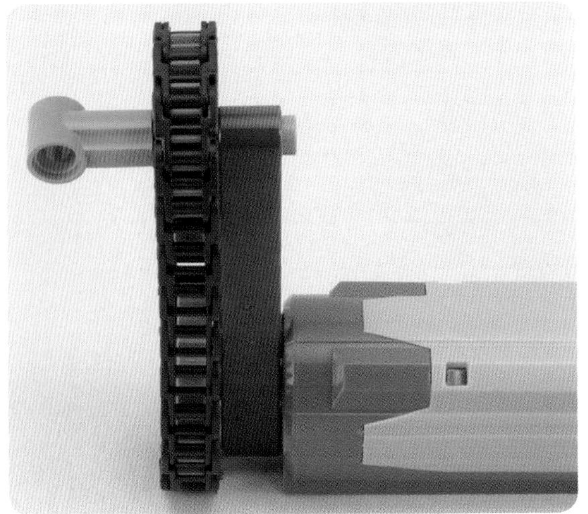

#144

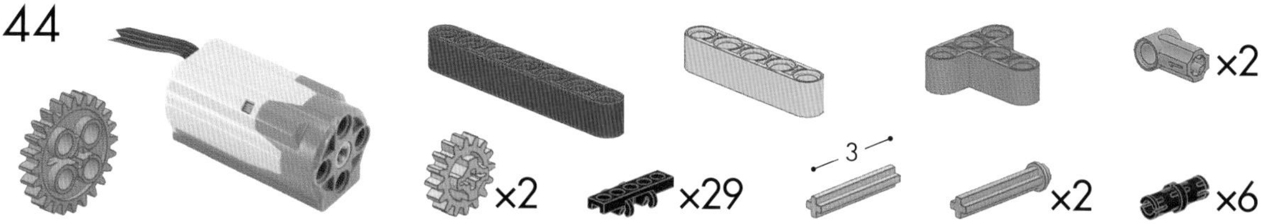

×2

×2

×29

3

×2

×6

24:16 = 3:2

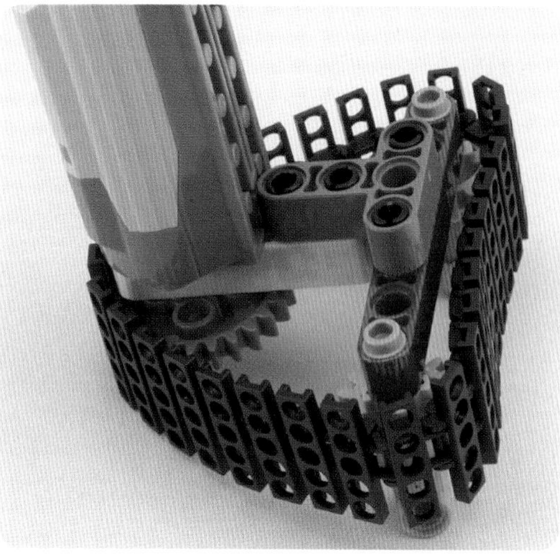

#145

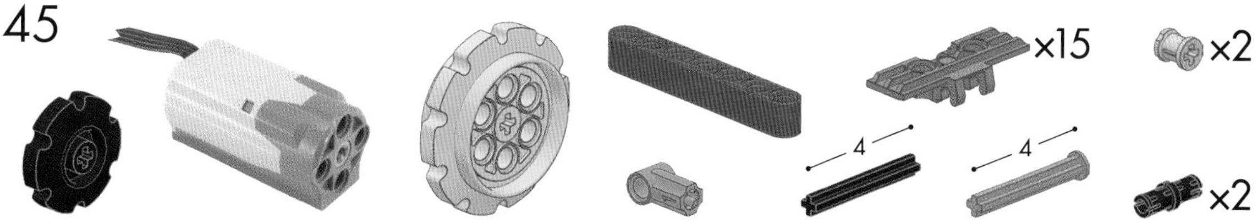

×15

×2

4

4

×2

6:10 = 3:5

#146

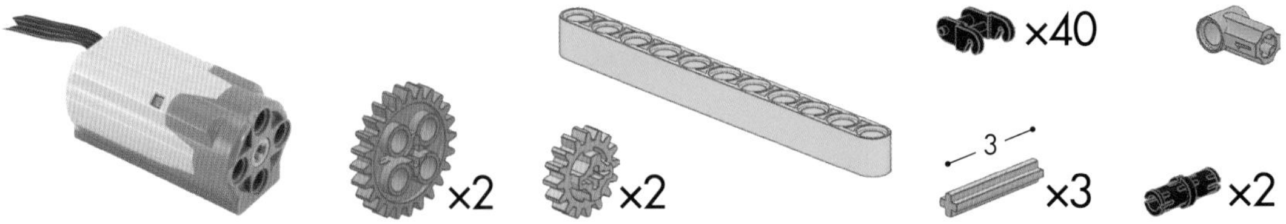

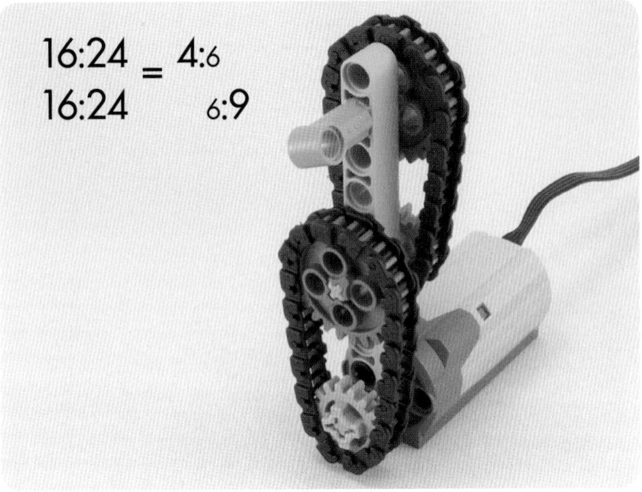

×2 ×2 ×40 ×3 ×2

16:24 = 4:6
16:24 6:9

#147

×23 ×2 ×3 ×2 ×4

16:16 = 1:1

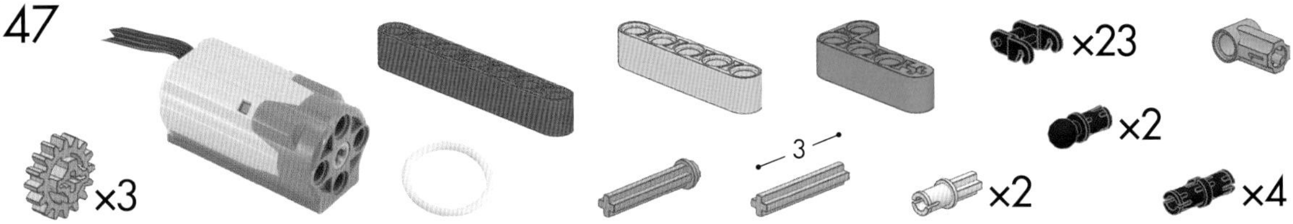

#148

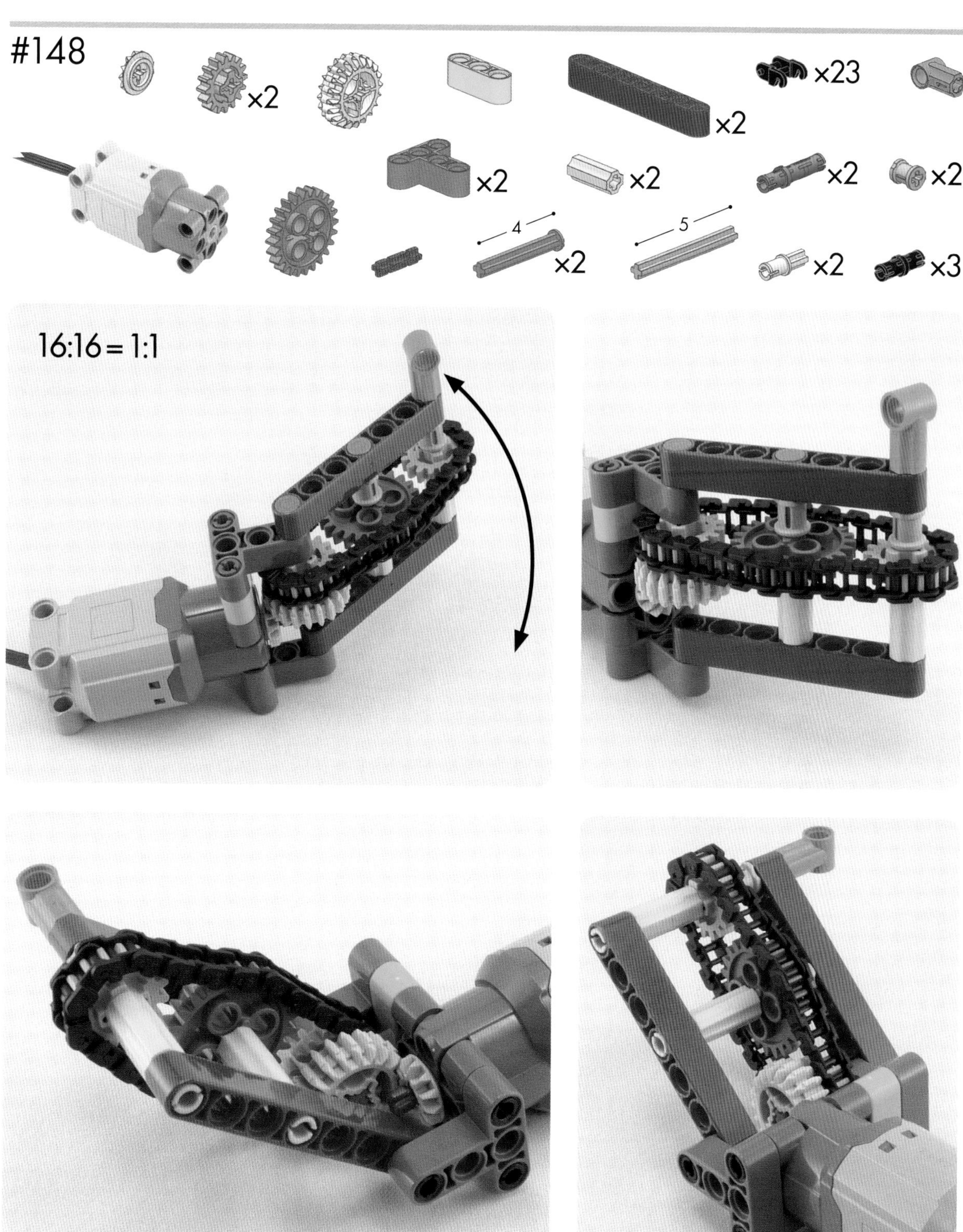

고무 벨트를 이용한 동력의 전달

#149

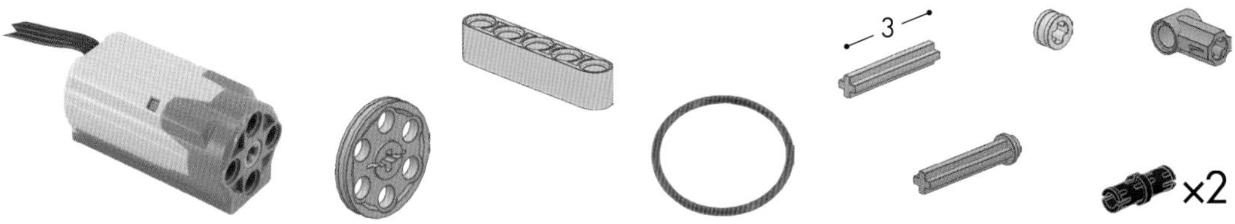

3

×2

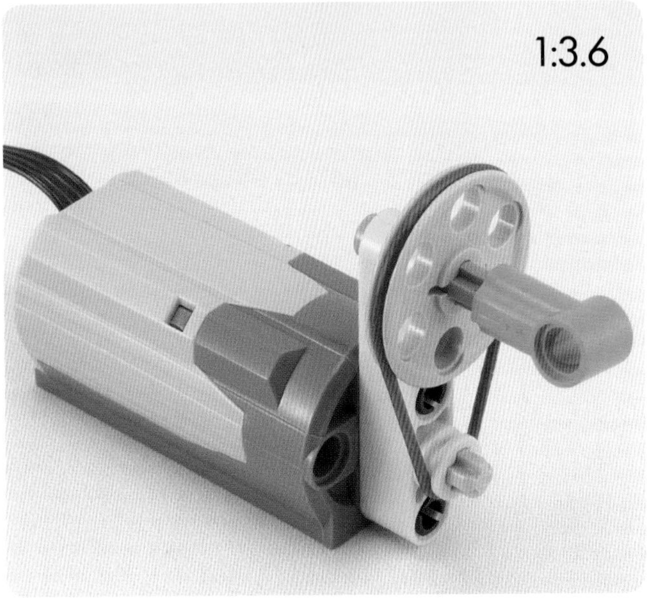

1:3.6

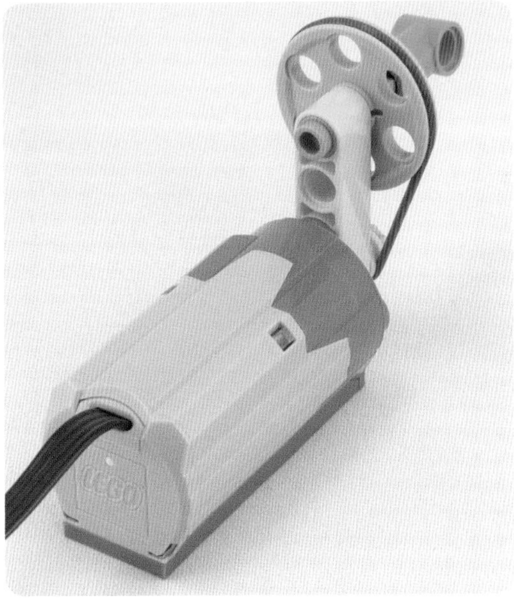

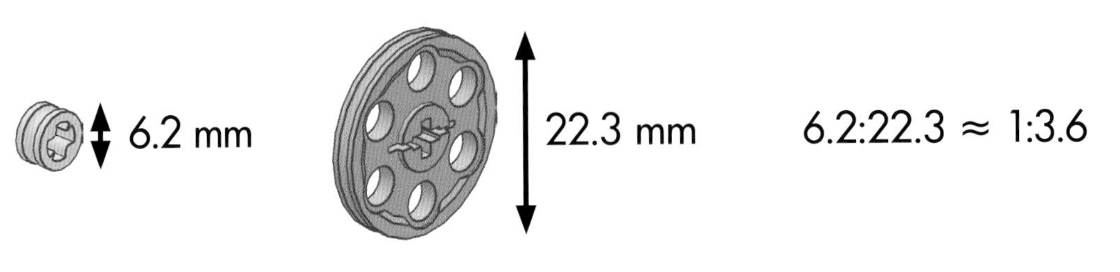

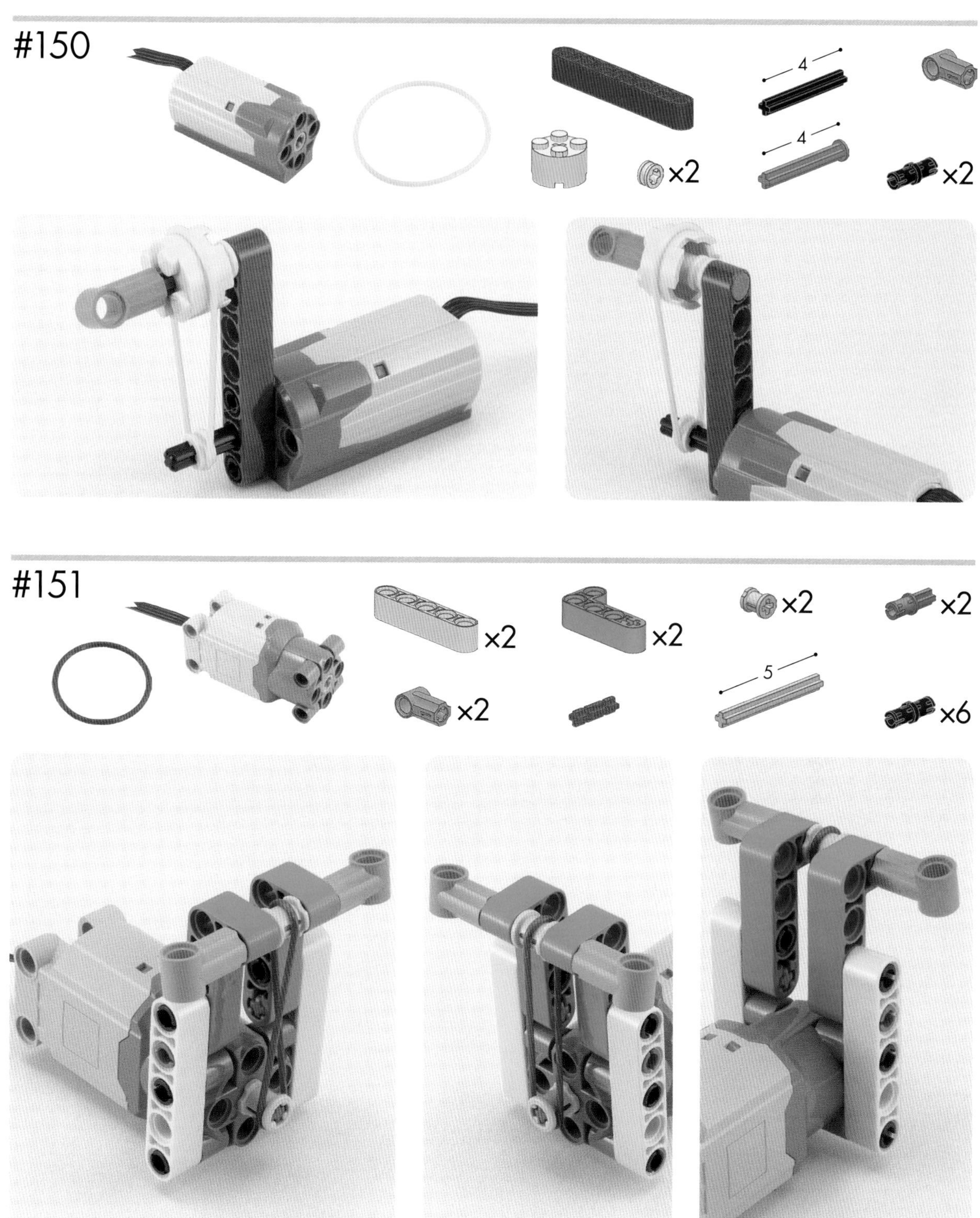
#150
4
4
×2
×2
#151
×2
×2
×2
×2
×2
5
×6

#152

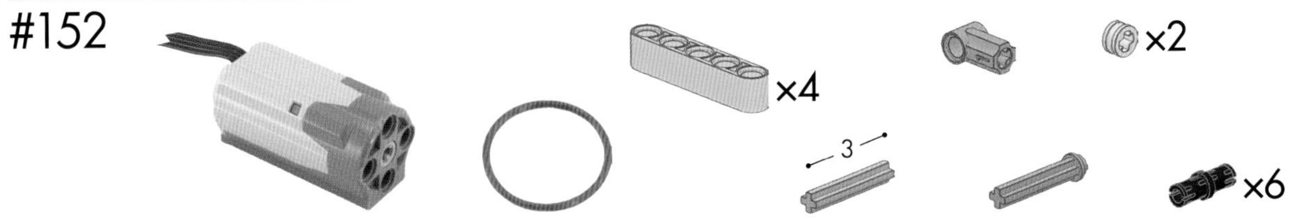

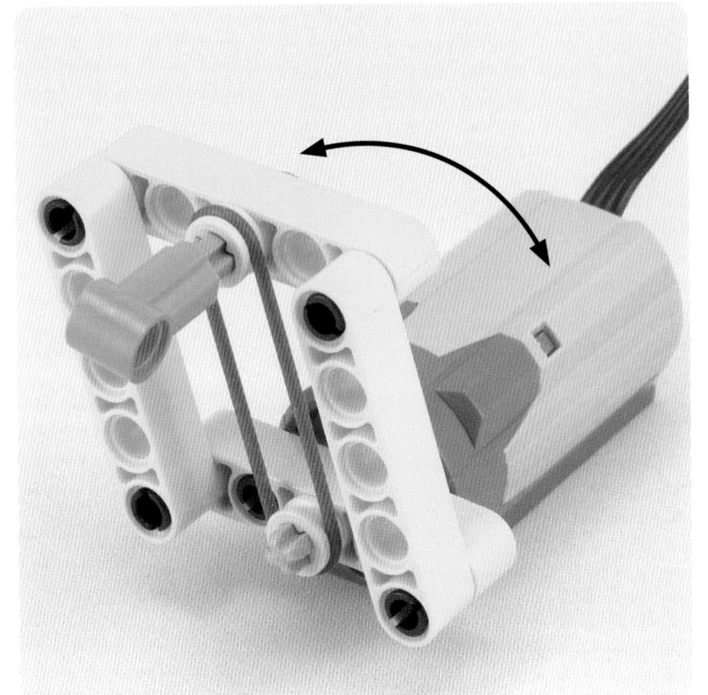

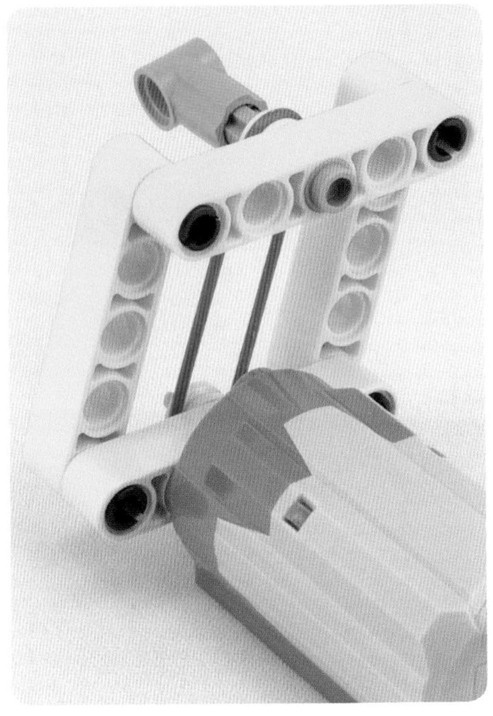

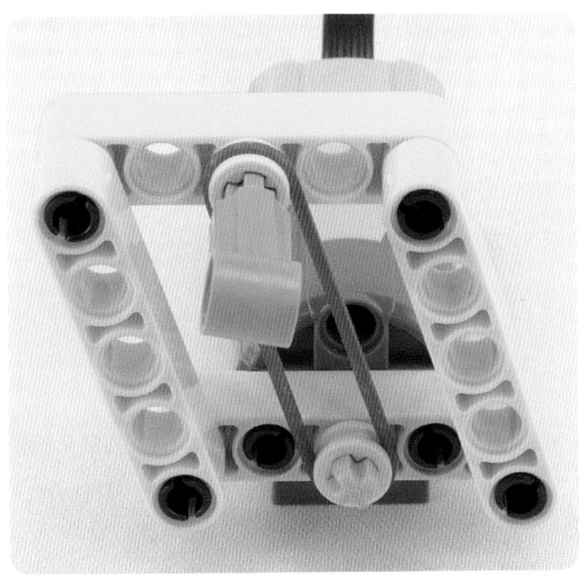

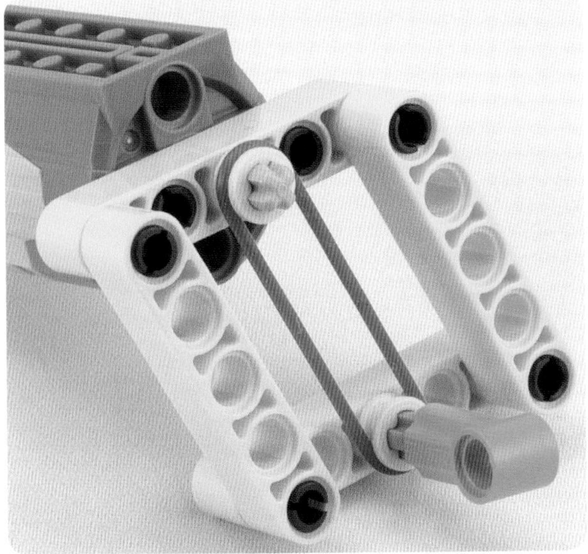

#153

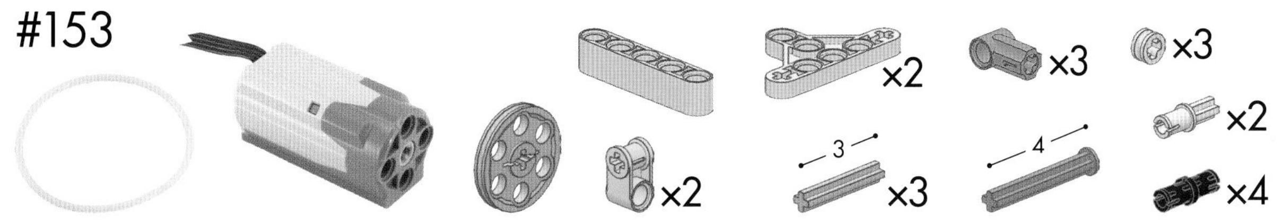

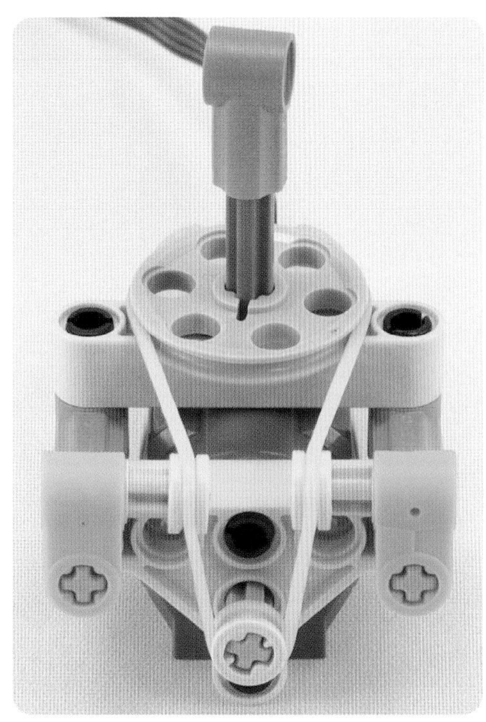

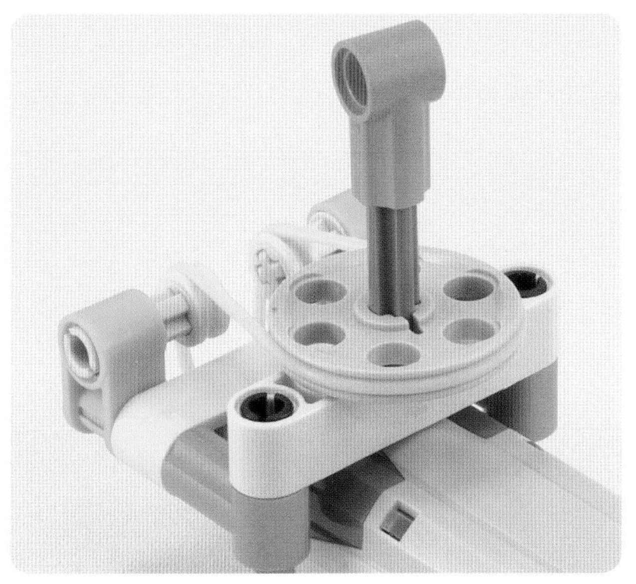

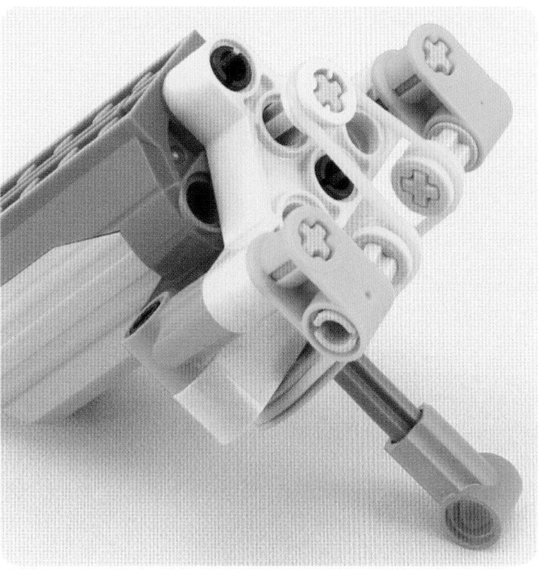

랙(평판 기어)과 피니언 기어

#154

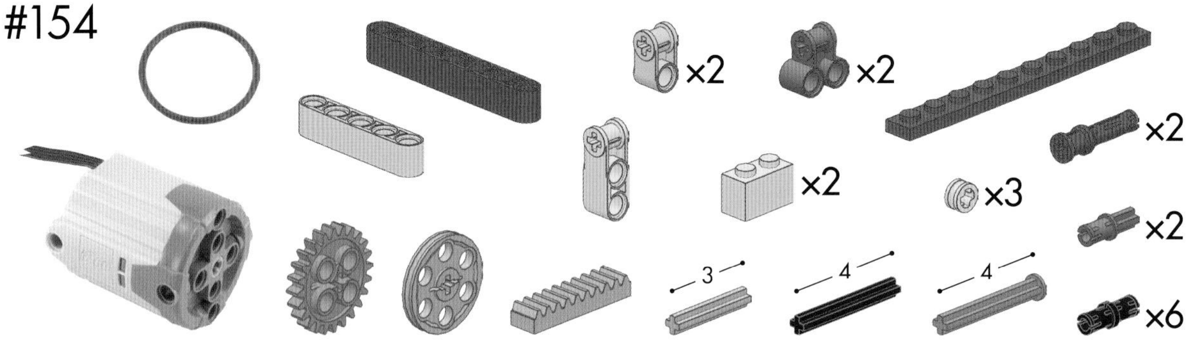

×2
×2
×2
×2
×3
×2
3
4
4
×6

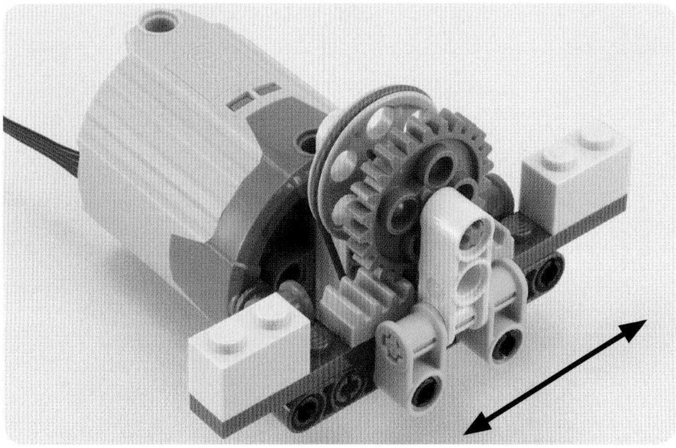

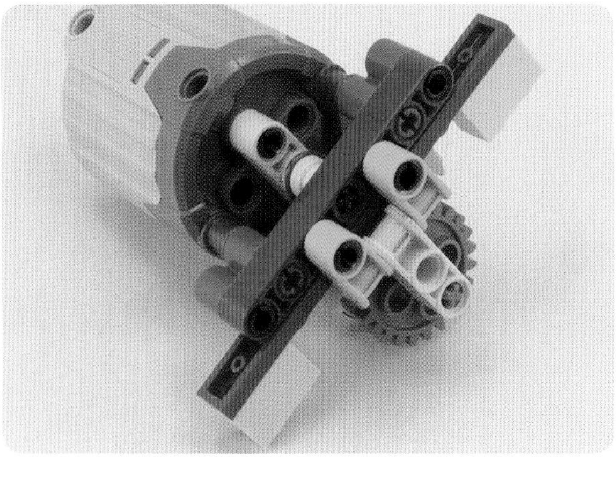

#155

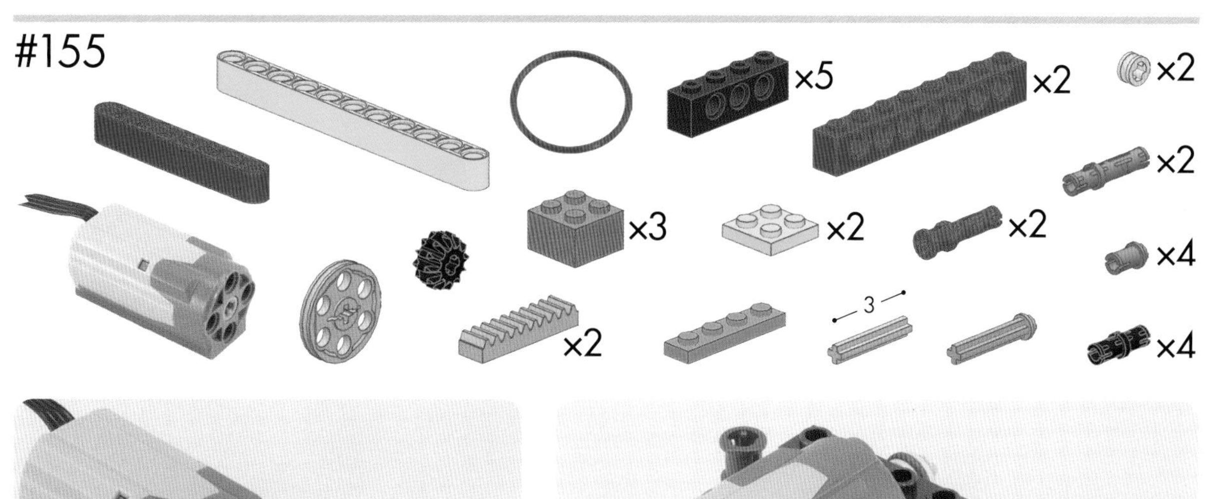

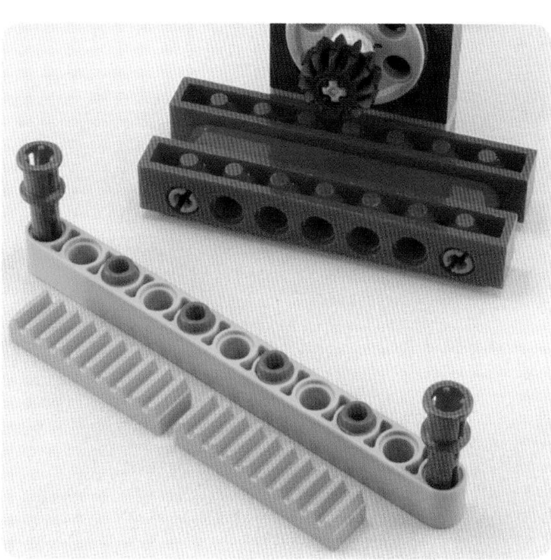

#156

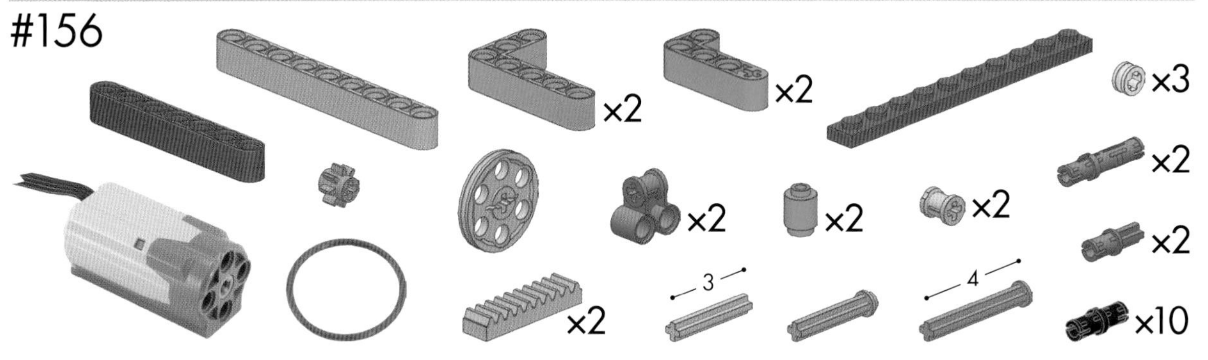

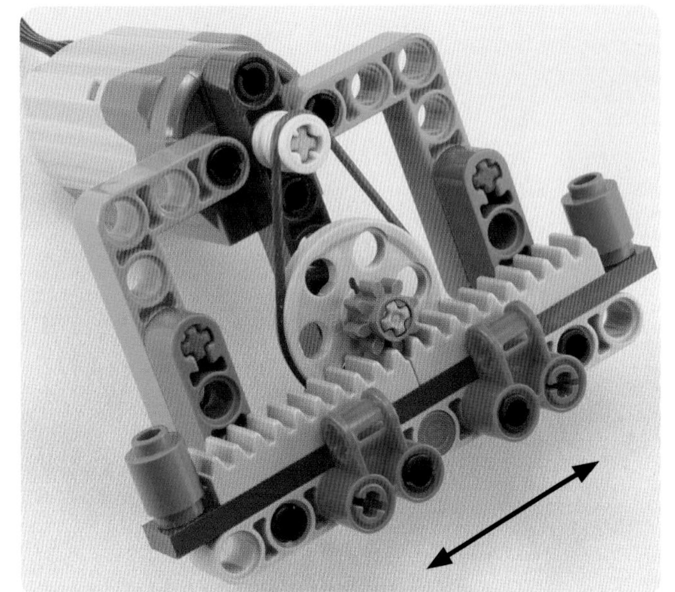

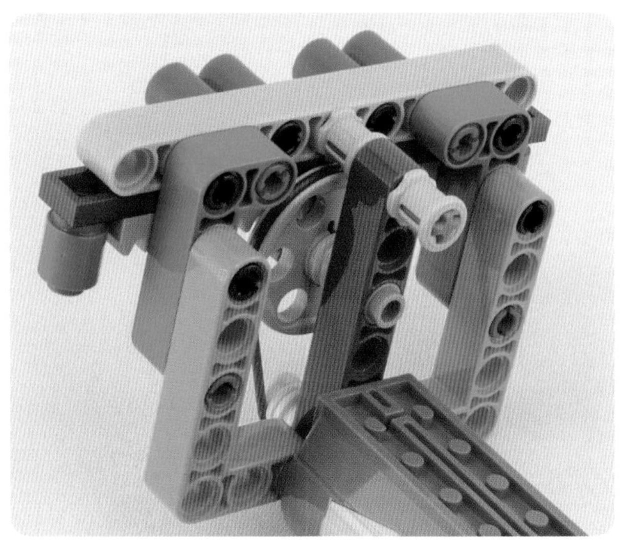

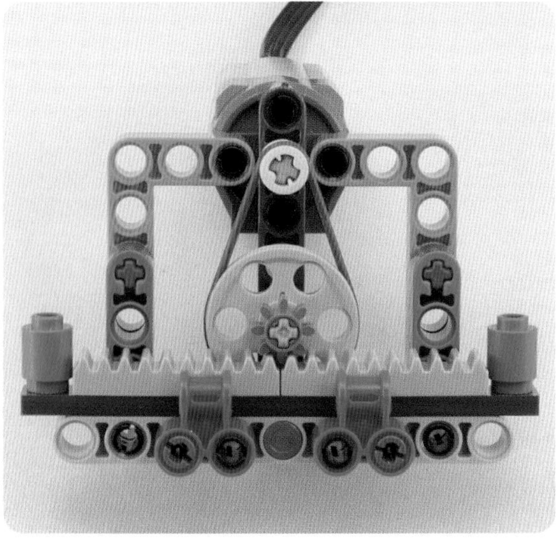

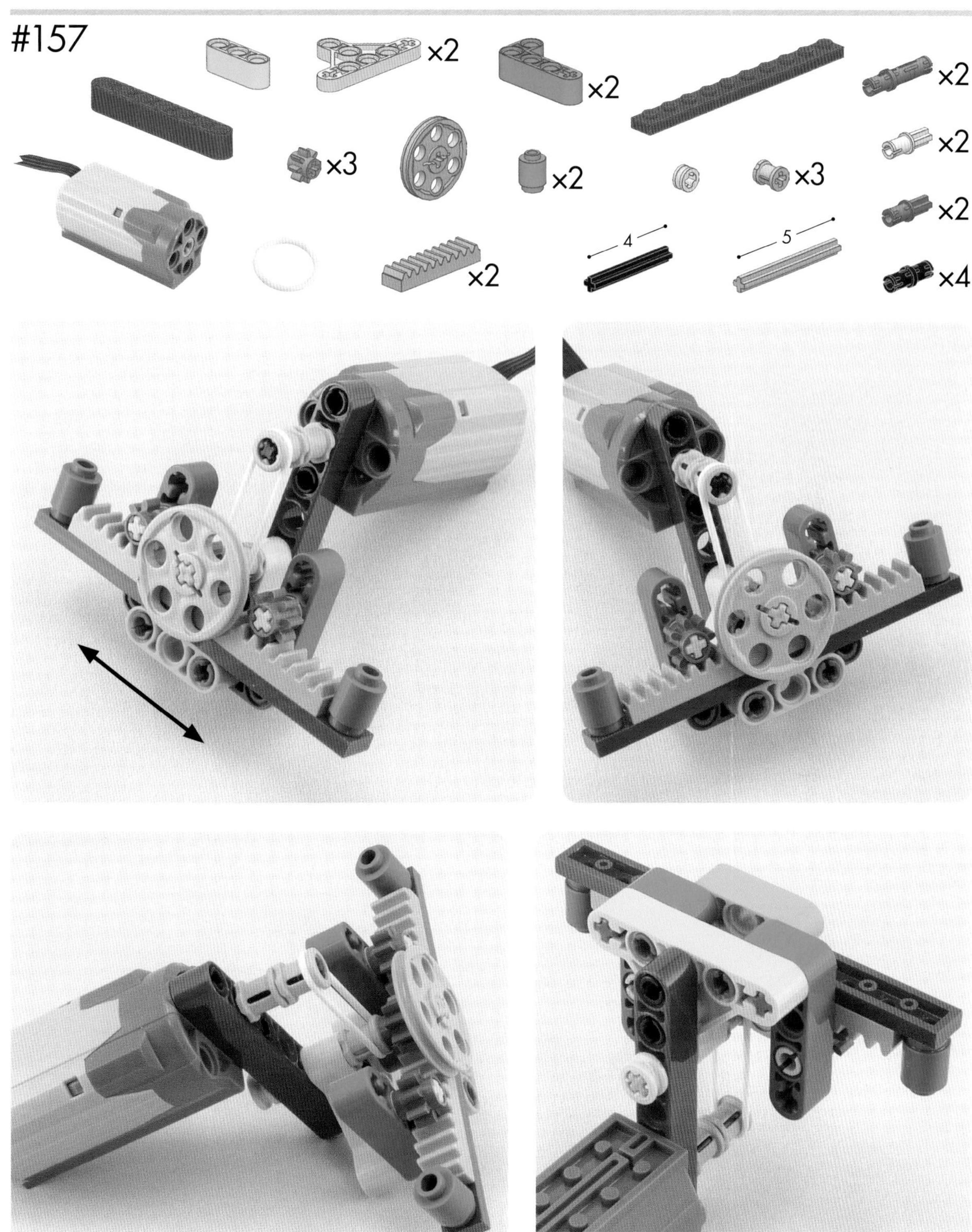
#157
×2
×2
×2
×2
×3
×2
×3
×2
×2
4
5
×4

#158

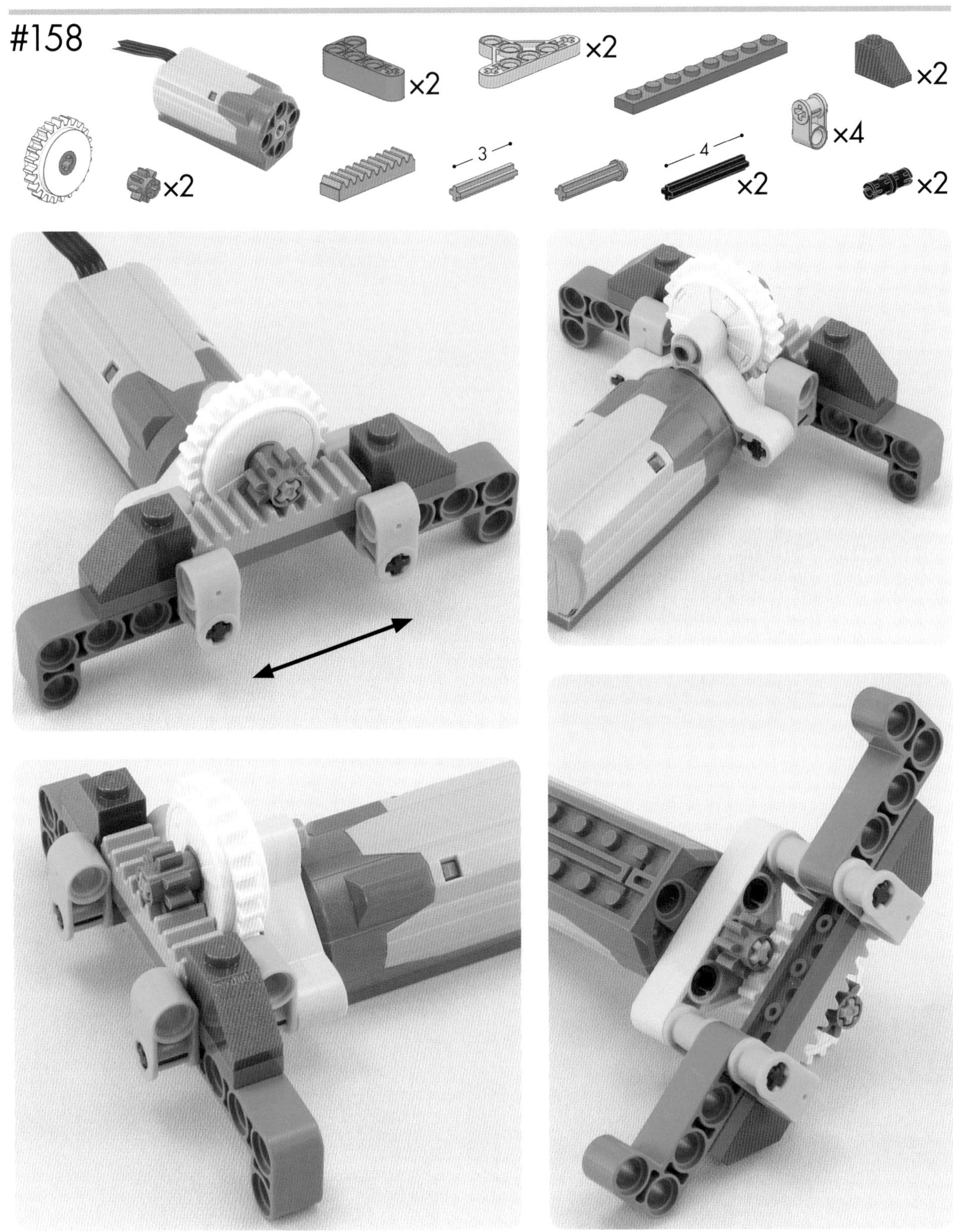

#159

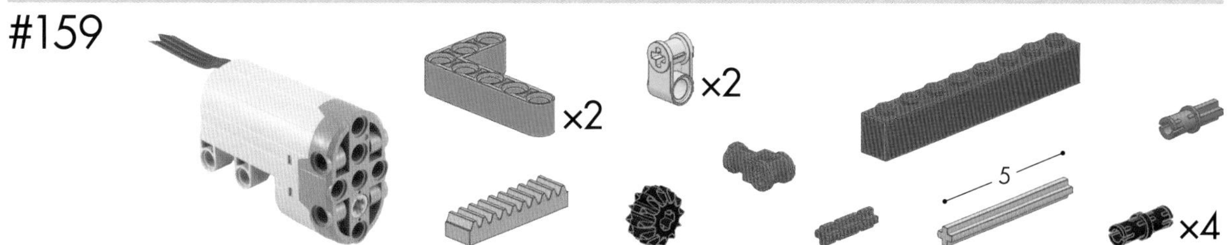

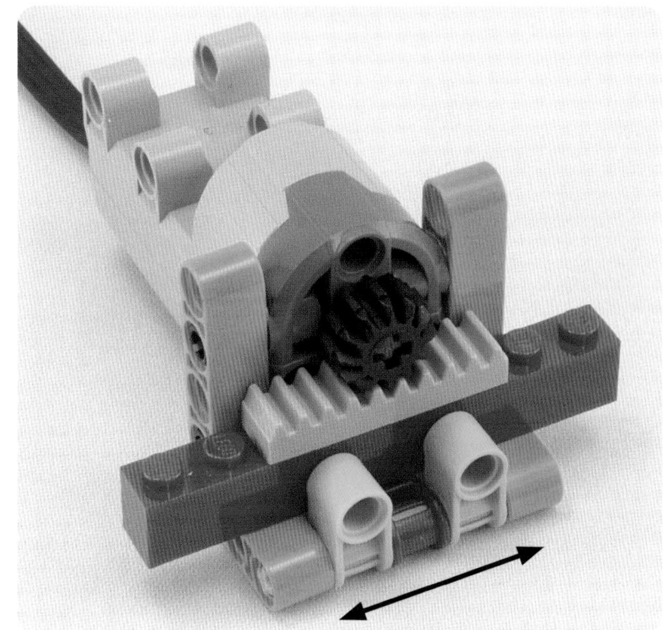

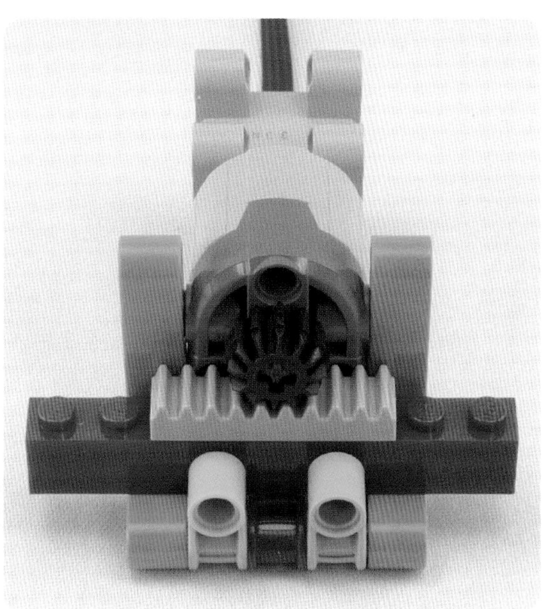

#160

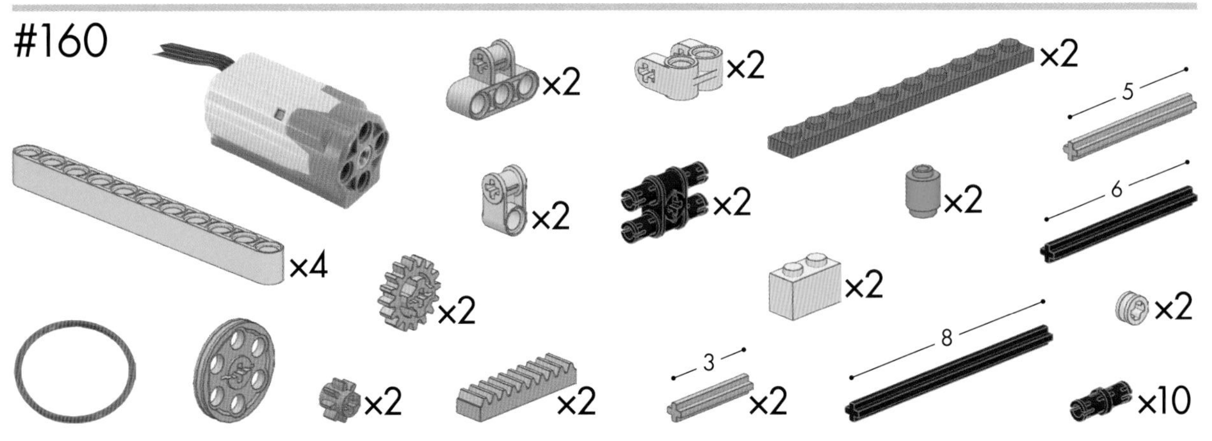
×2
×2
×2
5
×4
×2
×2
×2
6
×2
×2
×2
8
×2
3
×2
×2
×2
×10

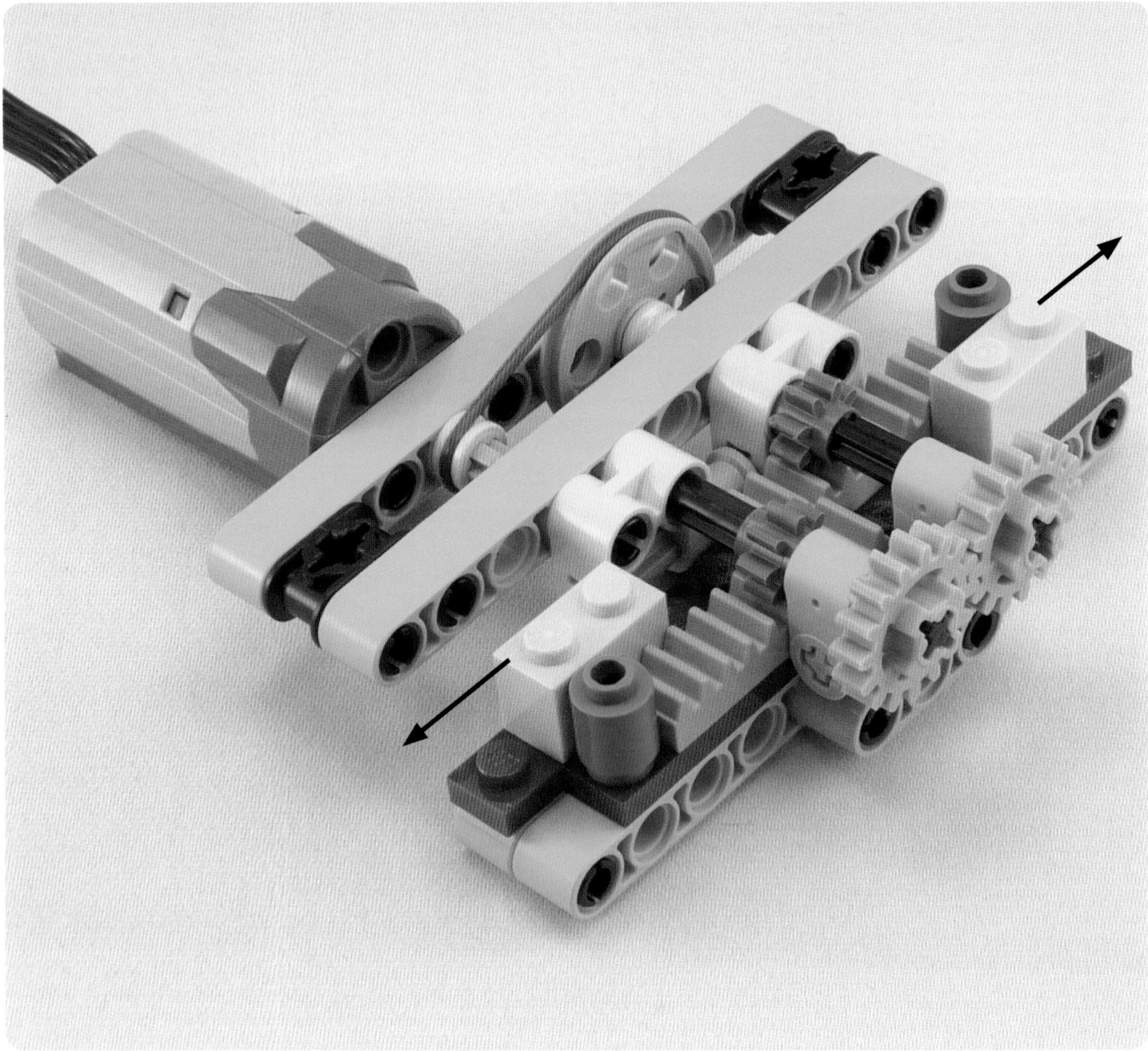

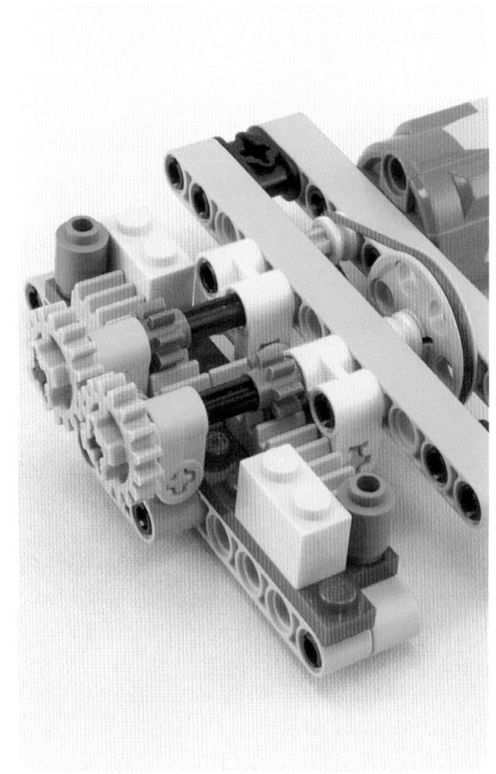

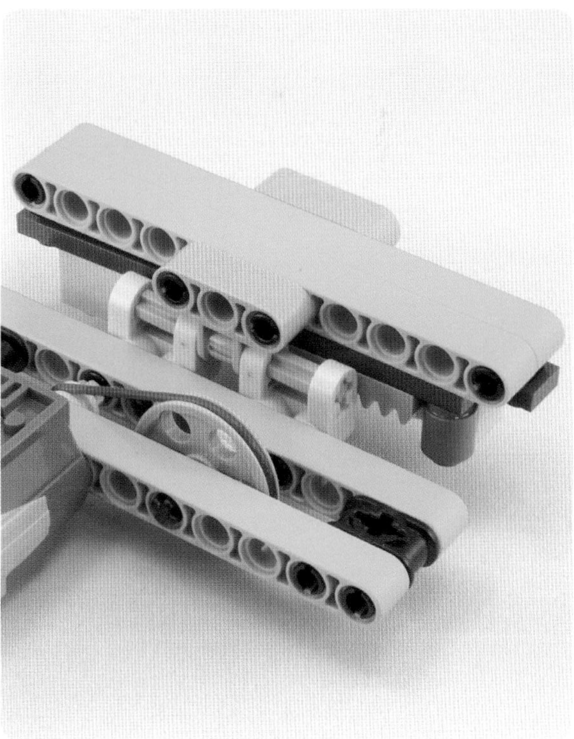

#161

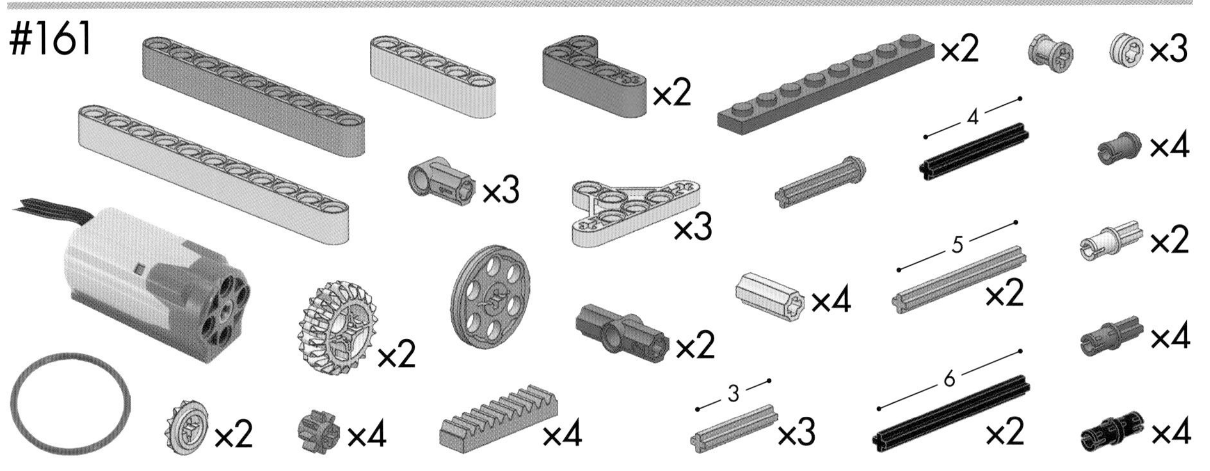

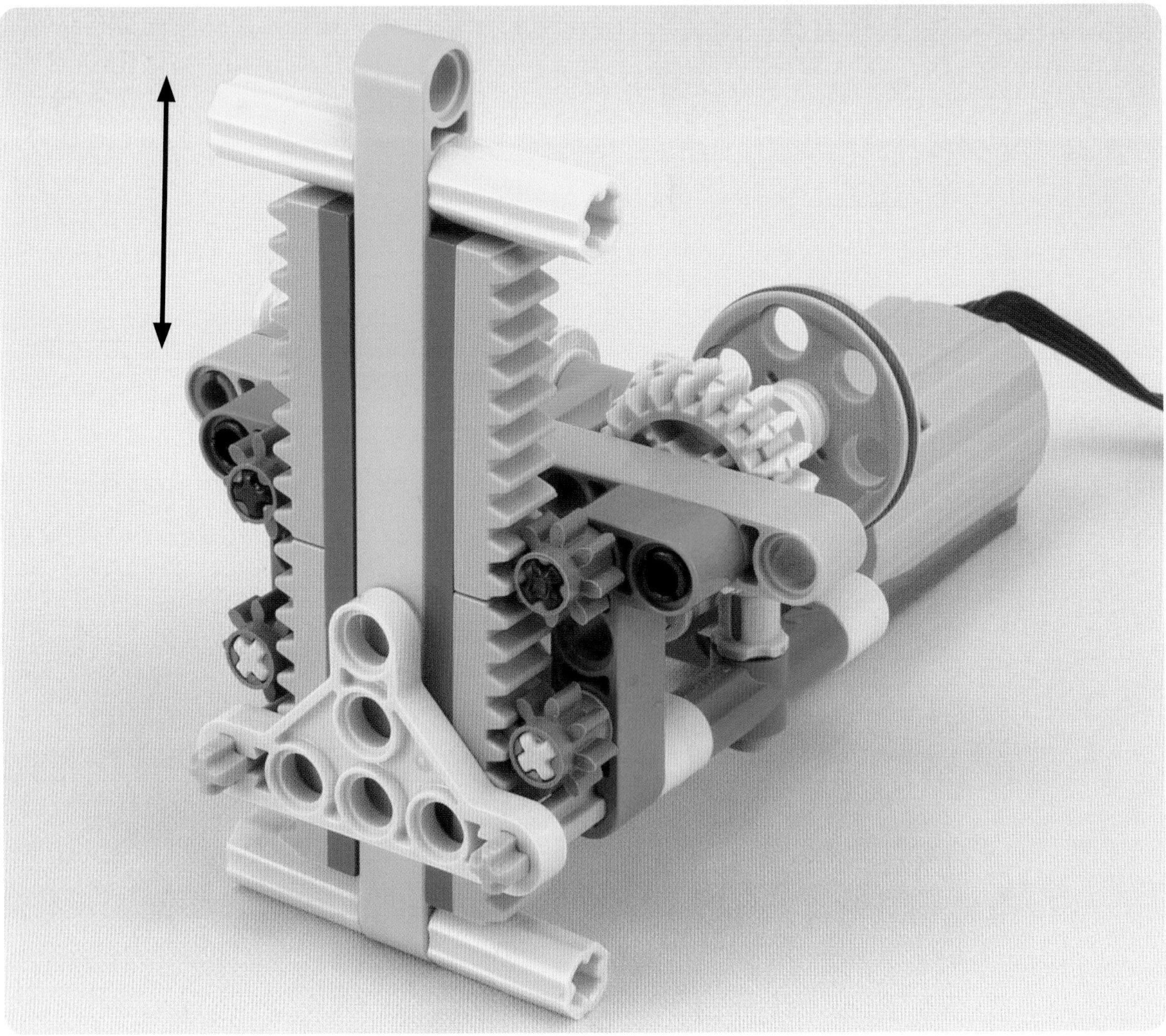

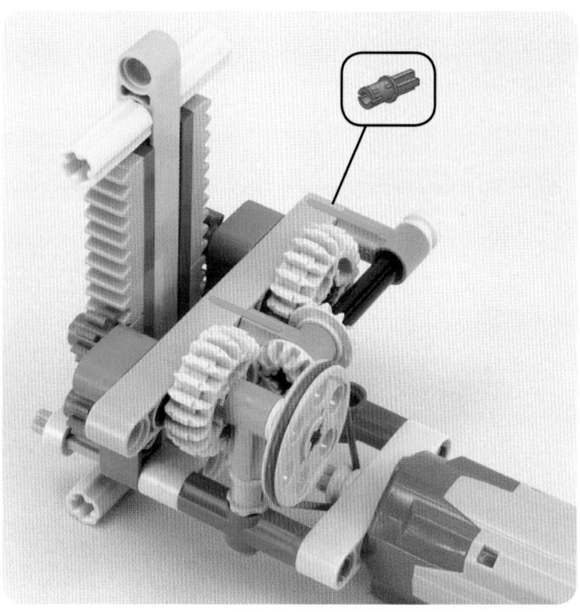

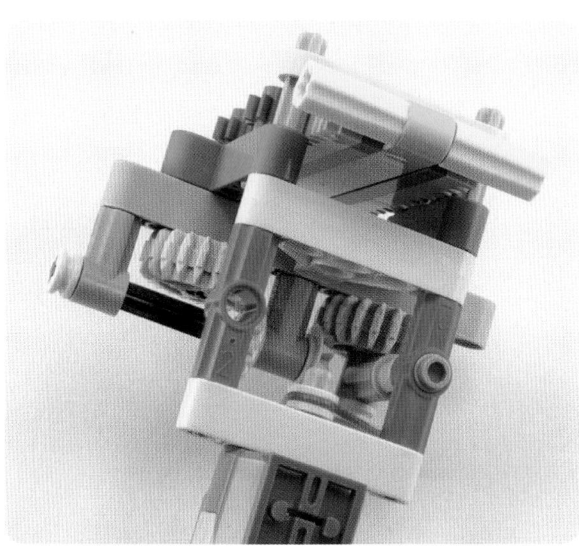

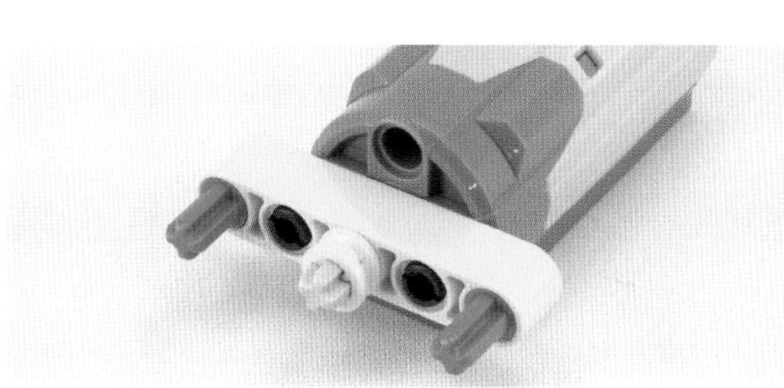

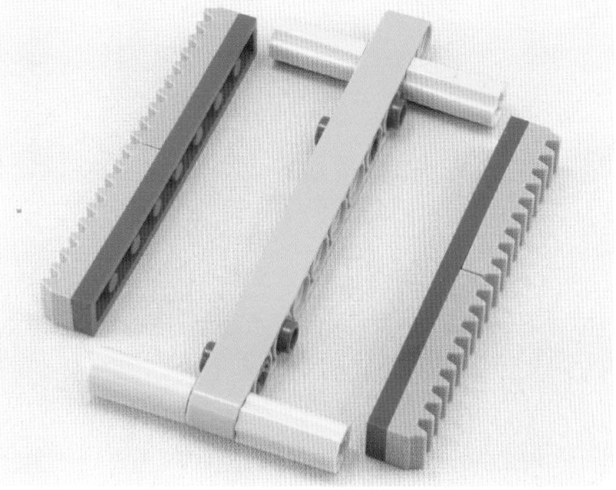

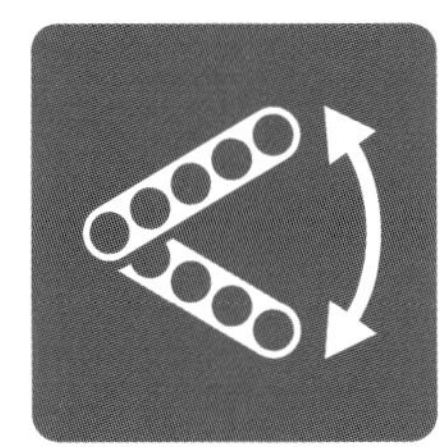

포물선 왕복 운동 장치

#162

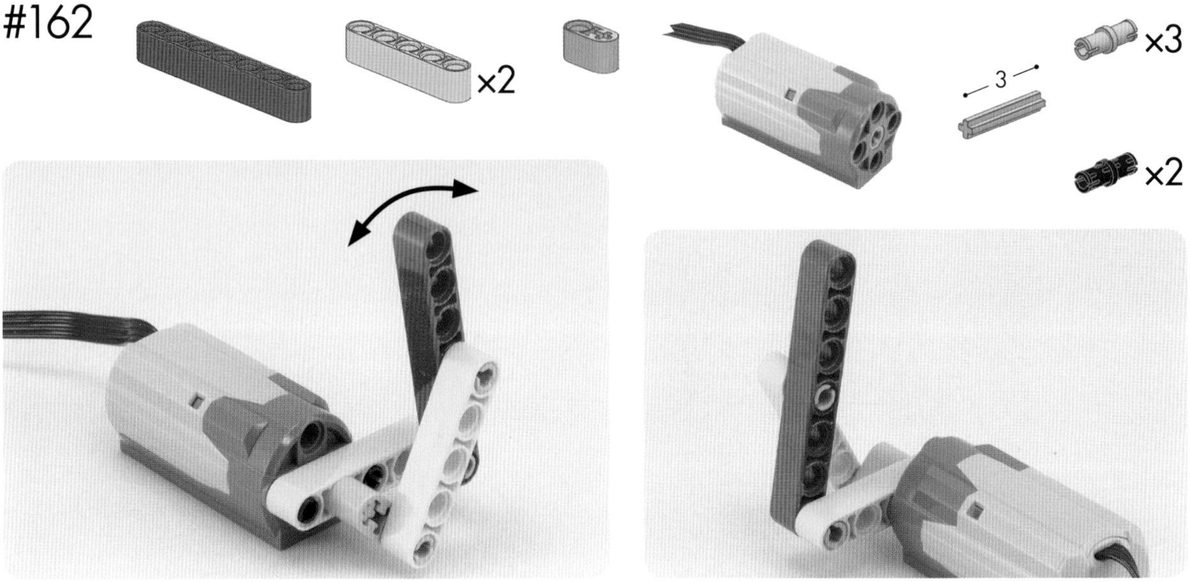

×2

×3

3

×2

#163

×2

×3

3

×2

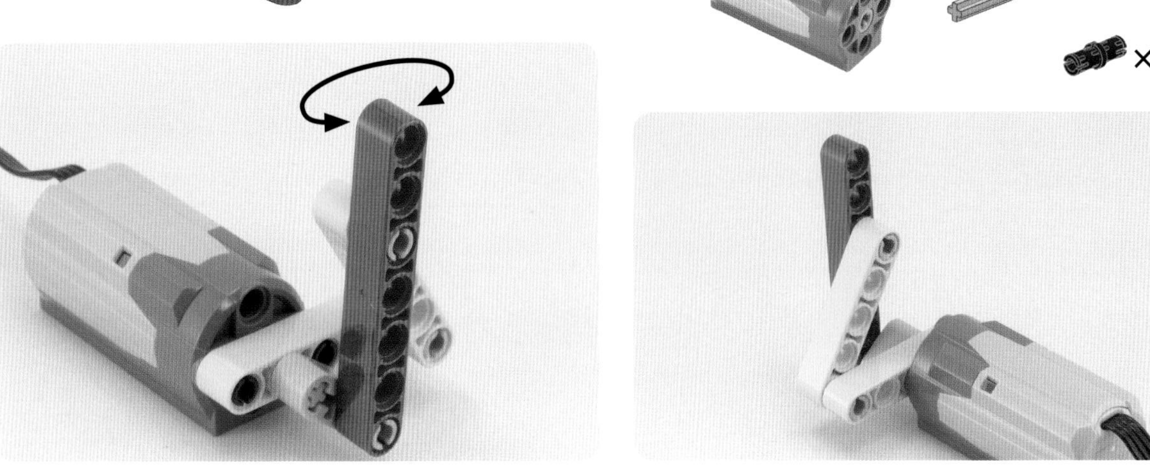

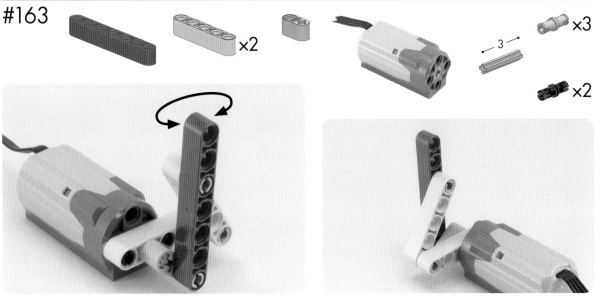

#164

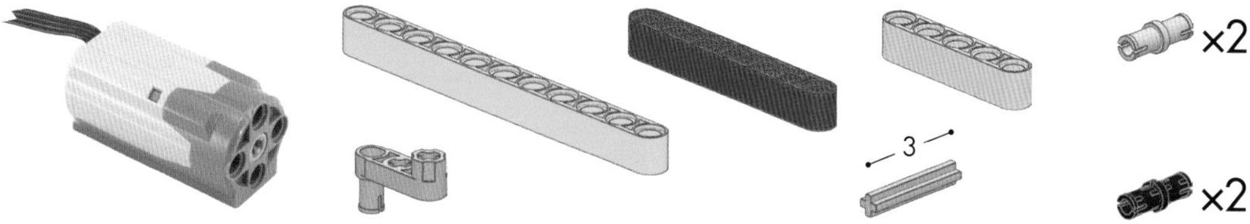

×2

3

×2

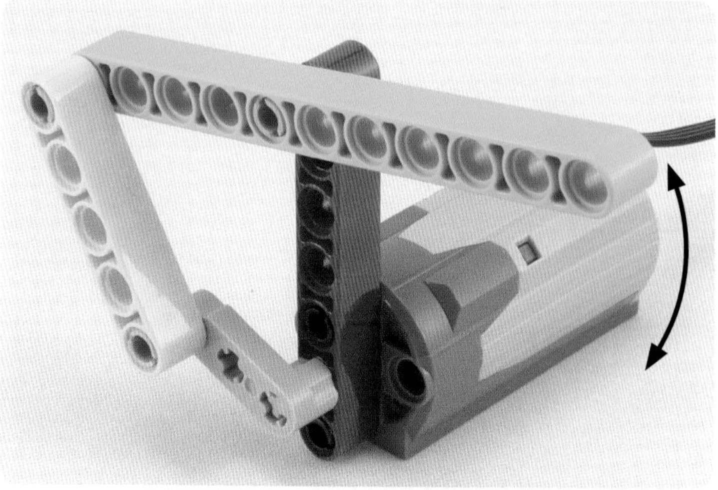

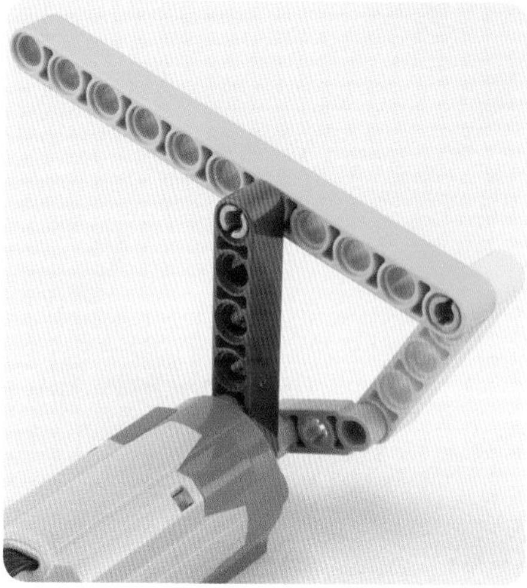

#165

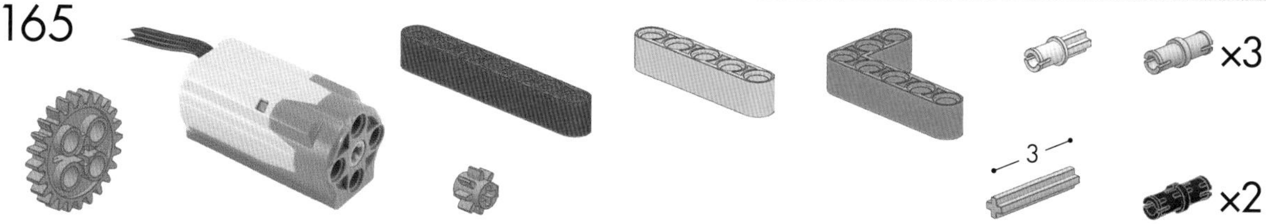

×3

3

×2

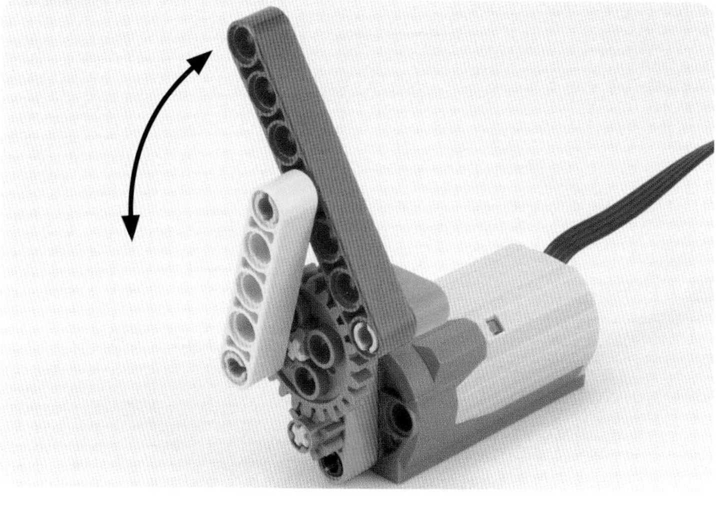

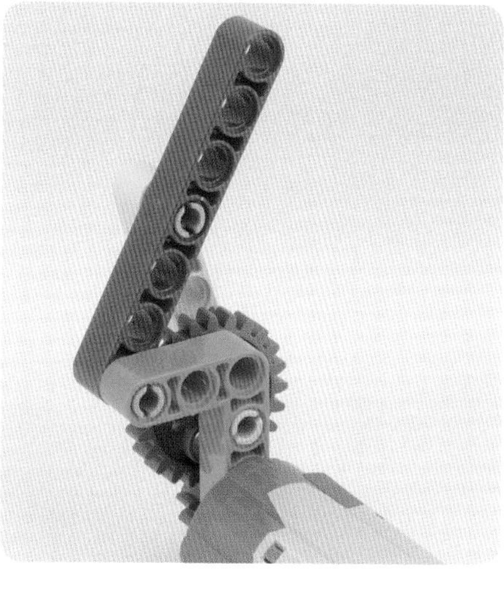

#166

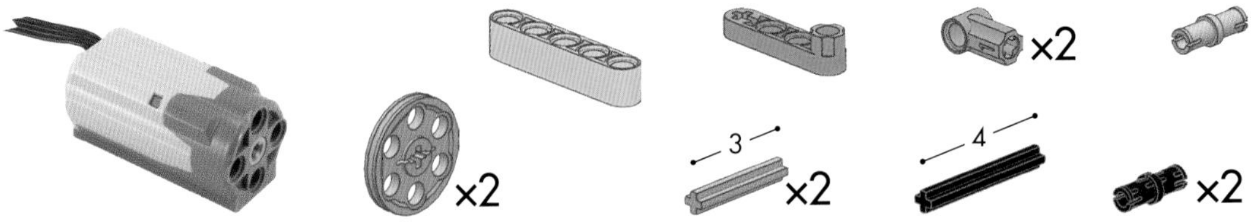

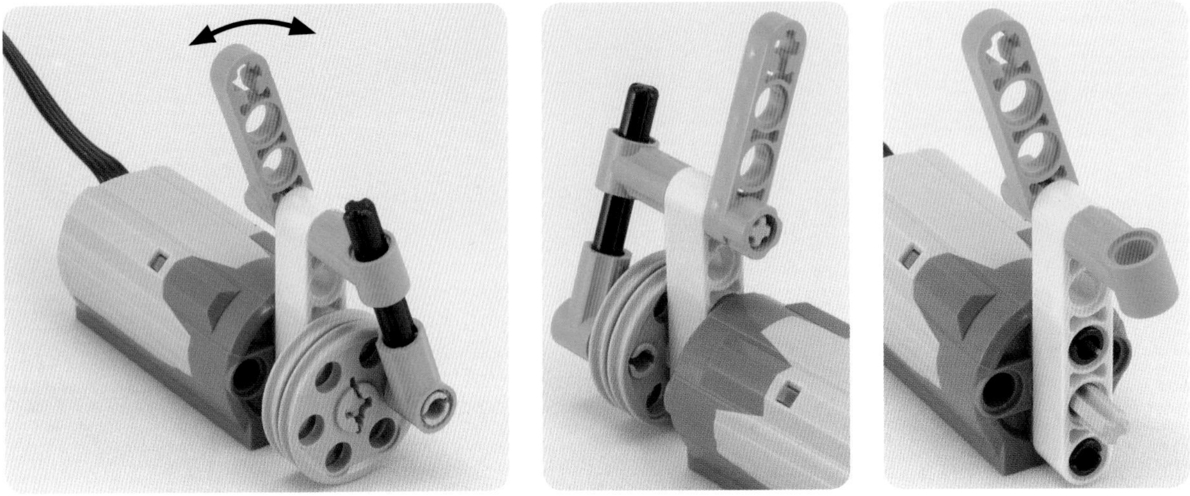

×2

— 3 —

×2

— 4 —

×2

×2

#167

×2

— 3 —

— 4 —

— 4 —

×2

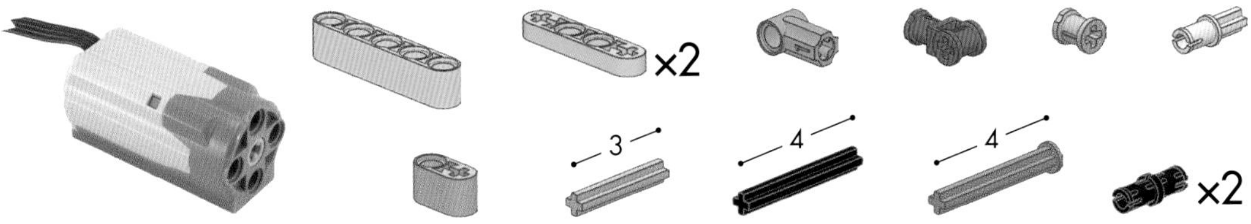

#168
×2
×2
×2
×2
3
4
×4
×2
×4

#169

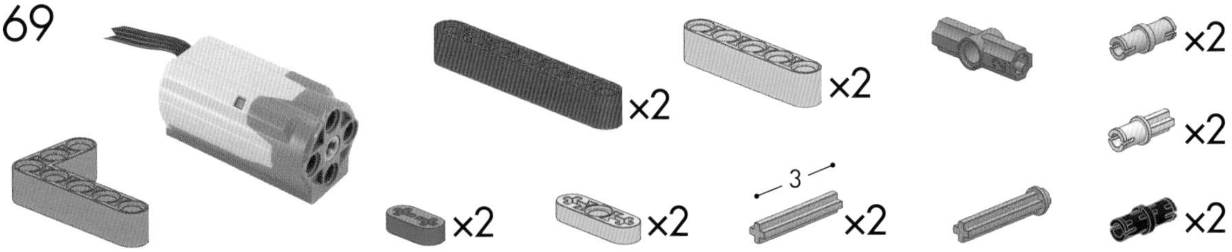

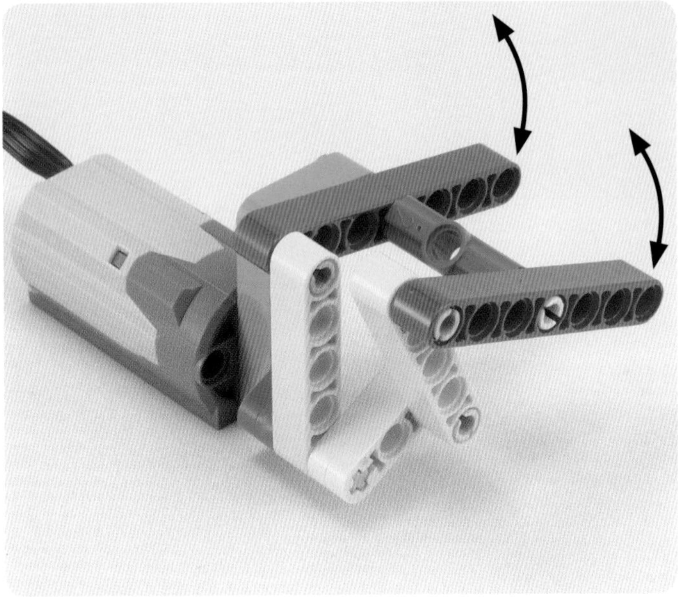

×2 ×2

×2

×2

×2 ×2 3 ×2 ×2

#170

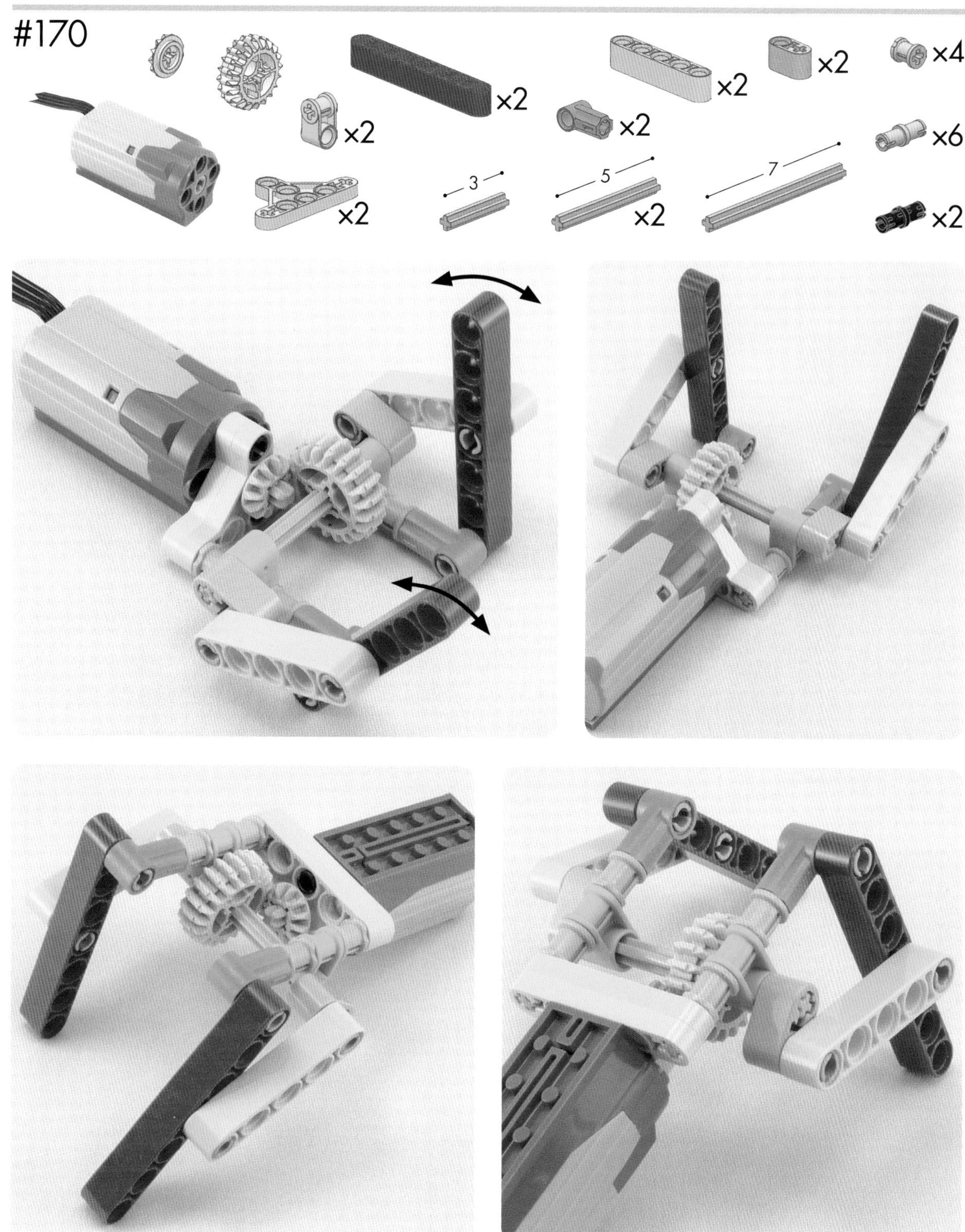

#171

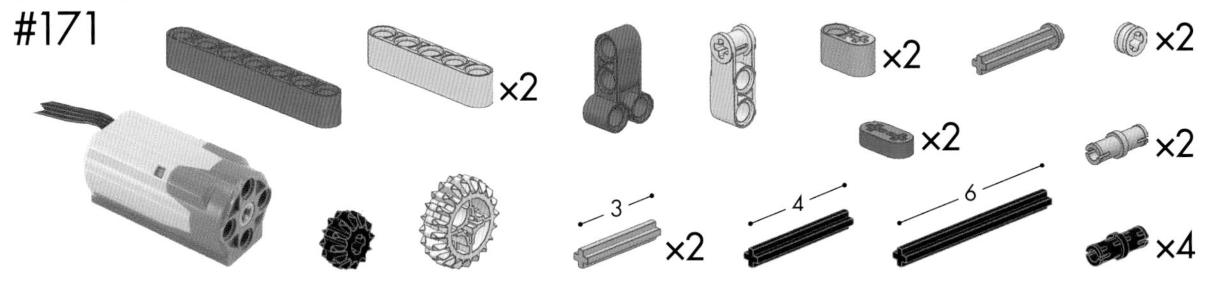

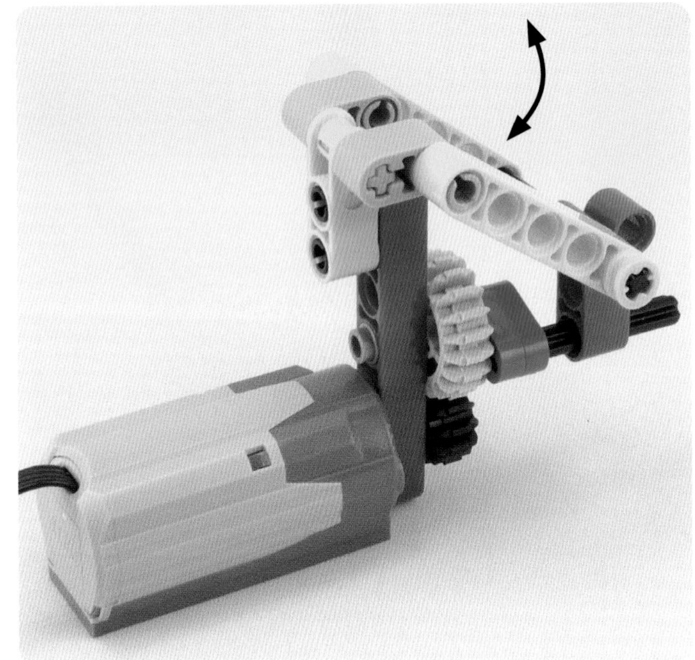

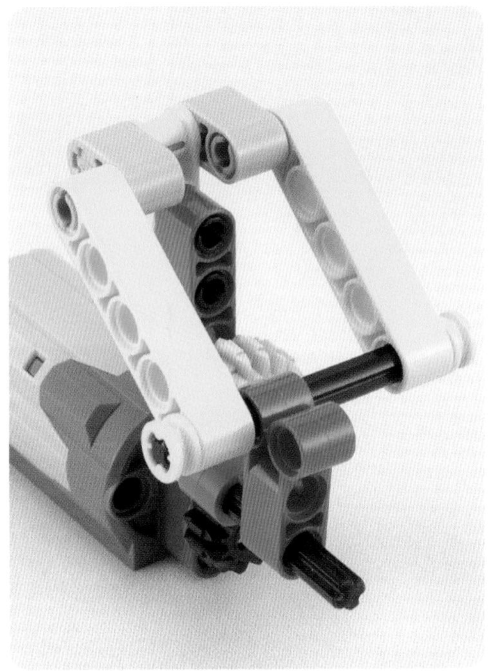

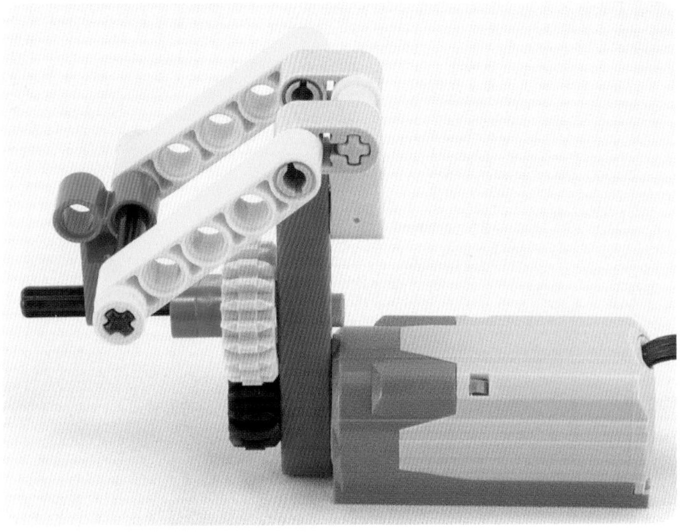

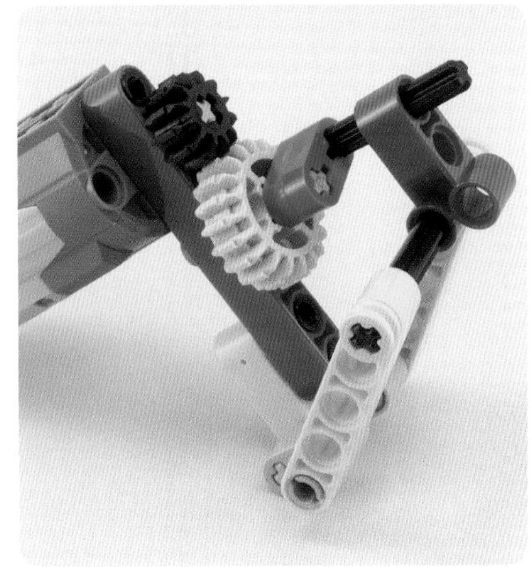

#172

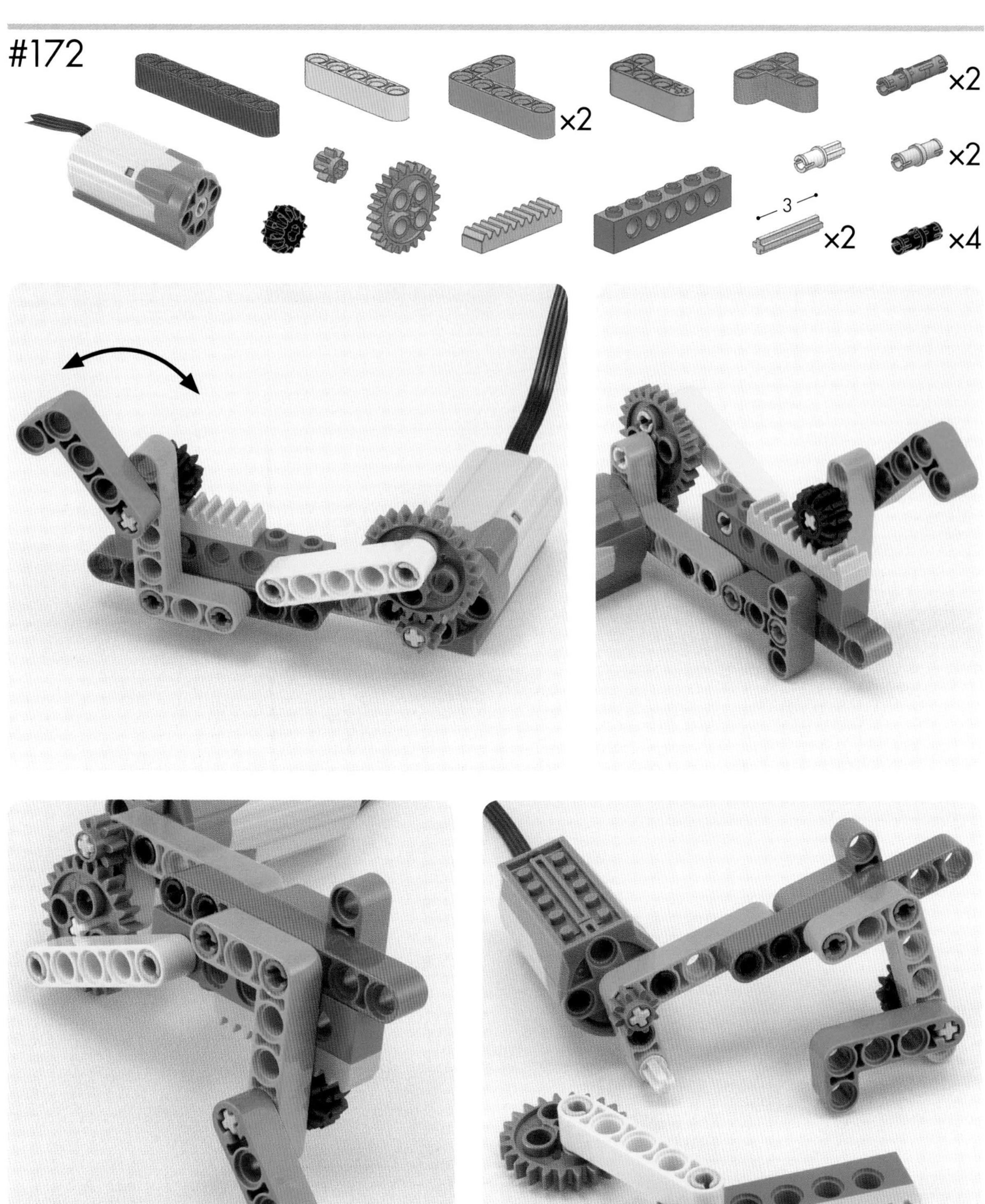

#173

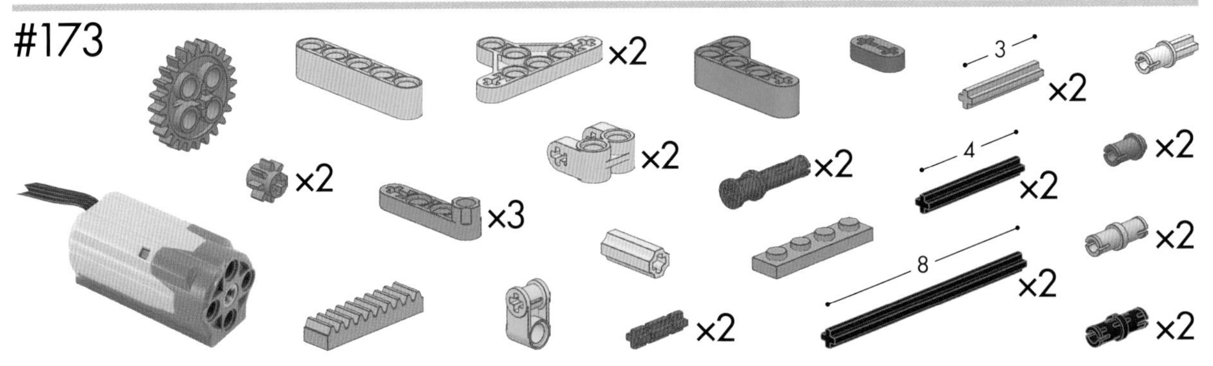

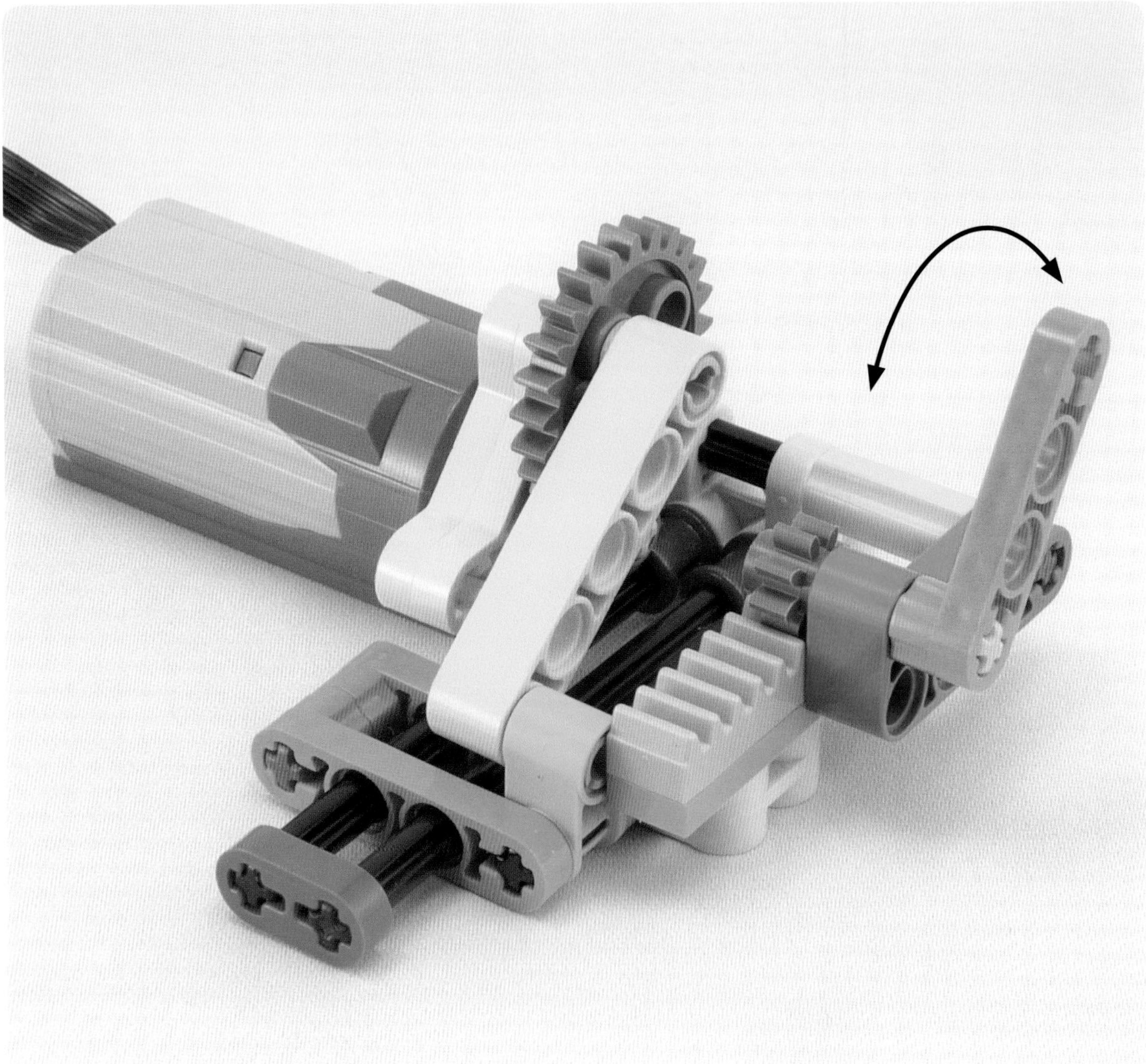

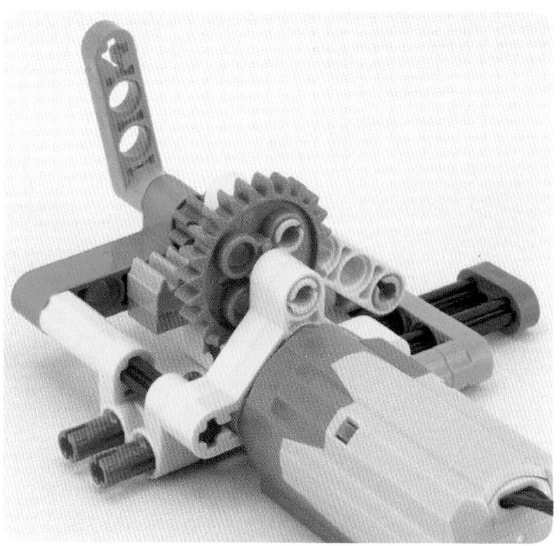

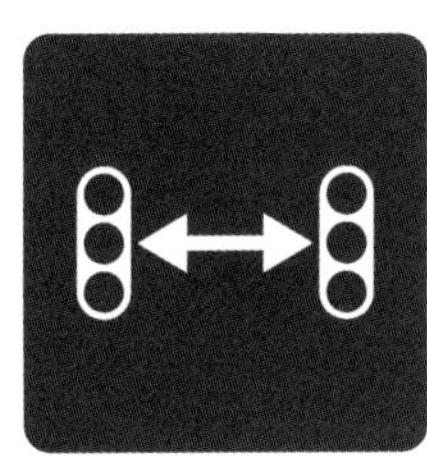

직선 왕복 운동 장치

#174

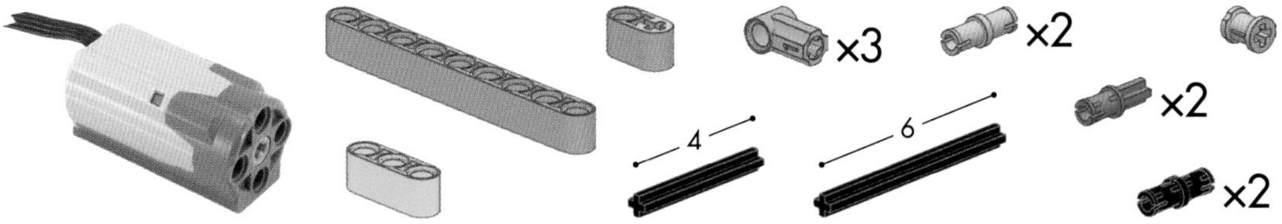

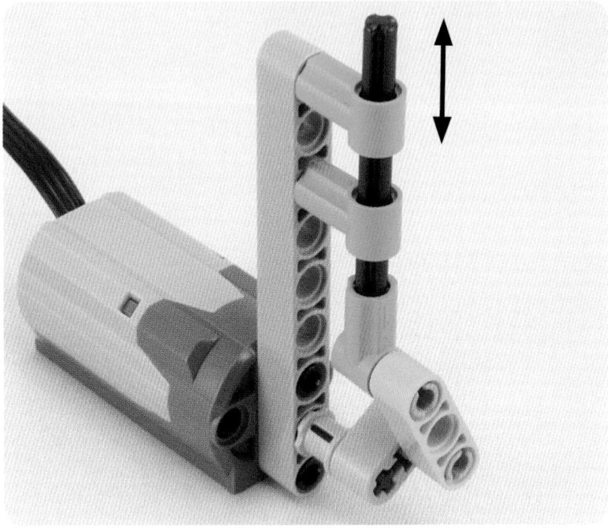

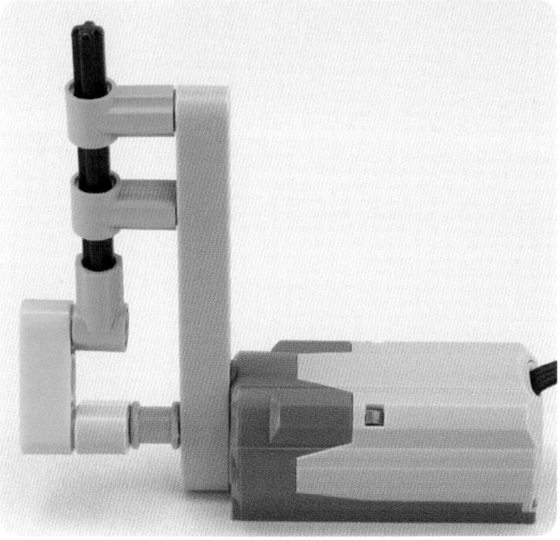

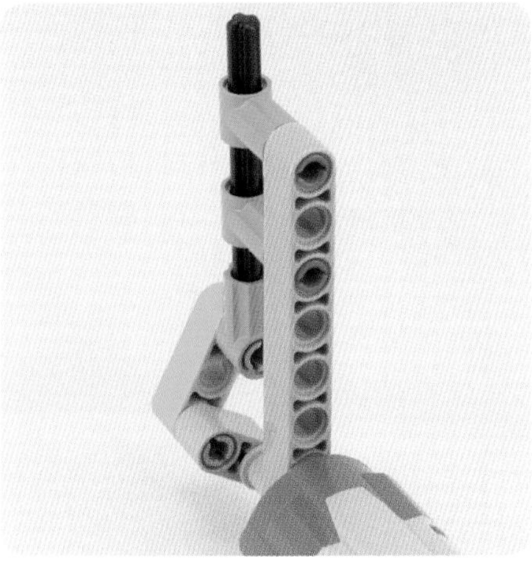

#175

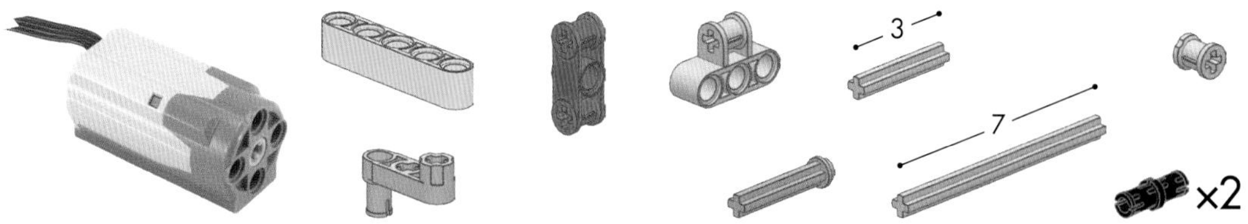

3

7

×2

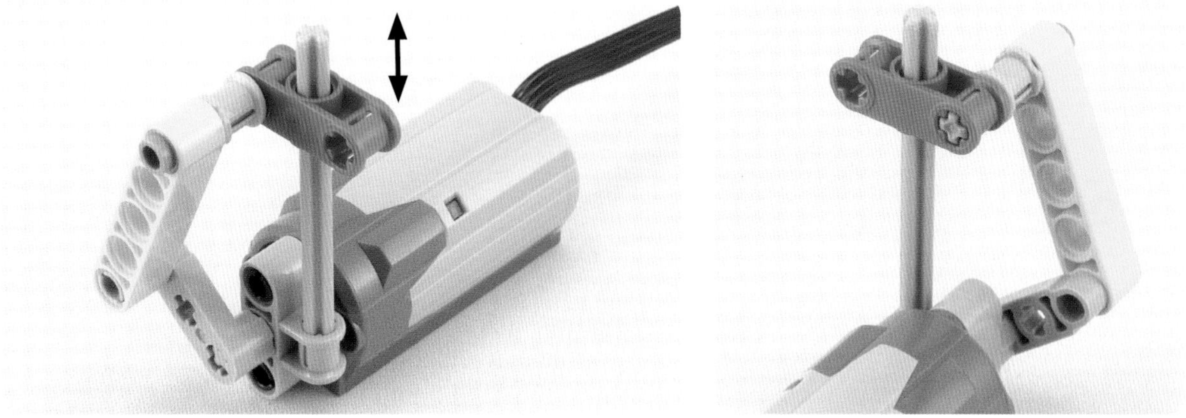

#176

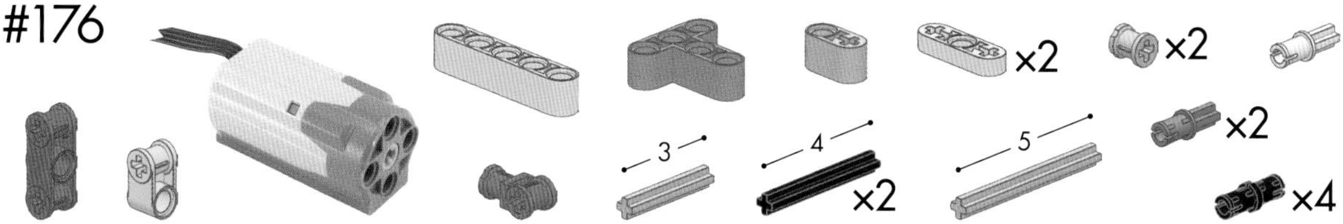

×2

×2

×2

×4

3

4

×2

5

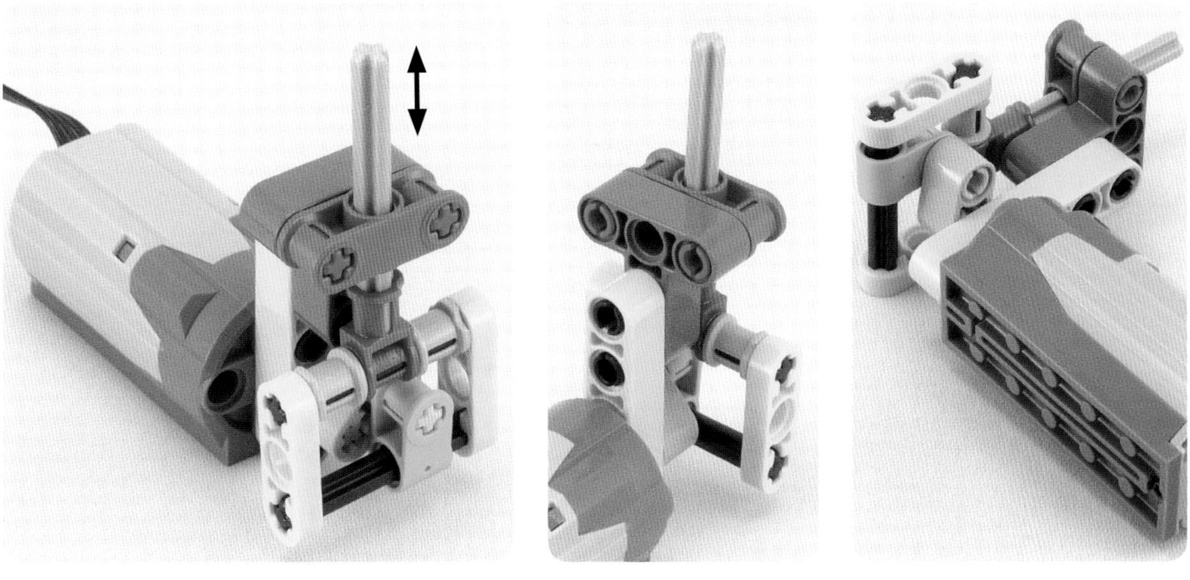

#177

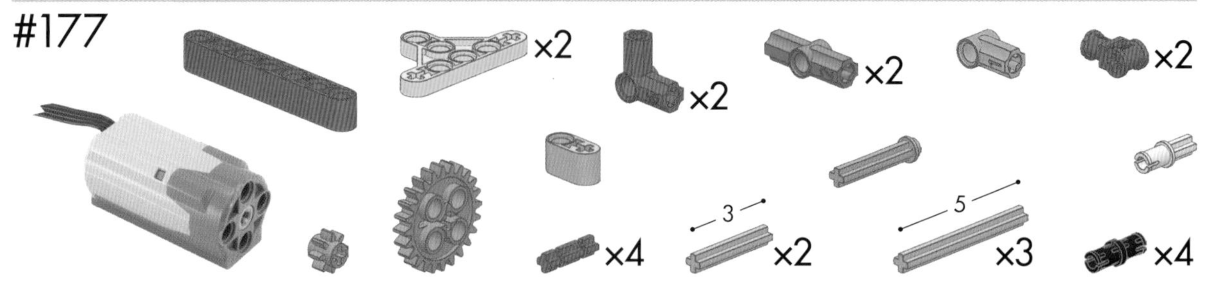

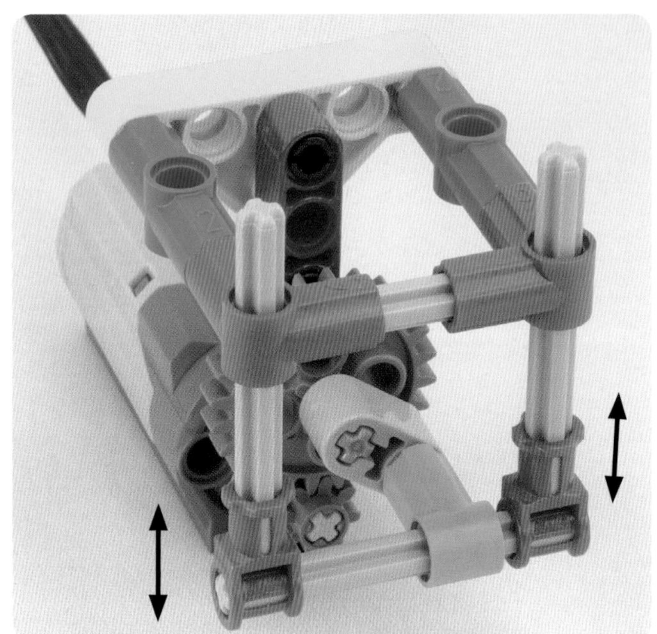

#178

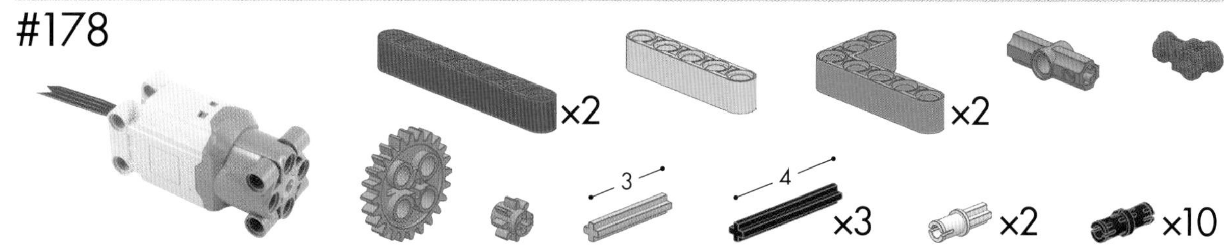

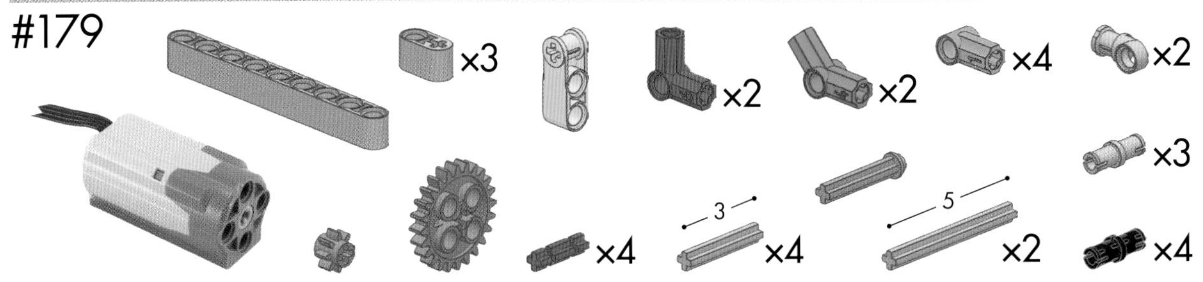
#179
×3
×2
×2
×4
×2
×3
3
5
×4
×4
×2
×4

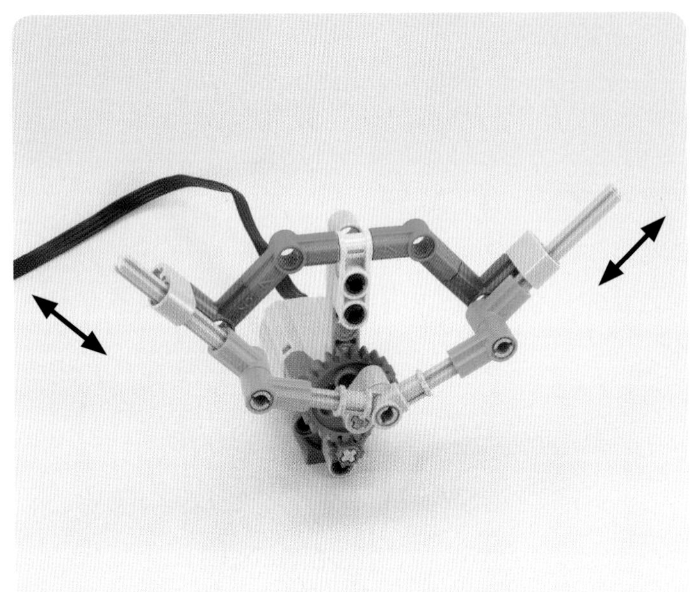

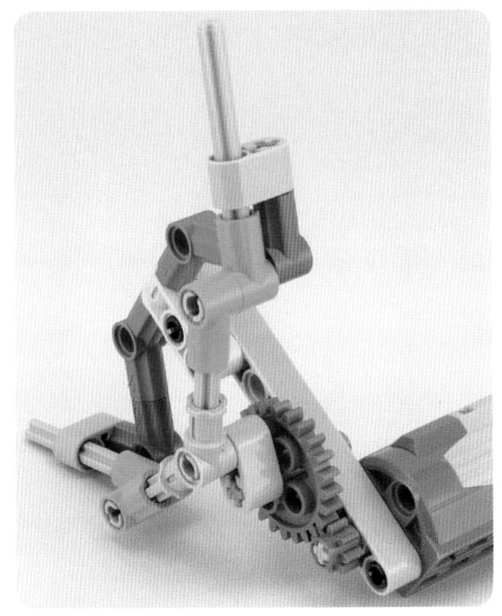

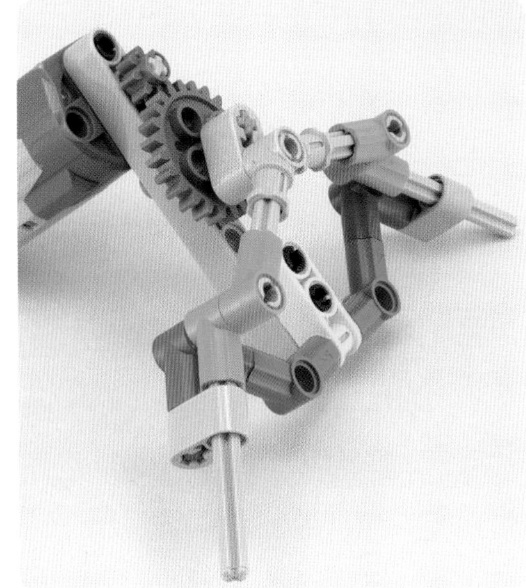

#180

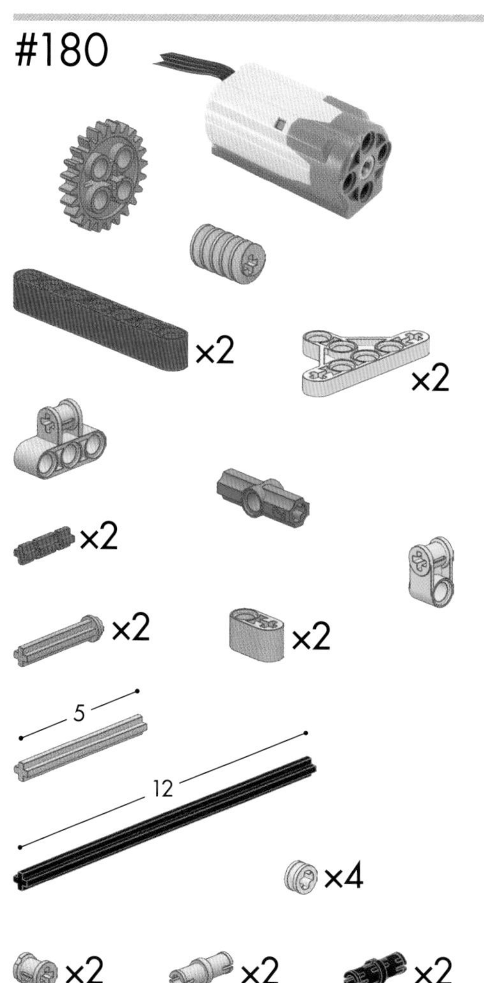

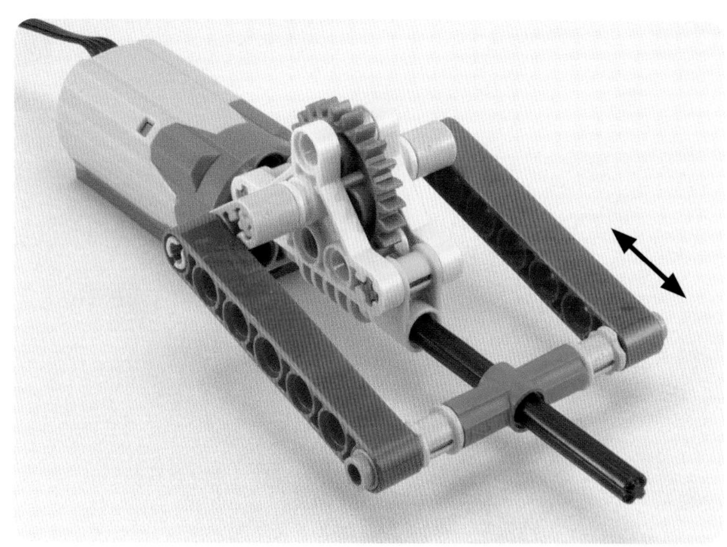

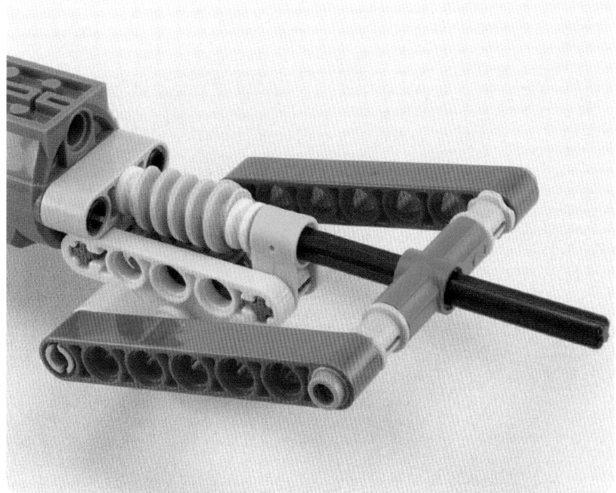

#181

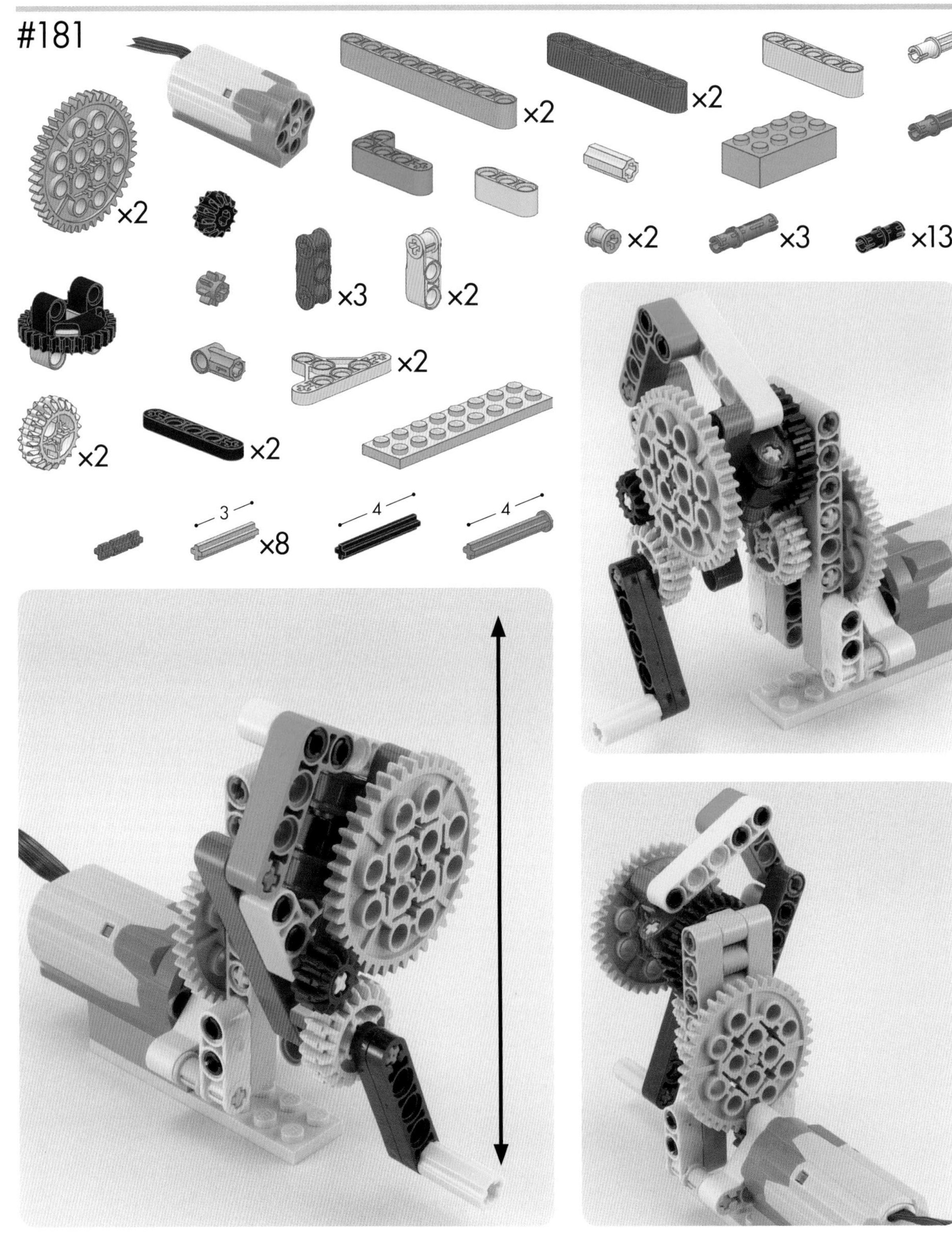

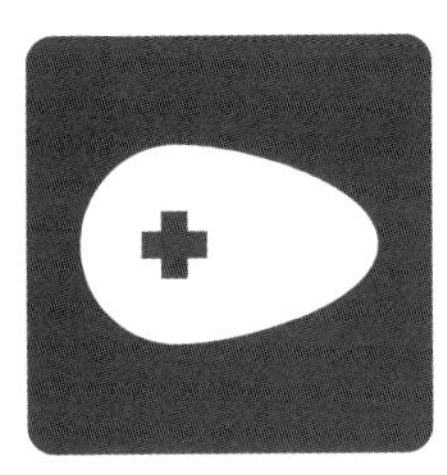

캠을 이용한 직선/포물선 왕복 운동 장치

#182

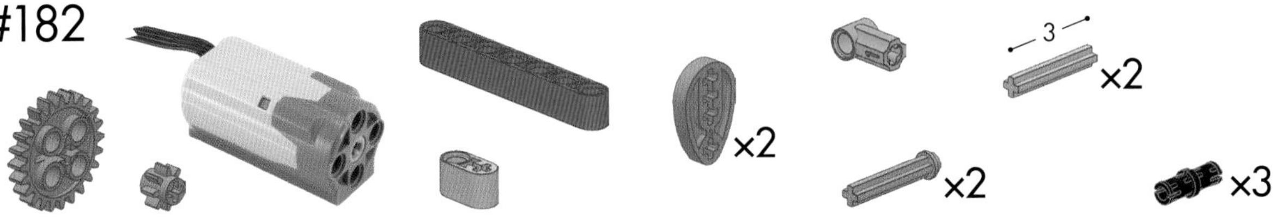

#183

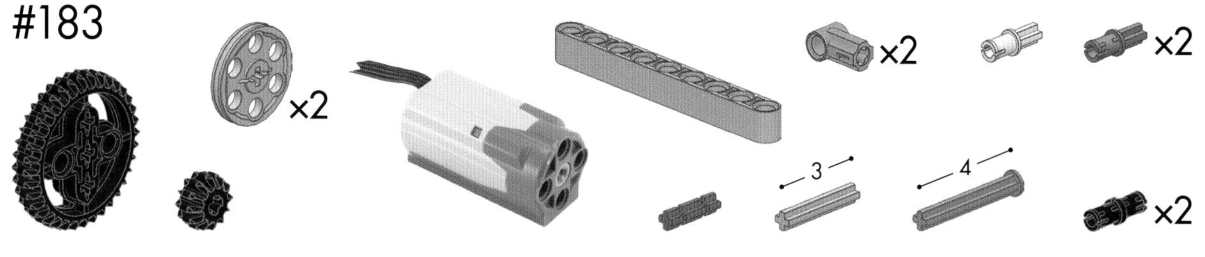

#184

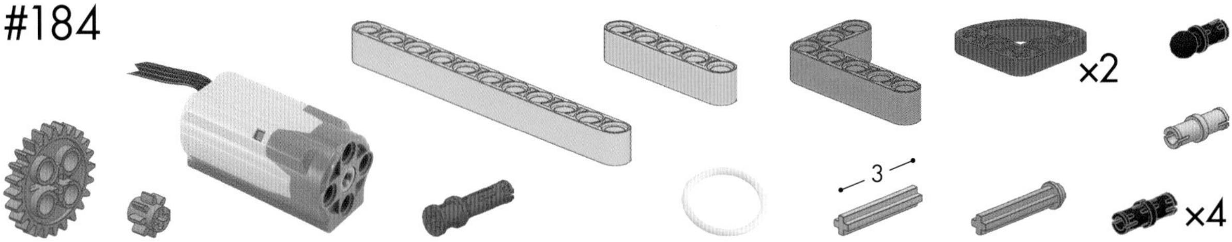

×2

3

×4

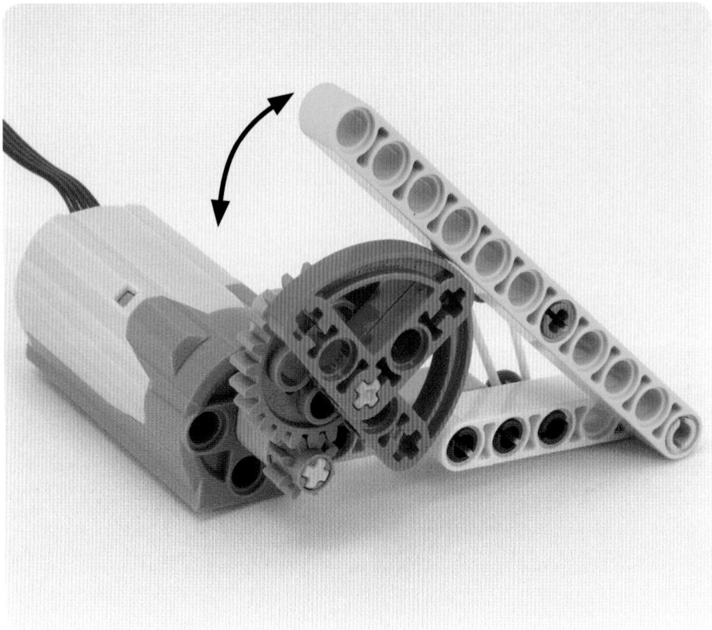

#185

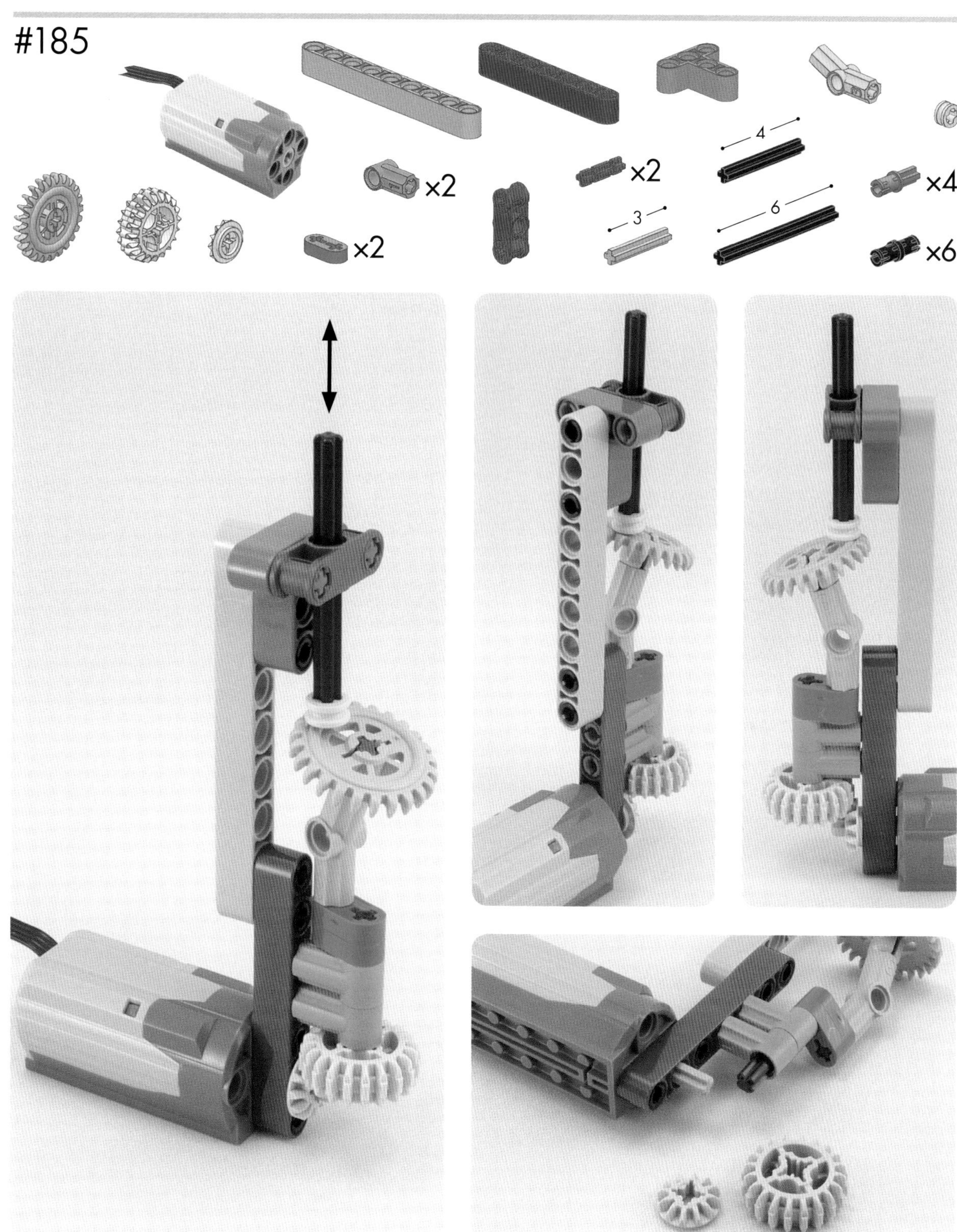

#186

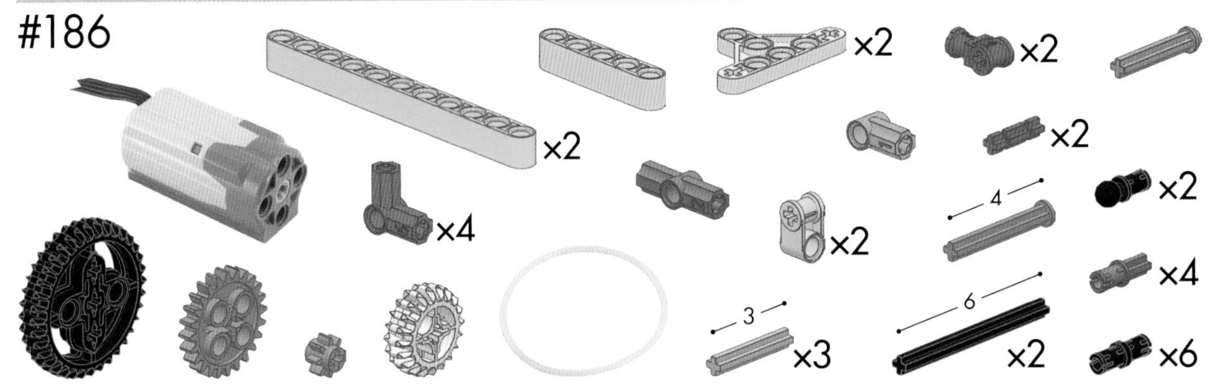

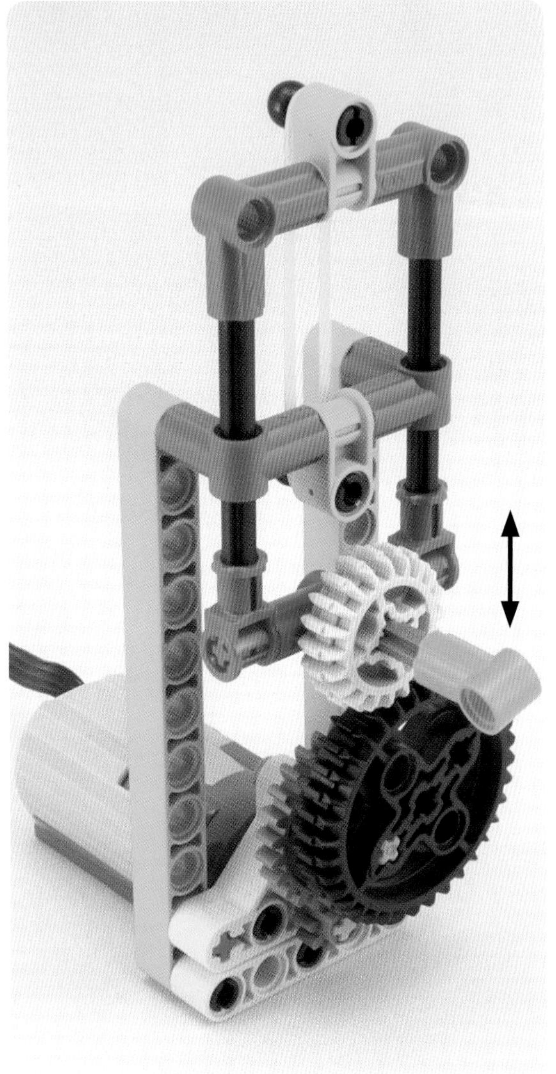

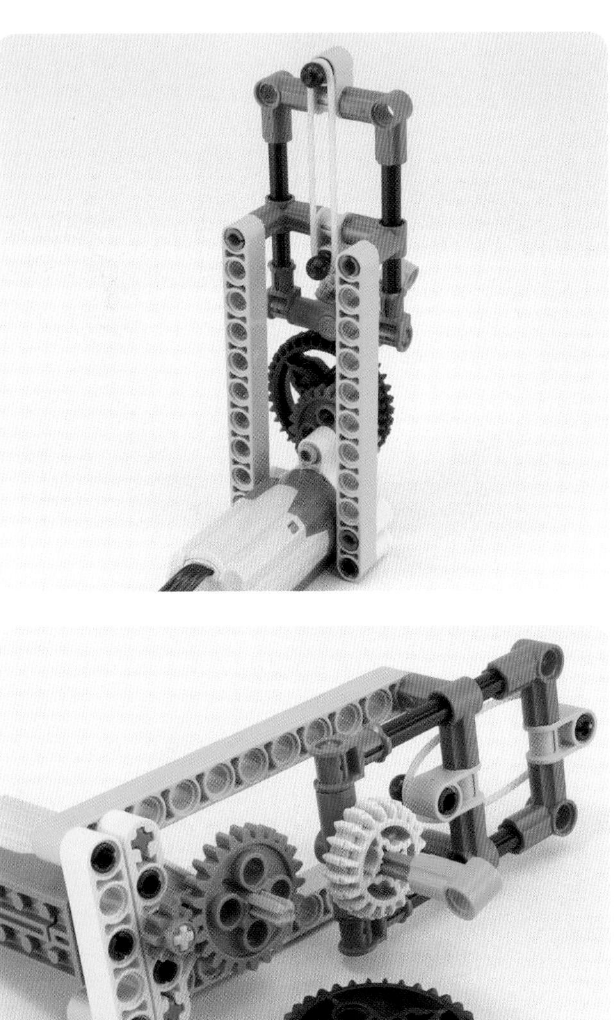

#187

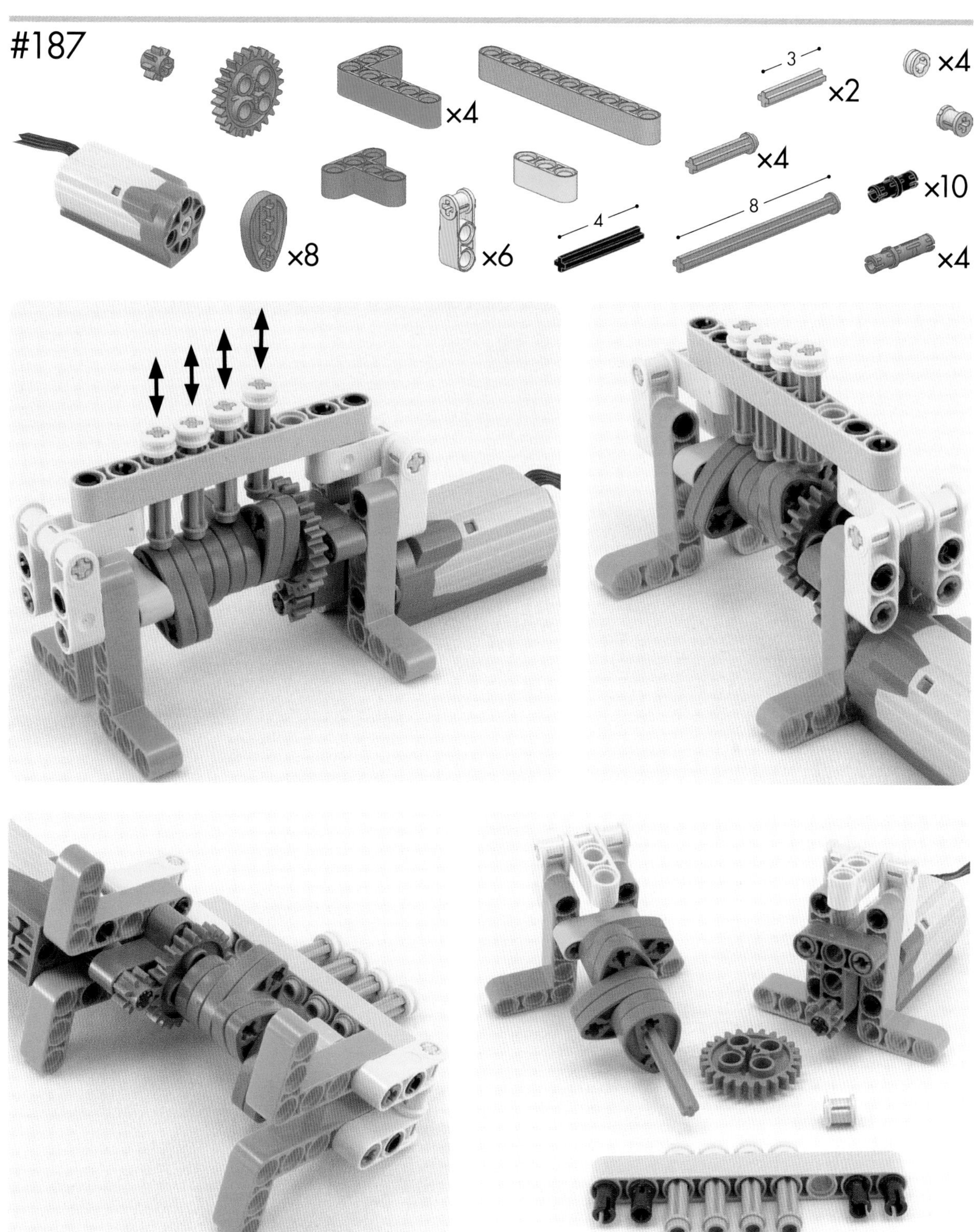

#188

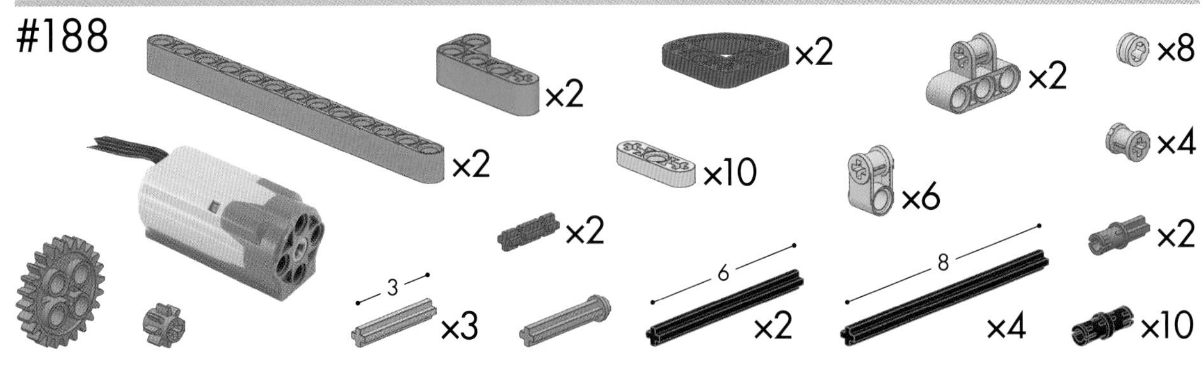

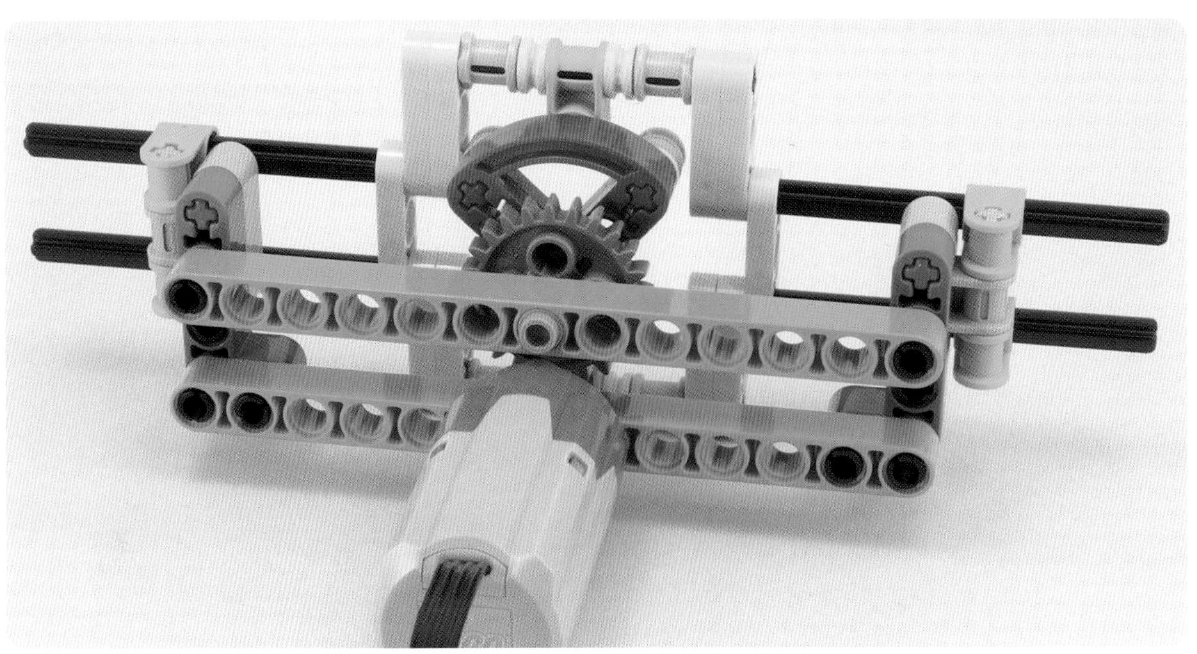

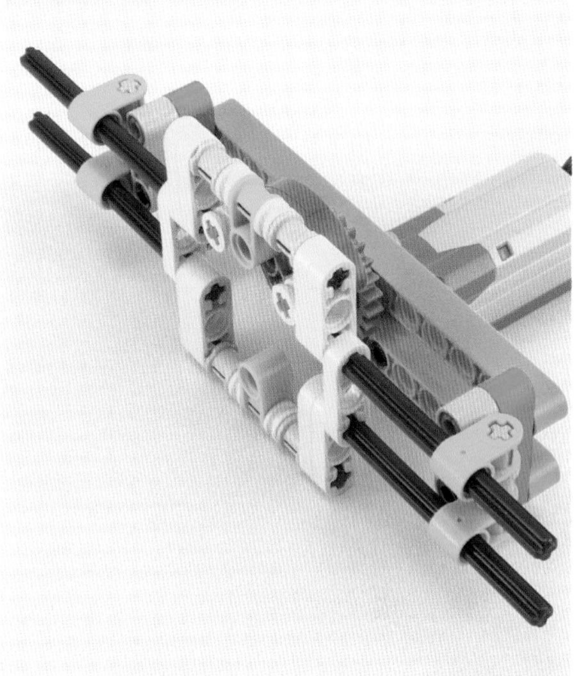

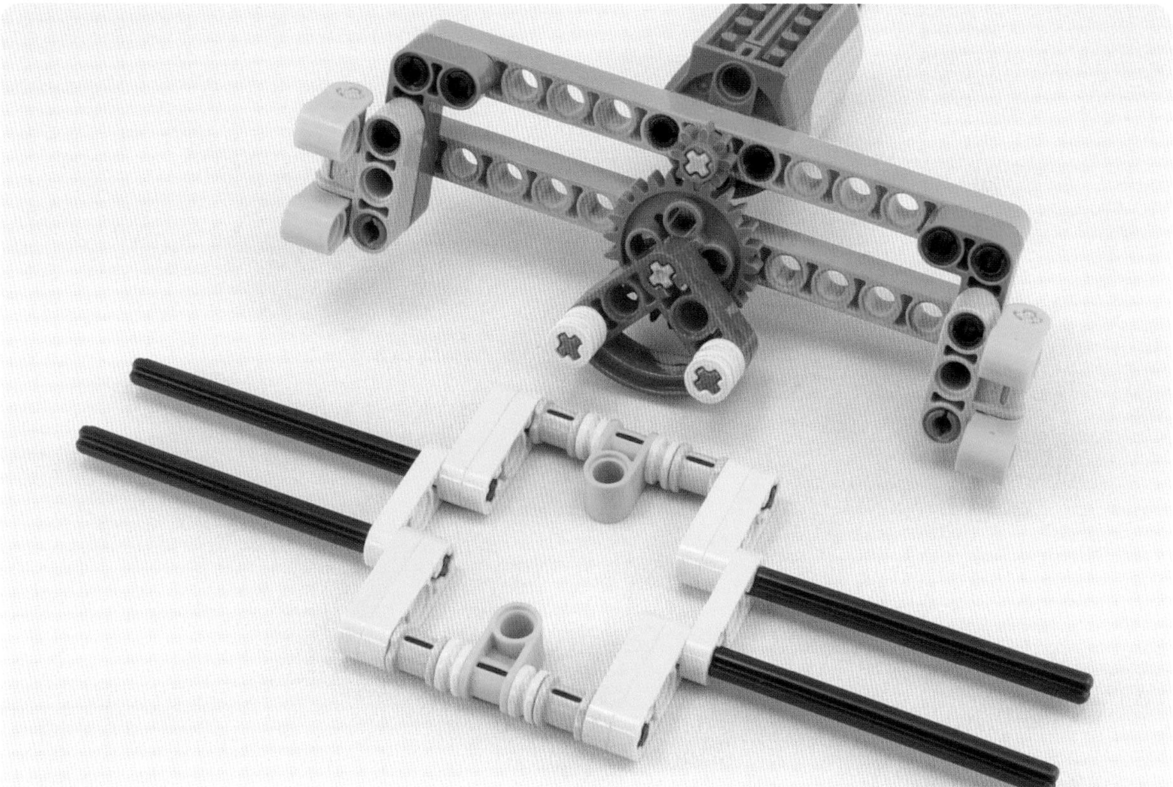

#189

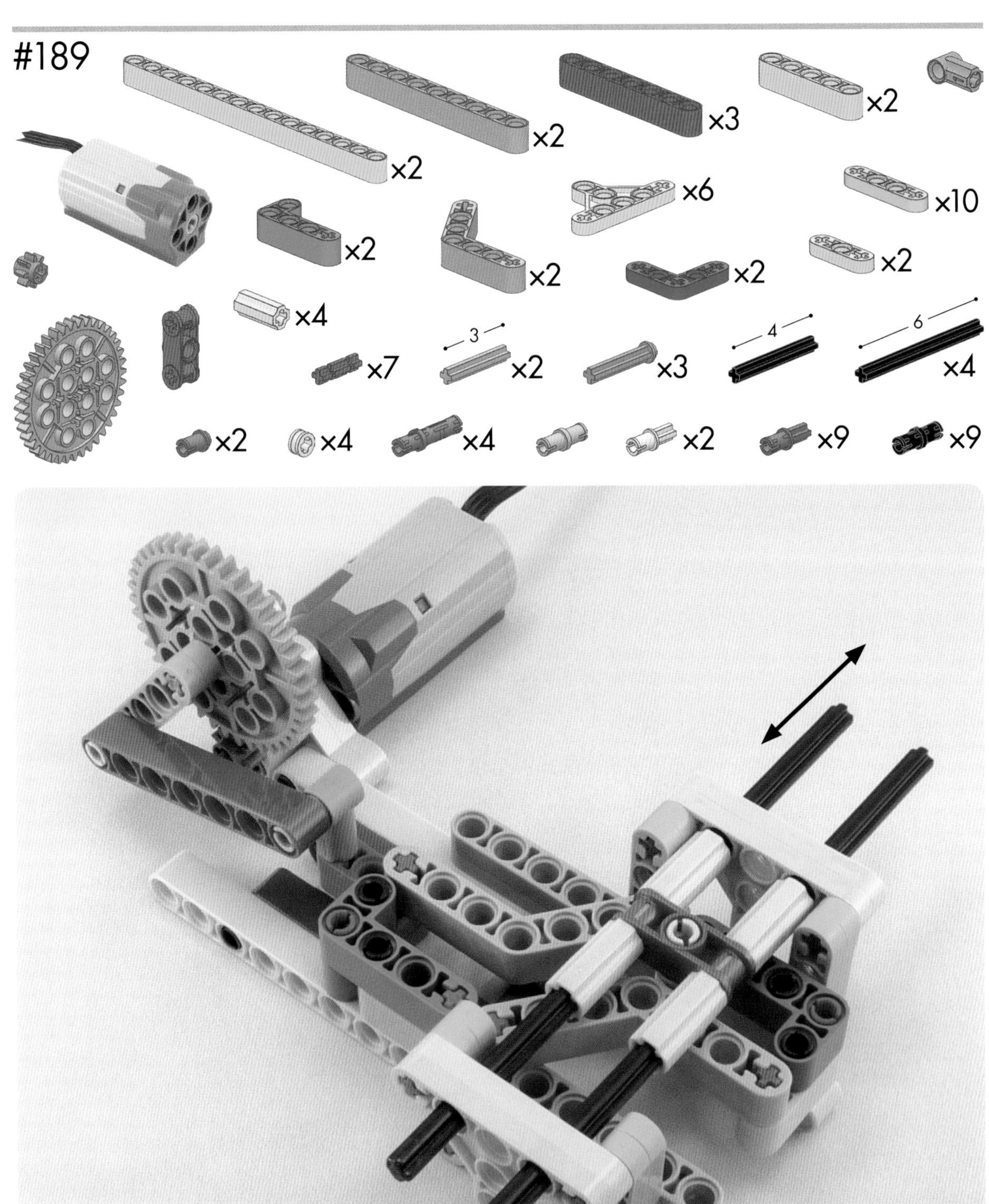

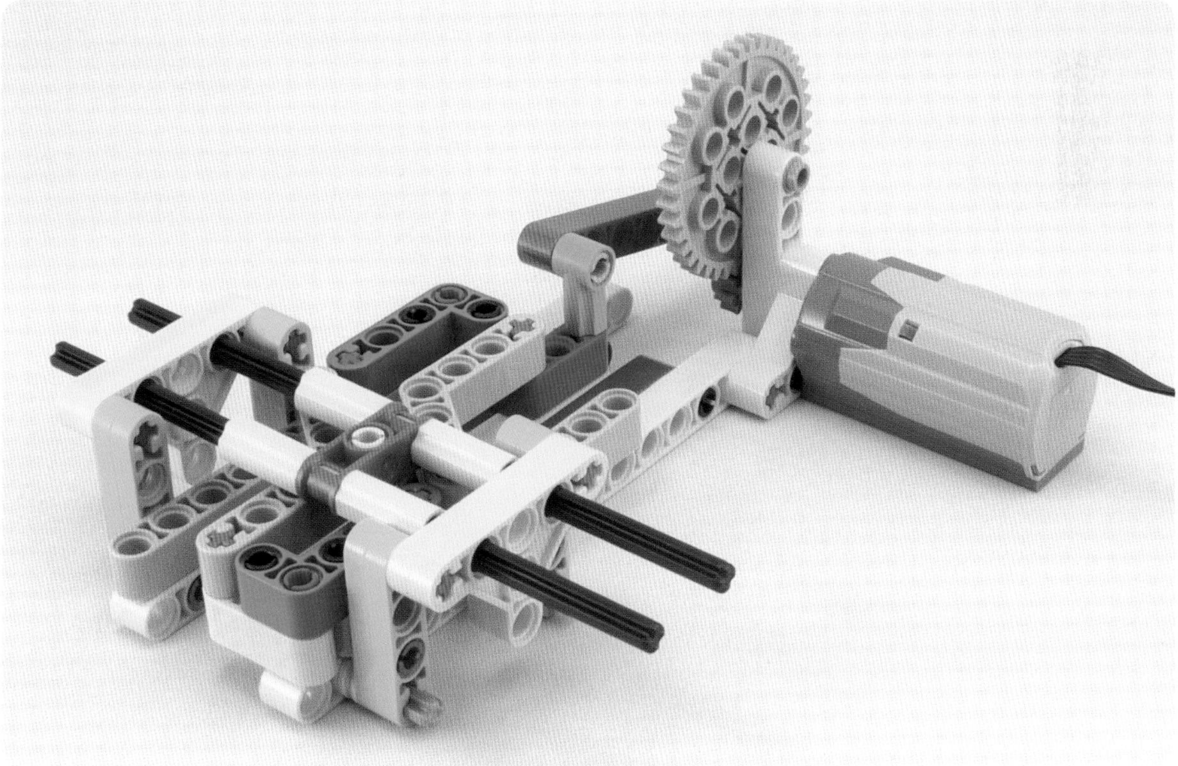

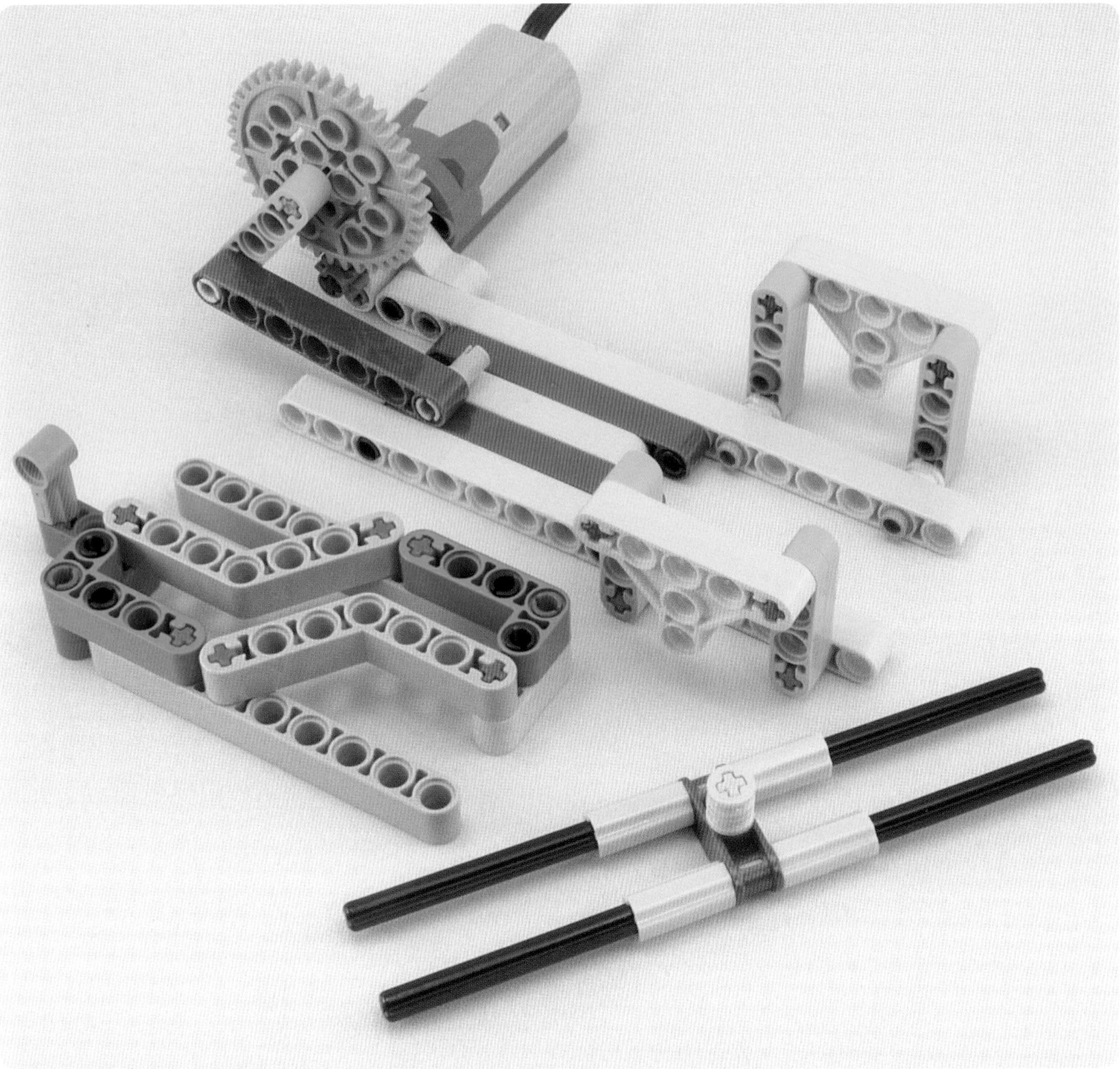

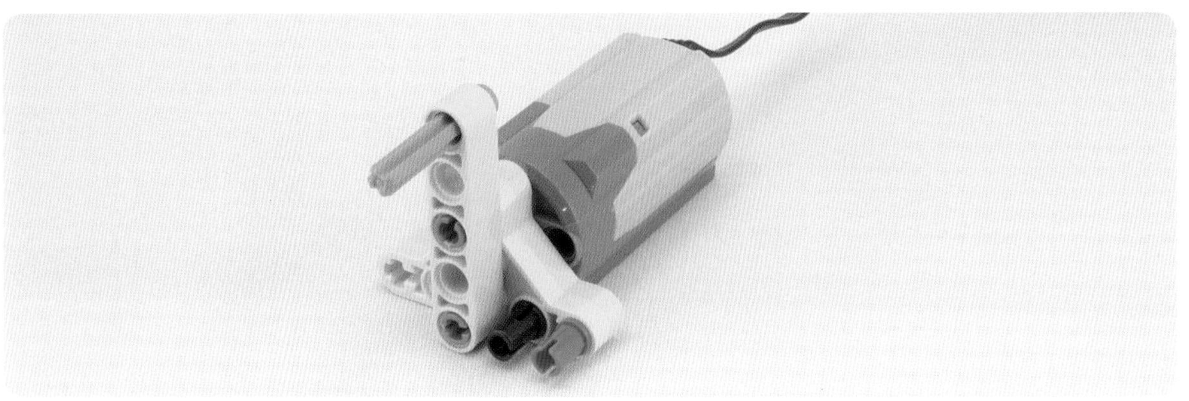

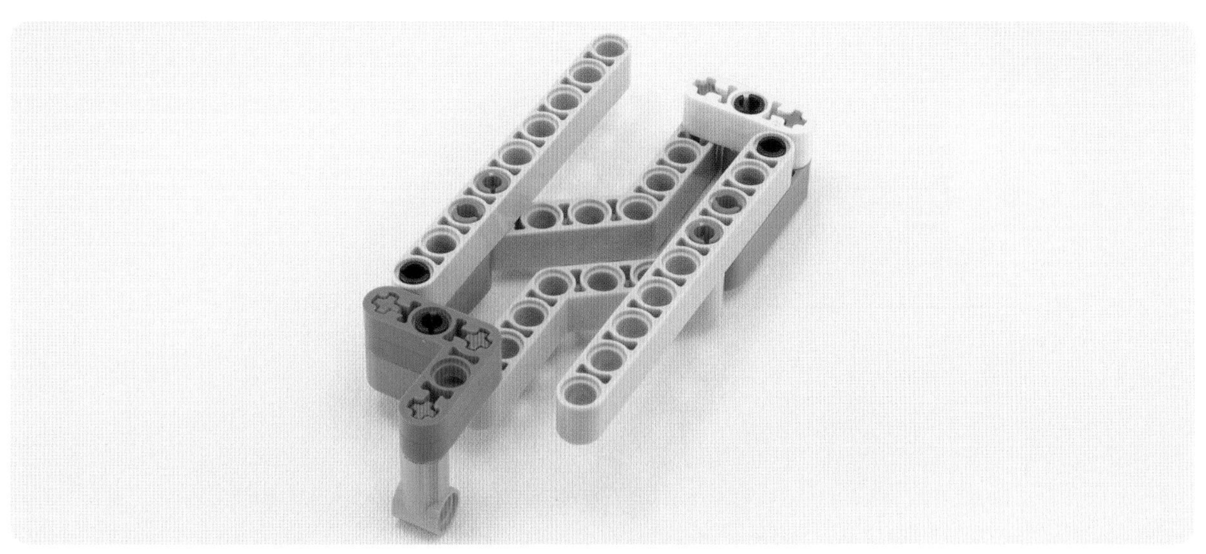

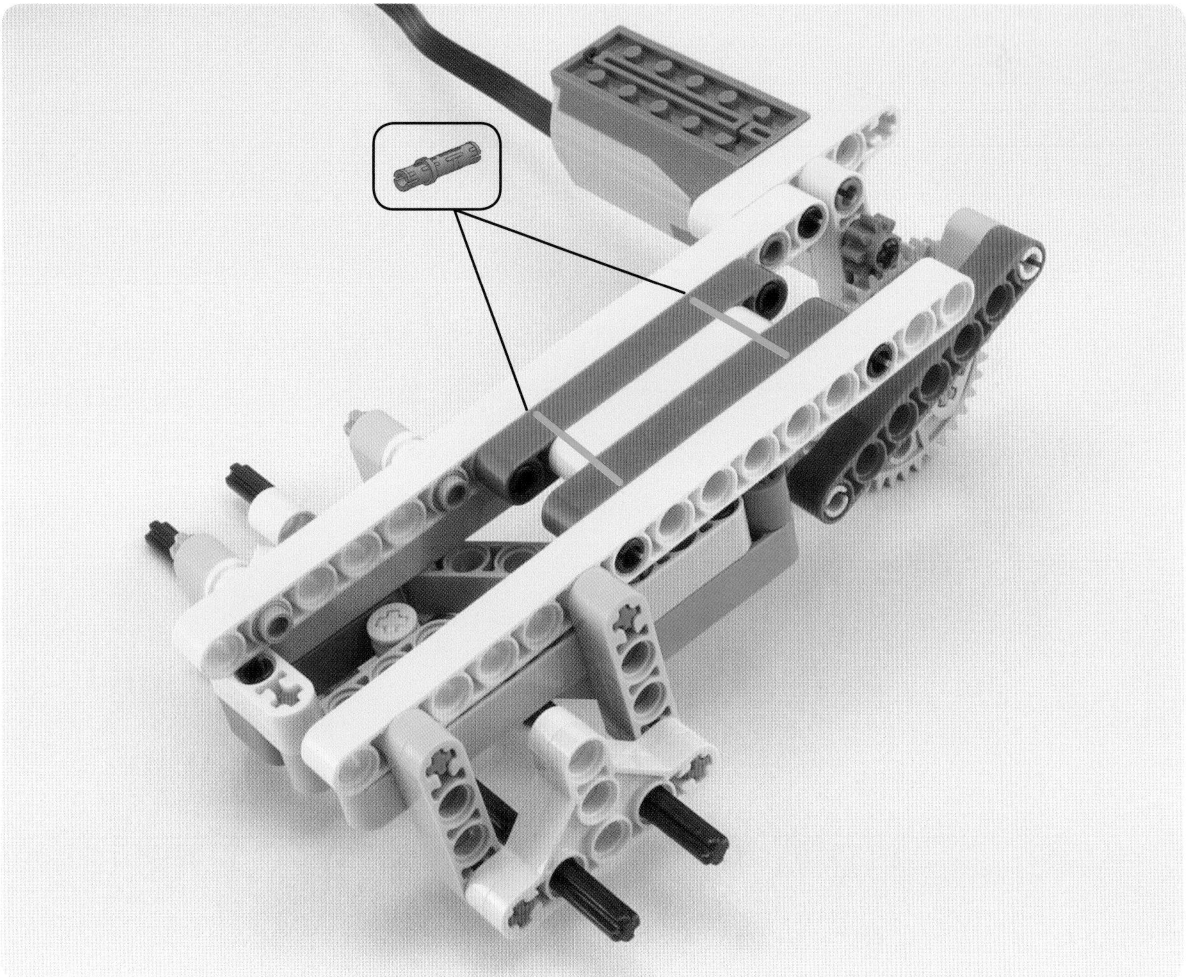

1:?

정수 기어비 작례

#190

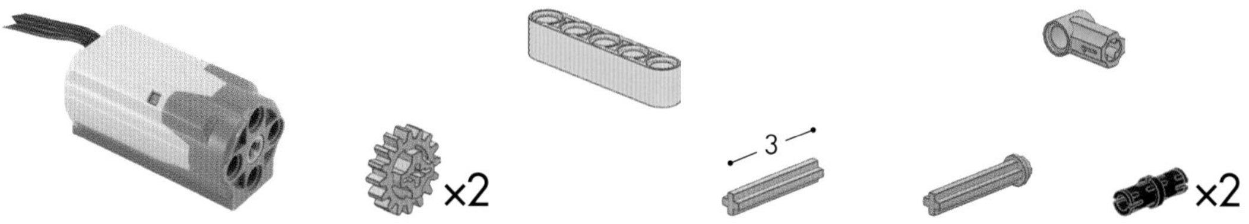

×2

3

×2

1:1

#191

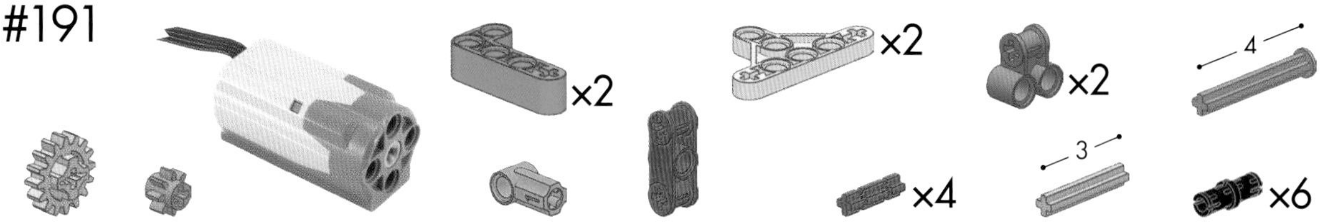

×2
×2
×2
4
×4
3
×6

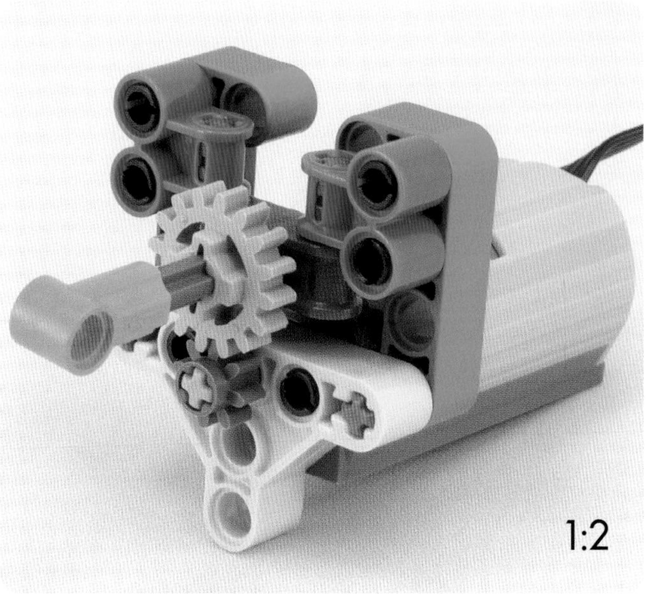

1:2

#192

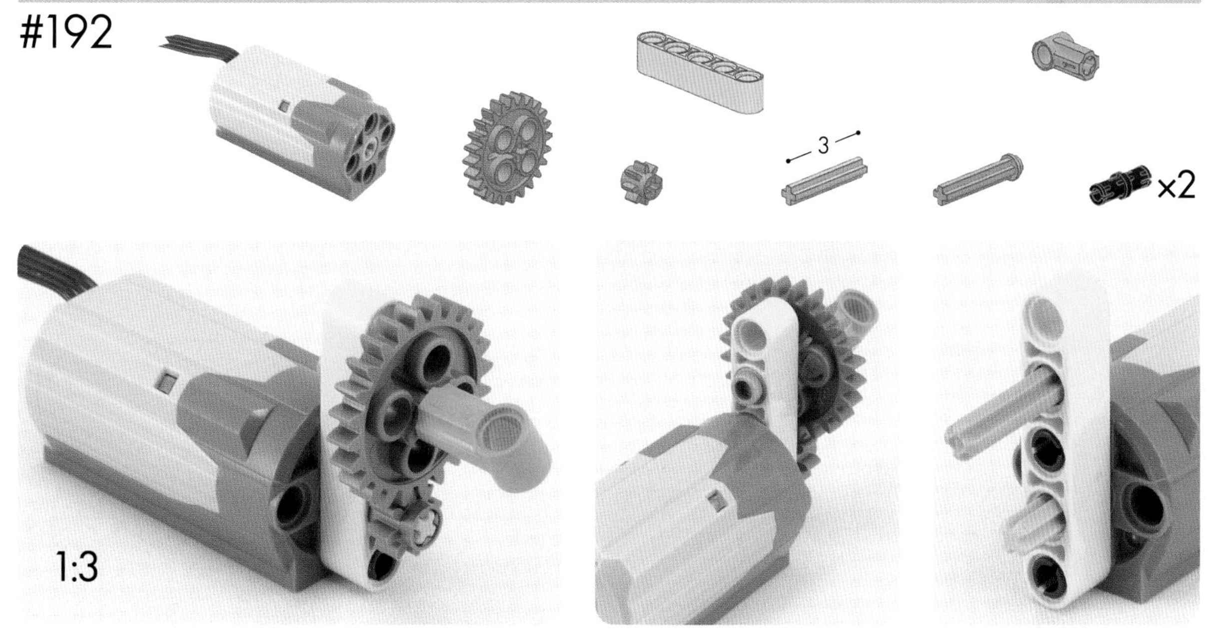

#193

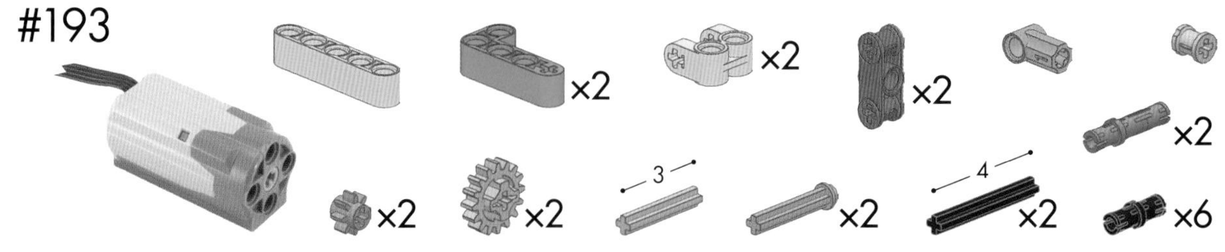

#194

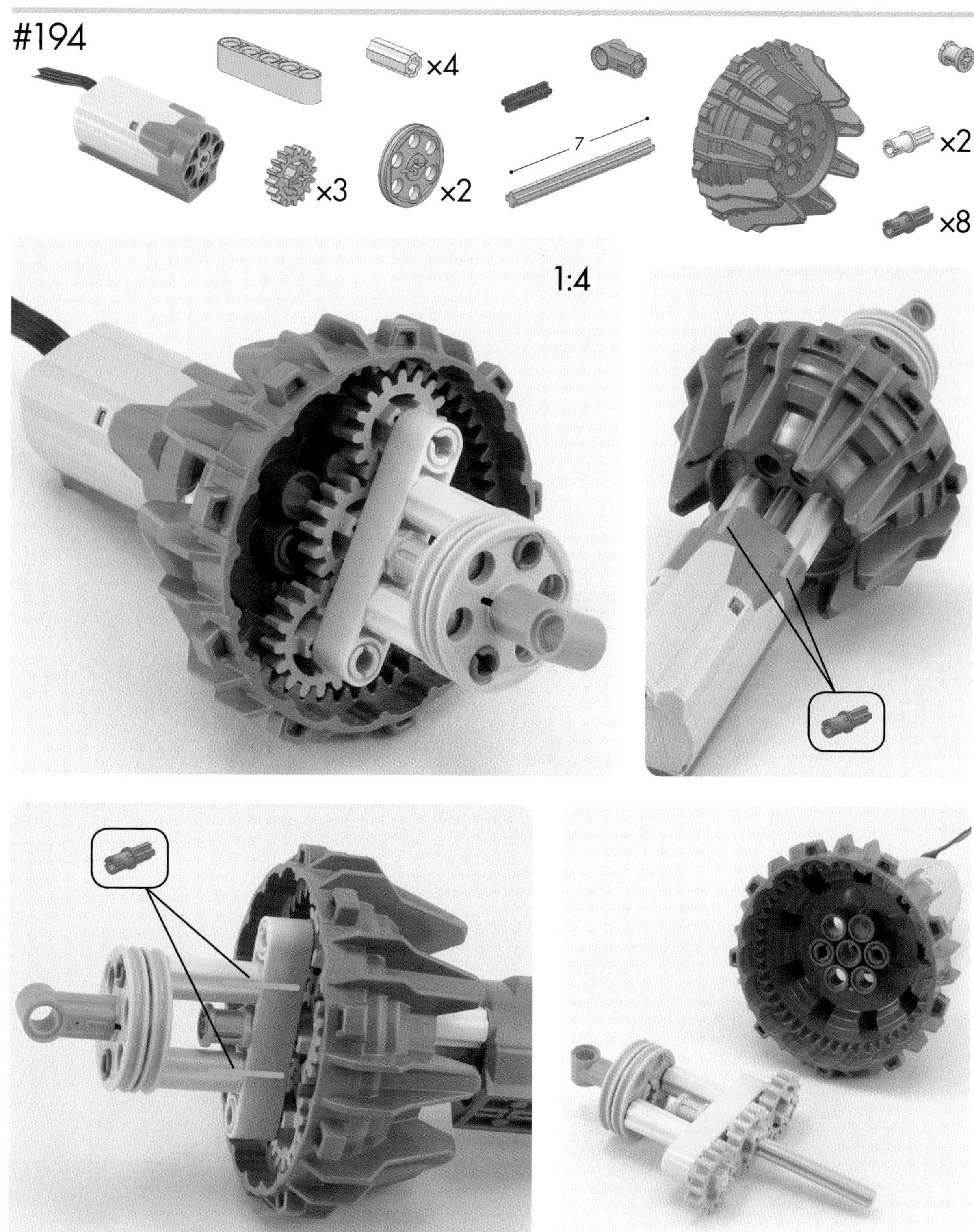

#195

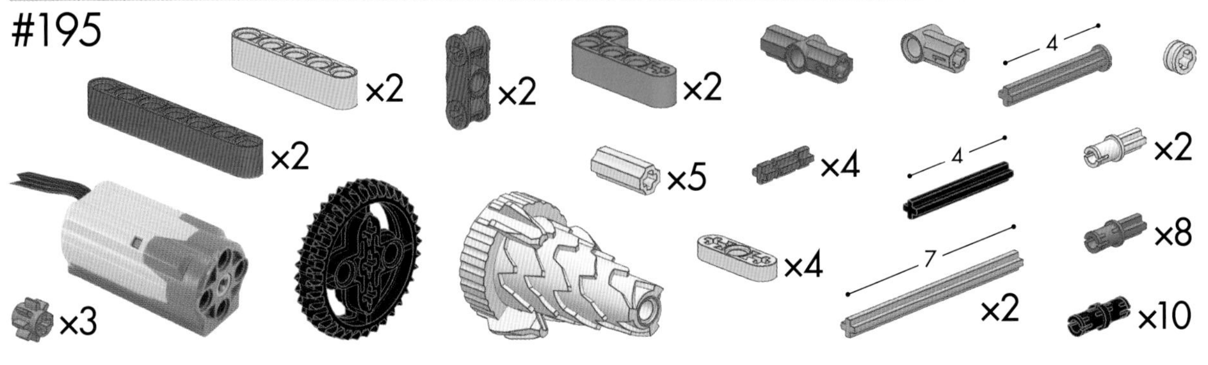

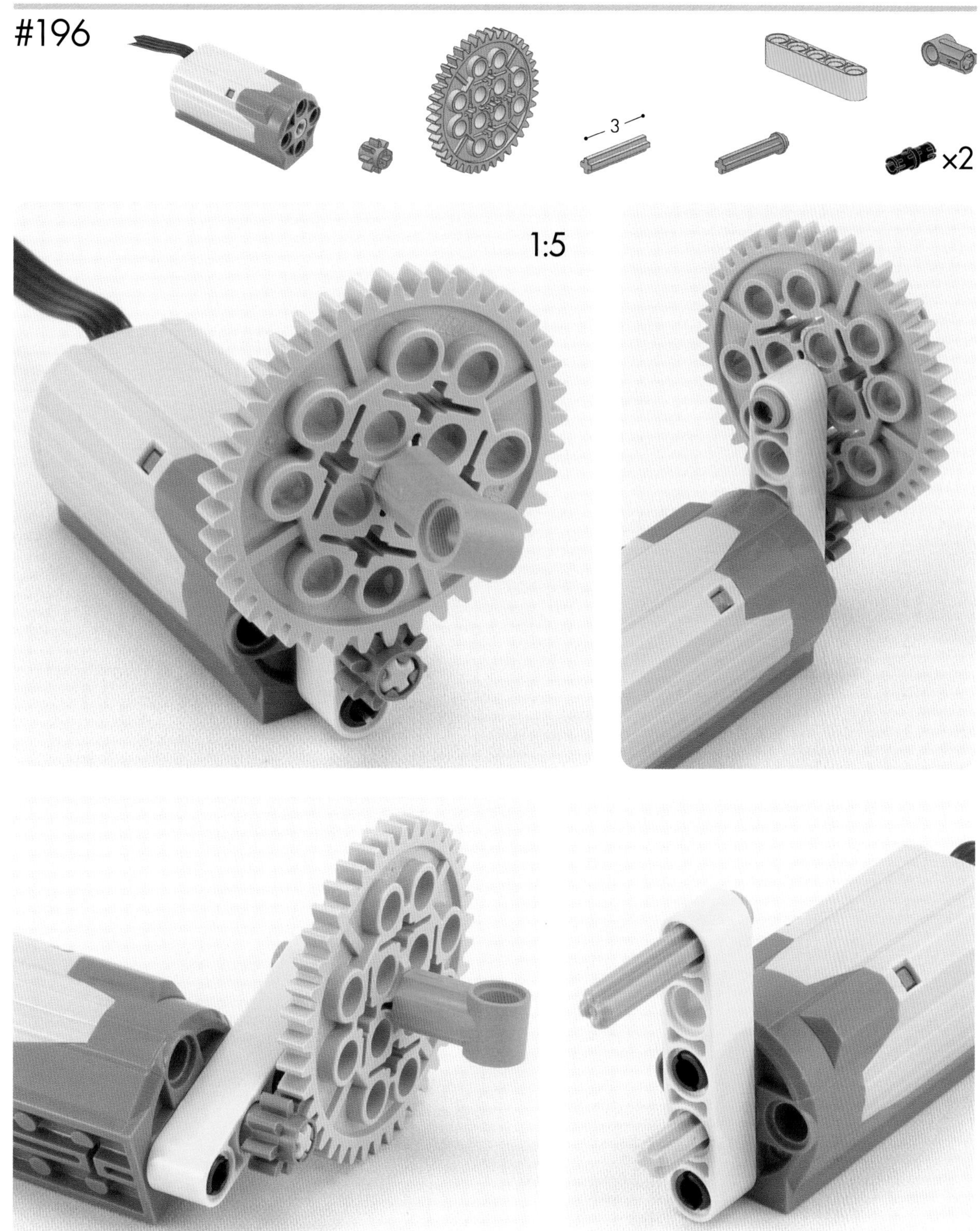
#196
3
×2
1:5

#197

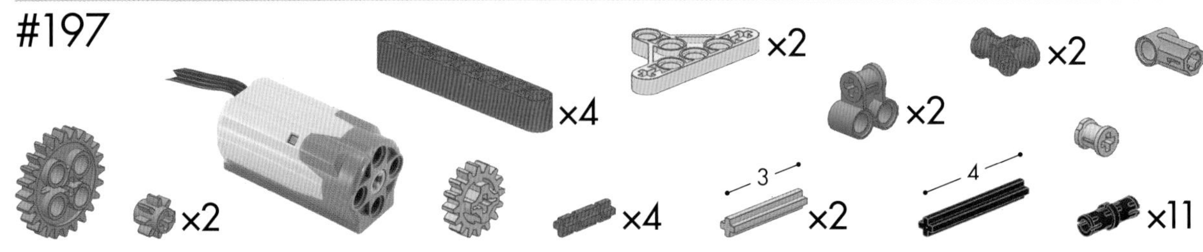

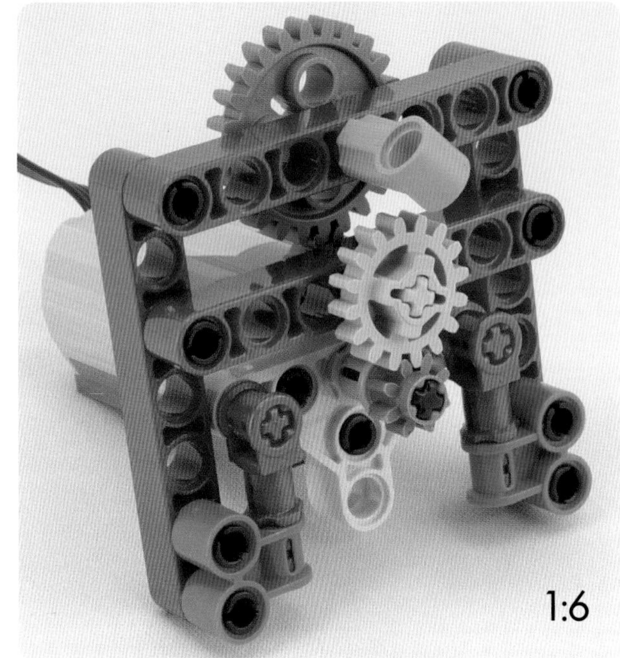

#198

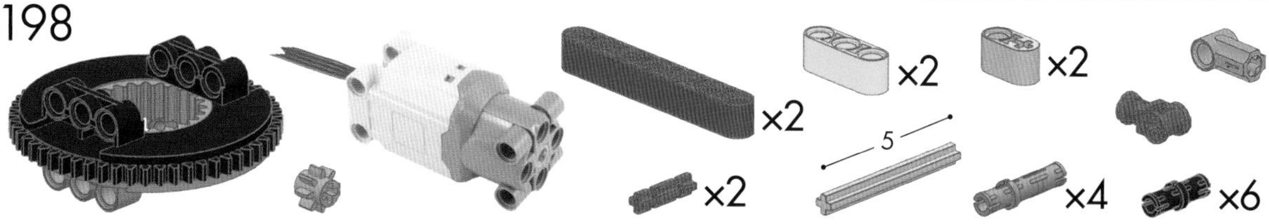

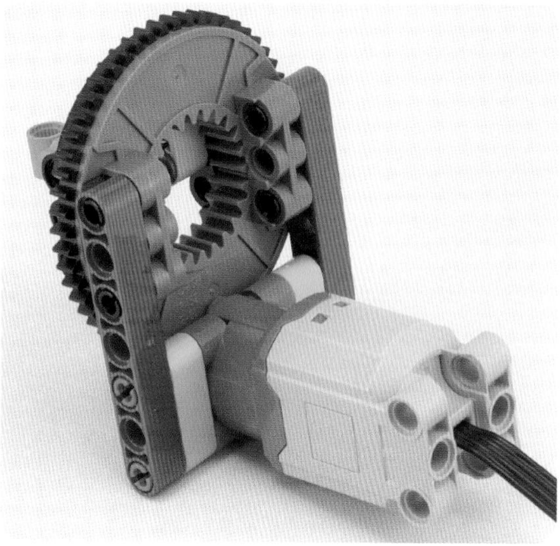

×2 ×2 ×2 5 ×2 ×4 ×6

1:7

#199

×2 5 ×2 ×2

1:8

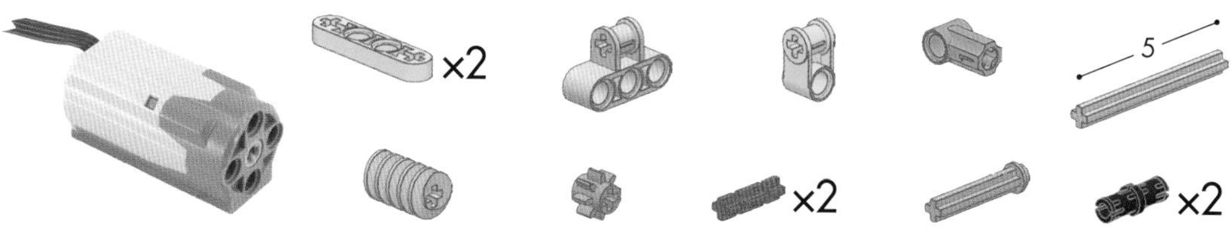

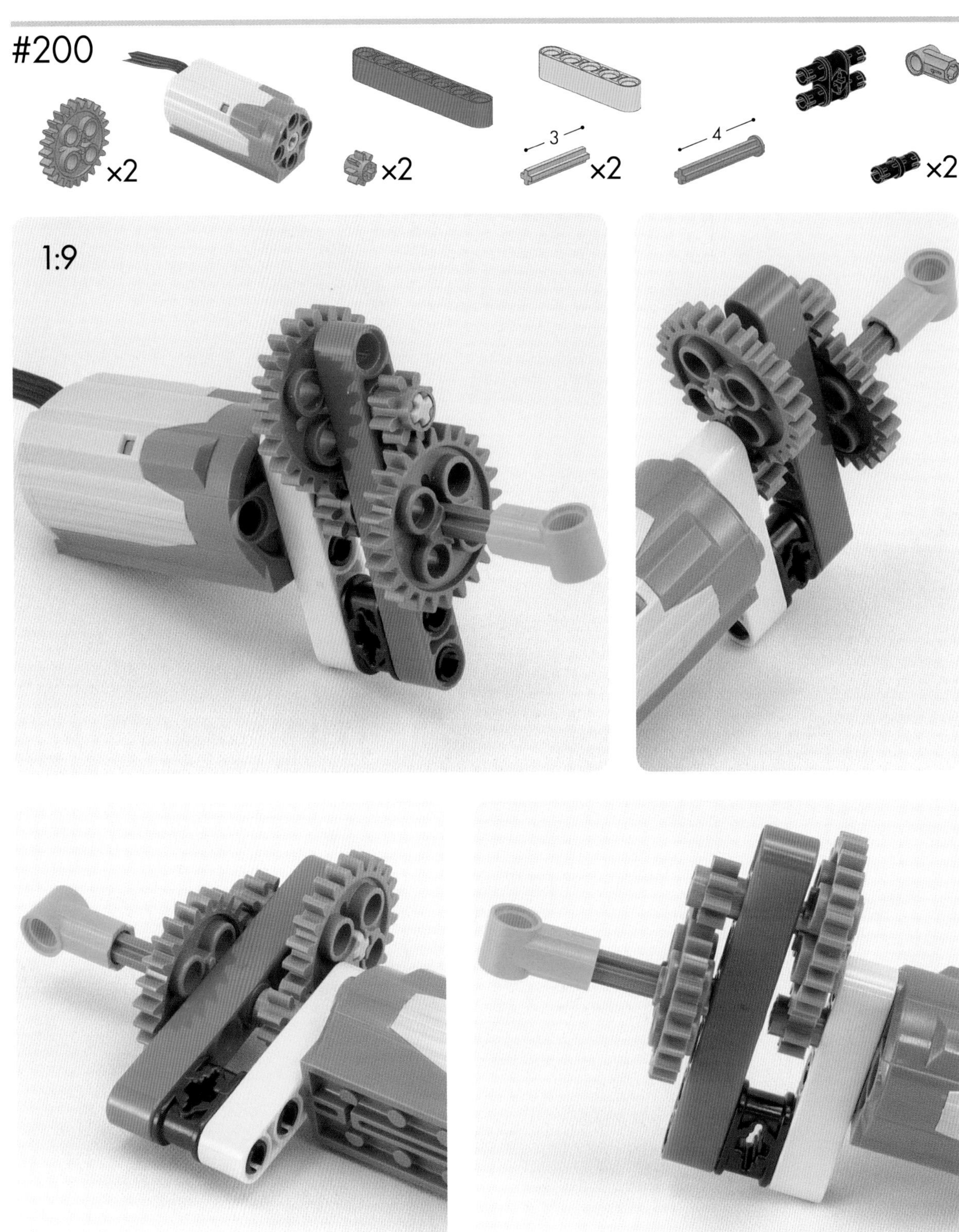
#200
×2
×2
3
×2
4
×2
1:9

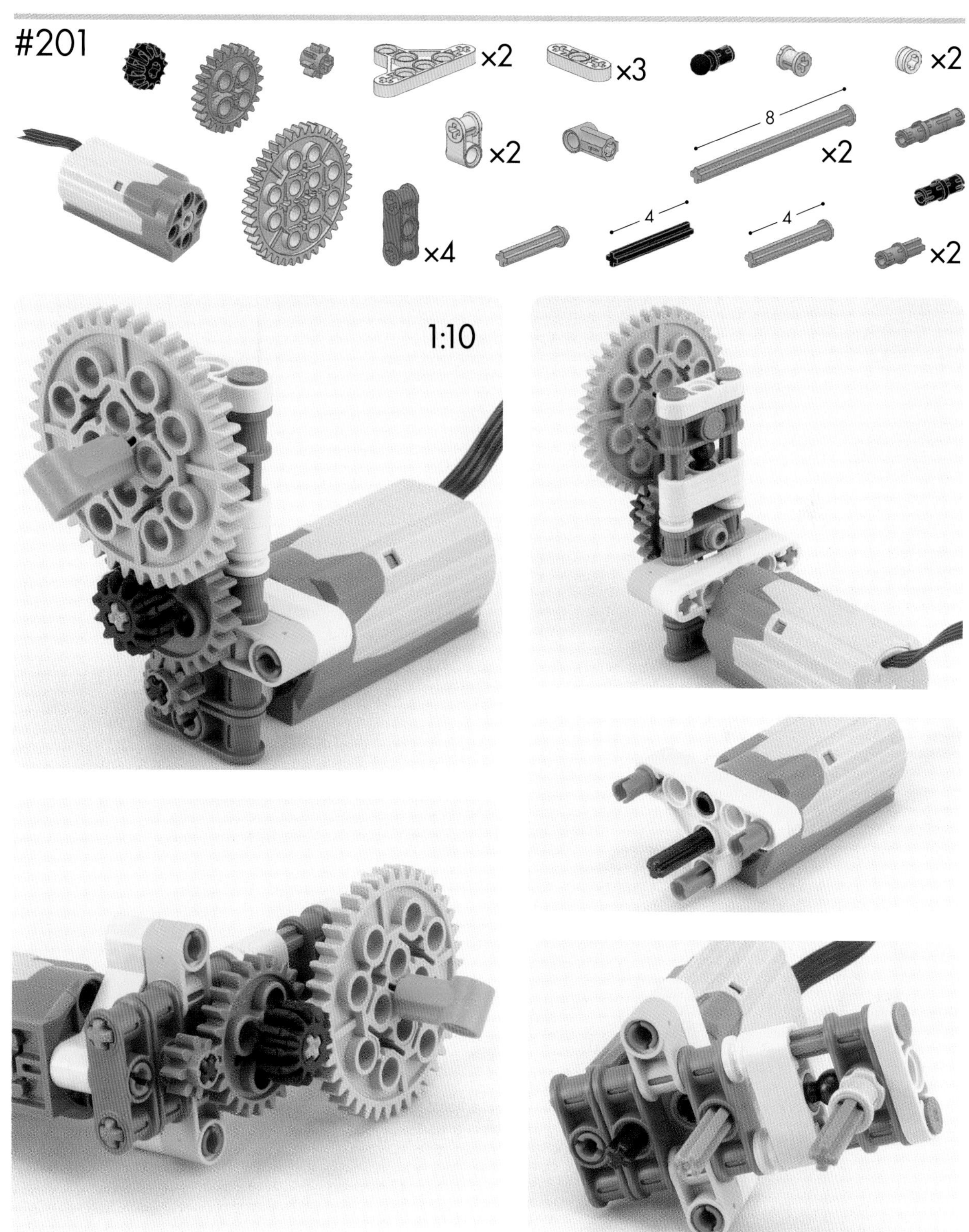
#201
×2
×3
×2
8
×2
×2
×4
4
4
×2
1:10

#202

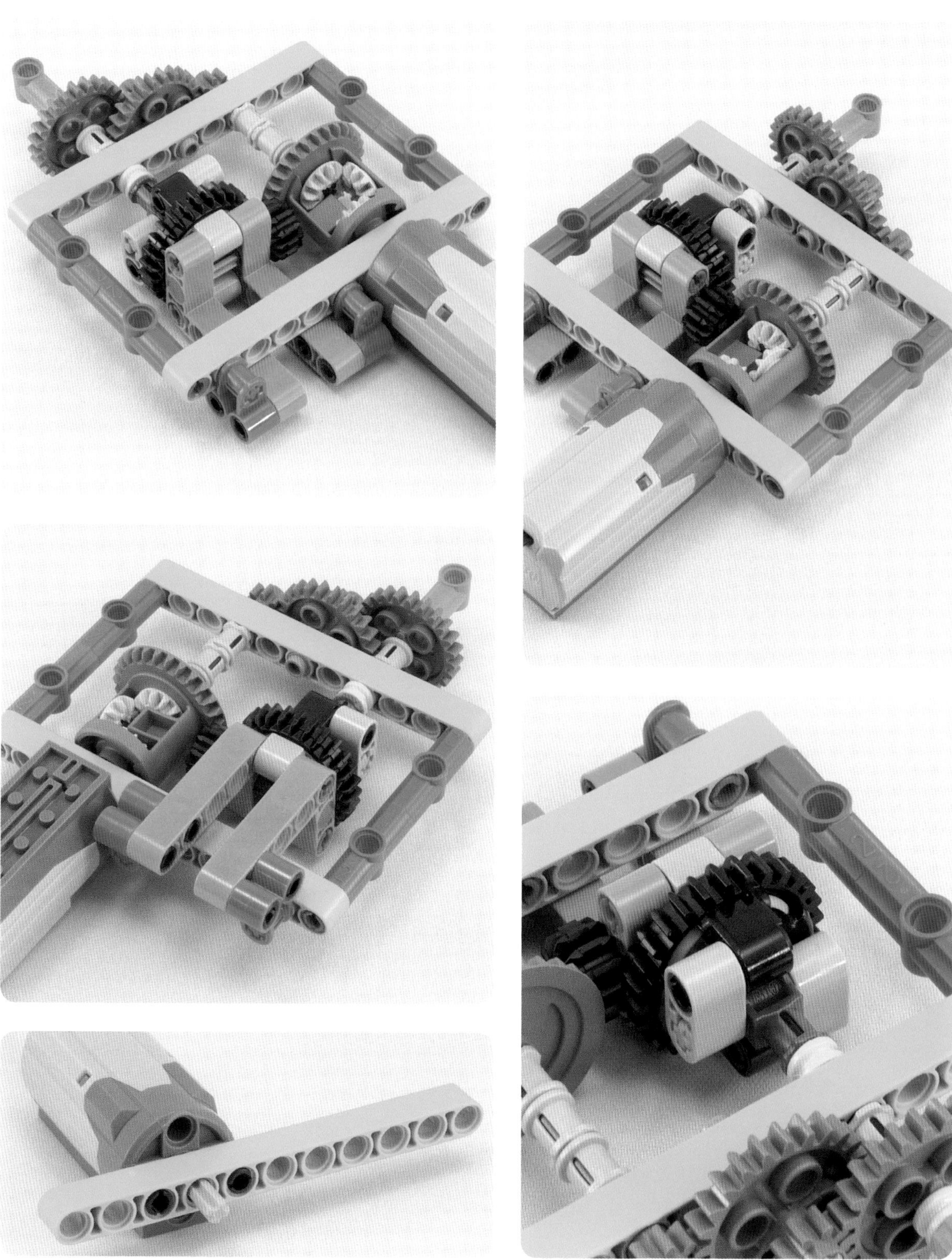

#203

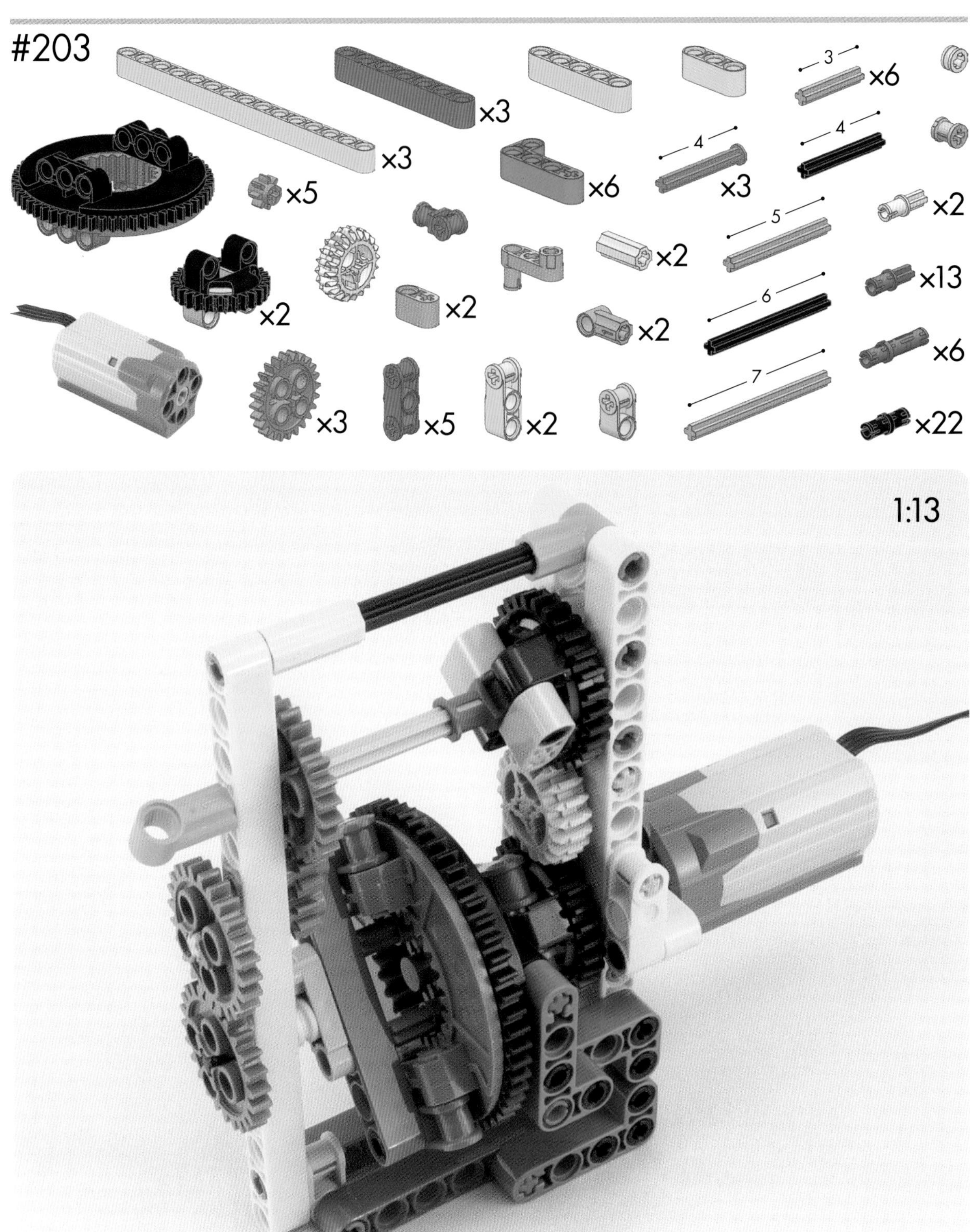

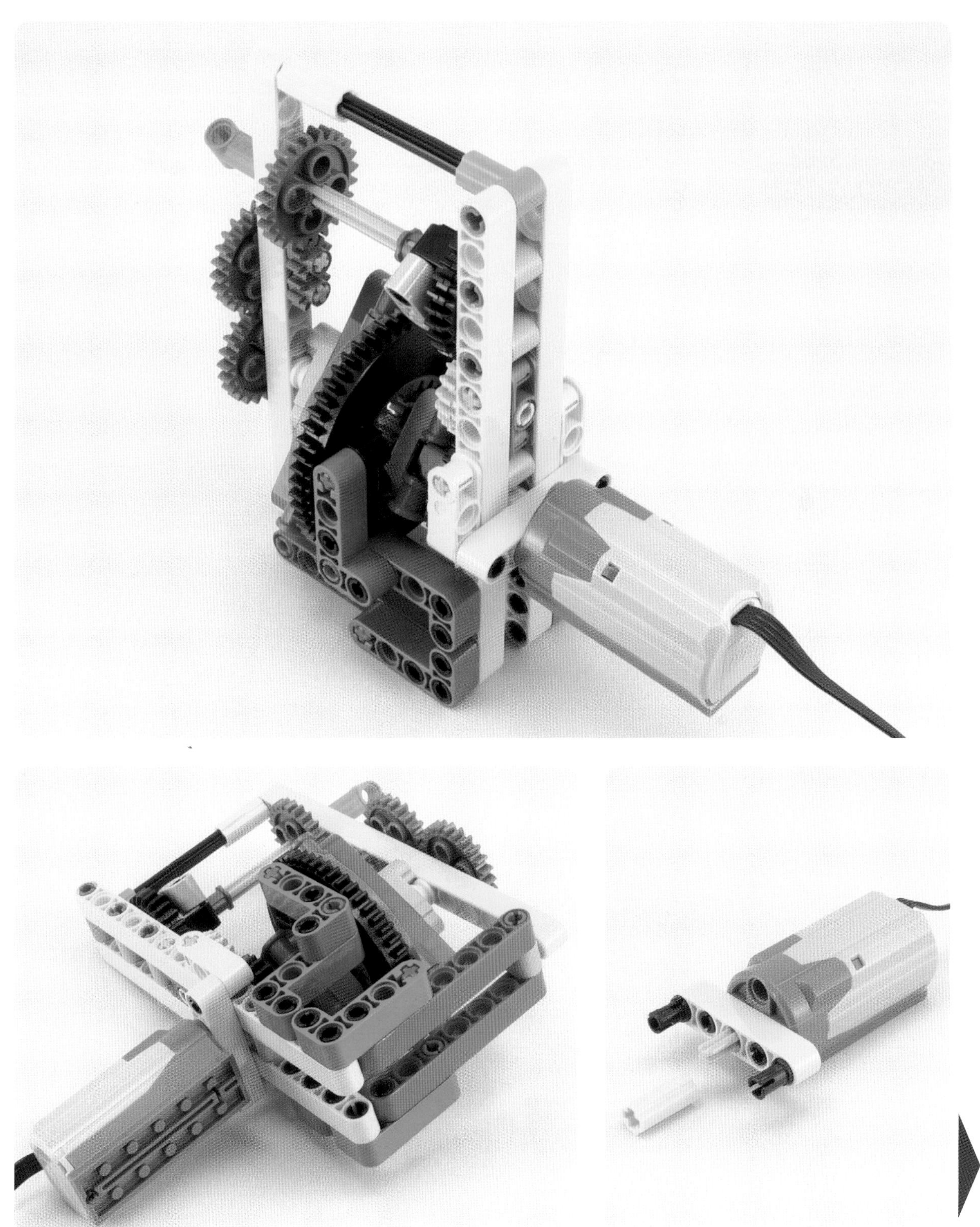

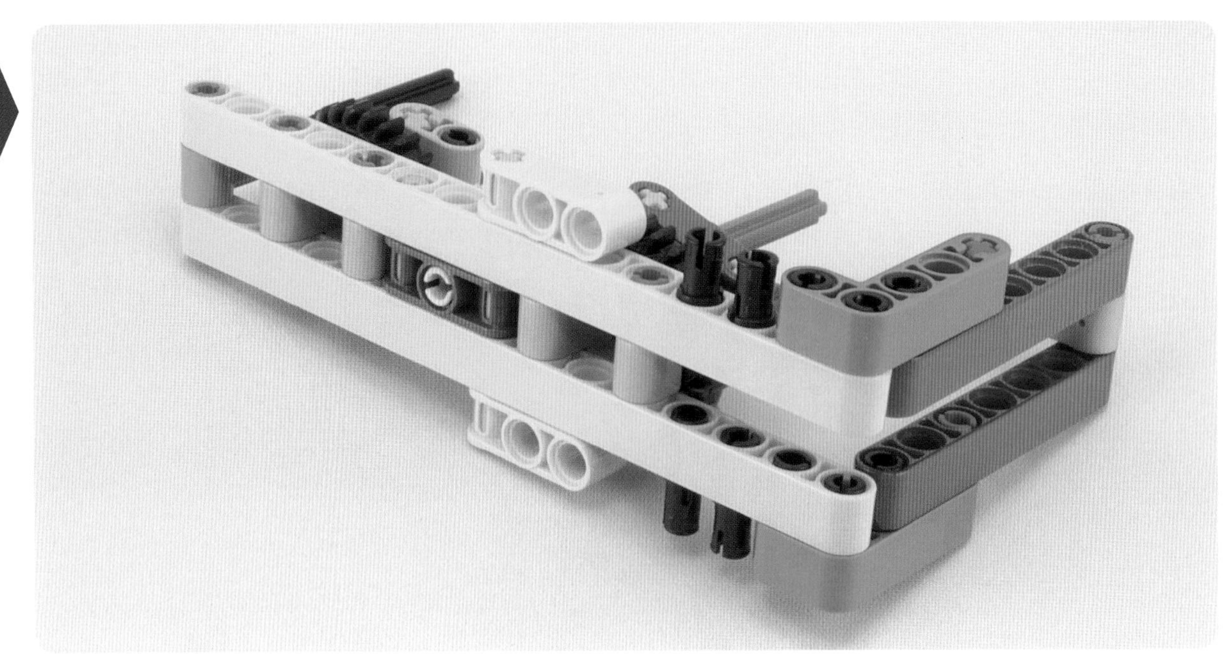

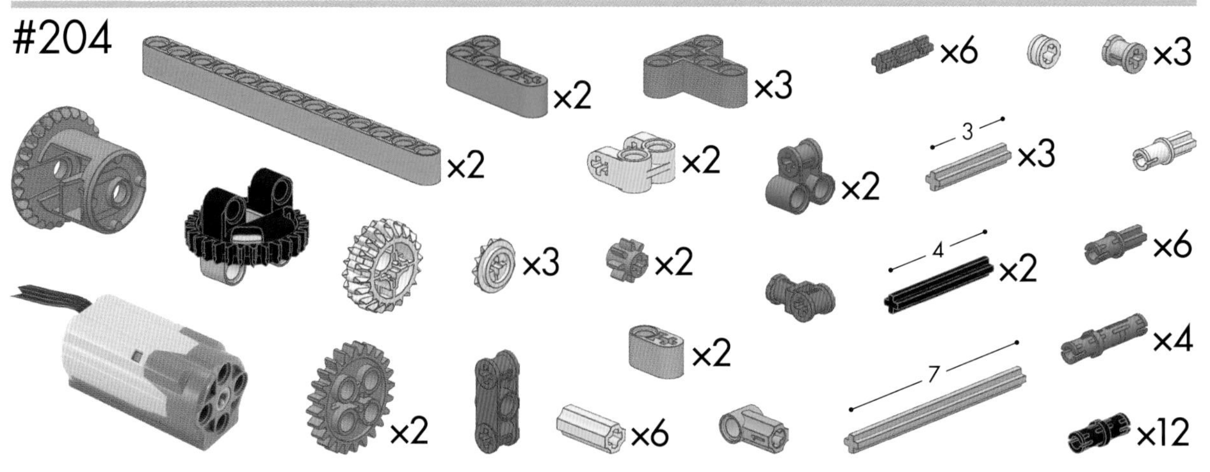

1:17

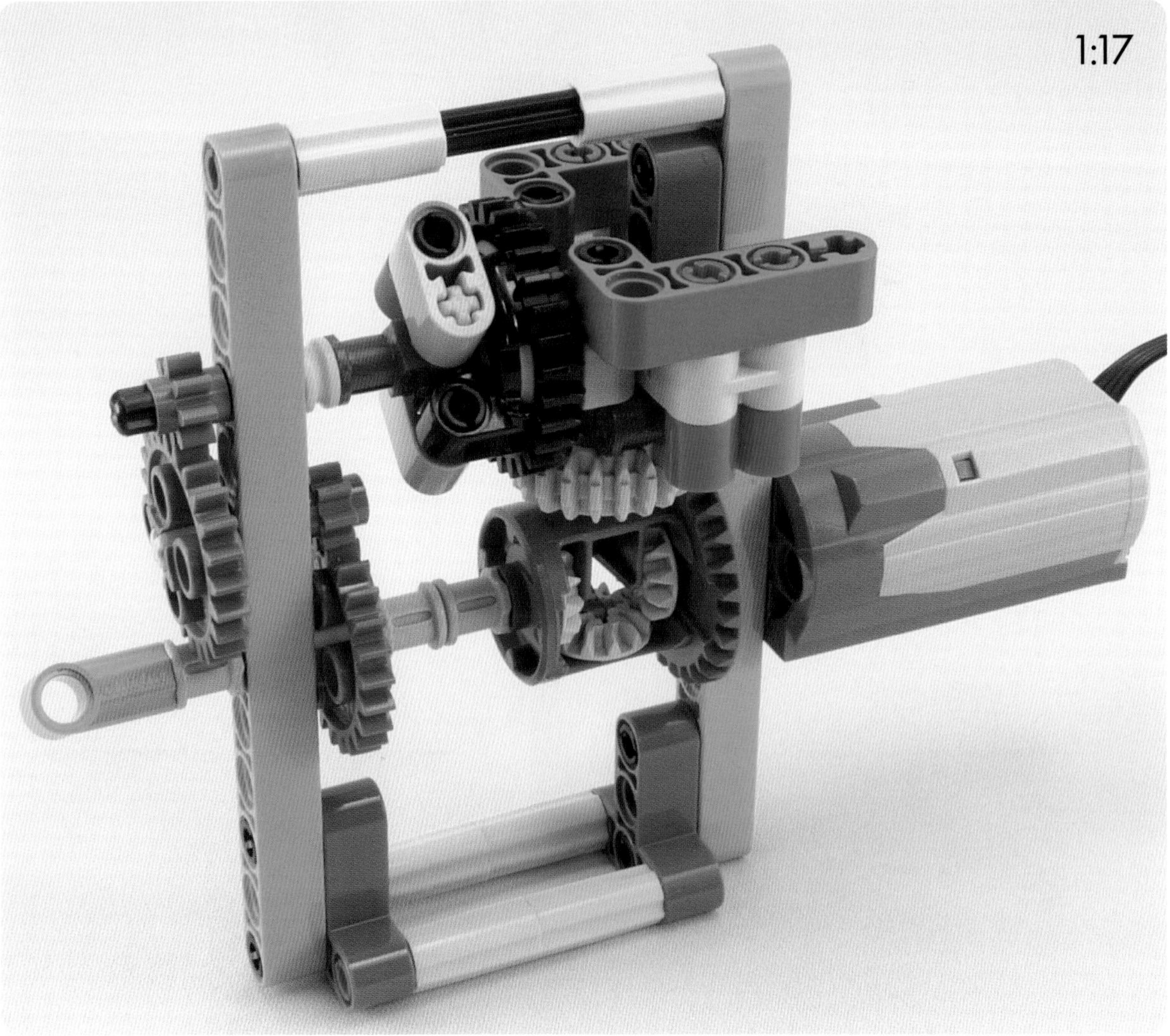

배터리 박스 장착 기법

#205

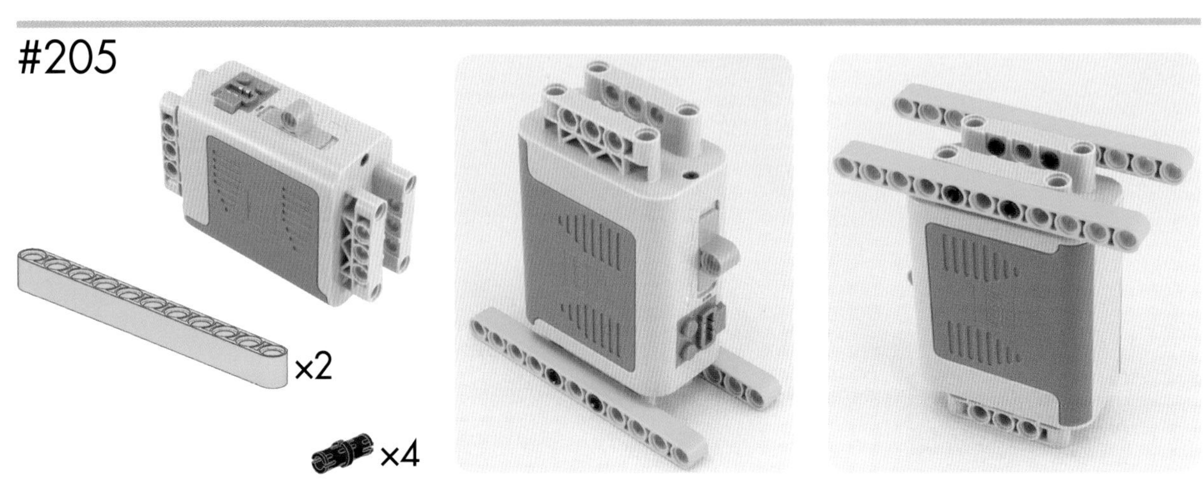

#206

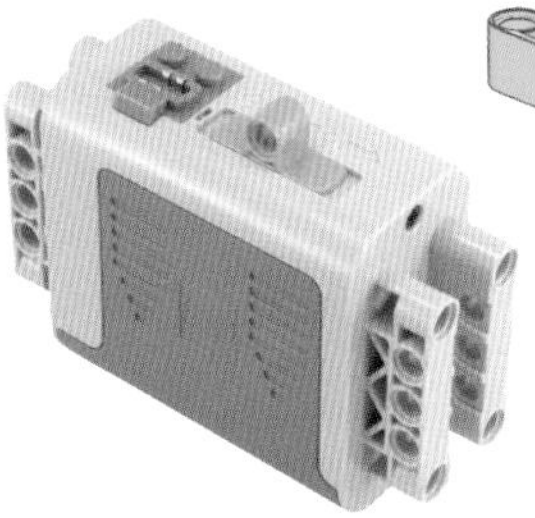

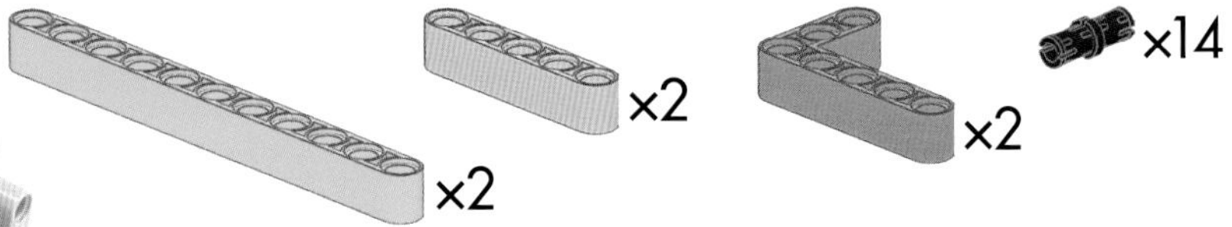

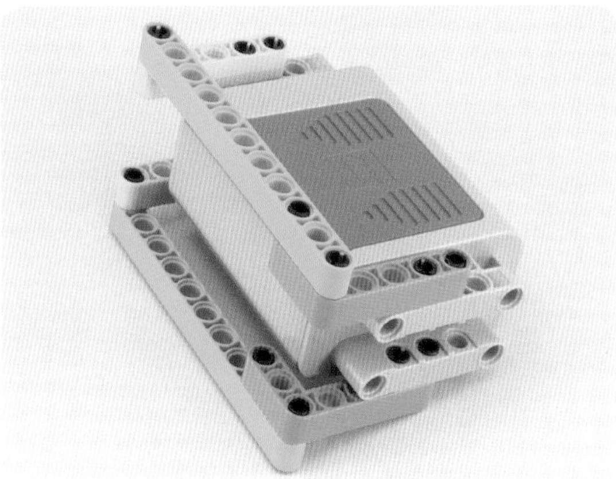

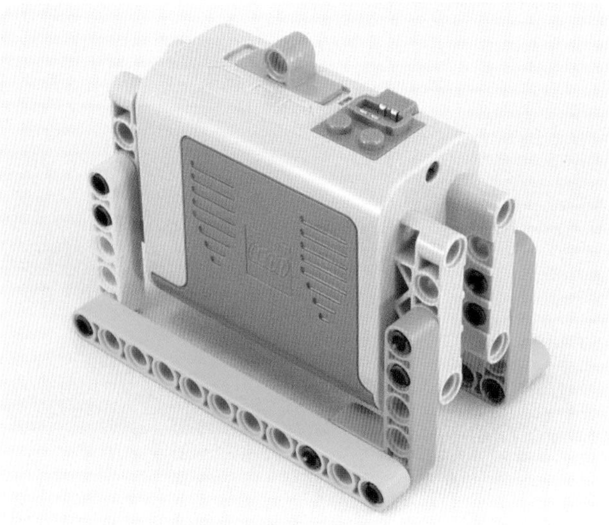

×2

×2

×2

×14

#207

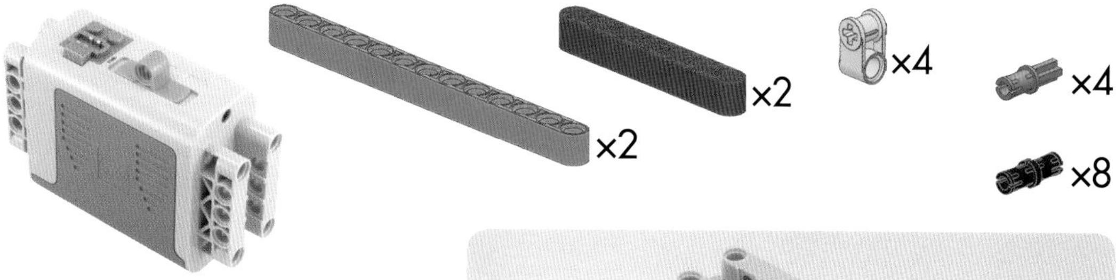

×2

×2

×4

×4

×8

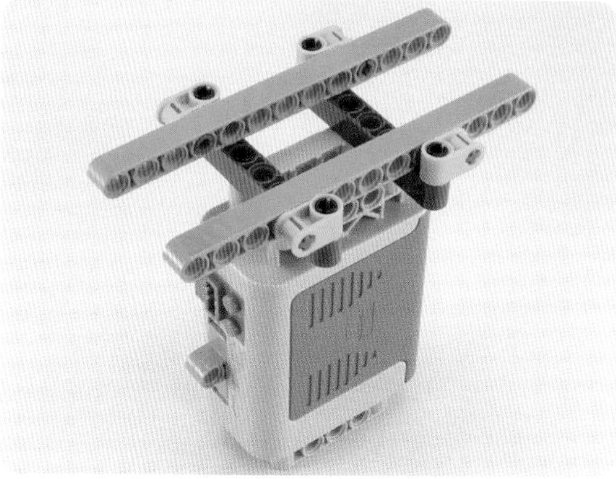

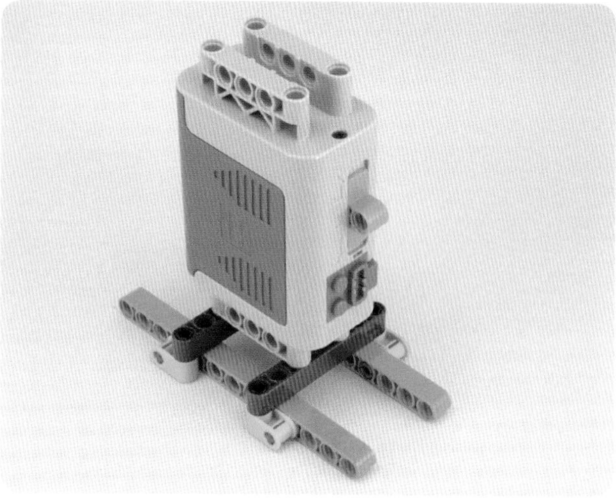

#208

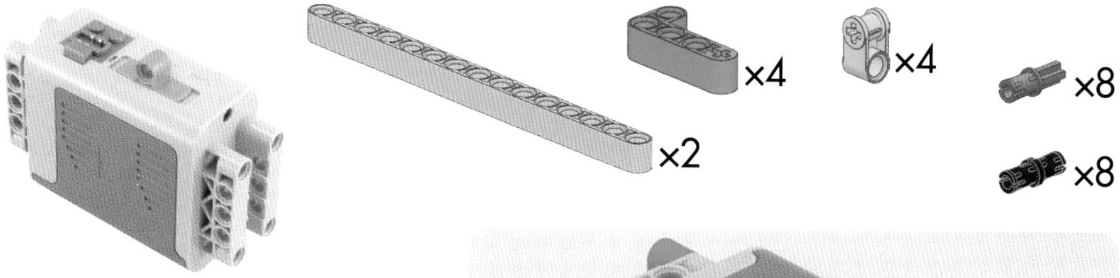

×2

×4

×4

×8

×8

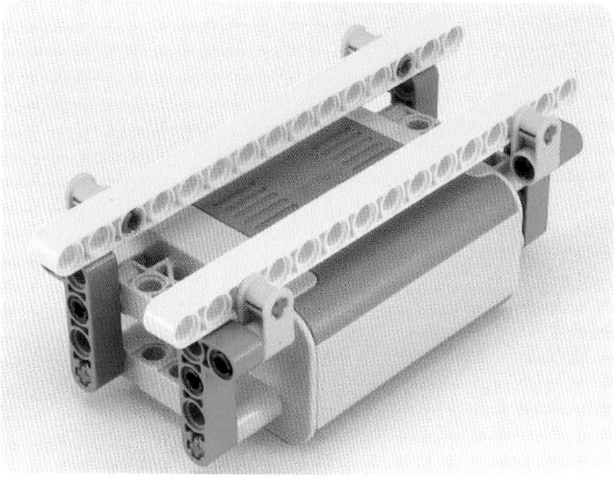

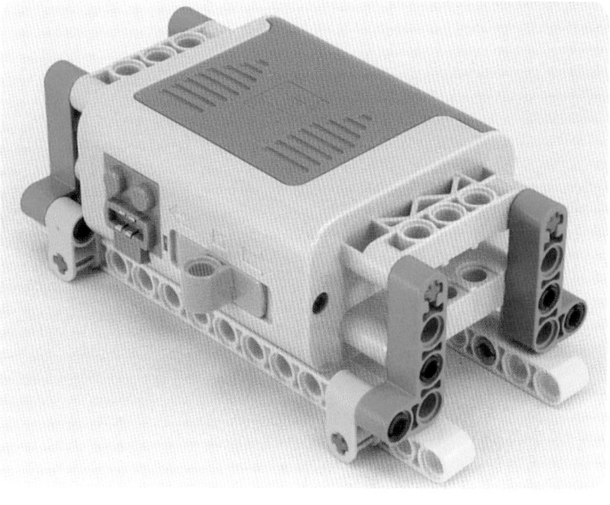

#209

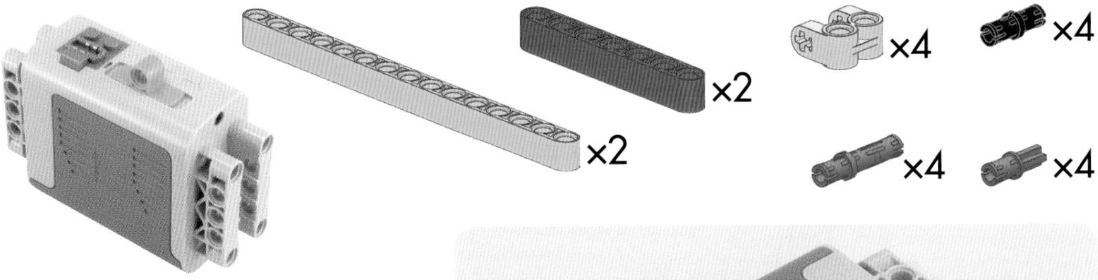

×2

×2

×4

×4

×4

×4

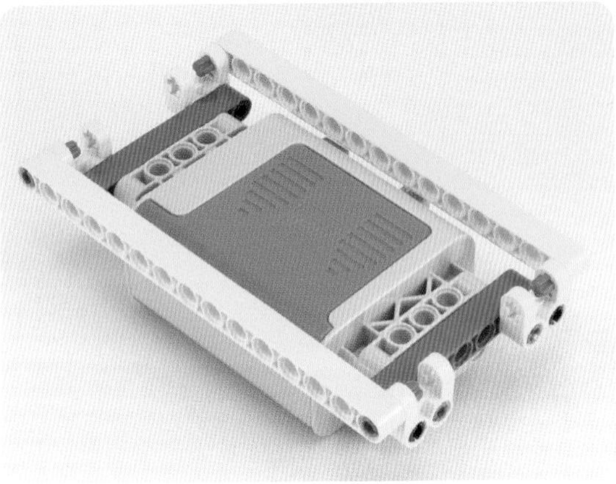

#210

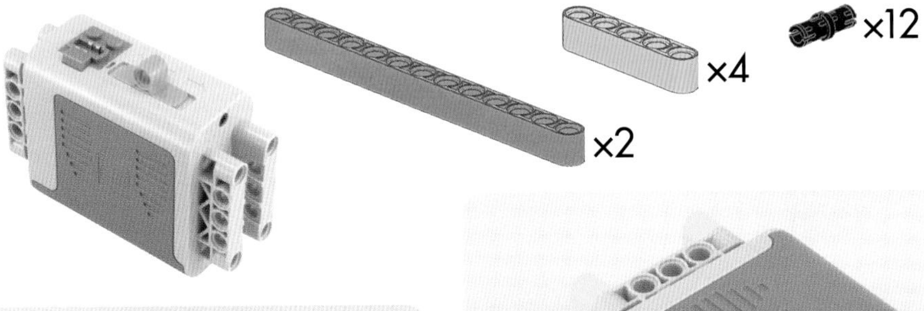

×4

×12

×2

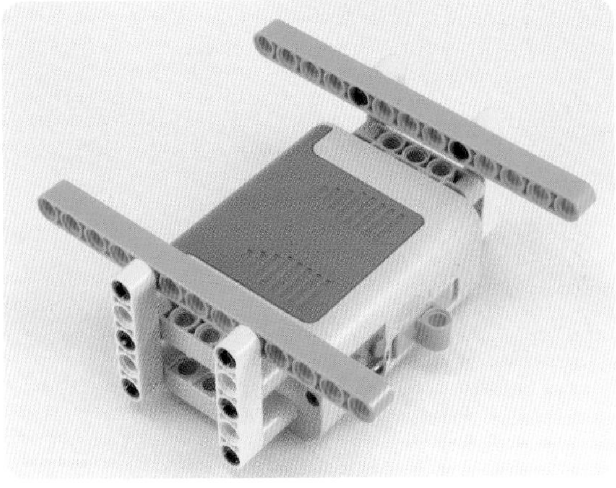

#211

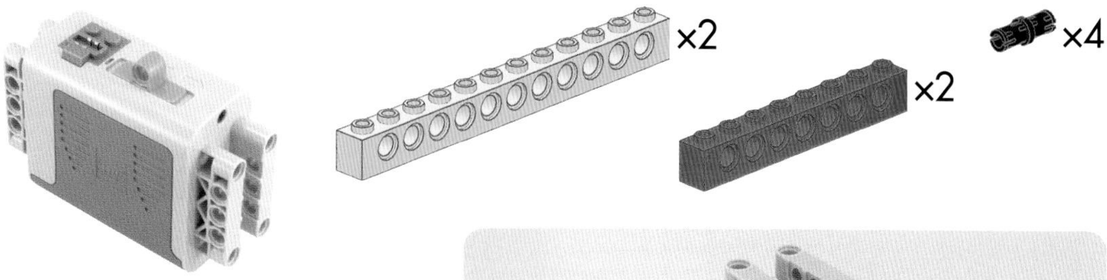

×2

×4

×2

#212

×2

×4

×4

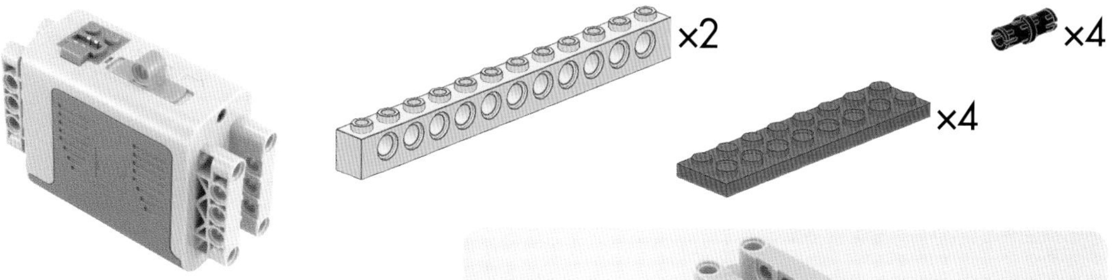

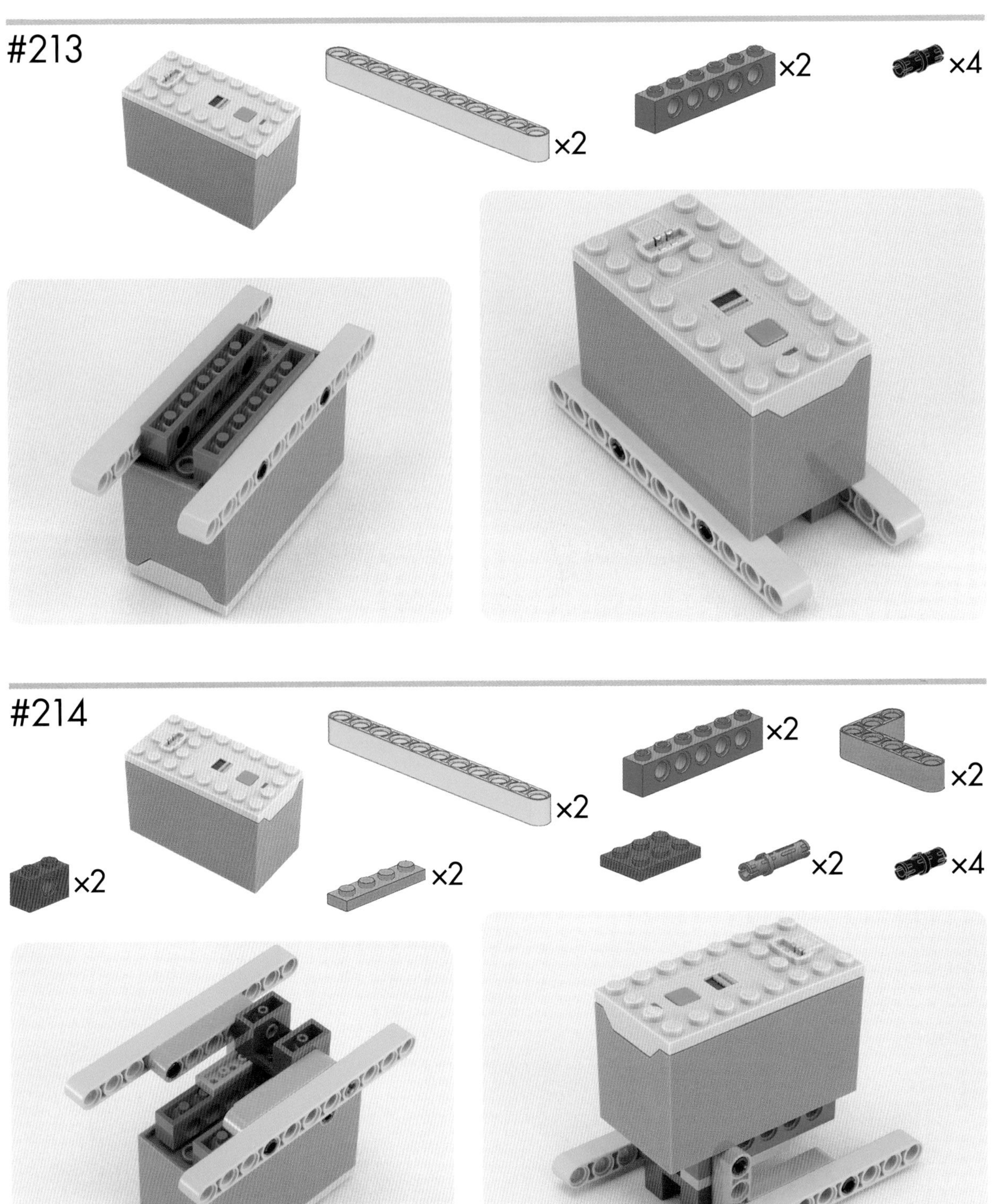
#213
×2
×2
×4
#214
×2
×2
×2
×2
×2
×2
×4

#215

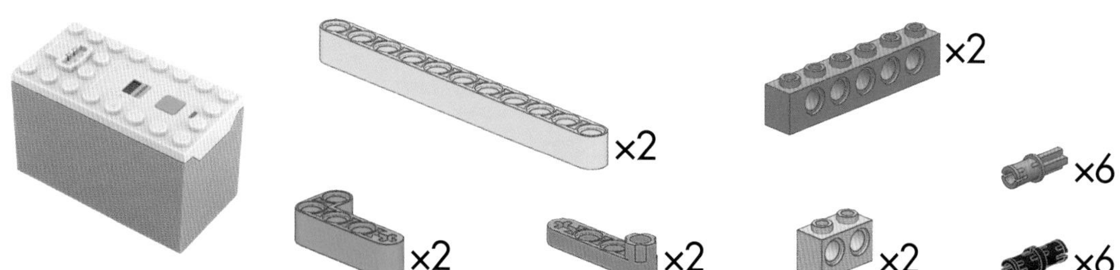

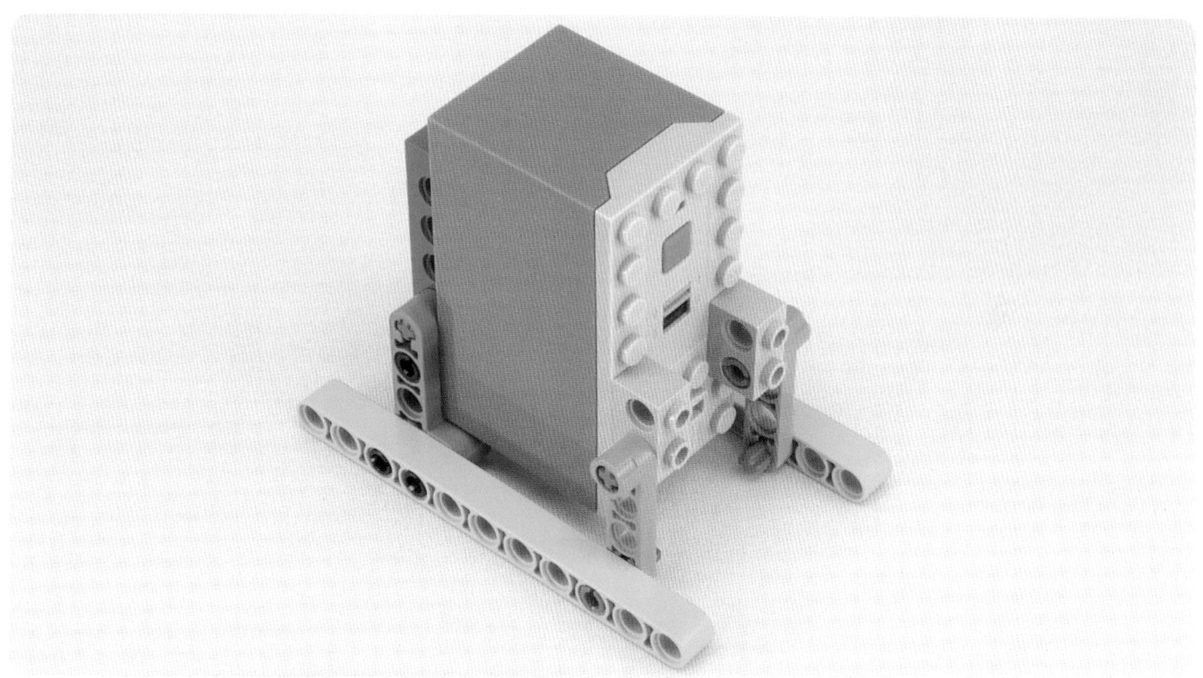

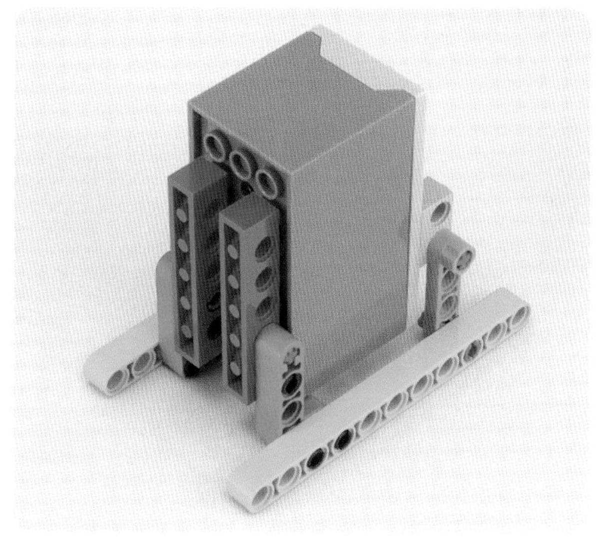

파워 펑션 적외선 수신기 장착 기법

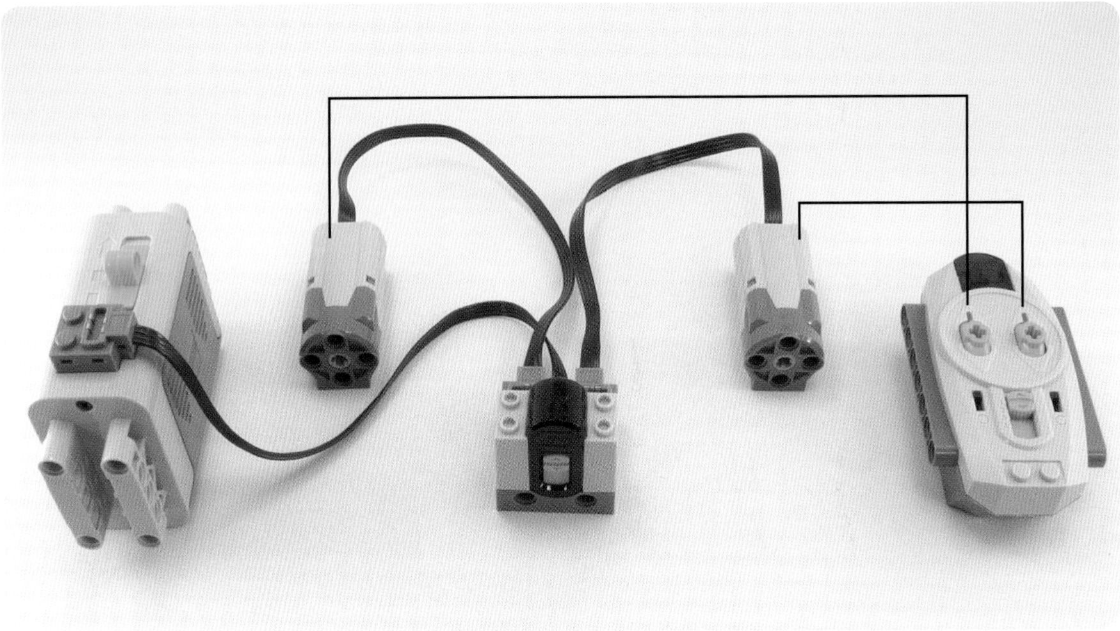

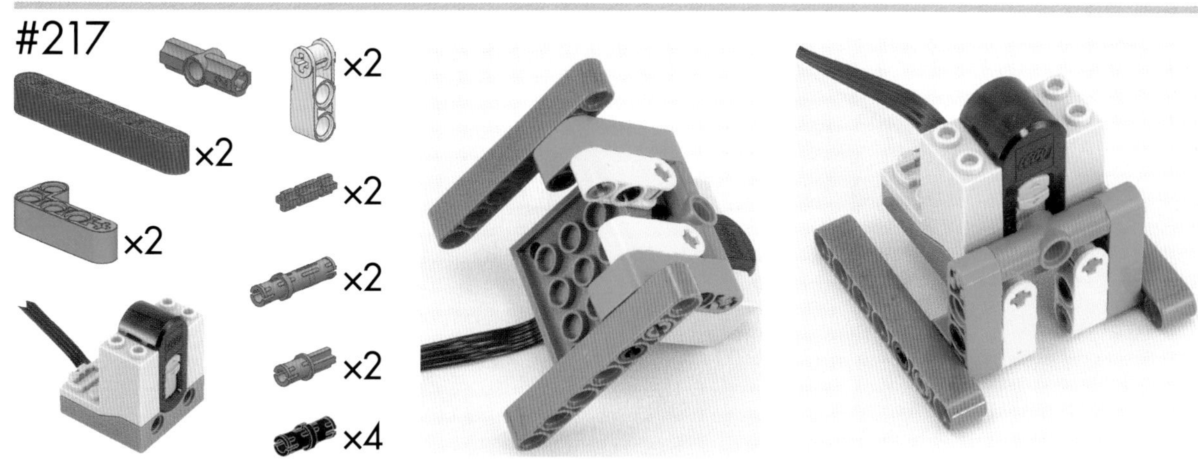
#217
×2
×2
×2
×2
×2
×2
×4

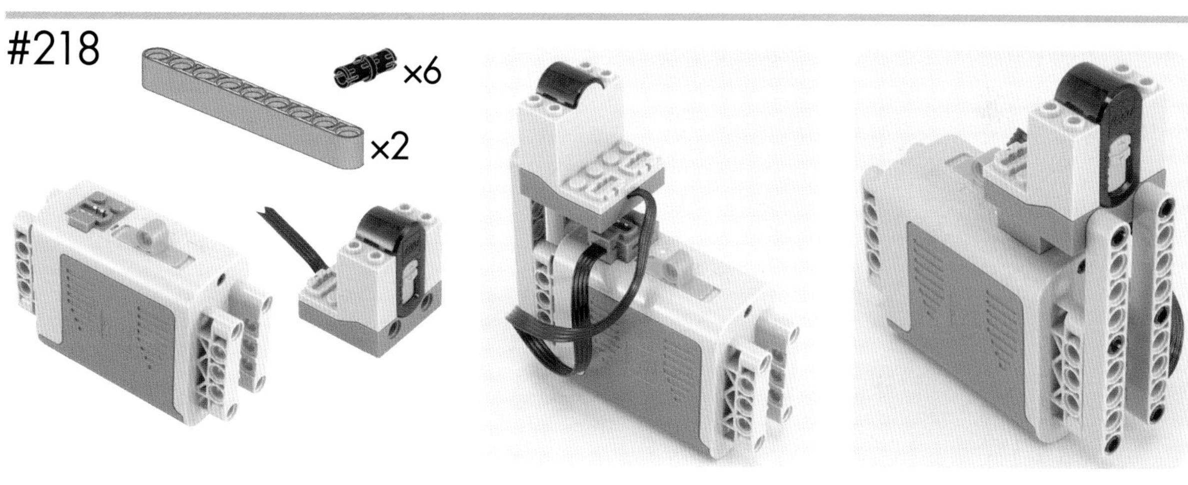
#218
×6
×2

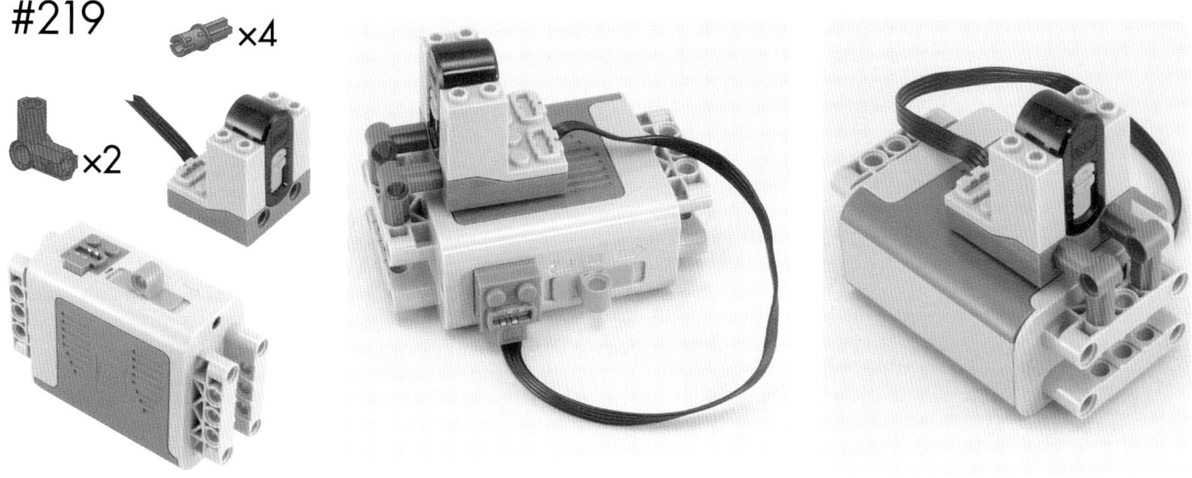
#219
×4
×2

2부

팔, 날개, 그리고 다른 구동부

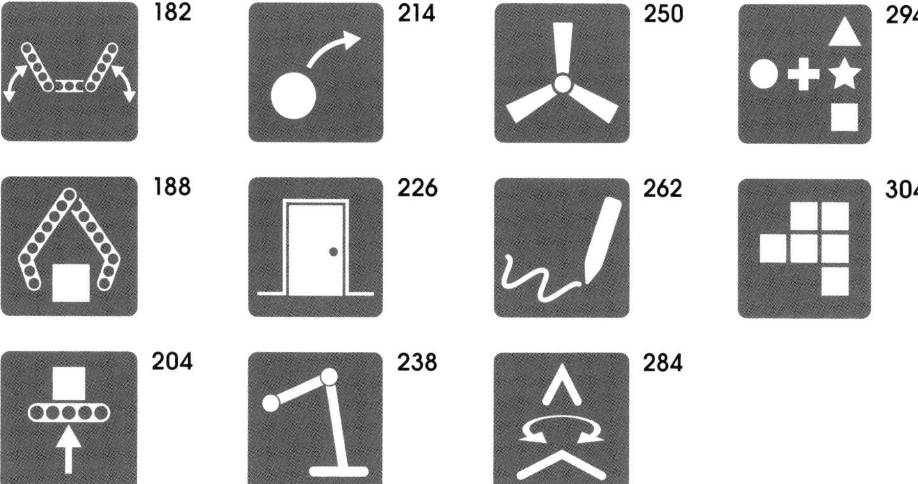

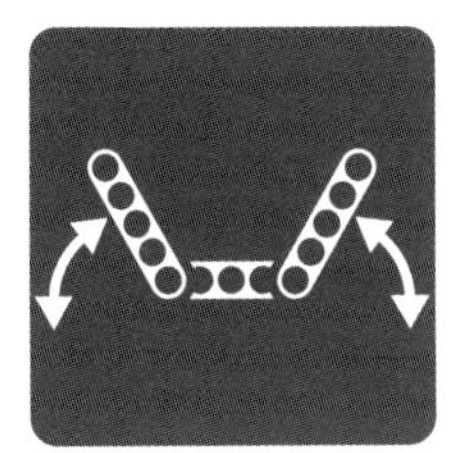

퍼덕이는 날개

#220

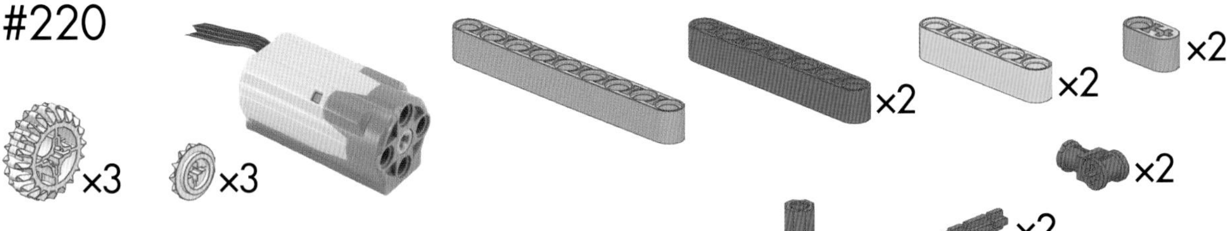

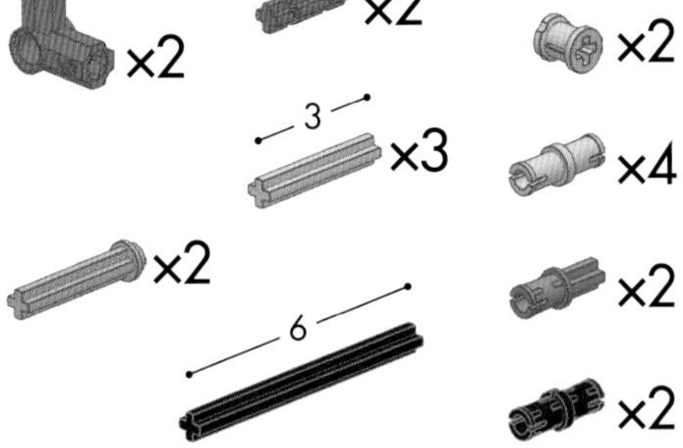

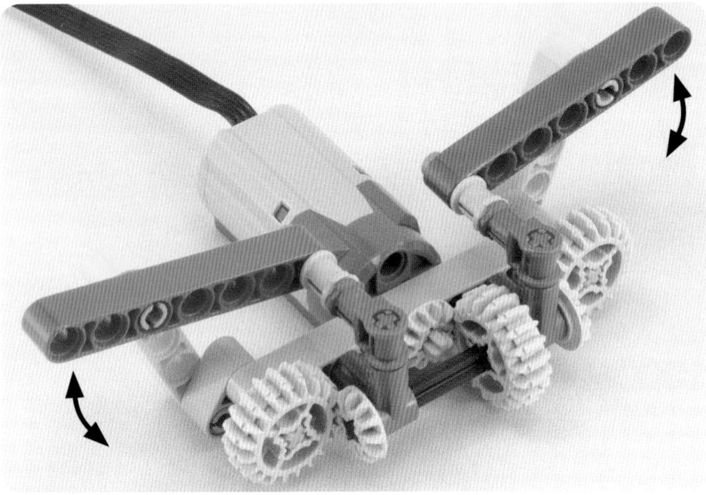

×3 ×3 ×2 ×2 ×2 ×2 ×2 ×2 ×2 3 ×3 ×4 ×2 ×2 6 ×2 ×2

#221

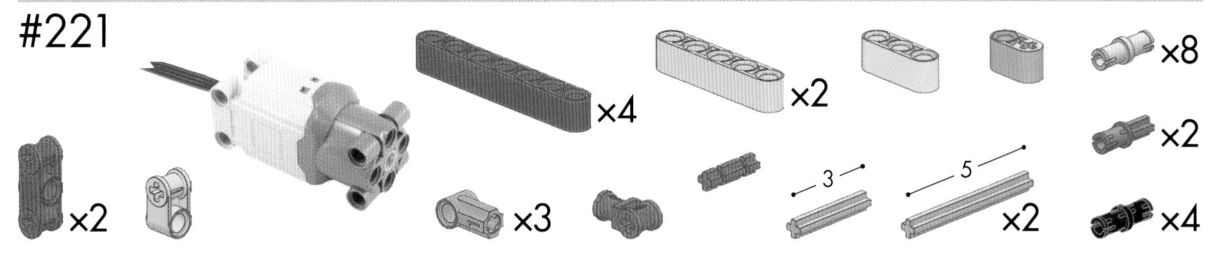

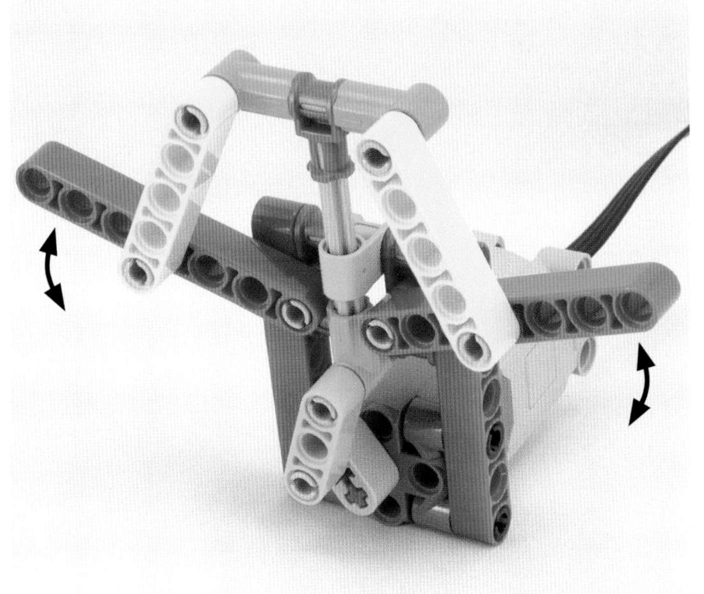

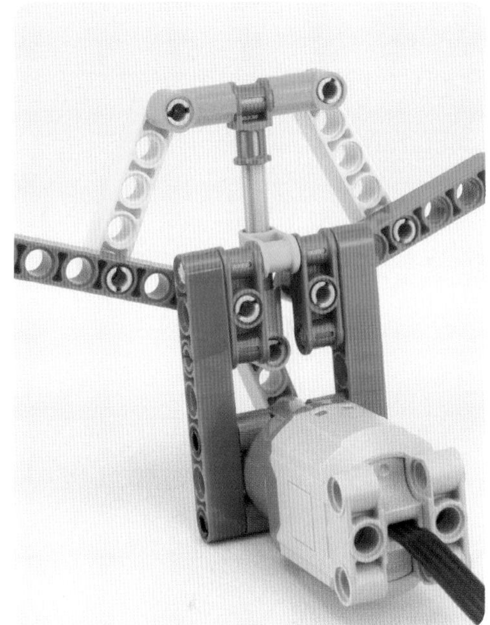

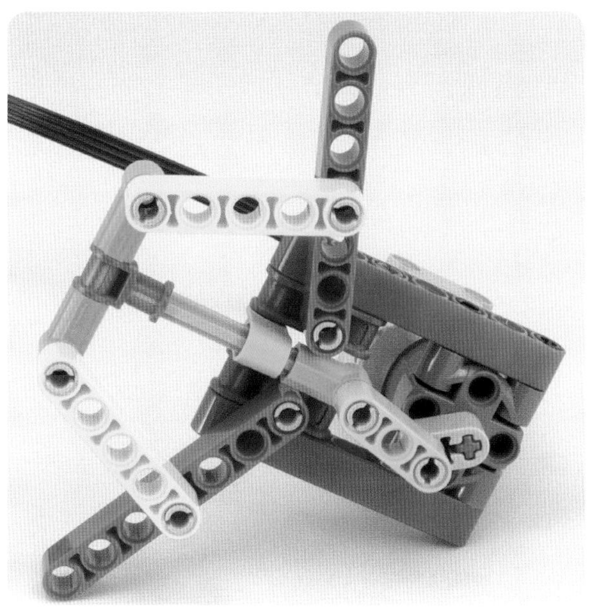

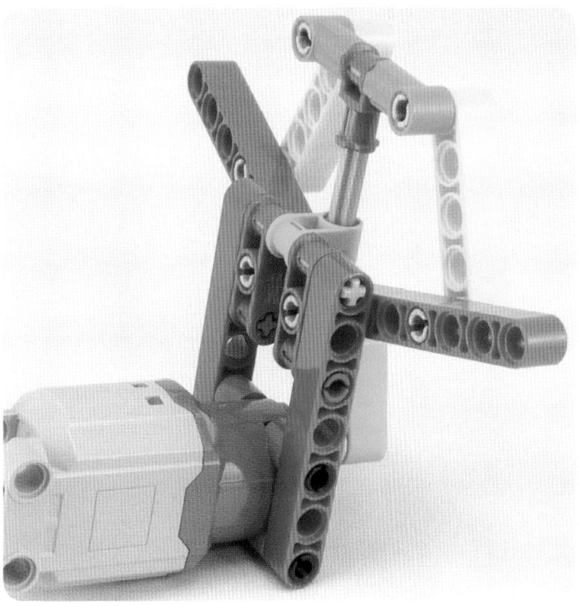

#222

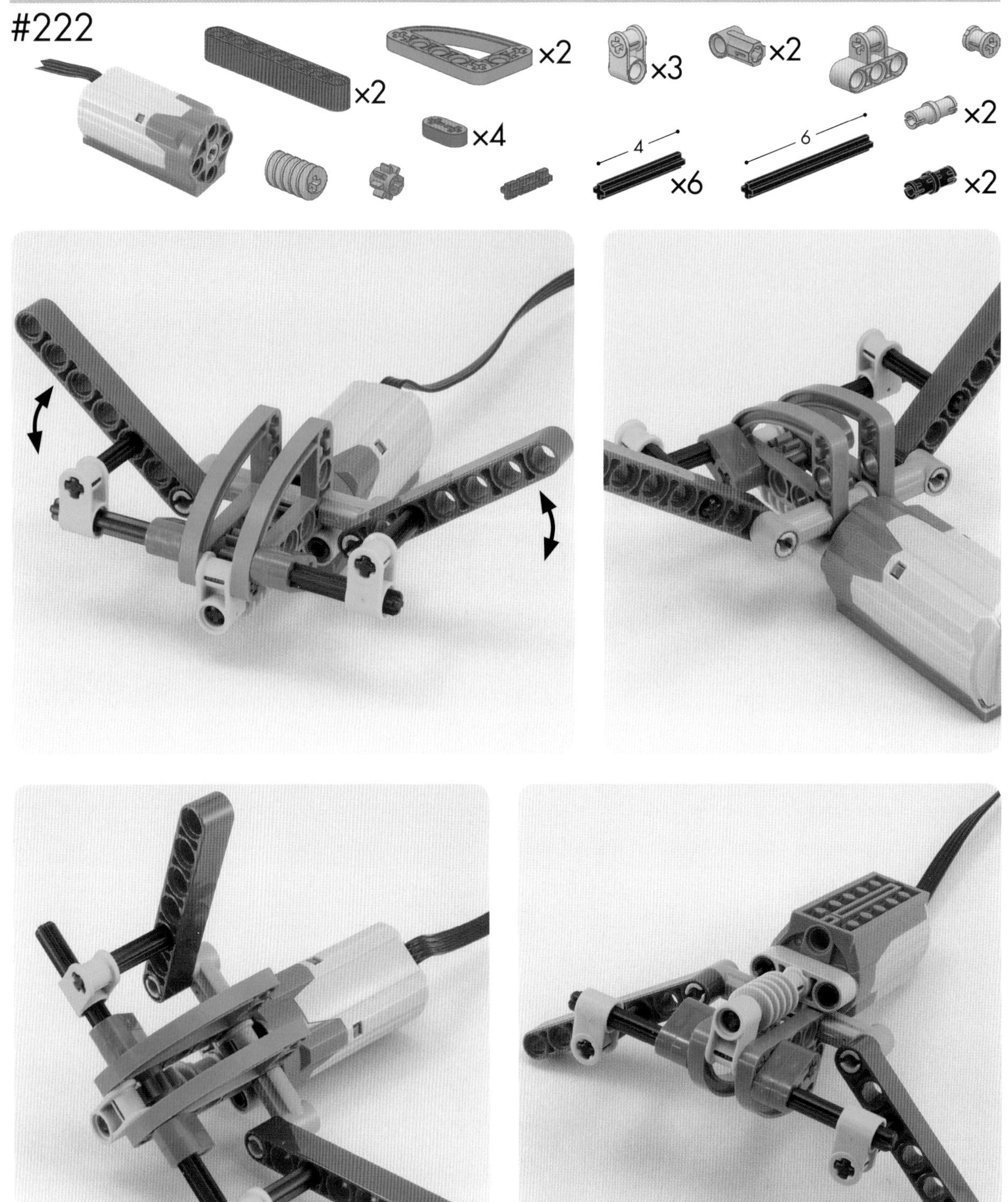

#223

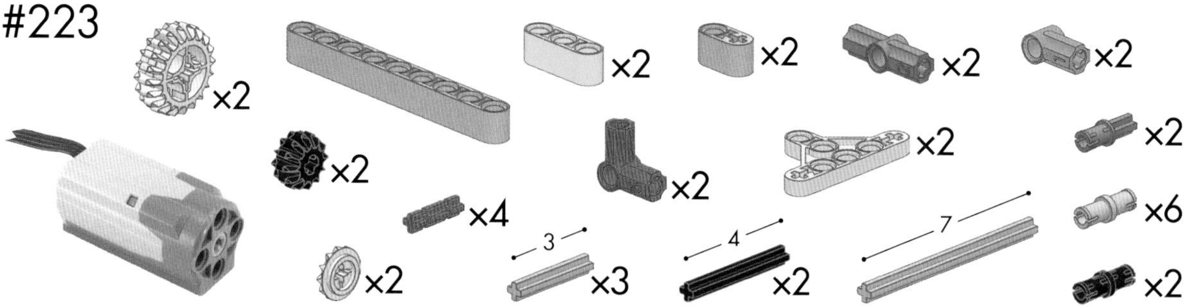

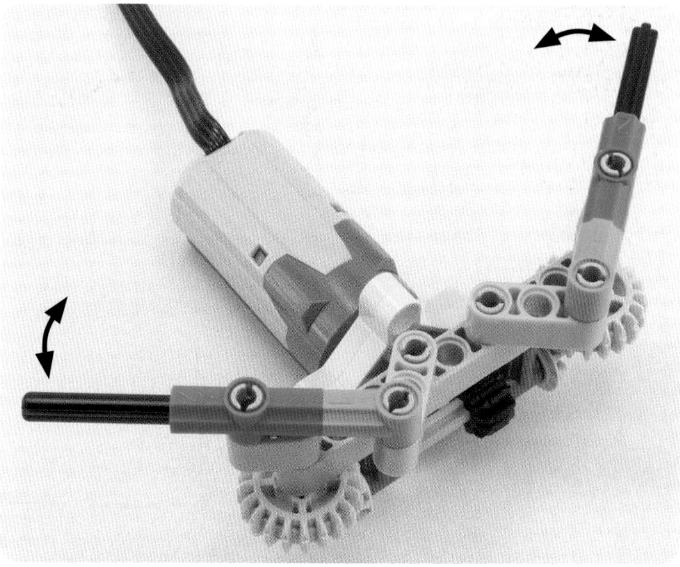

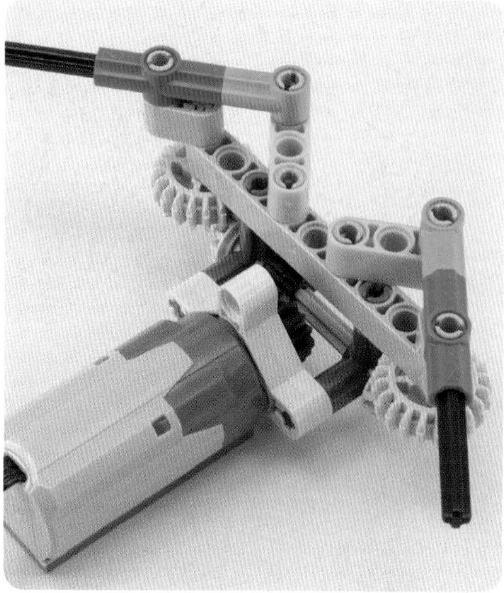

×2 ×2 ×2 ×2 ×2 ×2

×2 ×2 ×2 ×2

×4 ×6

×2 3 ×3 4 ×2 7 ×2 ×2

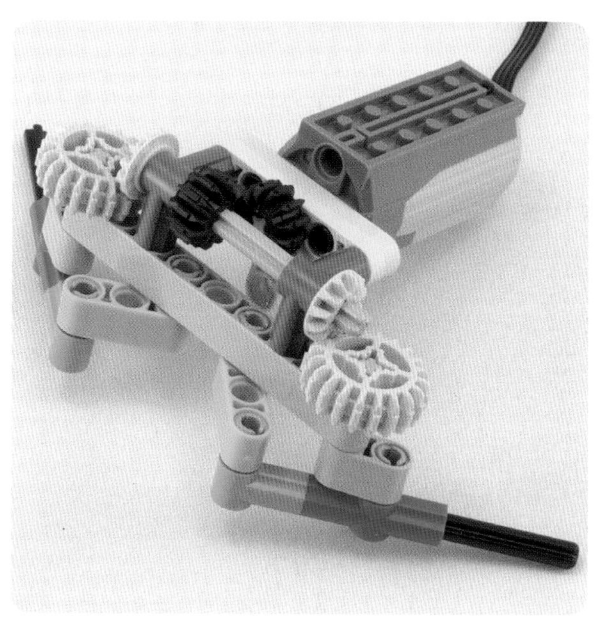

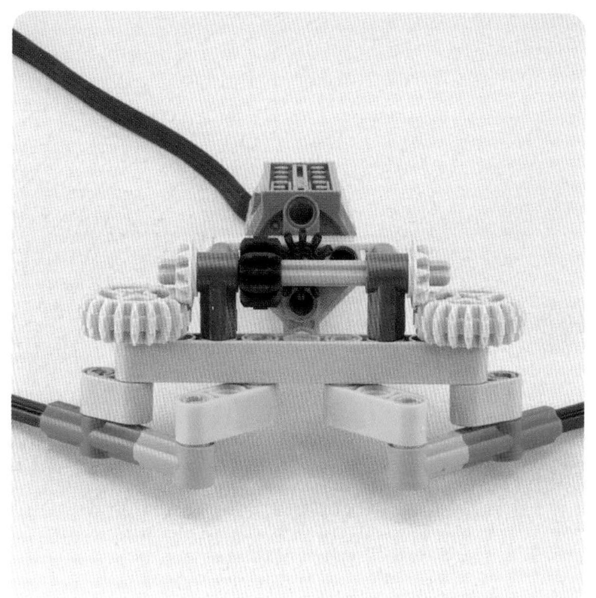

#224

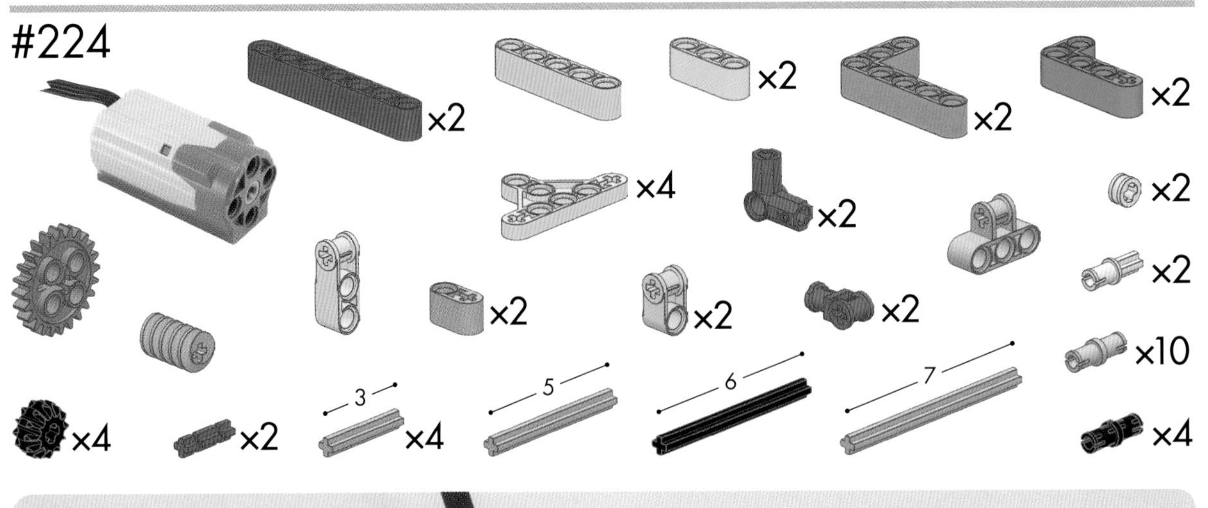

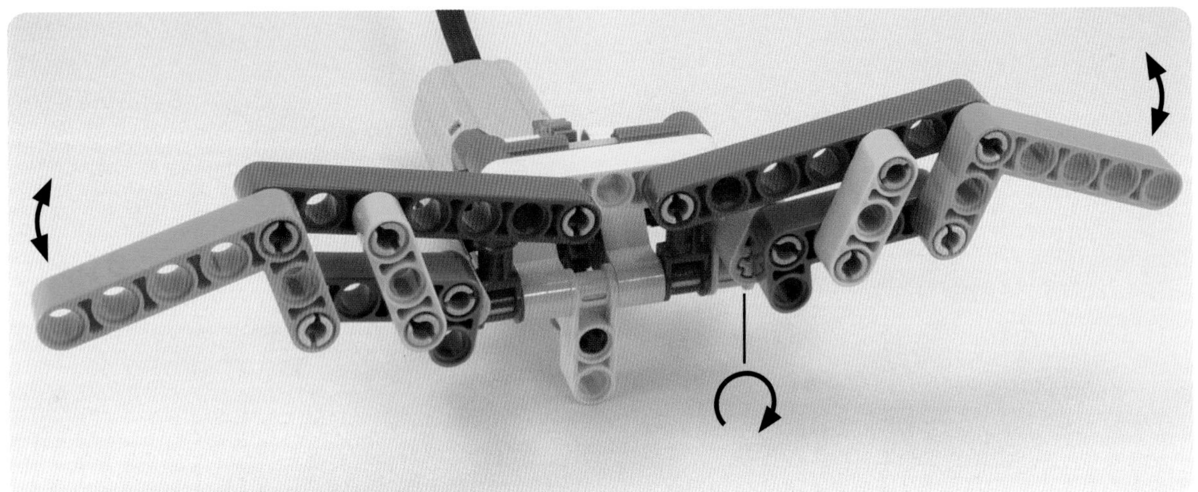

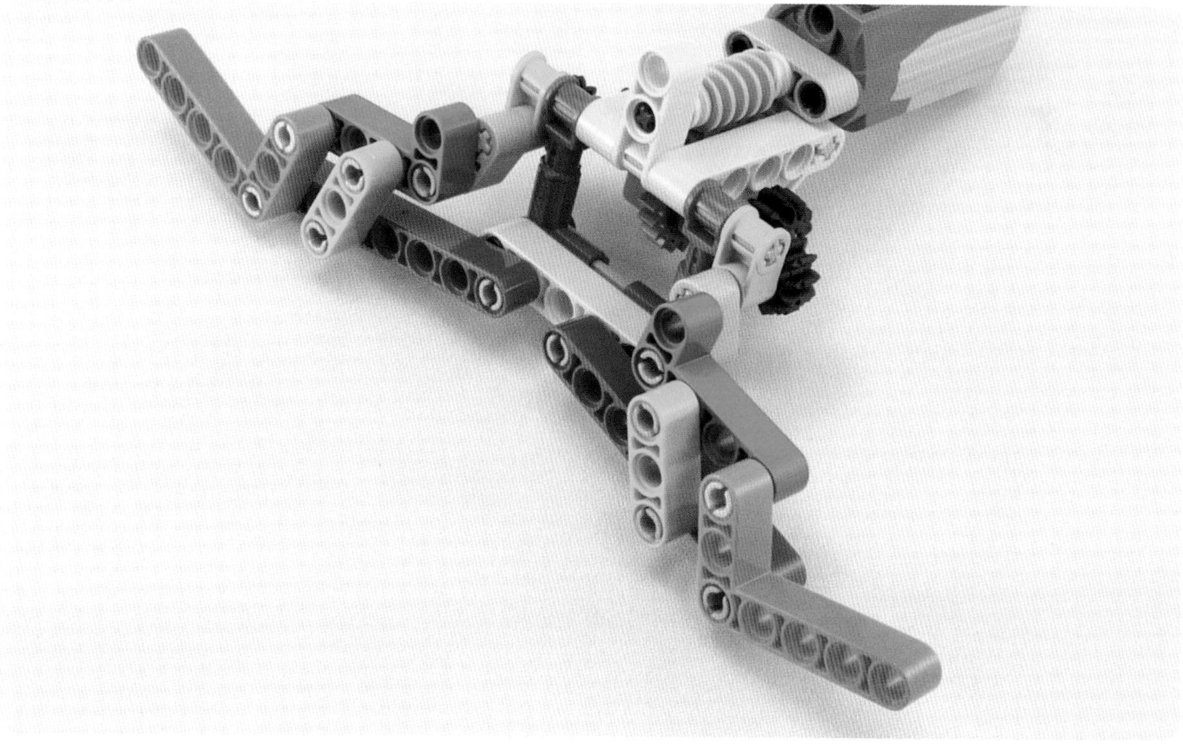

움켜쥐는 손

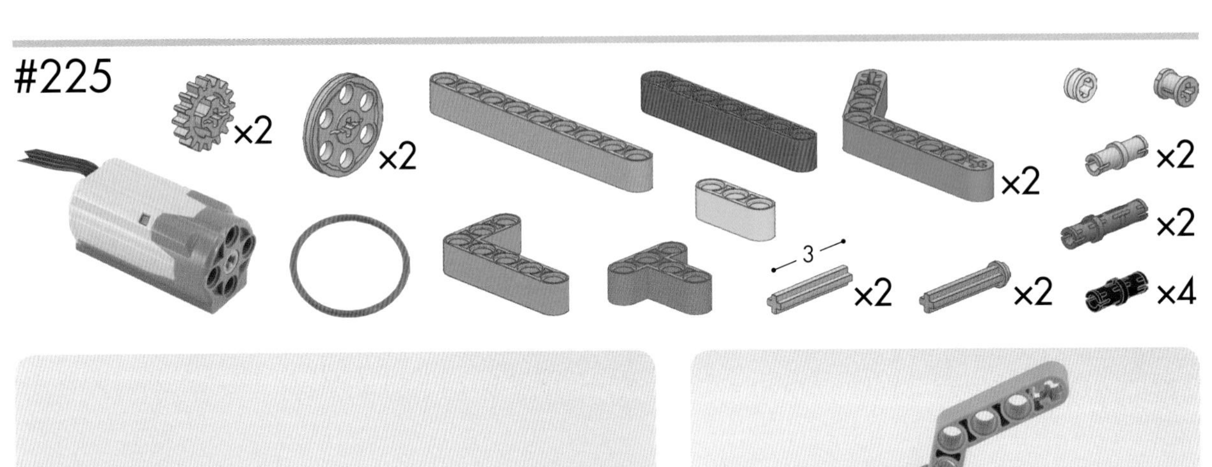

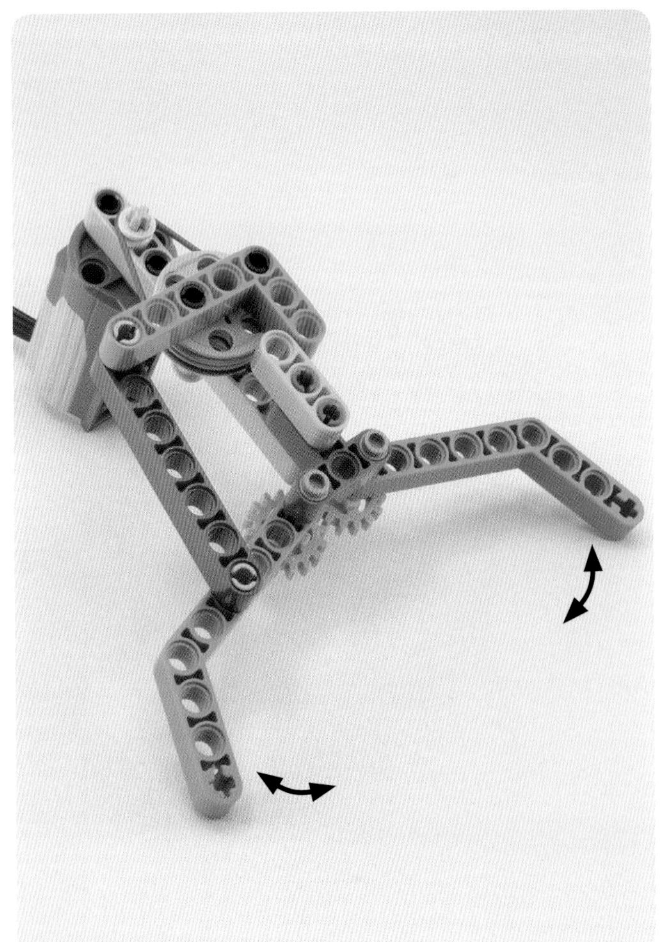

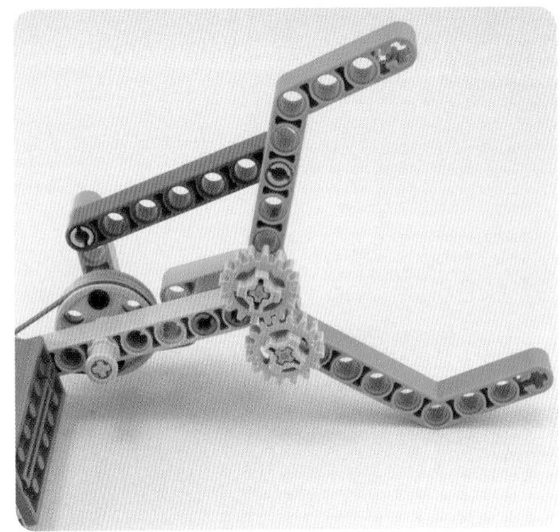

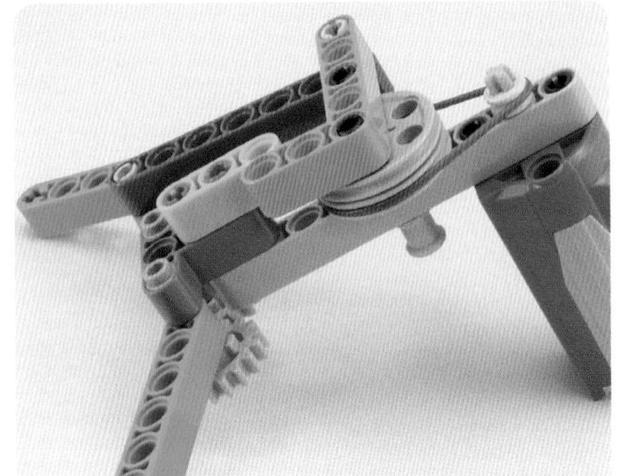

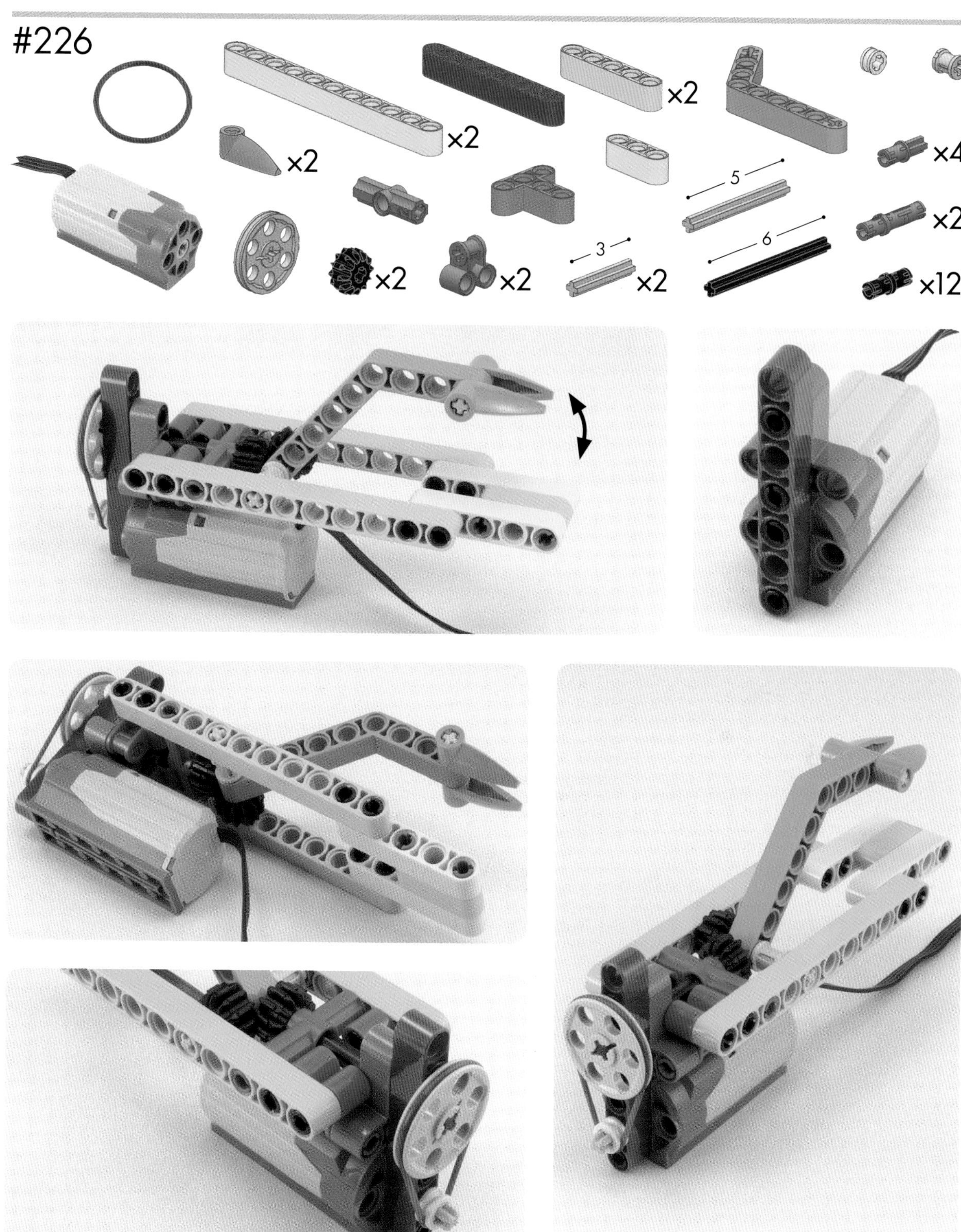
#226
×2
×2
×2
×4
×2
×2
×2
×12
5
6
3
×2
×2

#227

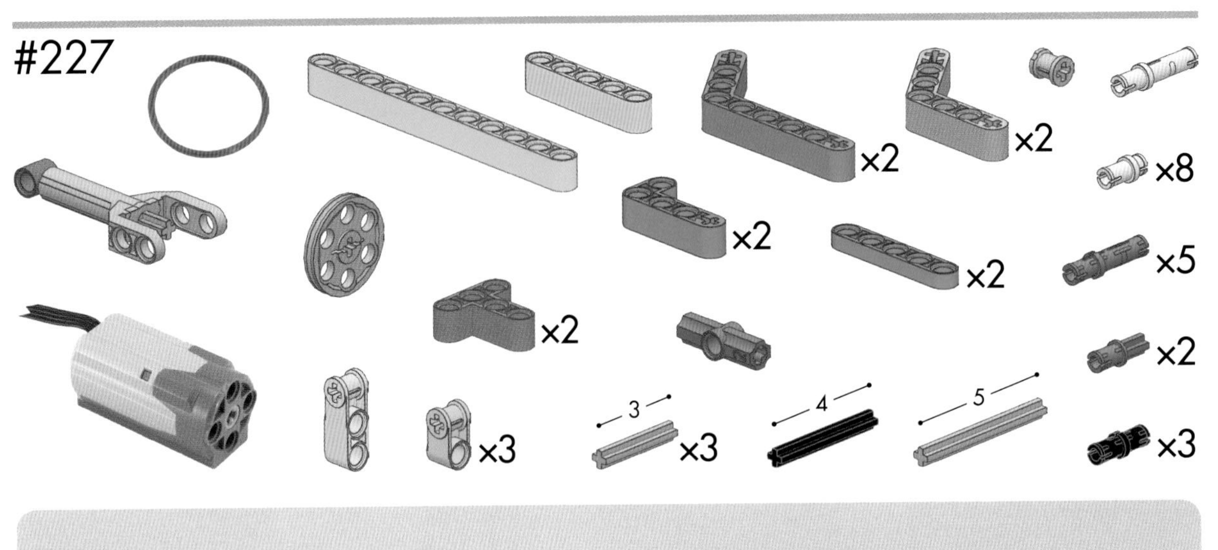

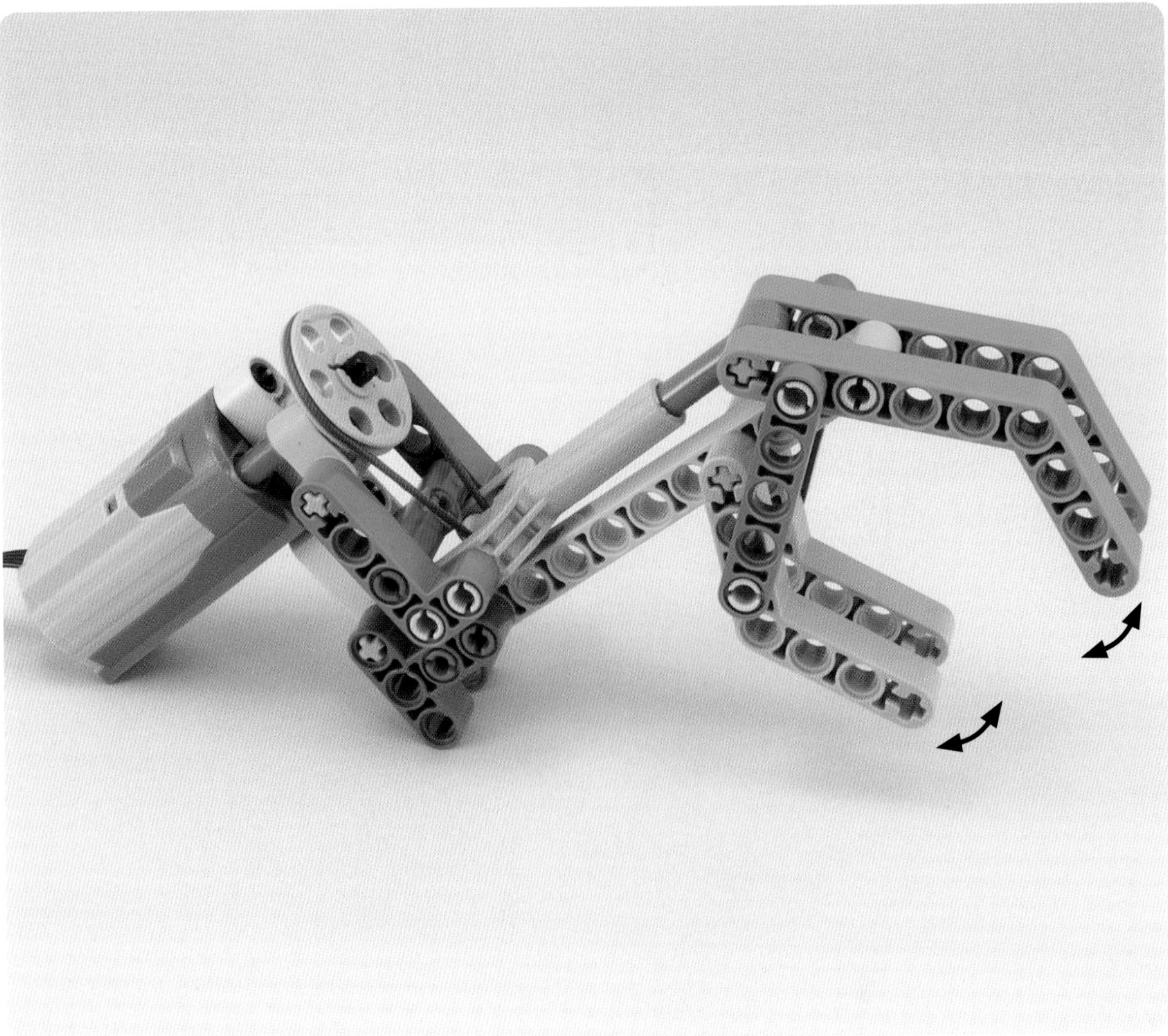

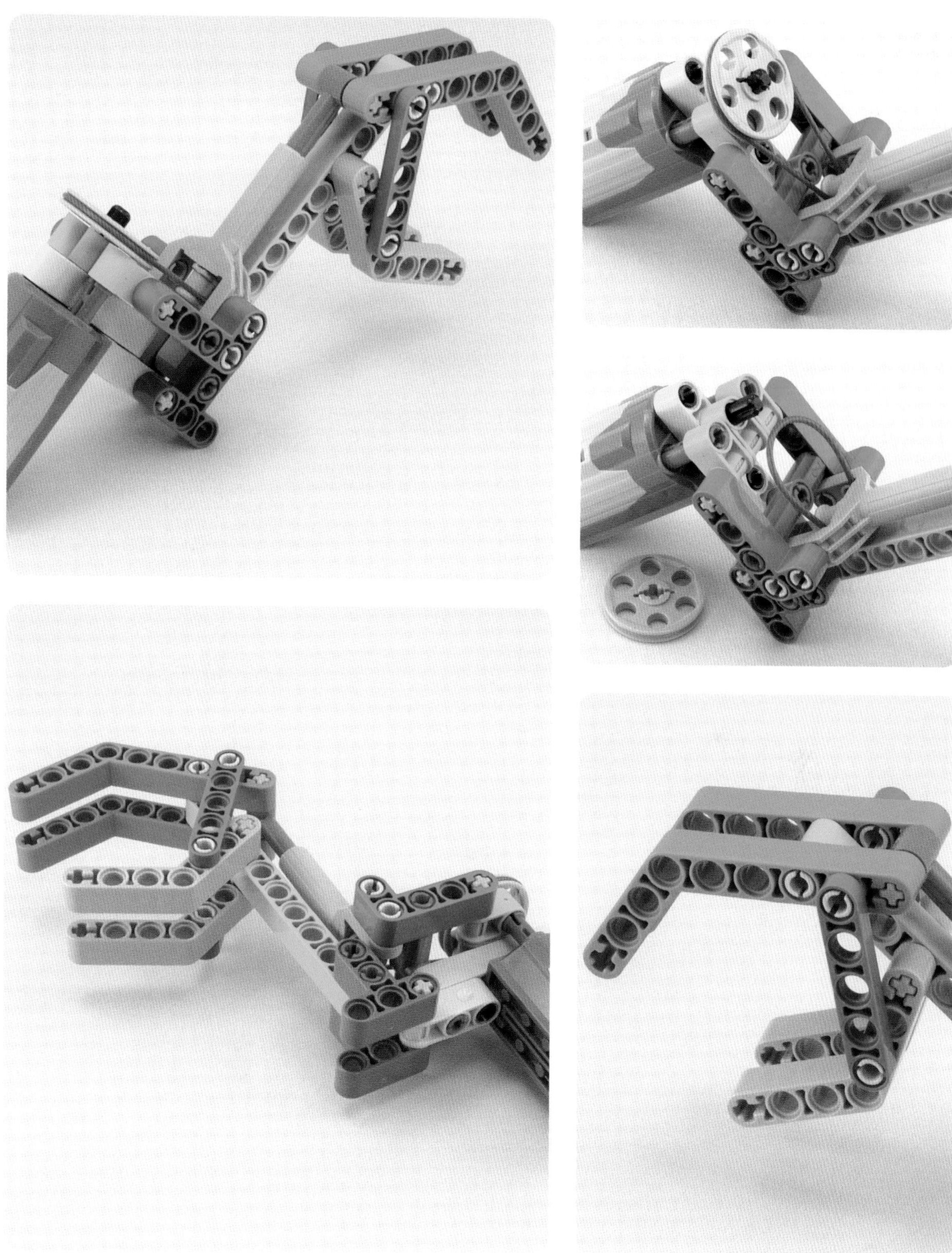

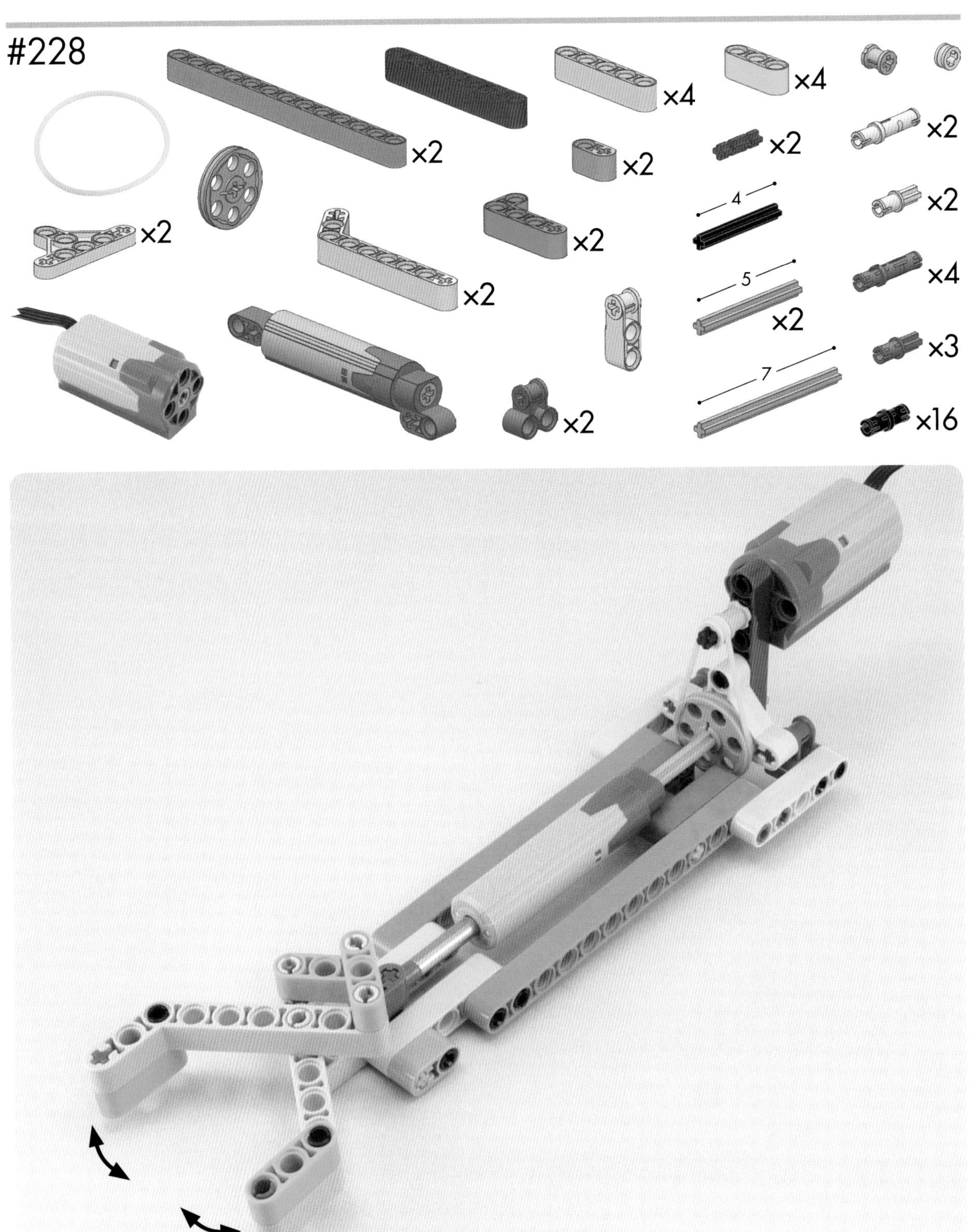
#228
×2
×4
×4
×2
×2
×2
×2
×2
4
×2
×2
5
×2
×4
×2
7
×3
×2
×16

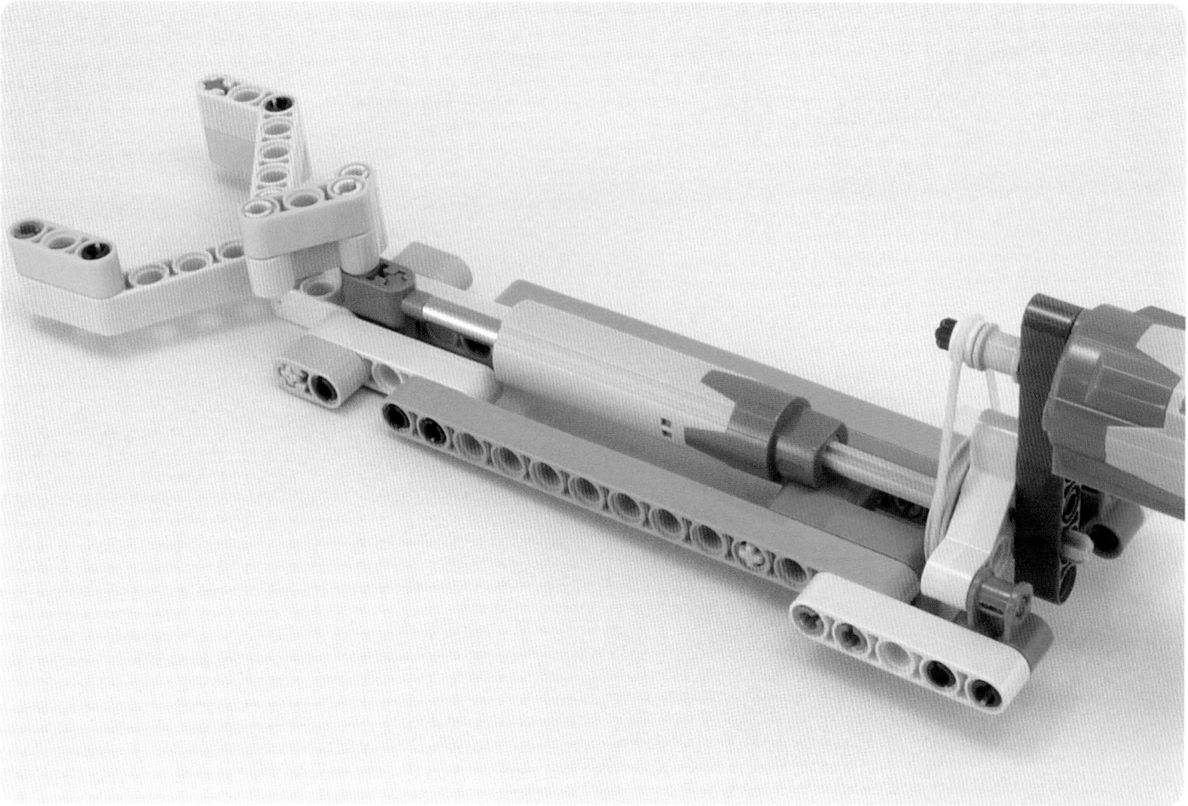

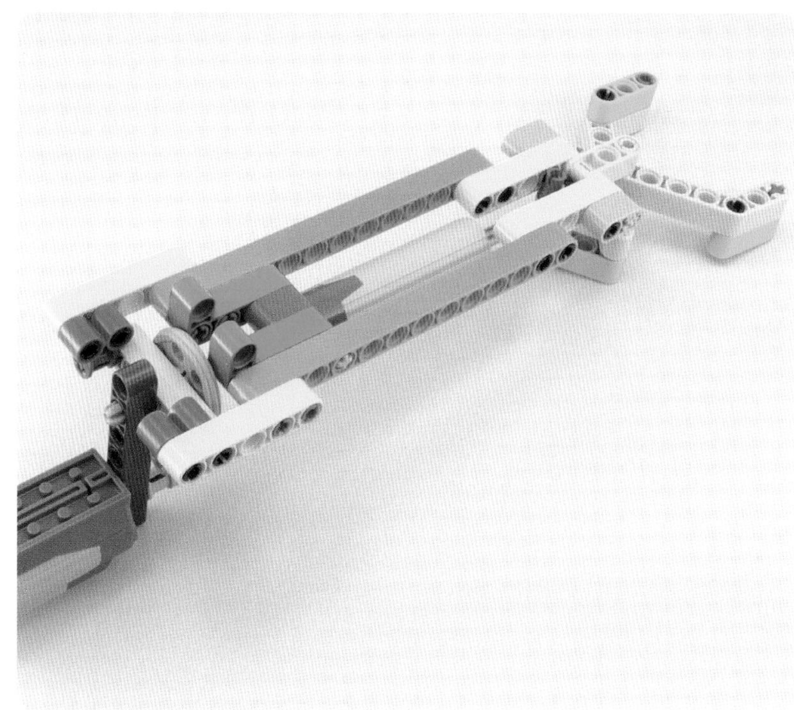

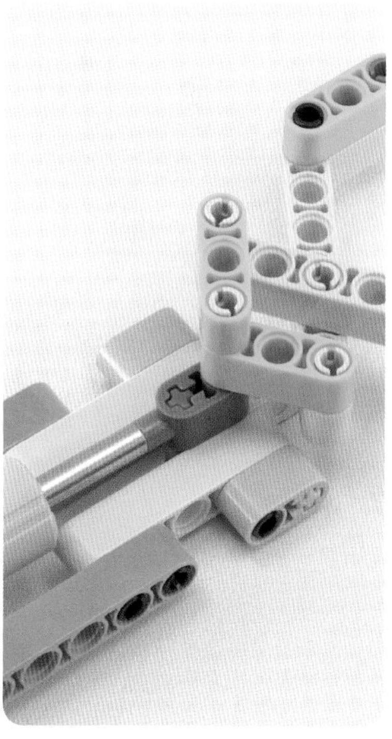

#229

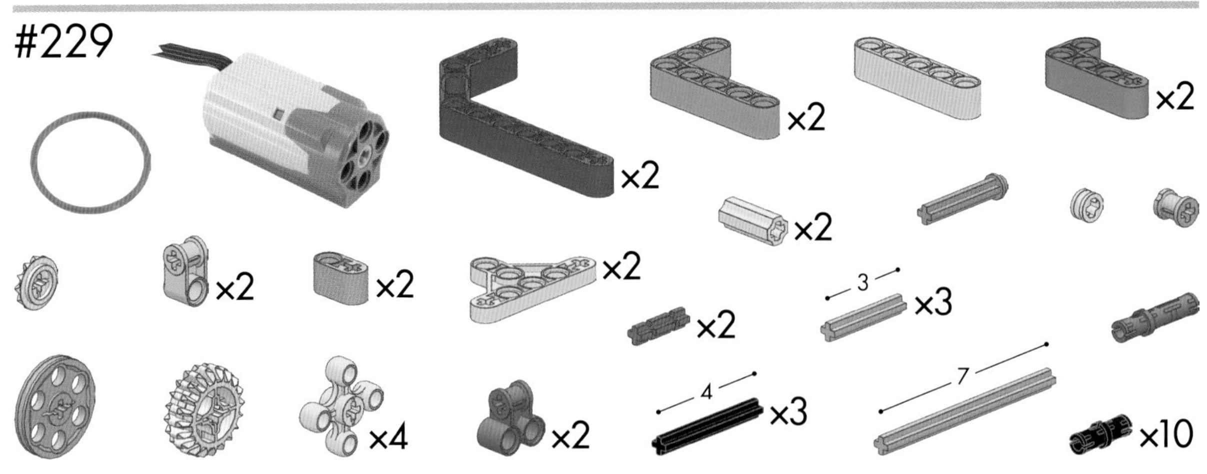

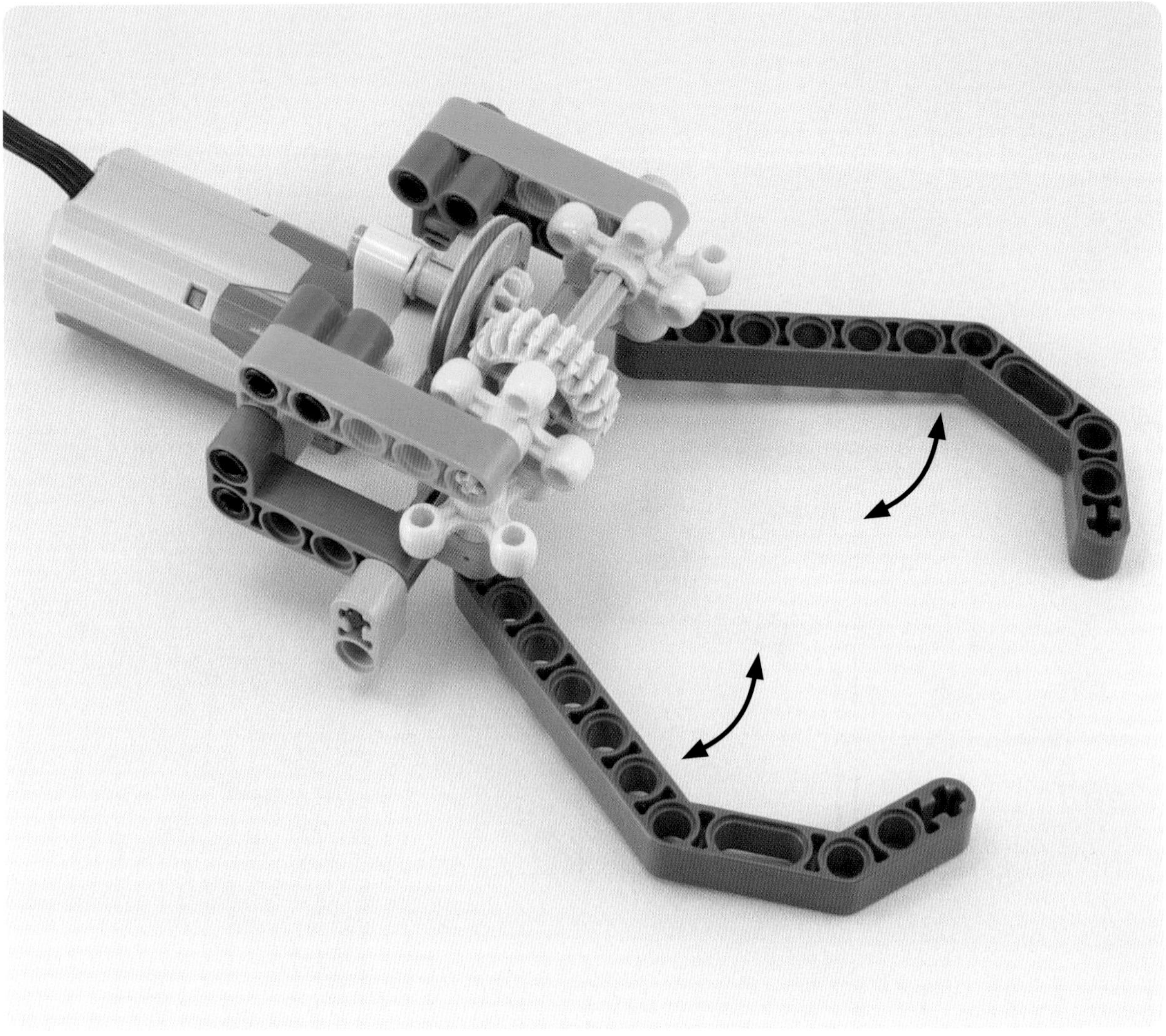

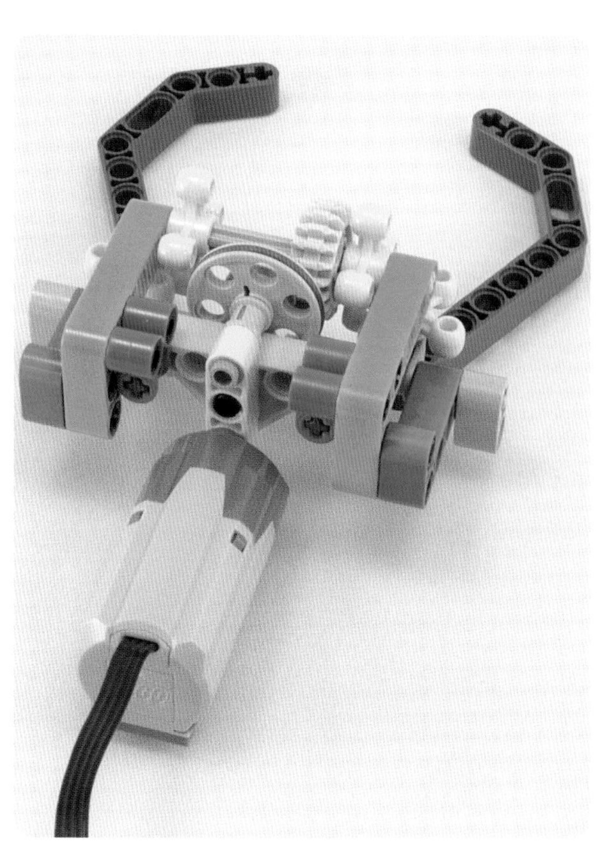

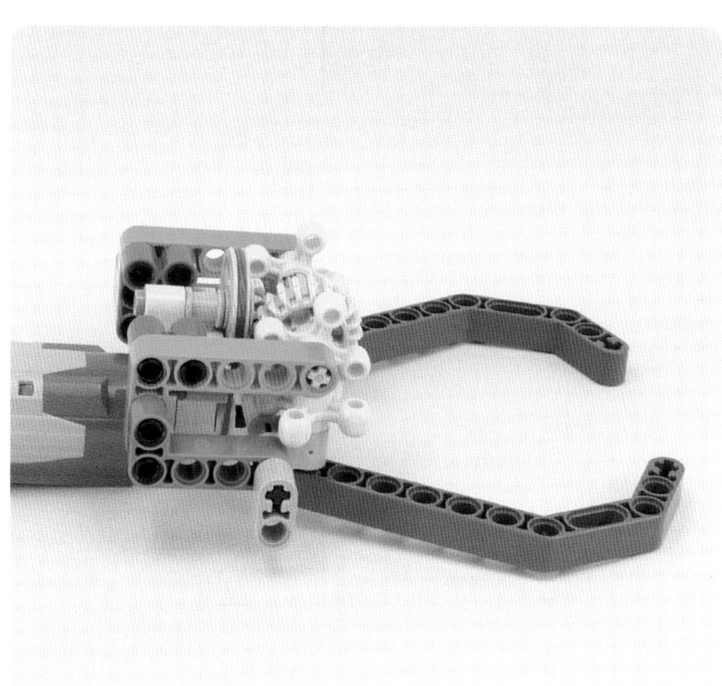

#230

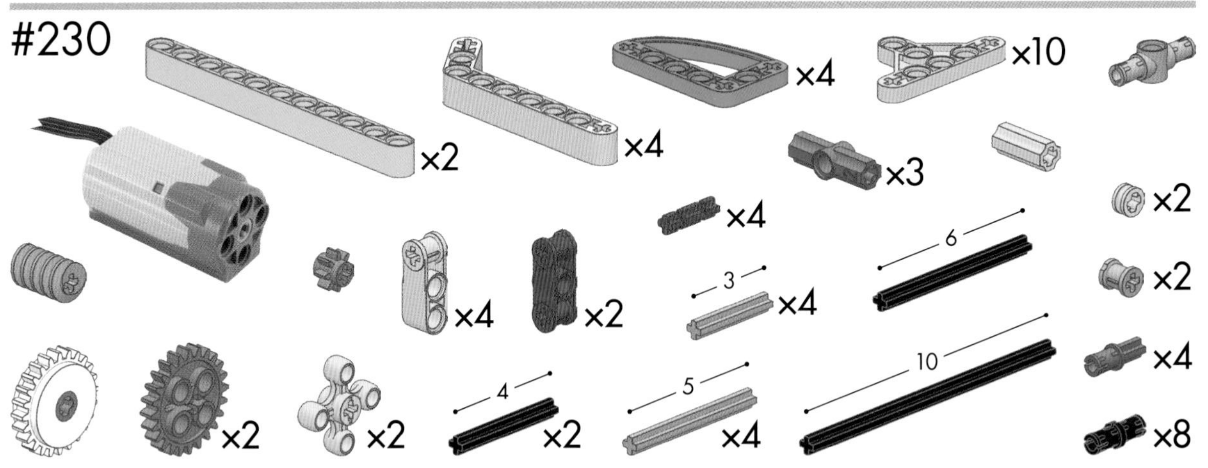

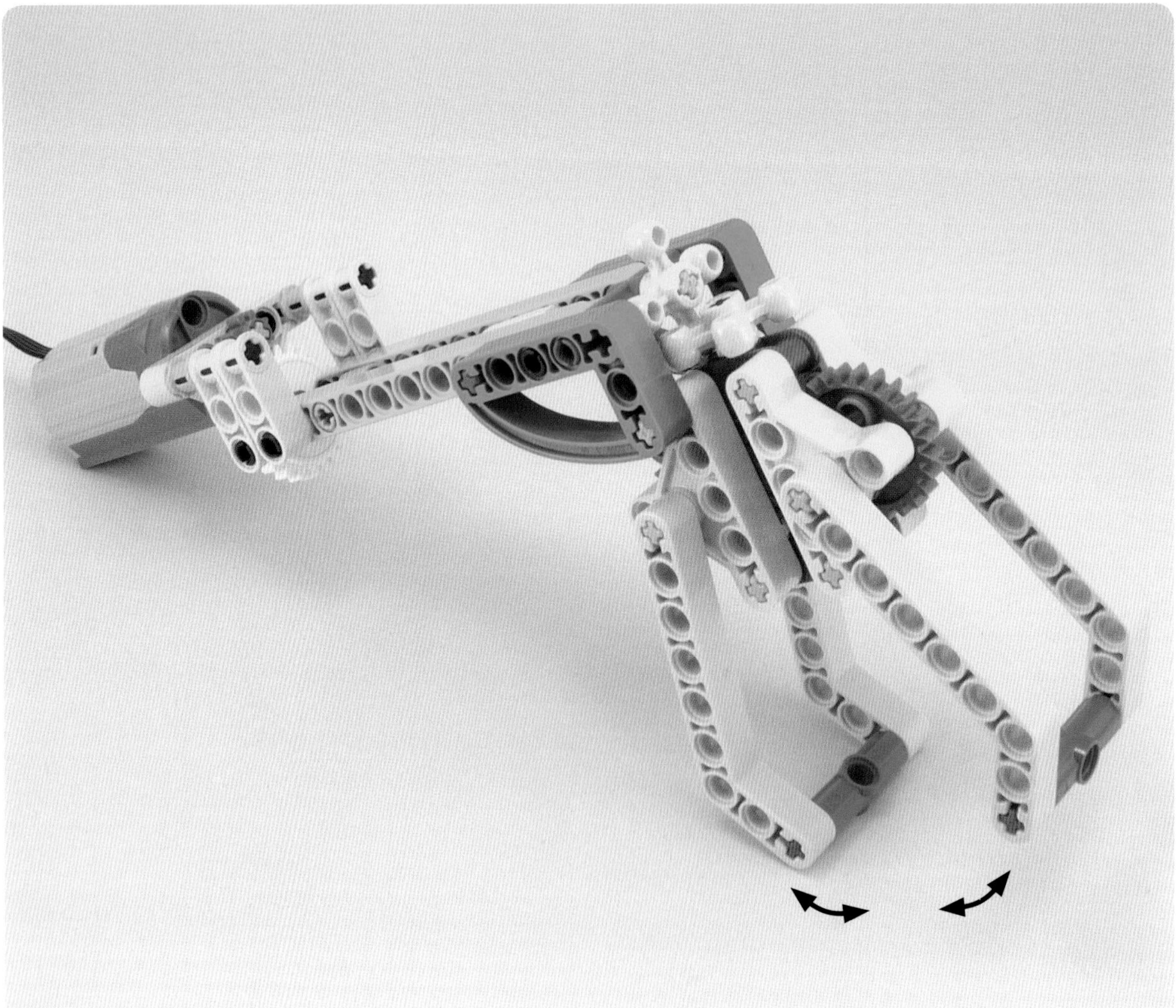

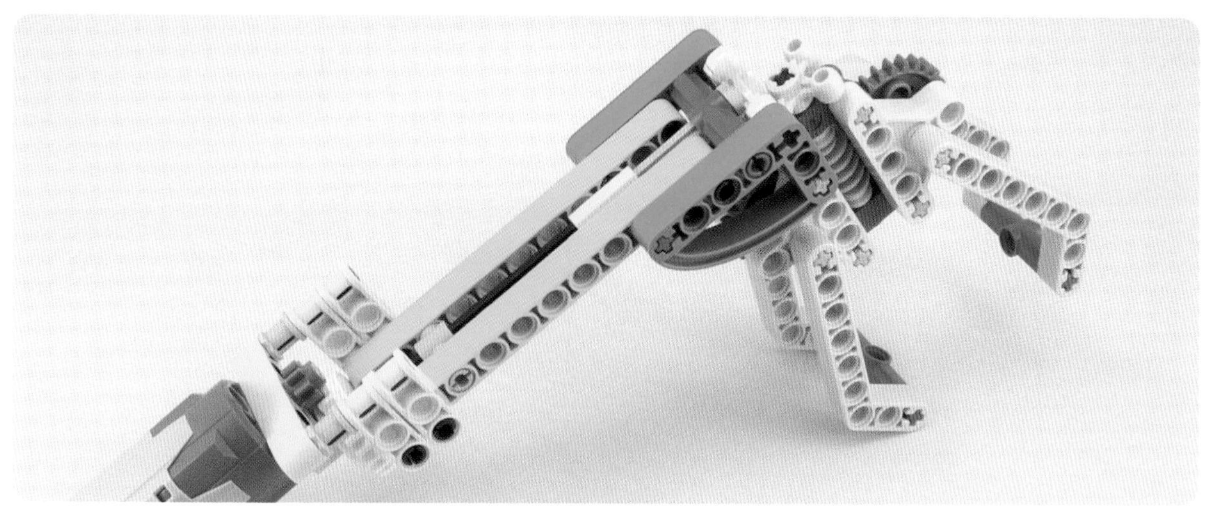

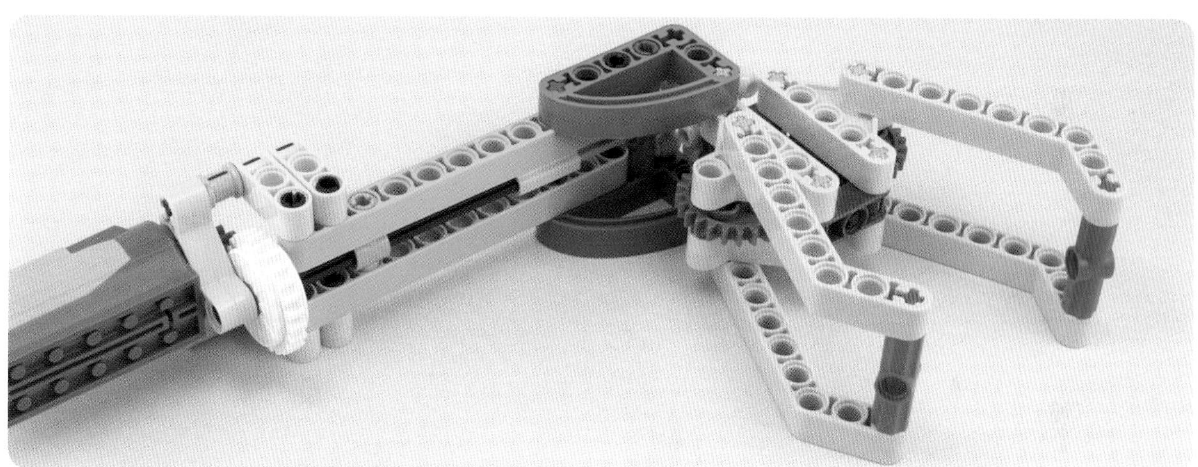

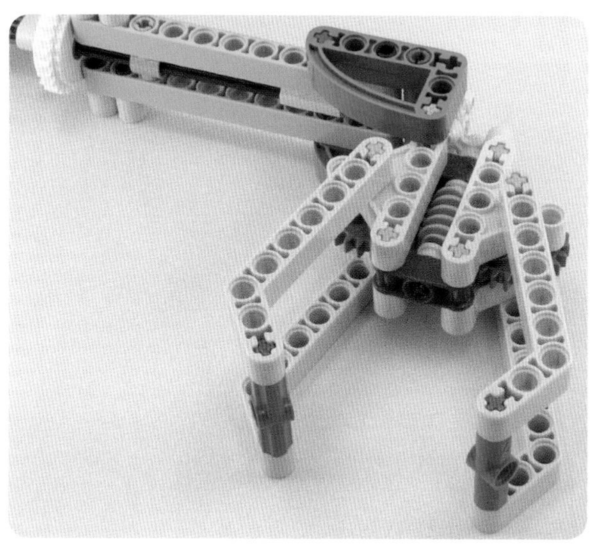

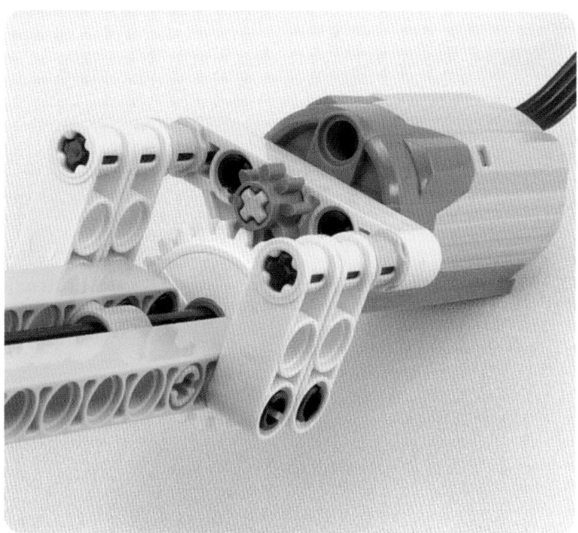

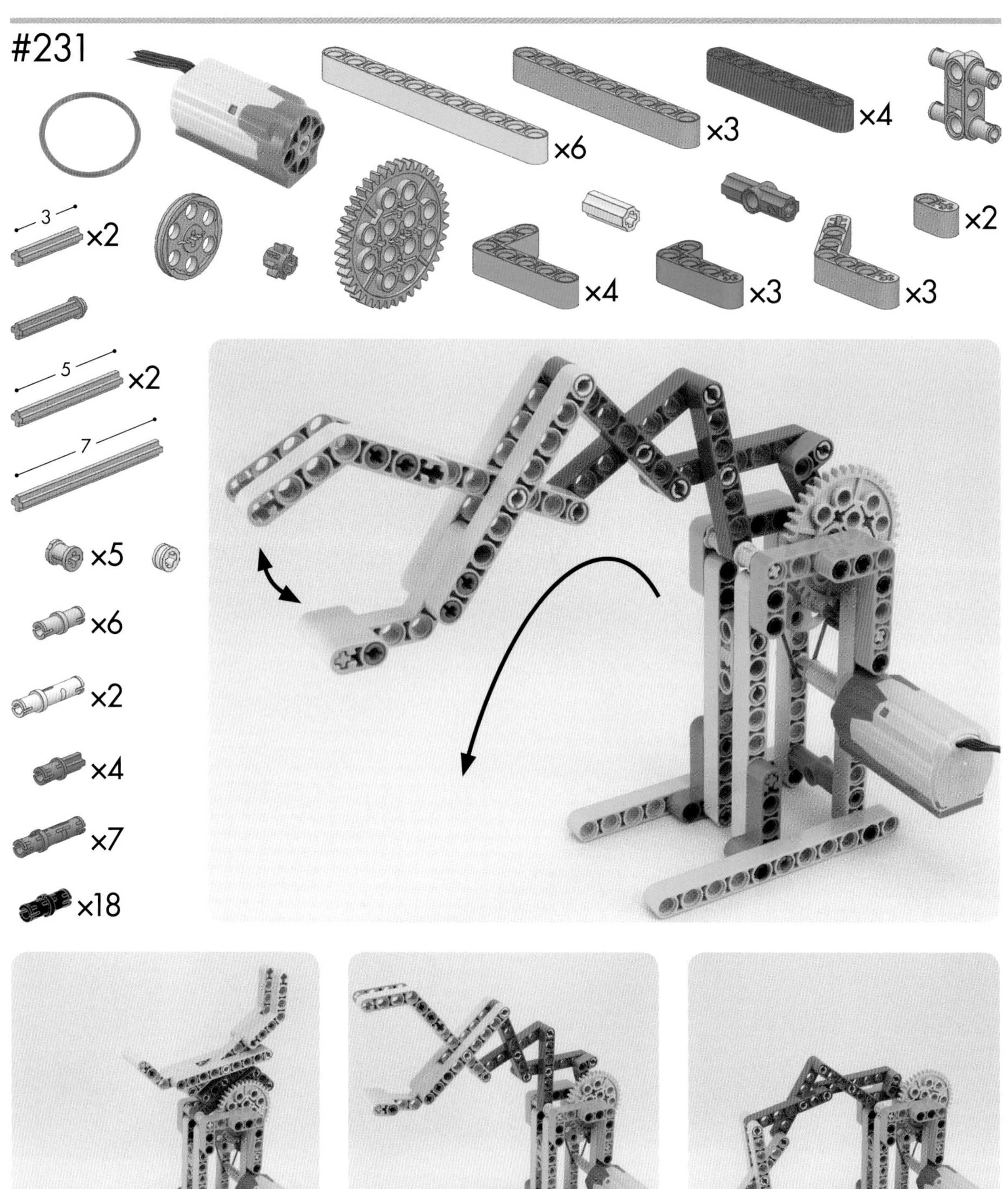
#231
×6
×3
×4
3
×2
×4
×3
×3
×2
5
×2
7
×5
×6
×2
×4
×7
×18

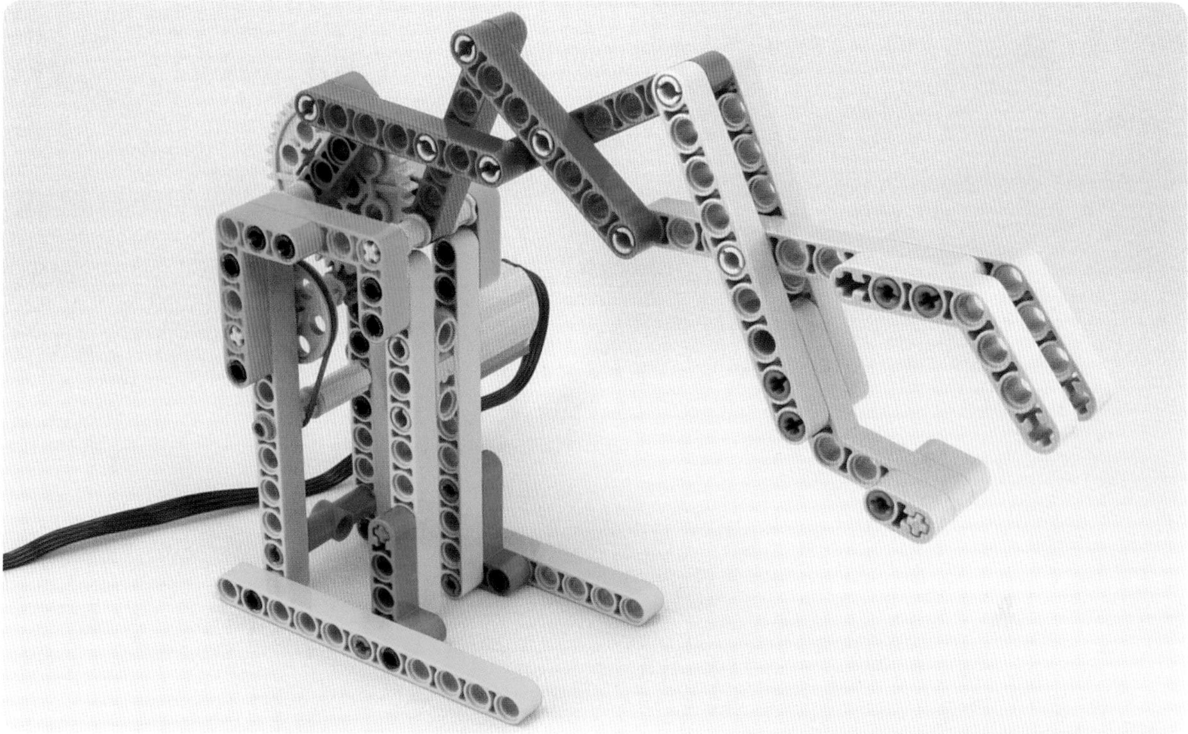

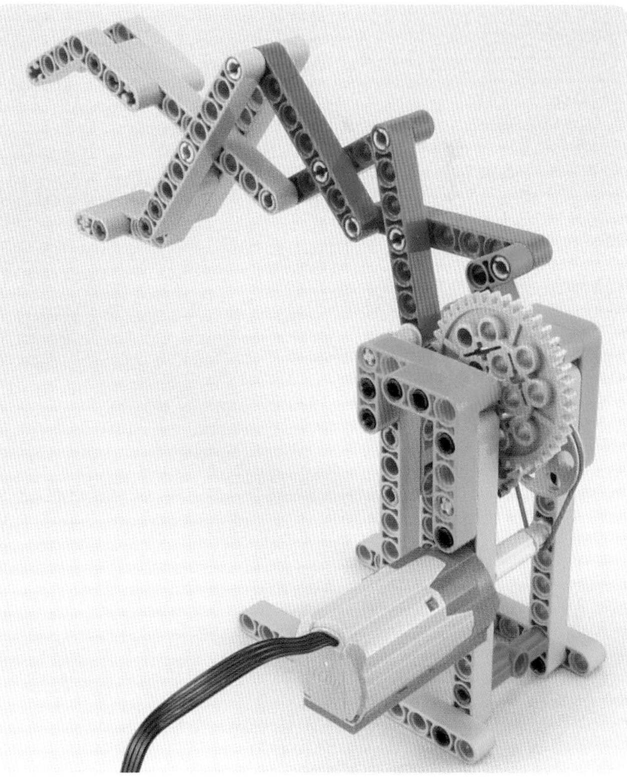

#232

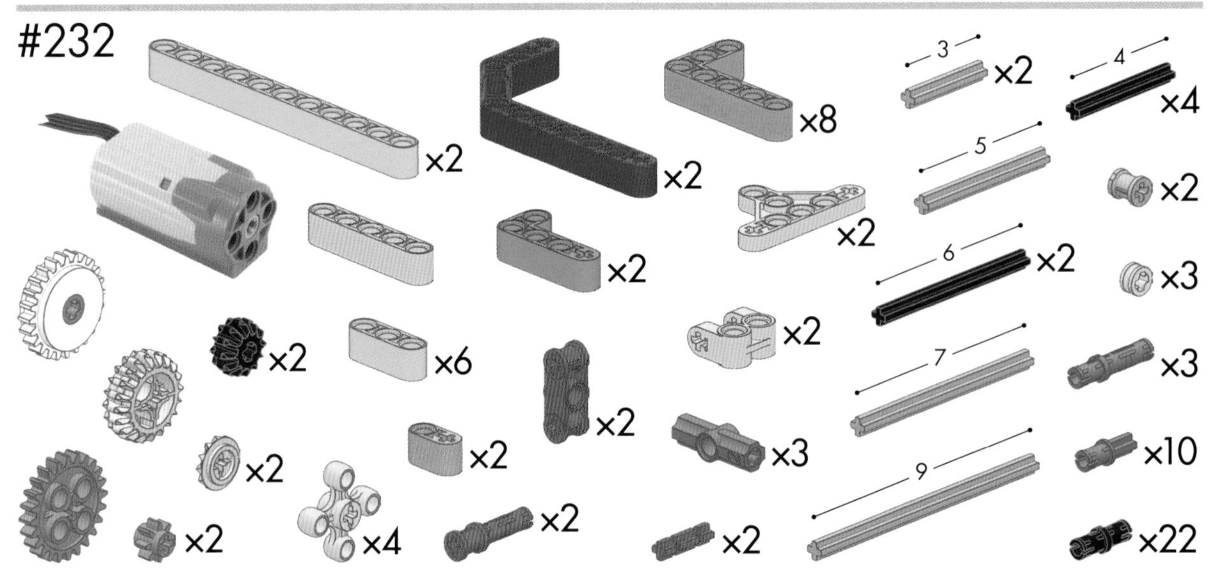

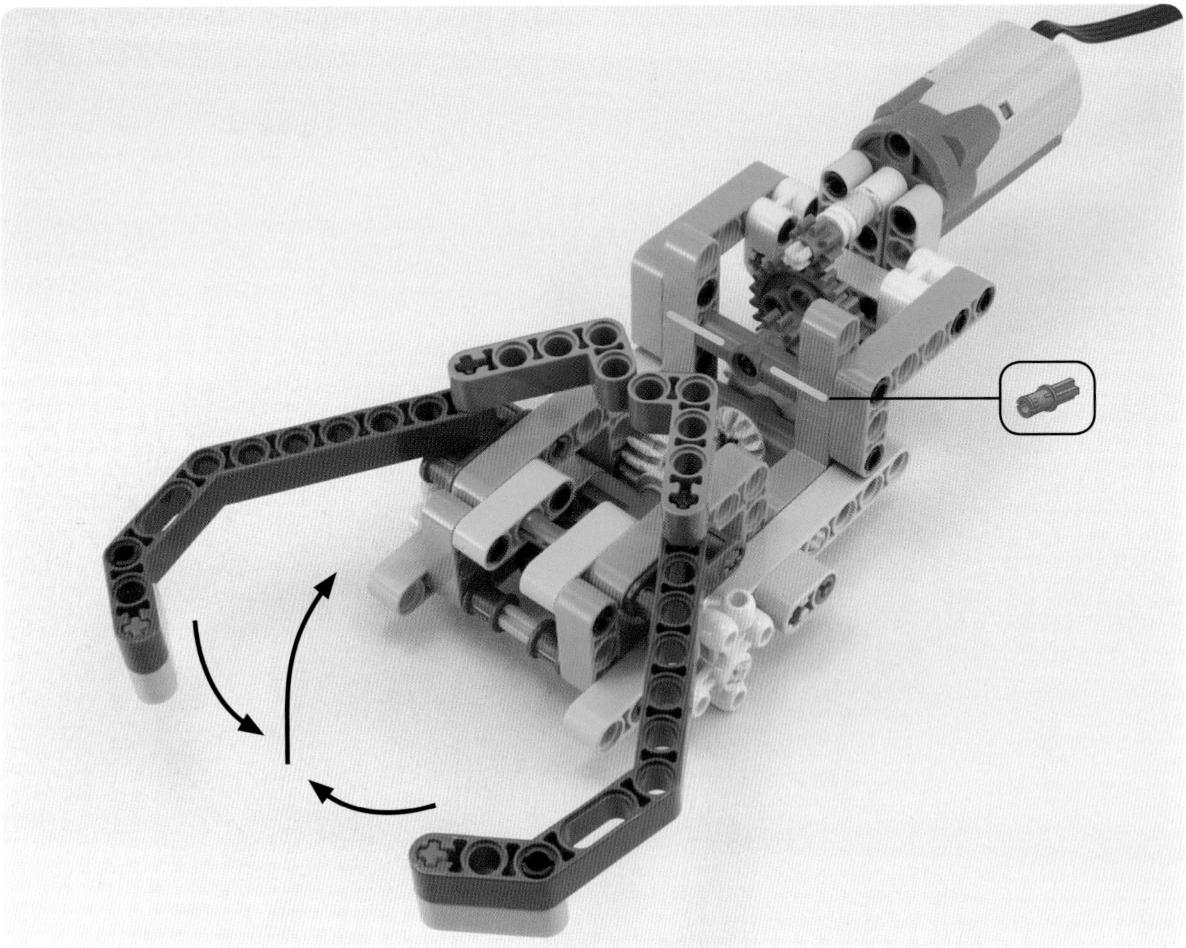

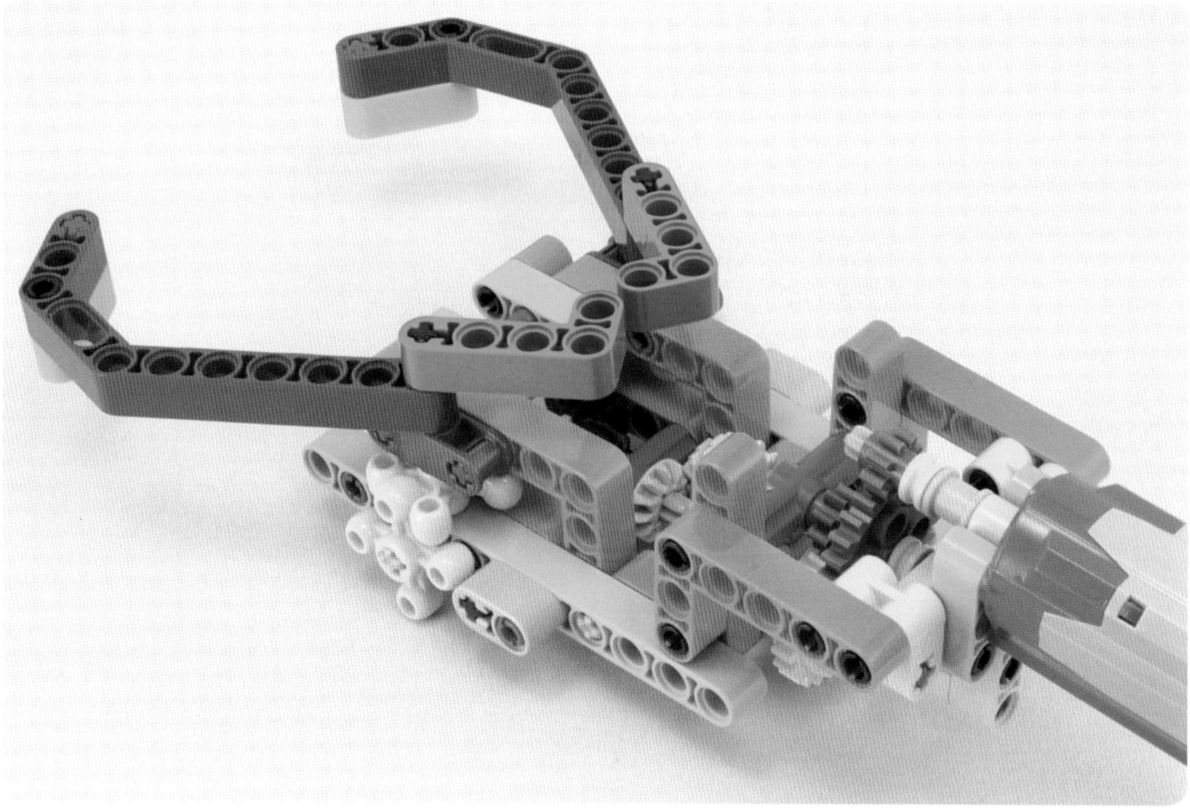

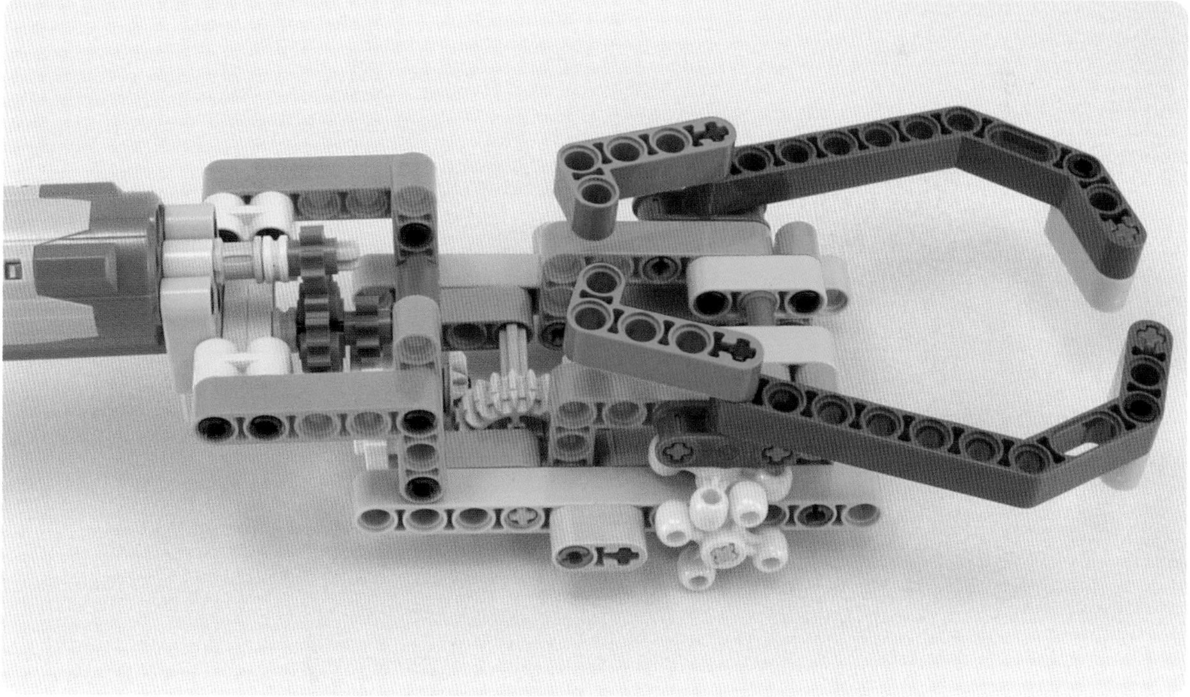

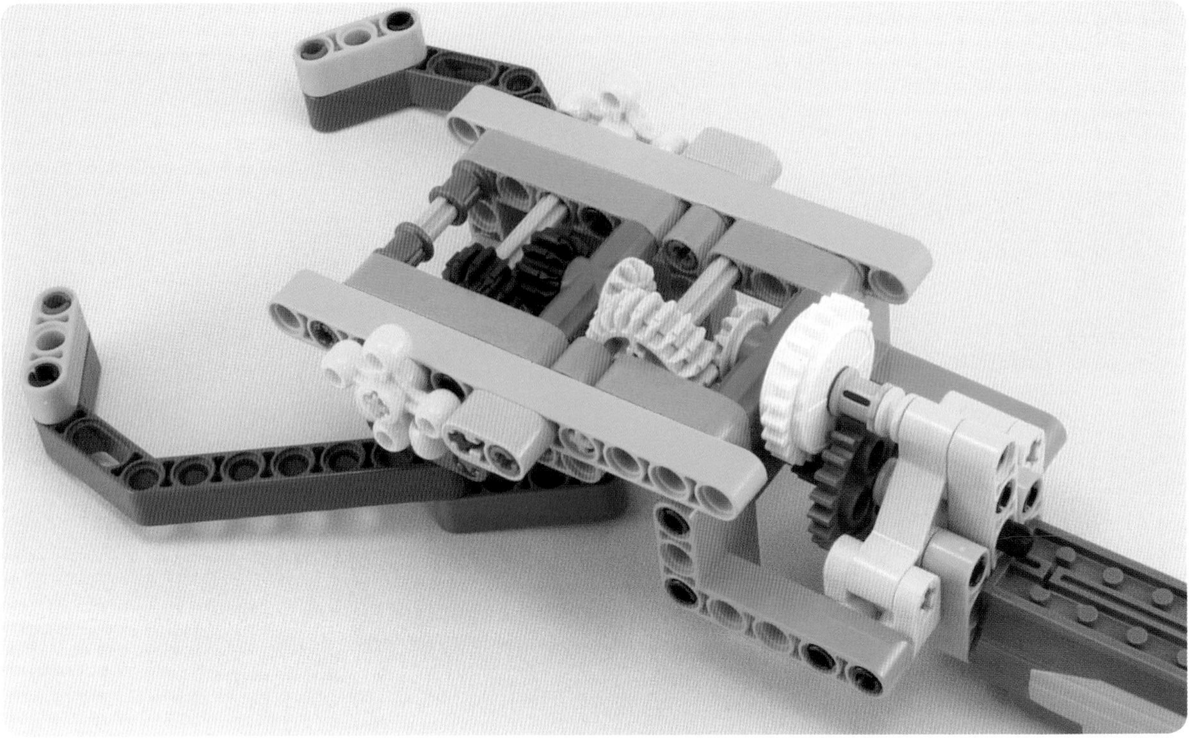

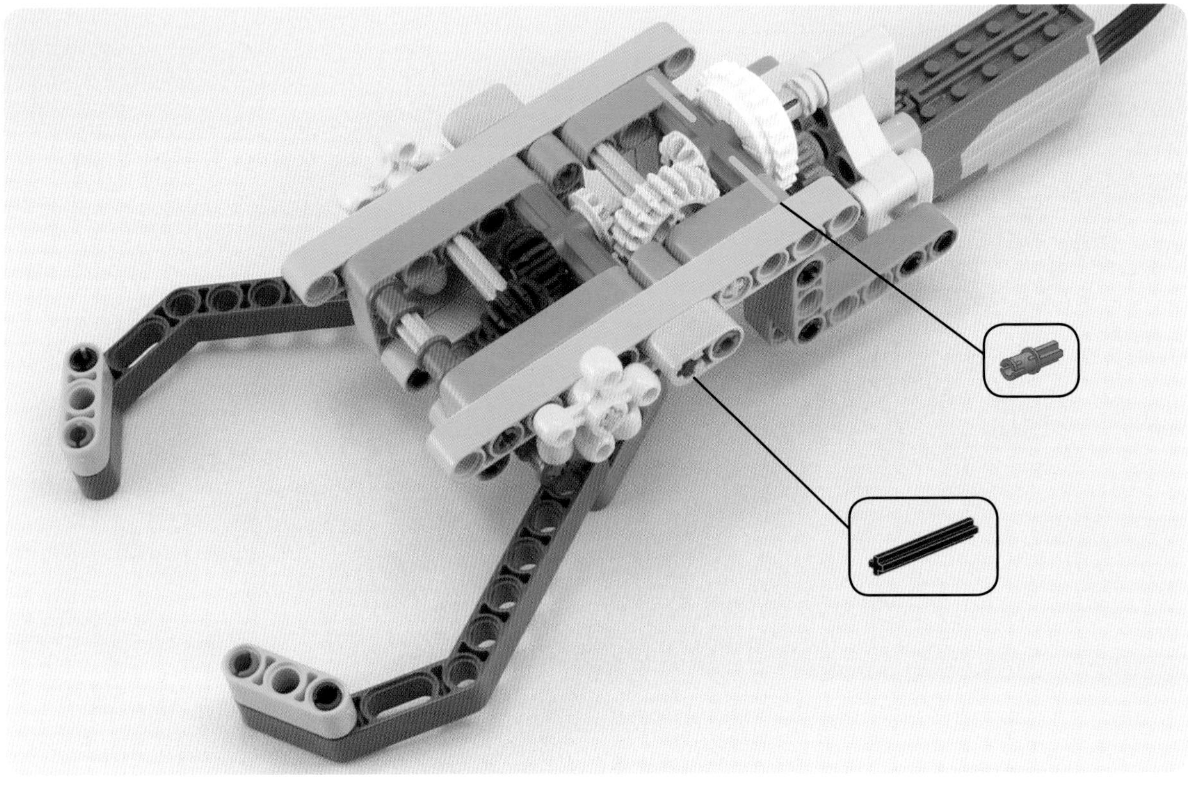

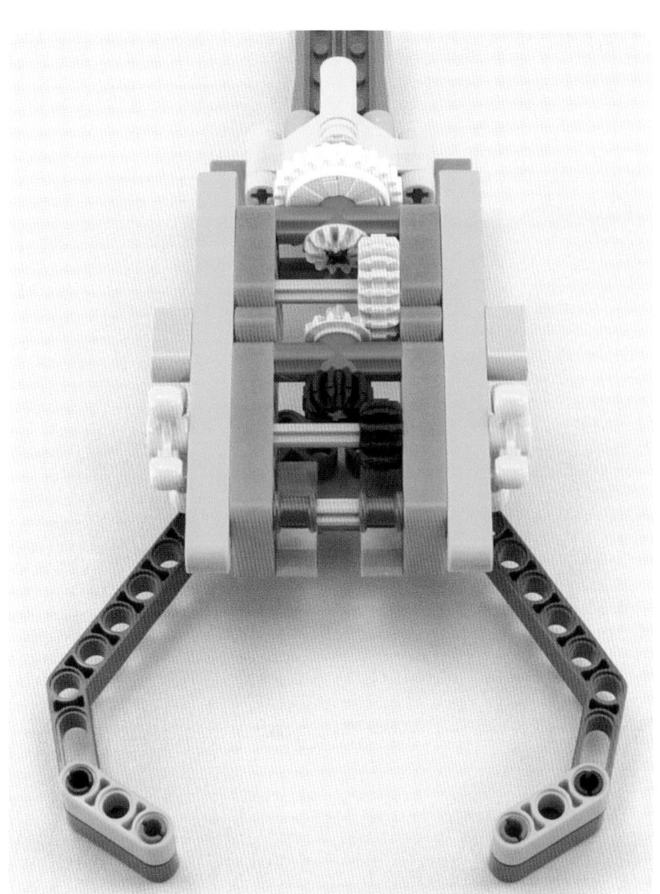
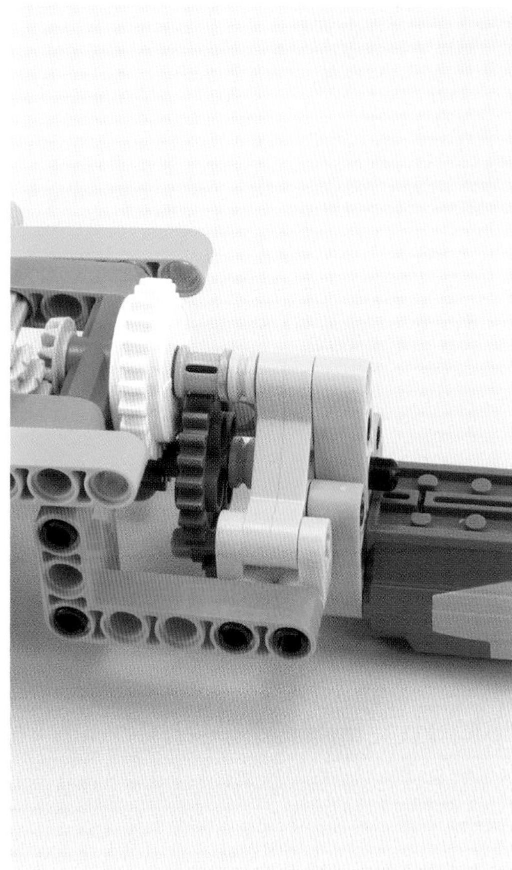
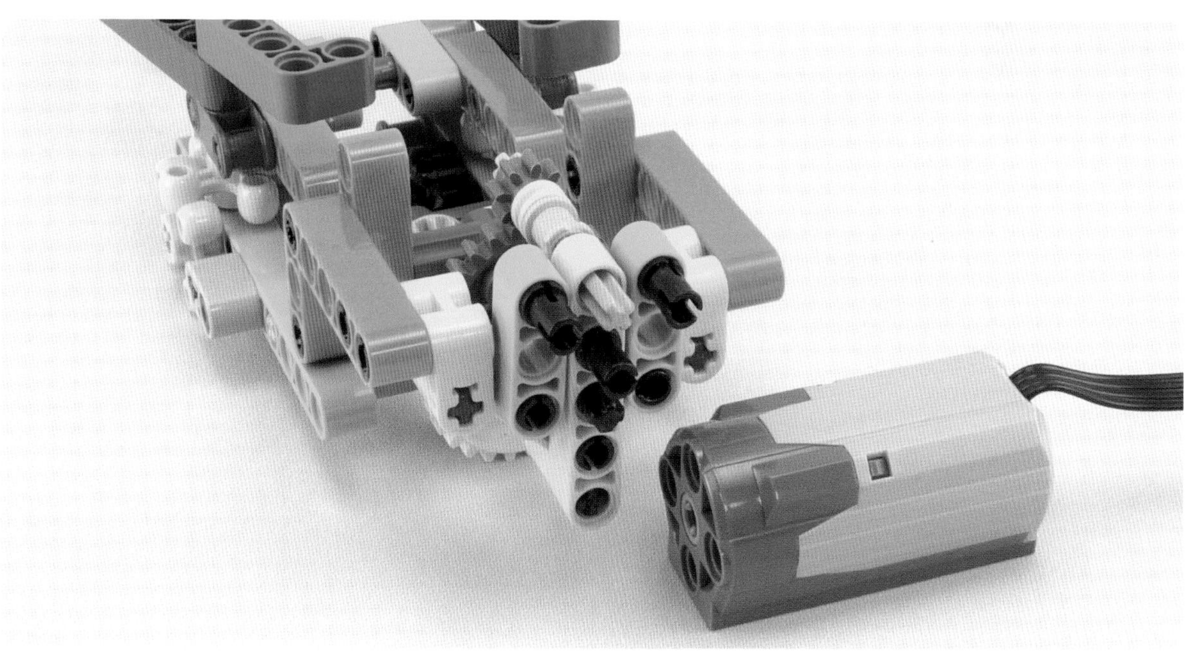

들어올리는 리프트 장치

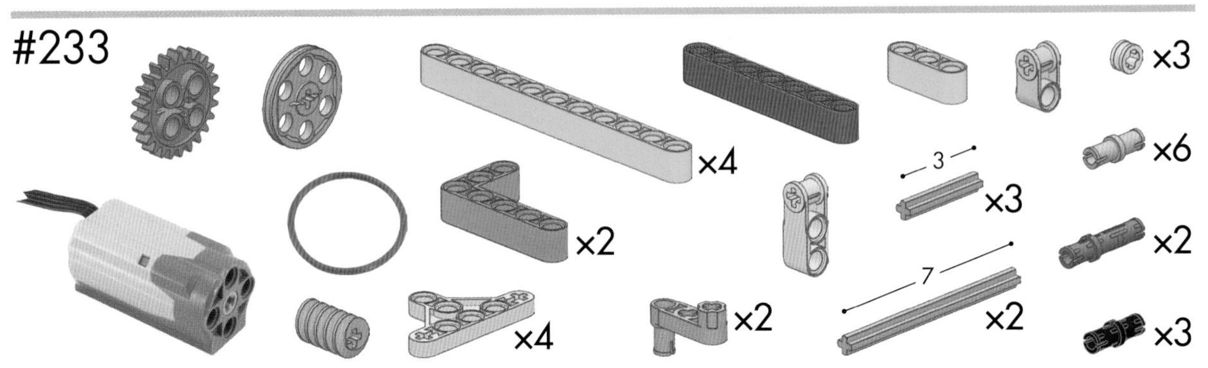

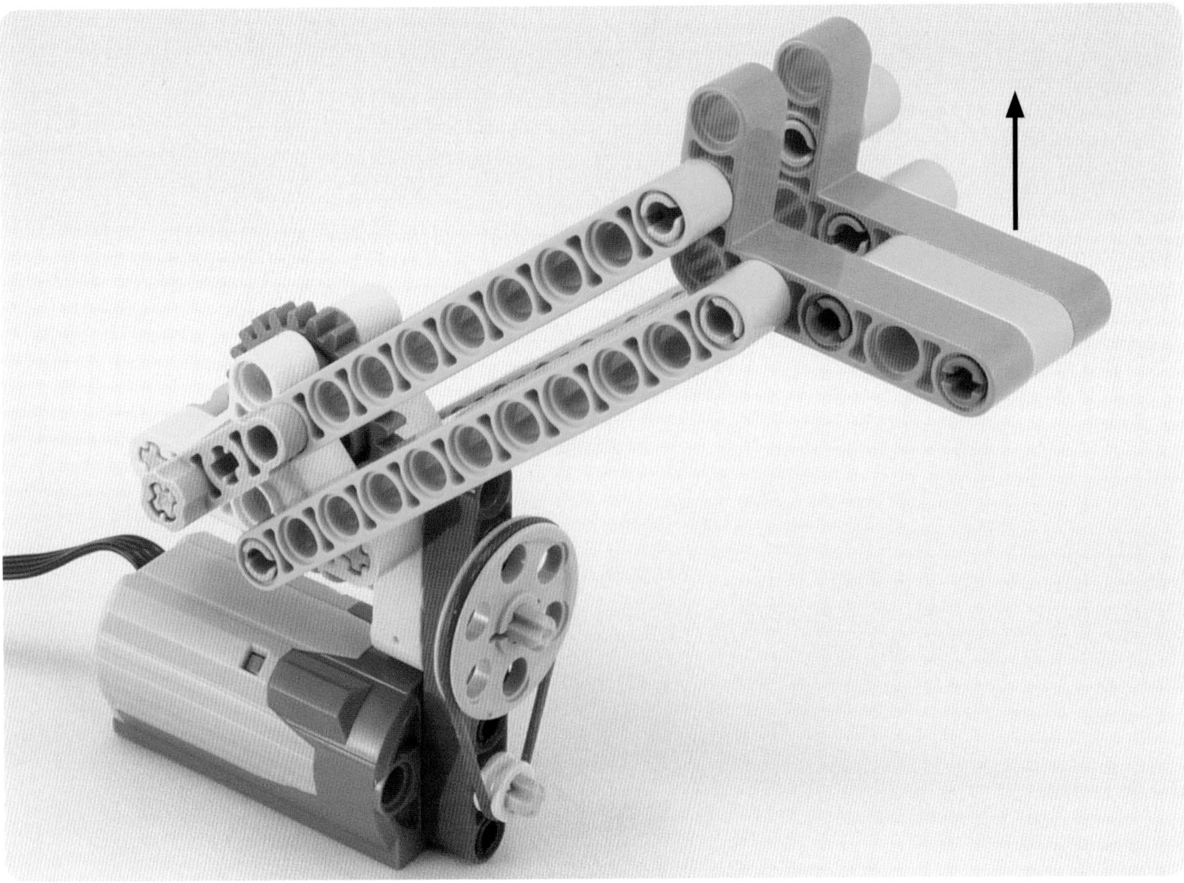

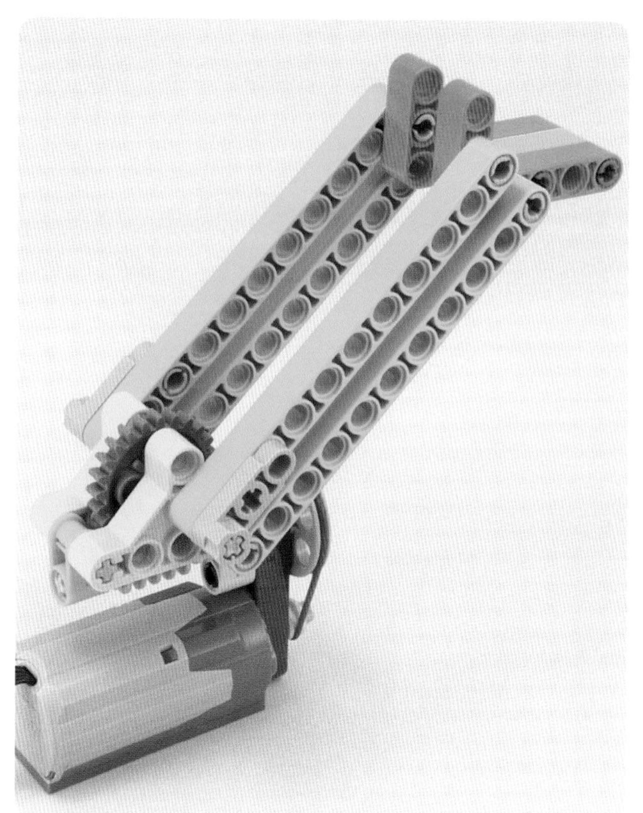

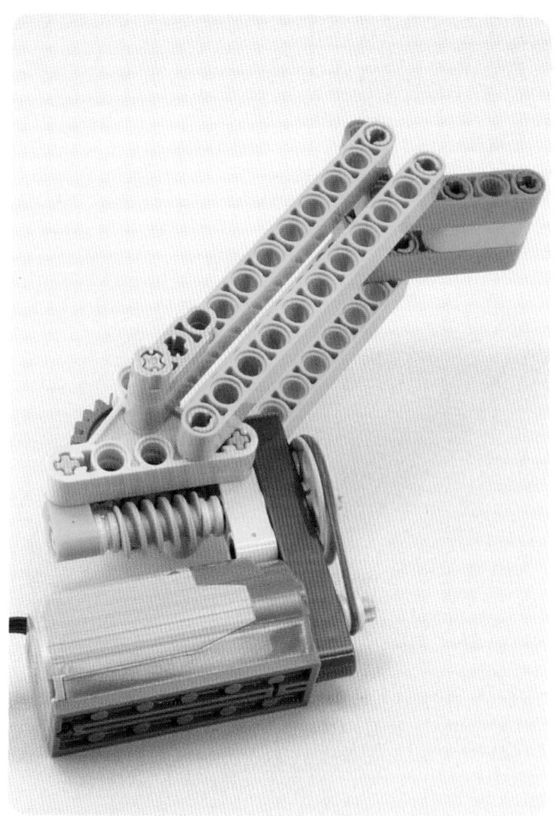

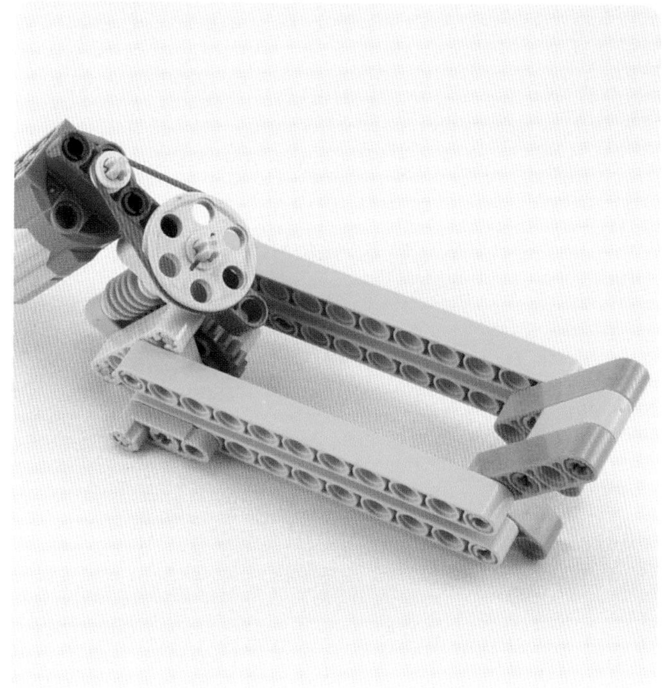

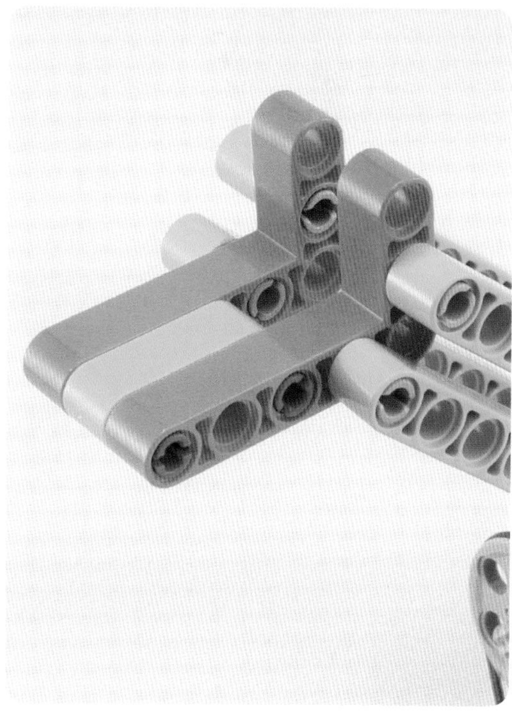

#234

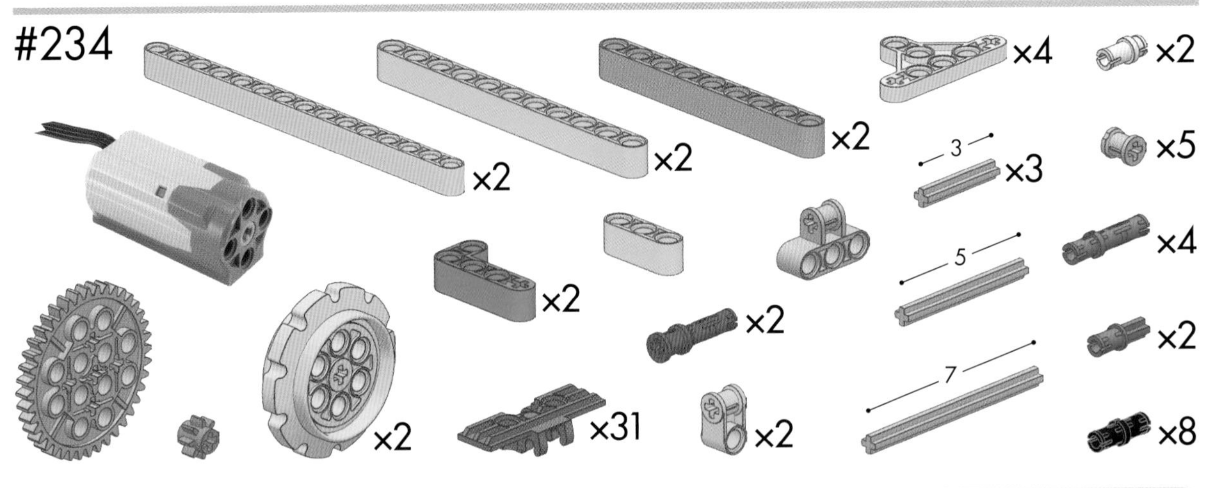

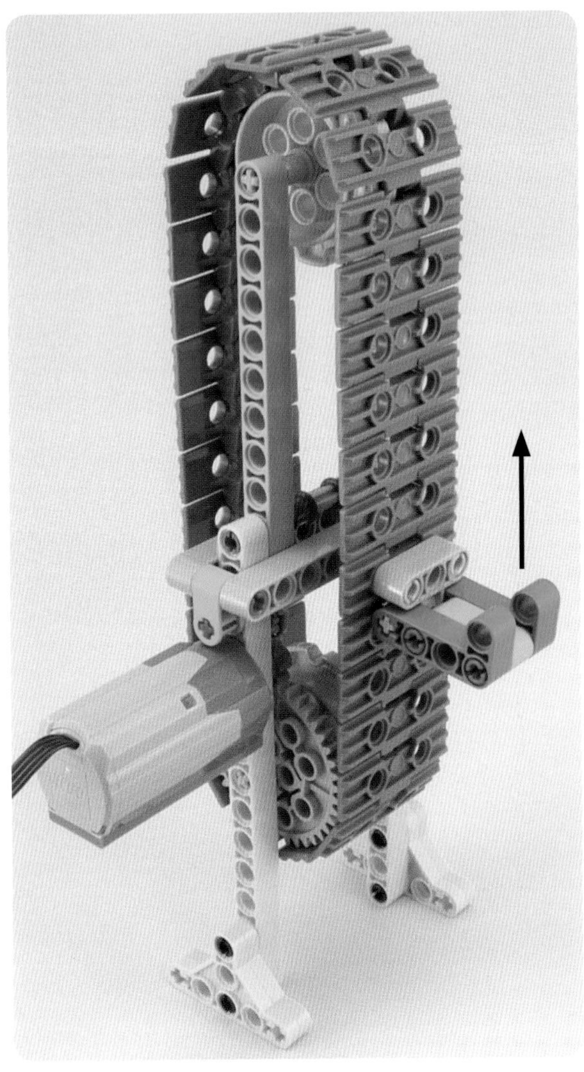

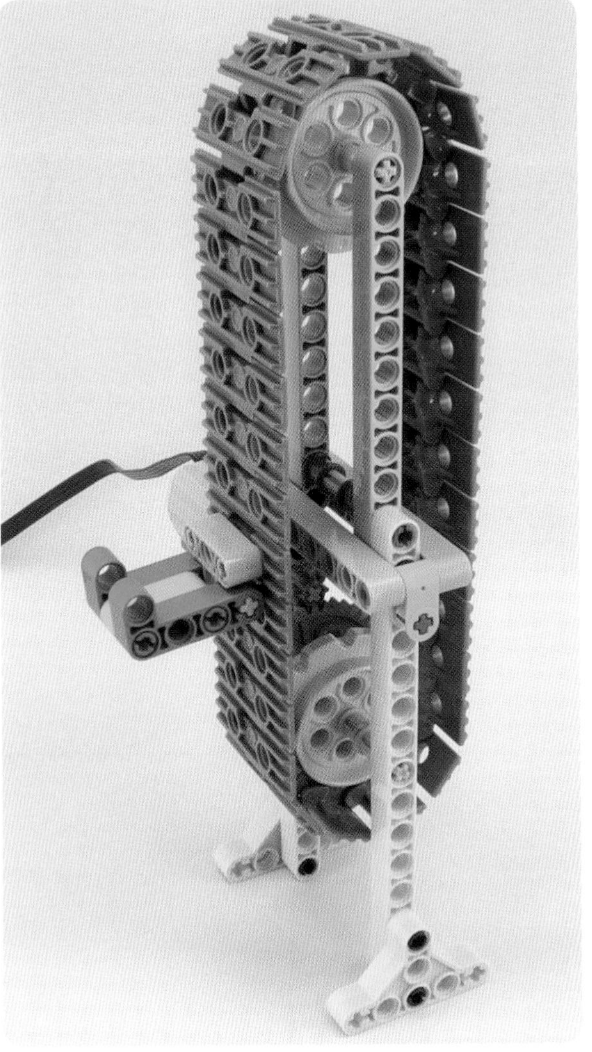

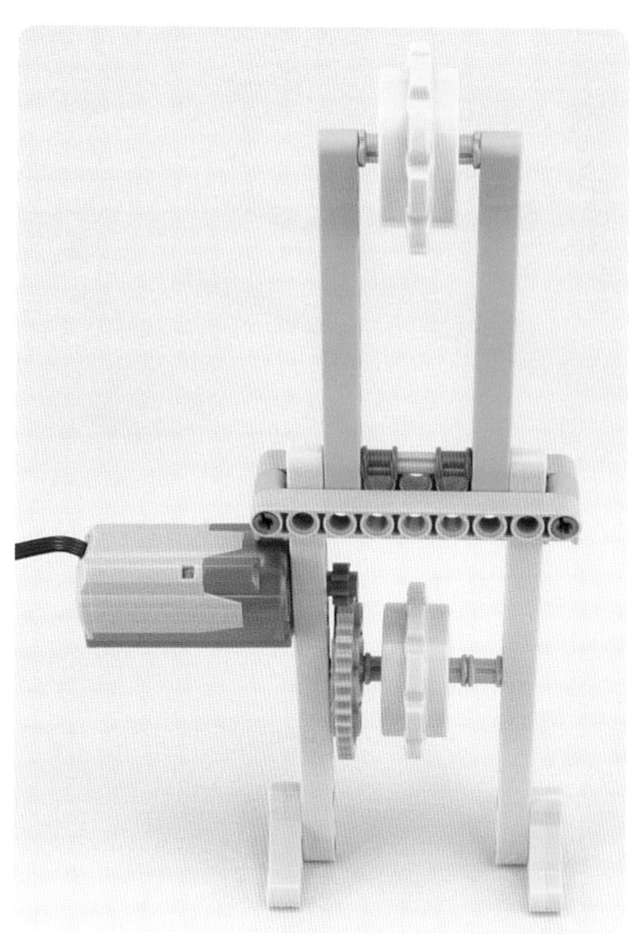

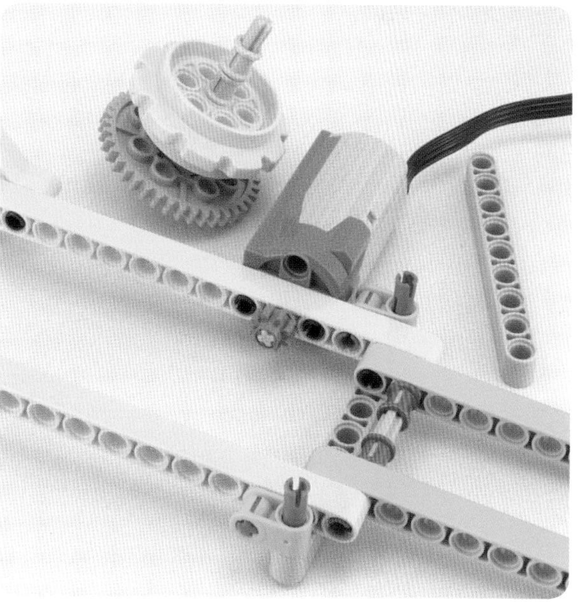

#235

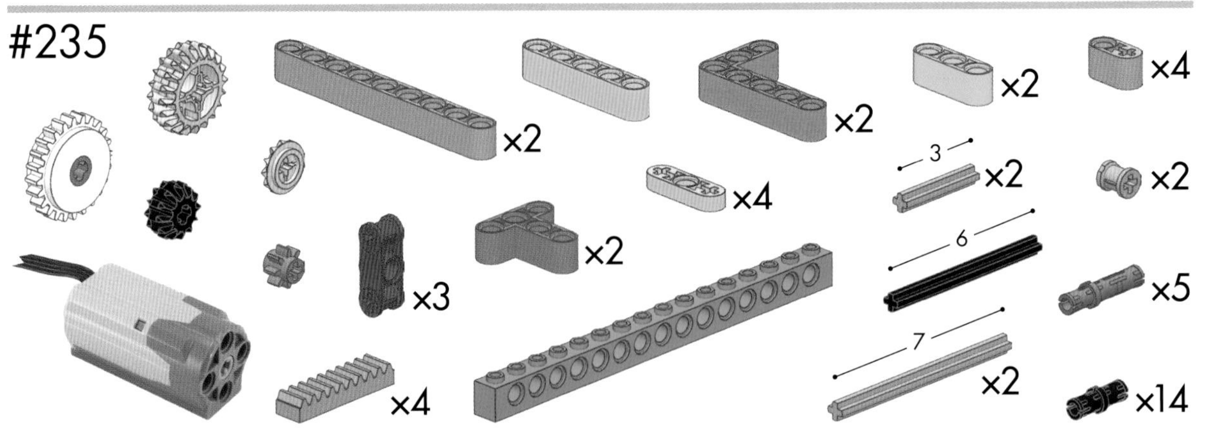

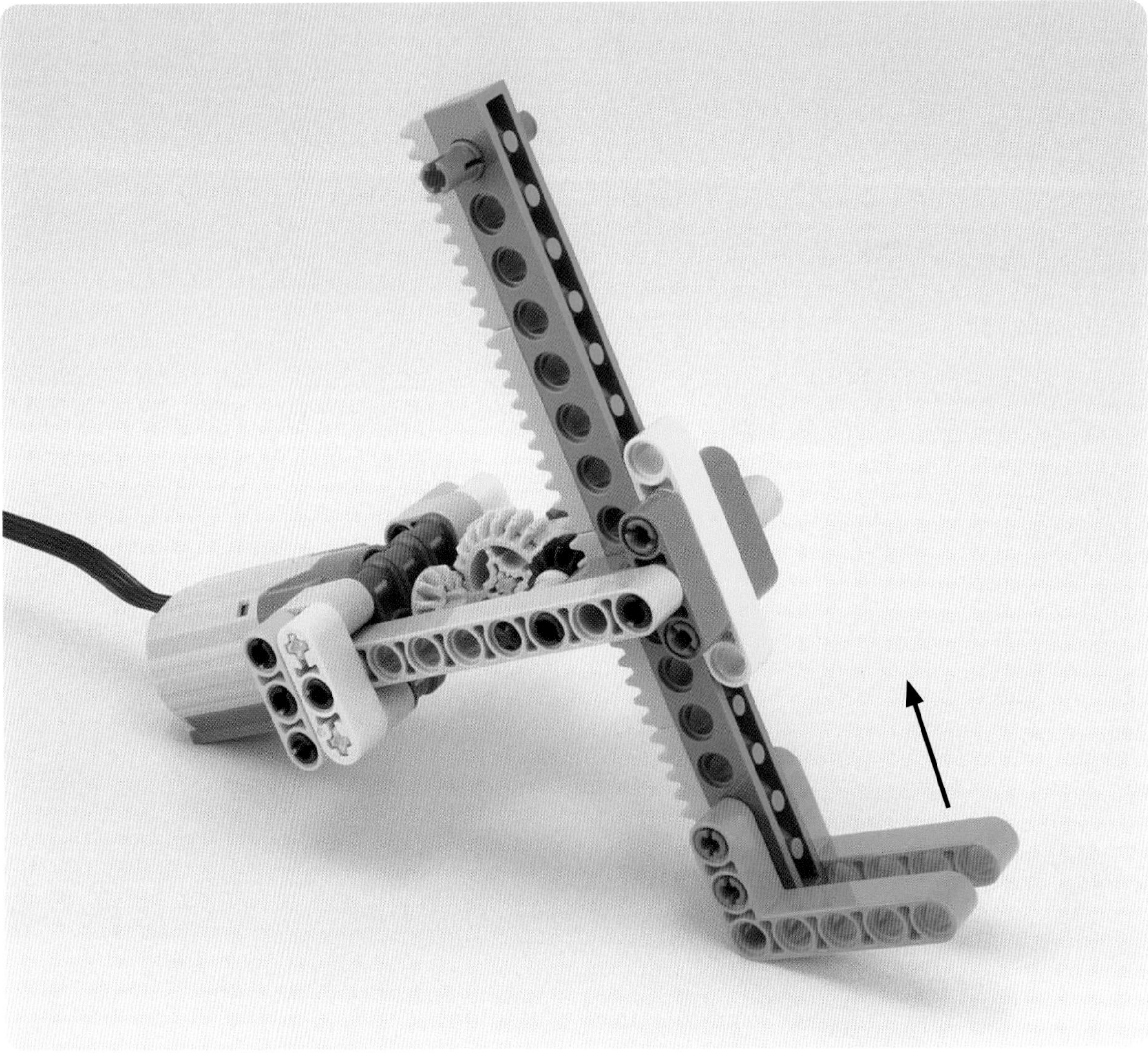

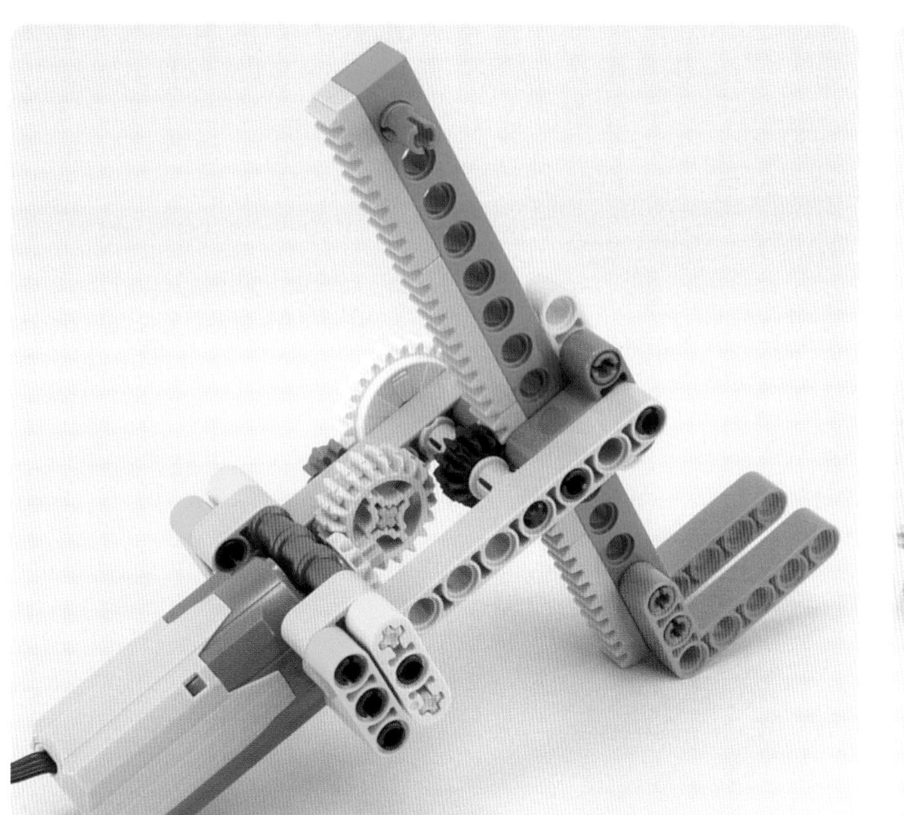

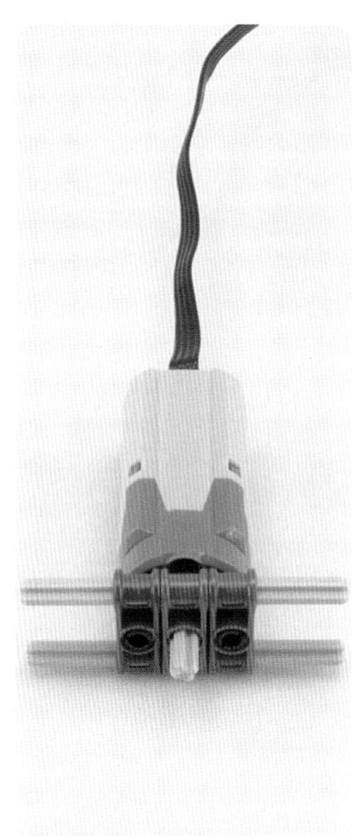

#236

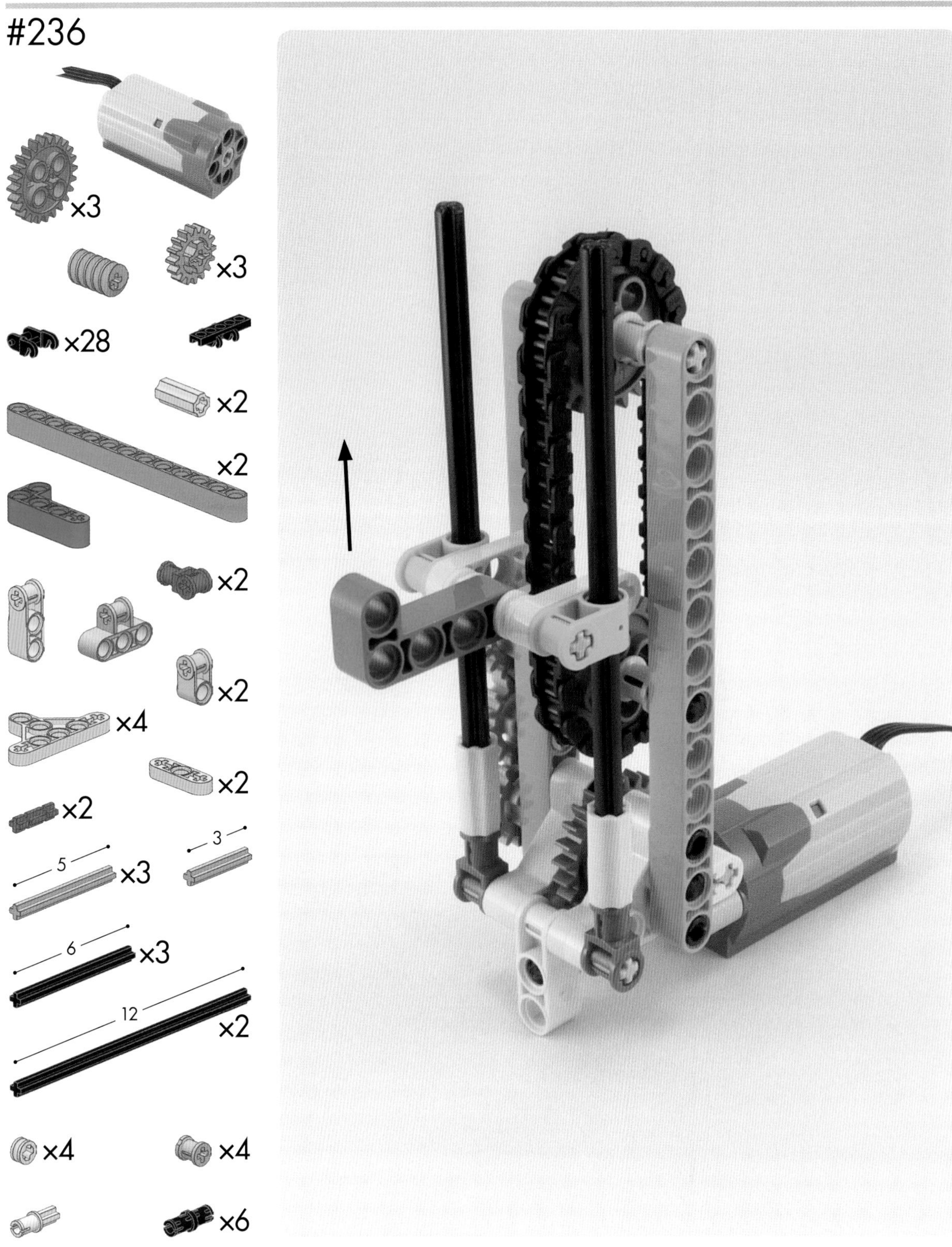
×3
×3
×28
×2
×2
×2
×2
×4
×2
×2
5
×3
3
6
×3
12
×2
×4
×4
×6

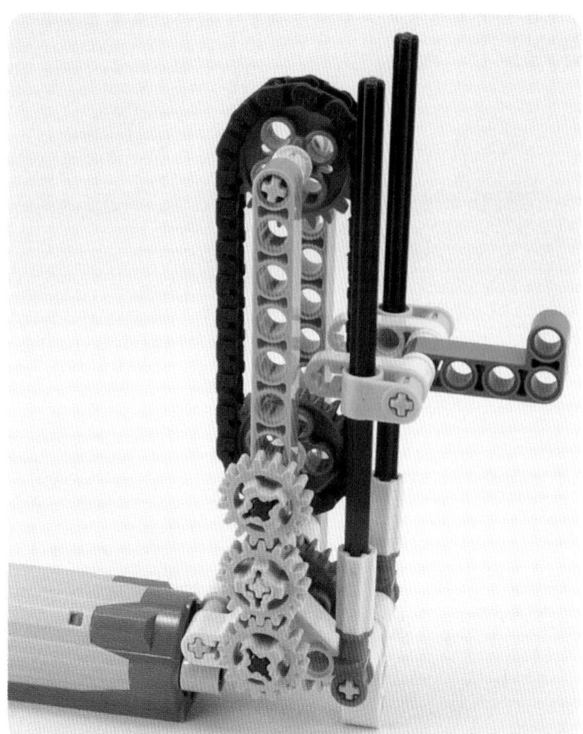

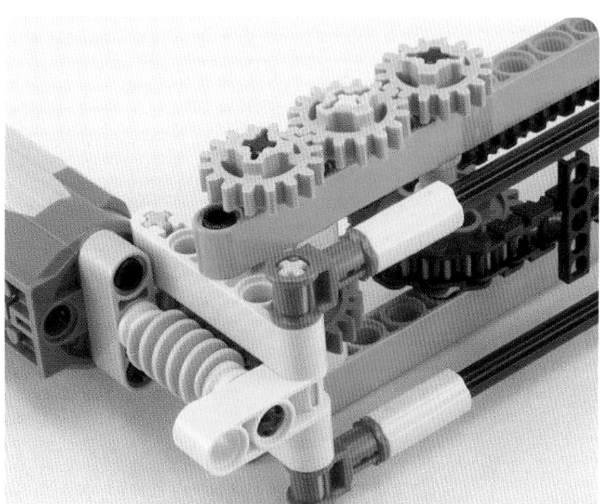

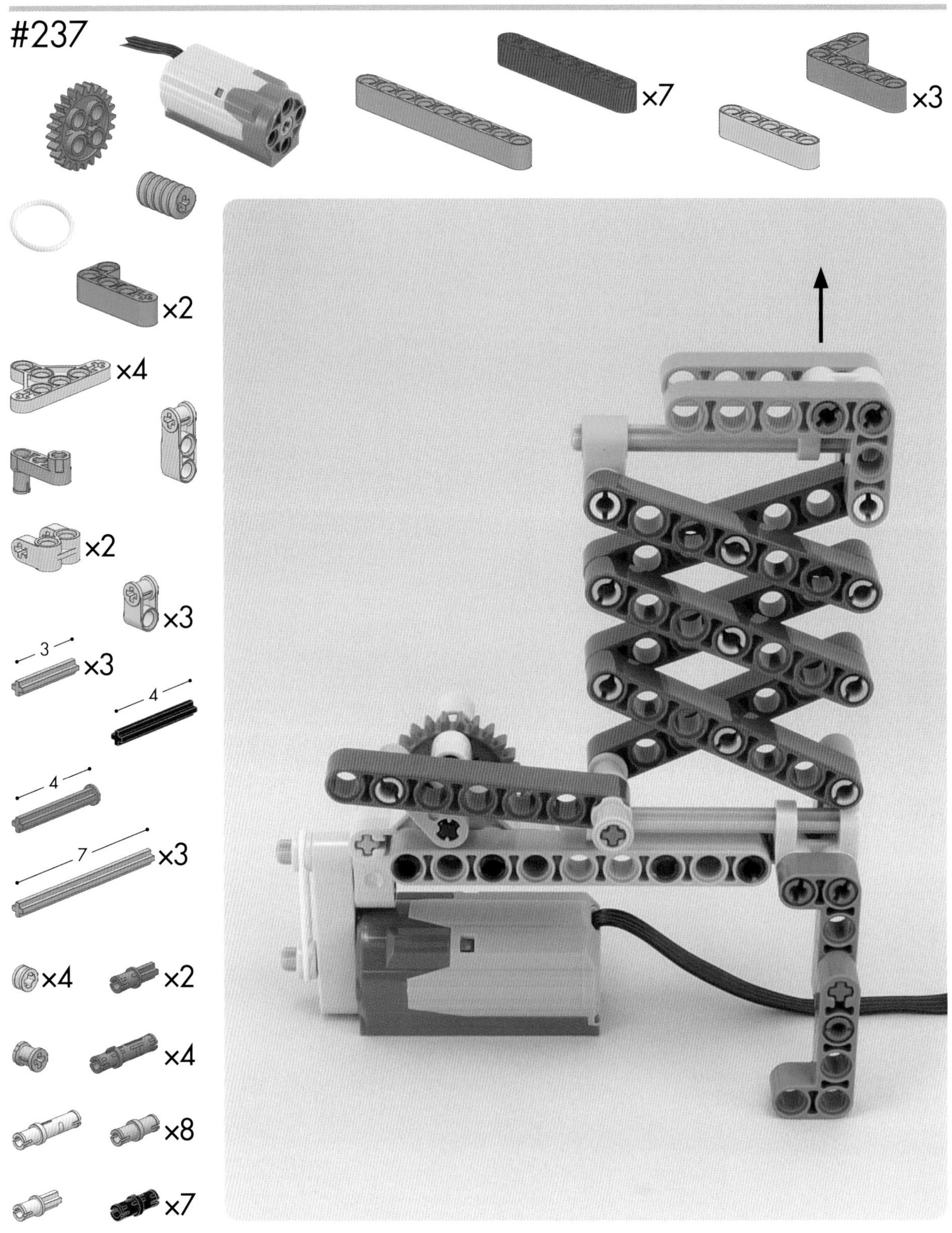
#237
×7
×3
×2
×4
×2
×3
3
×3
4
4
7
×3
×4
×2
×4
×8
×7

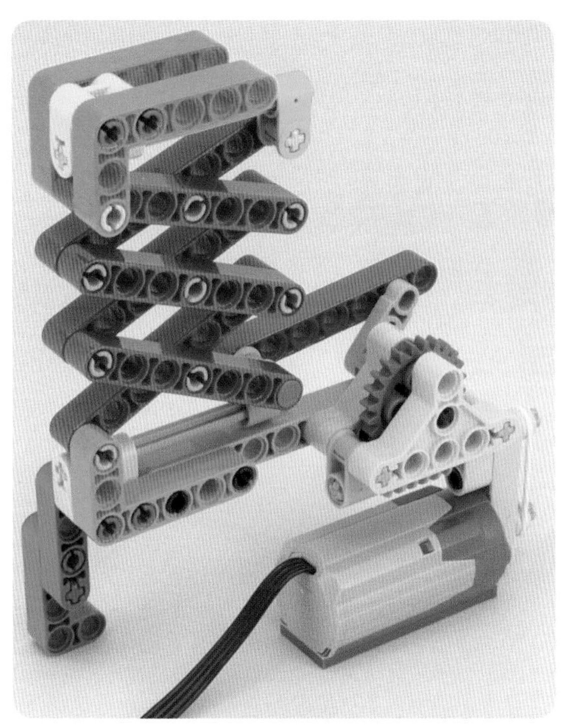

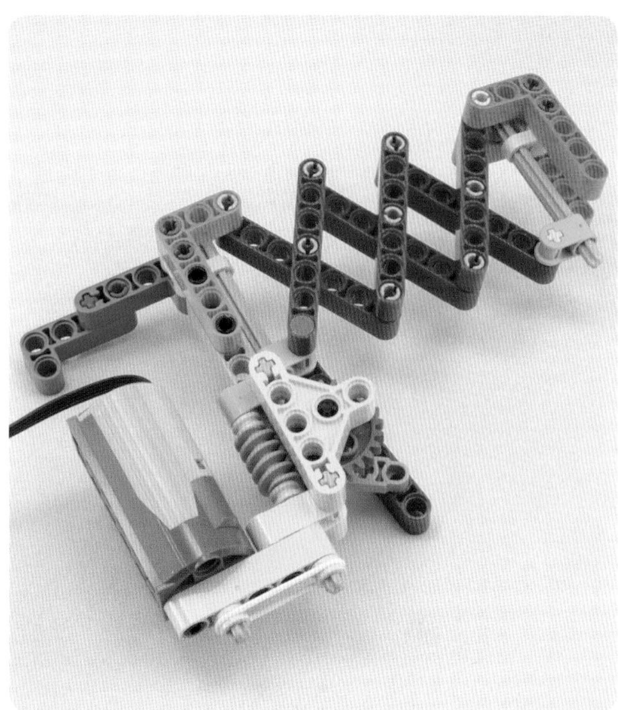

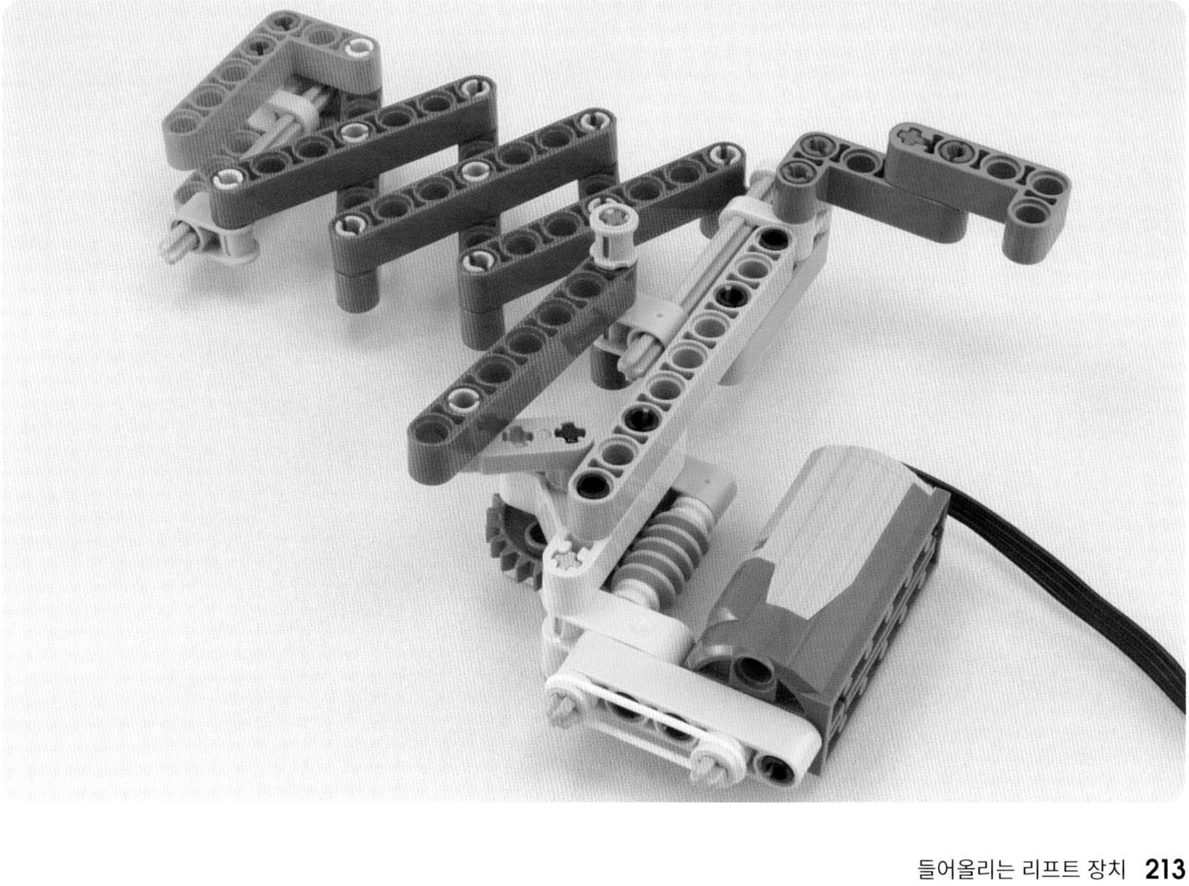

무언가를 발사하는 장치

#238

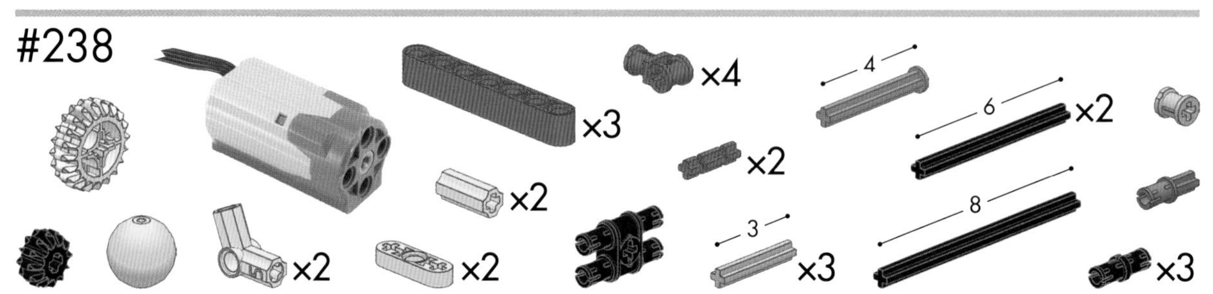

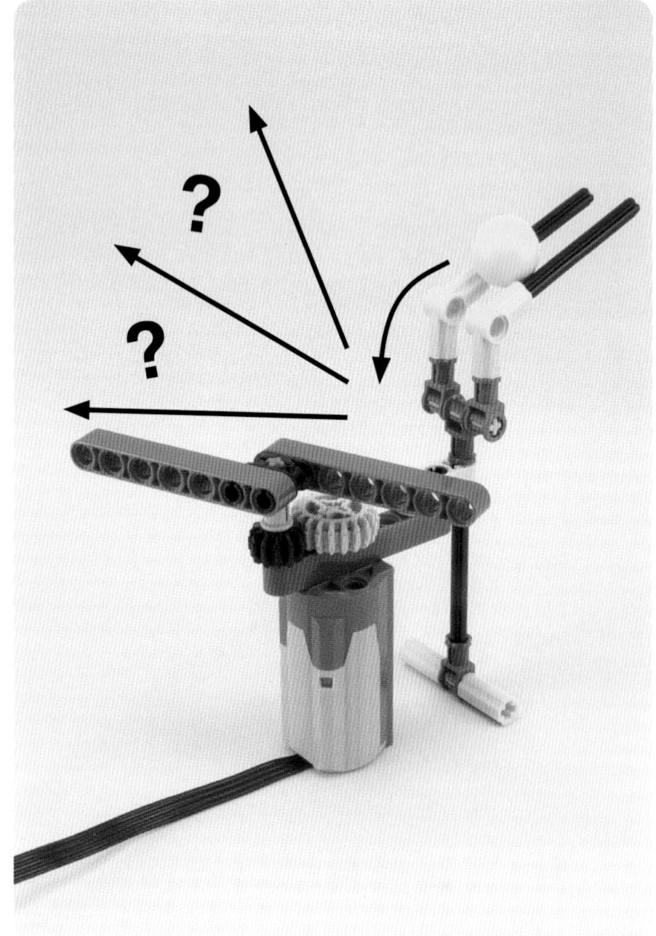

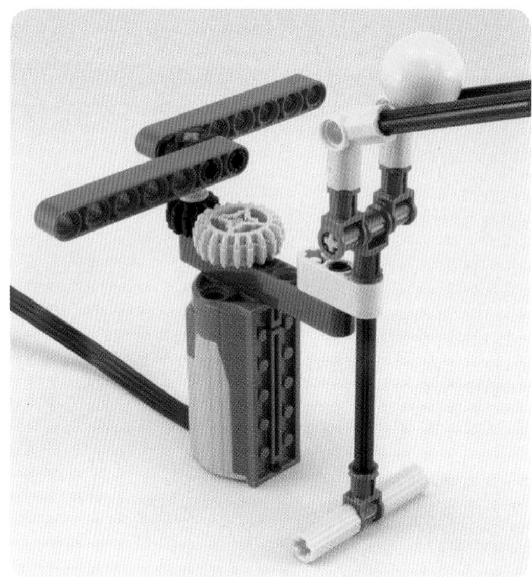

#239

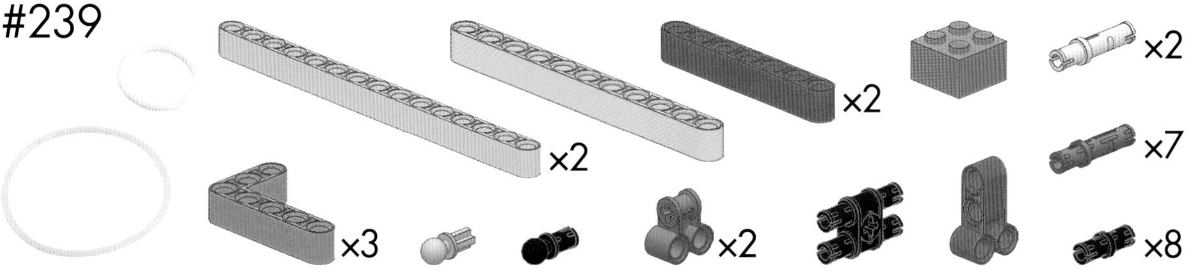

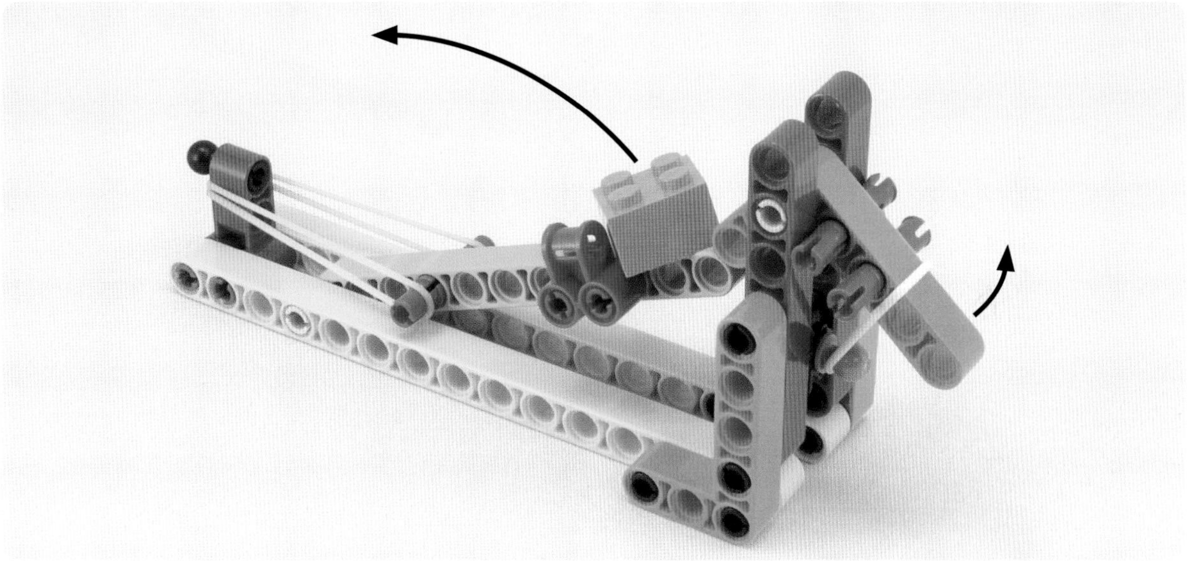

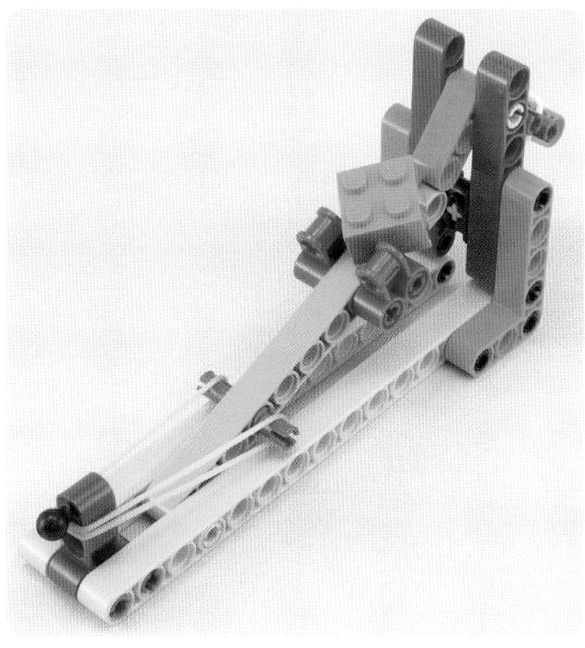

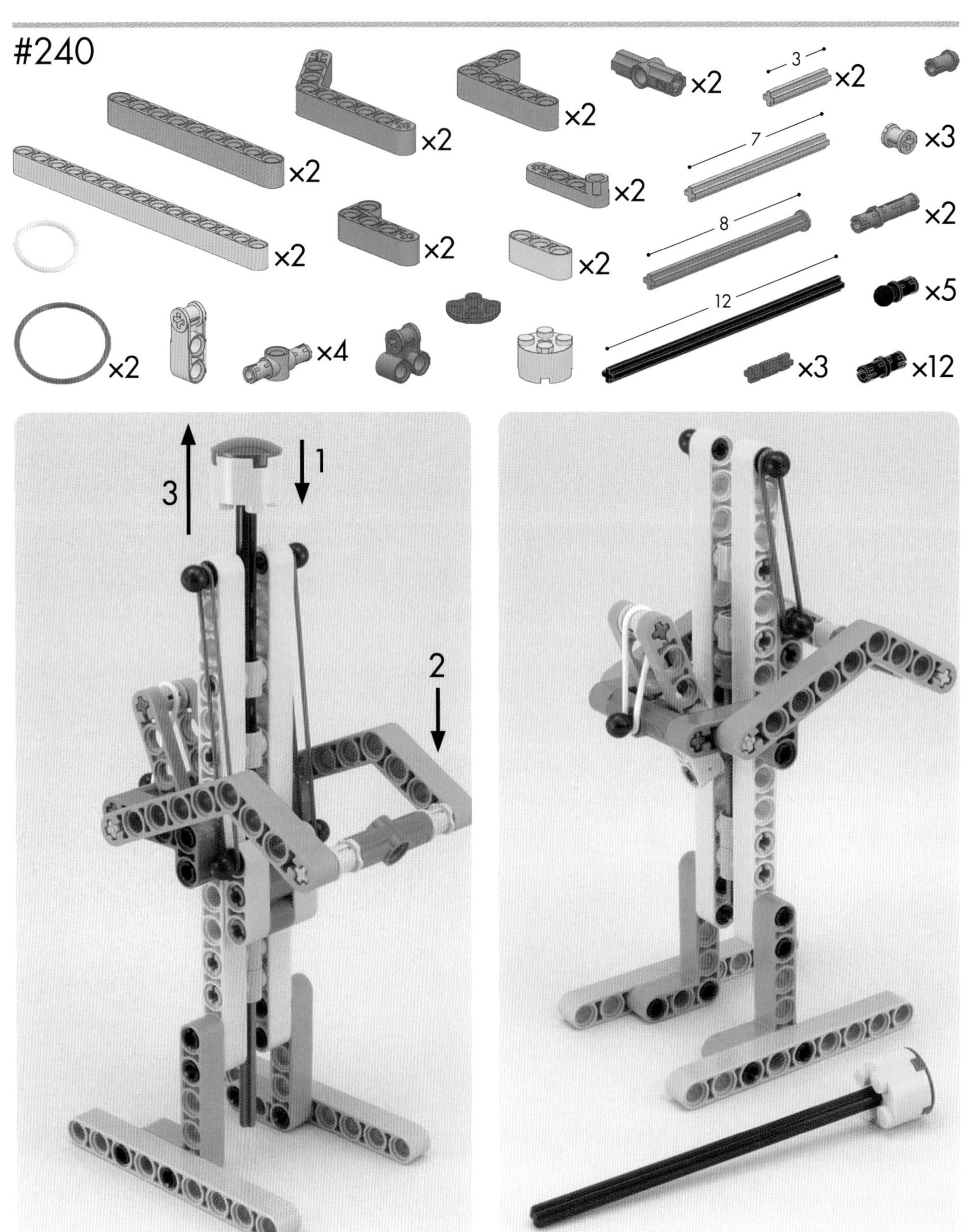
#240
×2
×2
×2
×2
×2
×2
×2
×2
×2
3
7
8
12
×2
×3
×2
×5
×3
×12
×2
×4
1
2
3

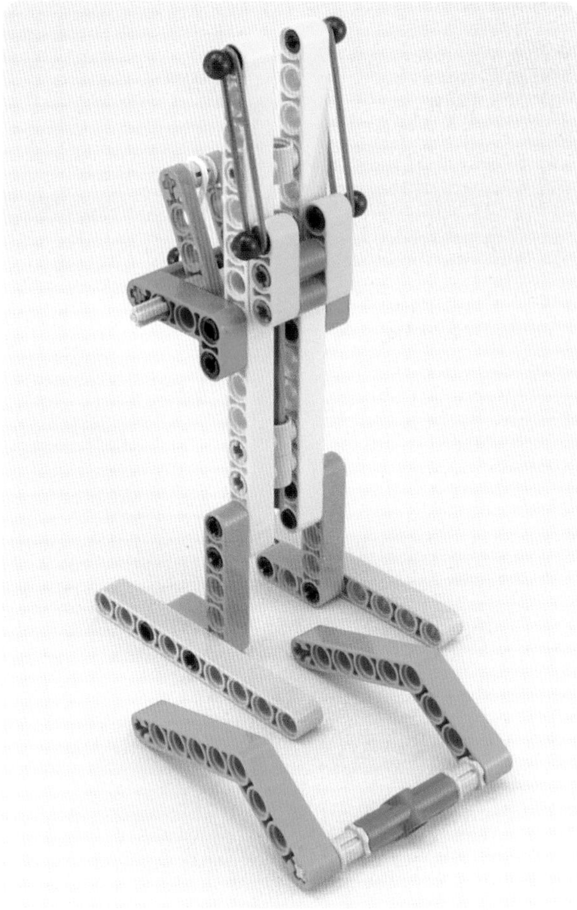

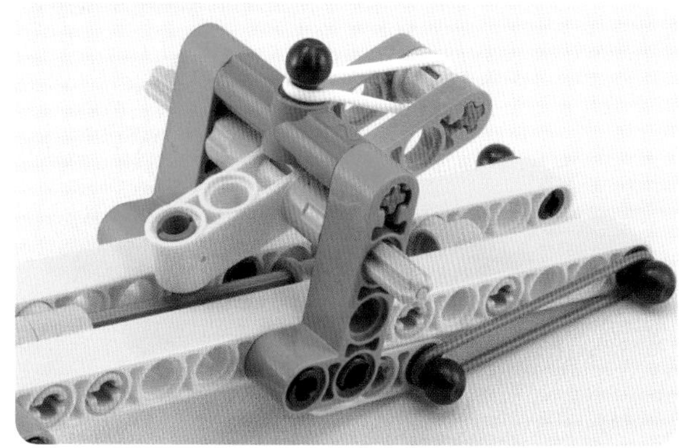

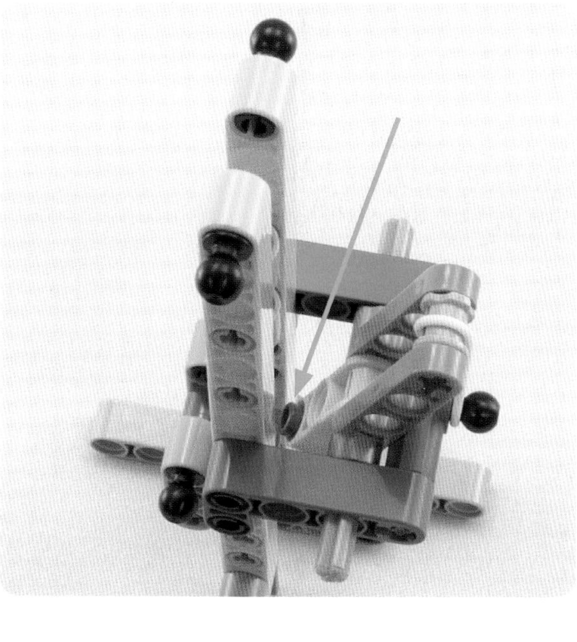

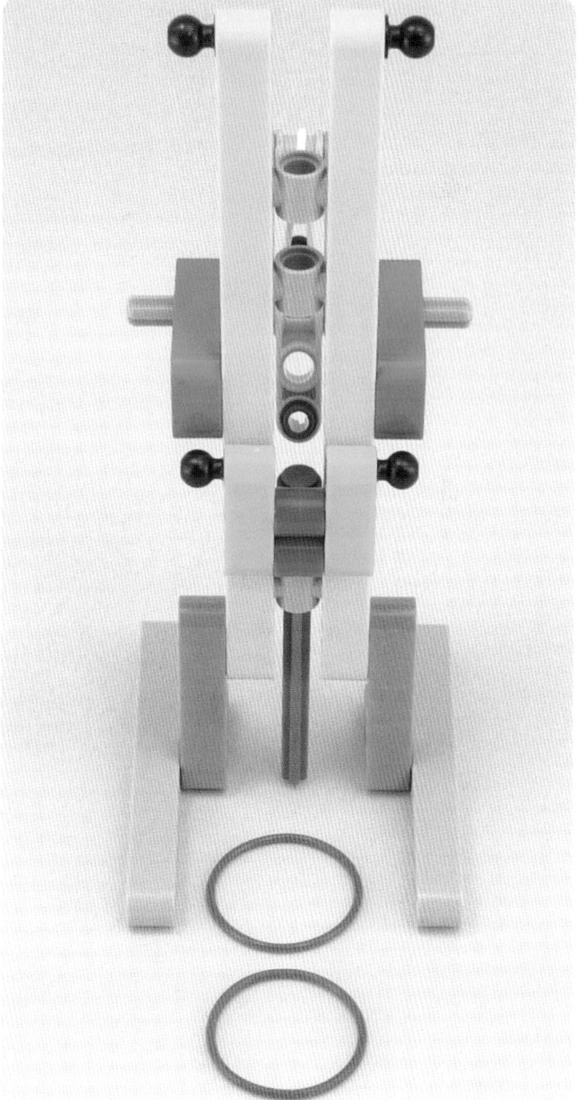

#241

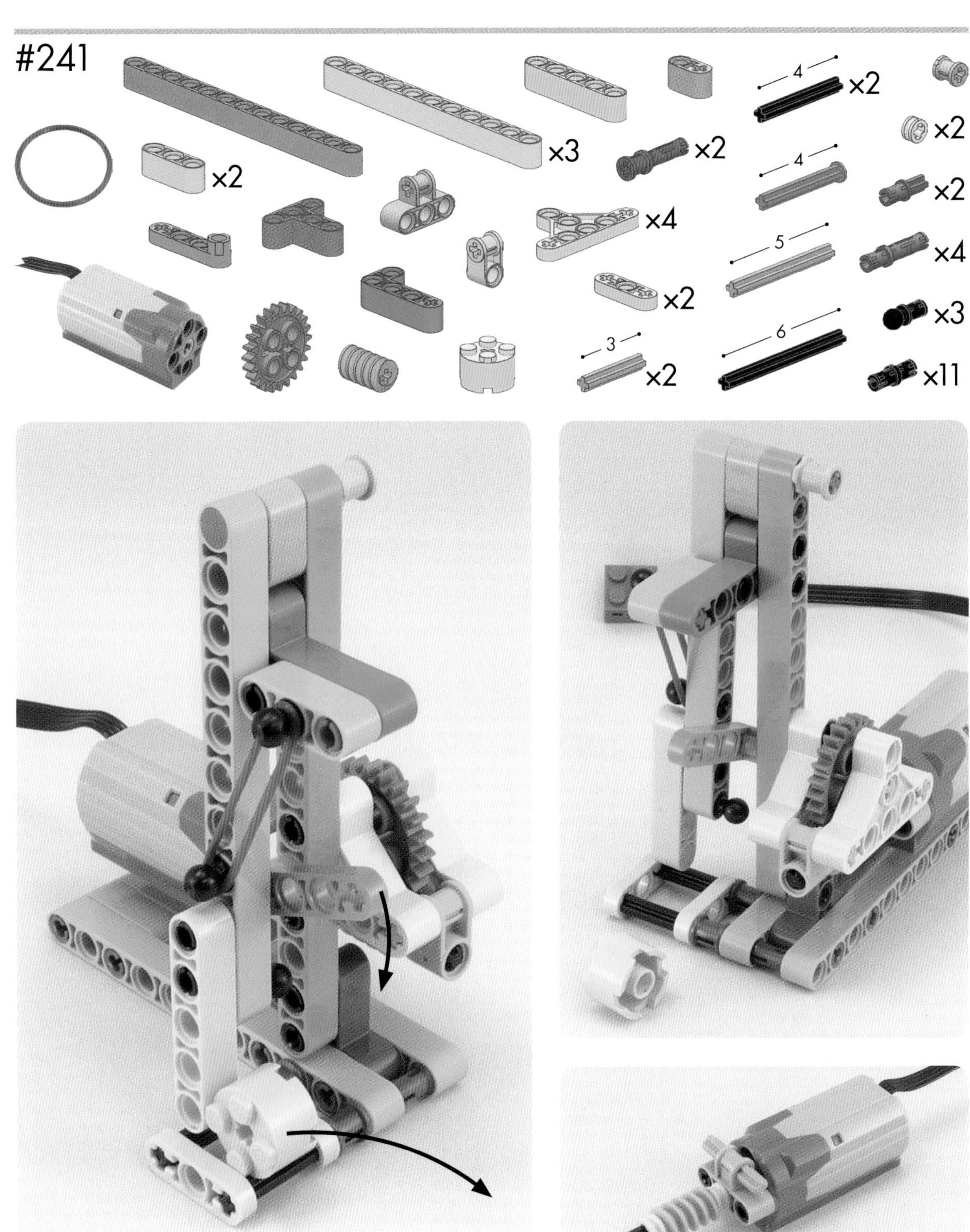

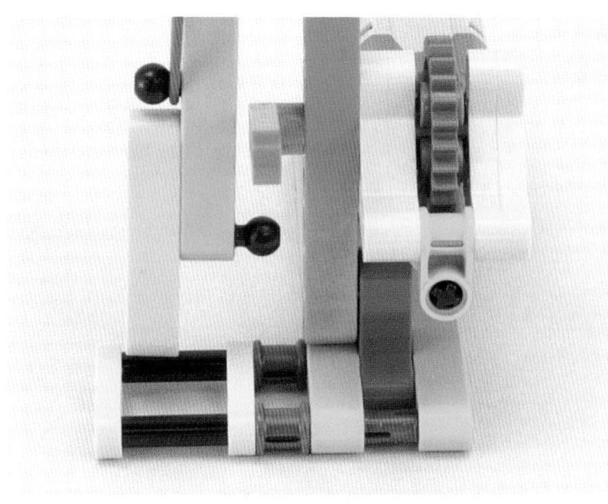

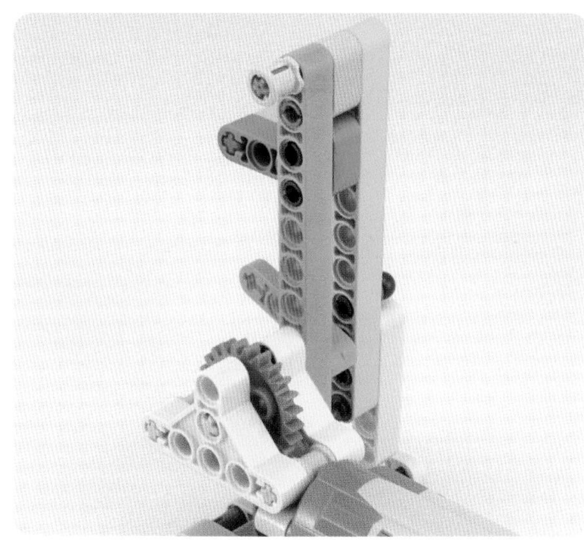

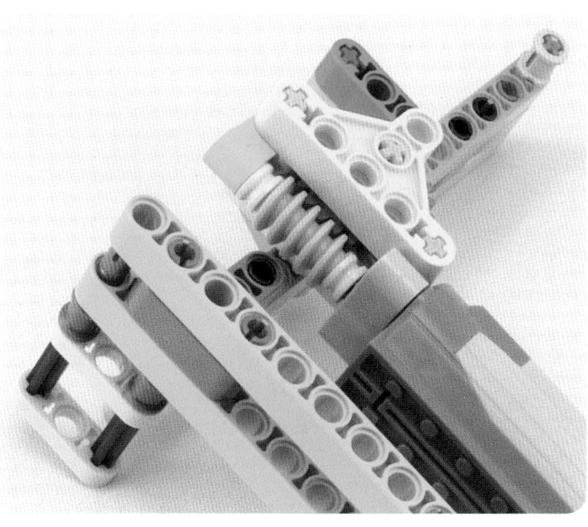

#242

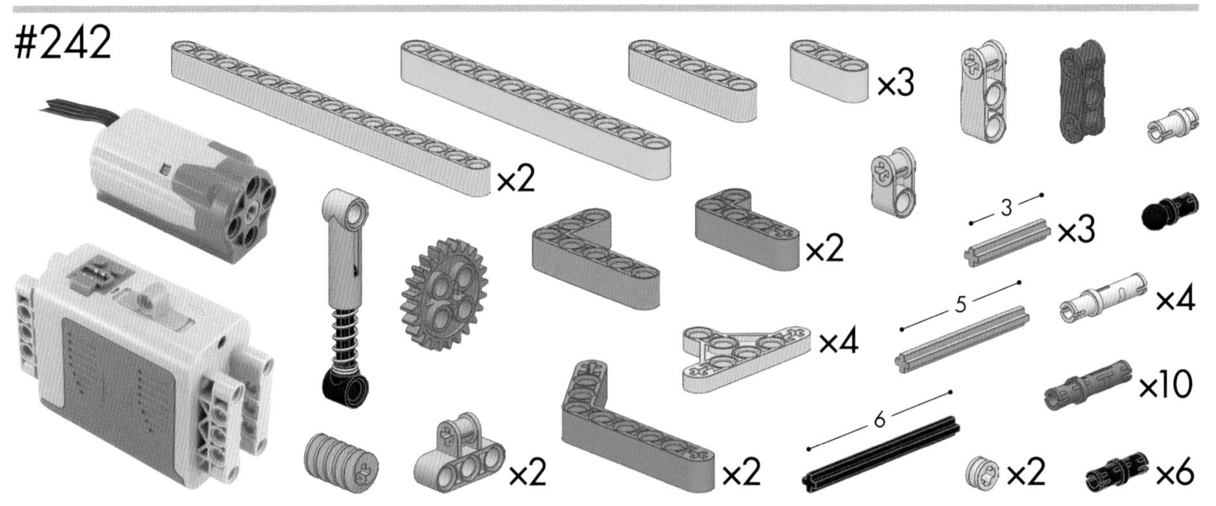

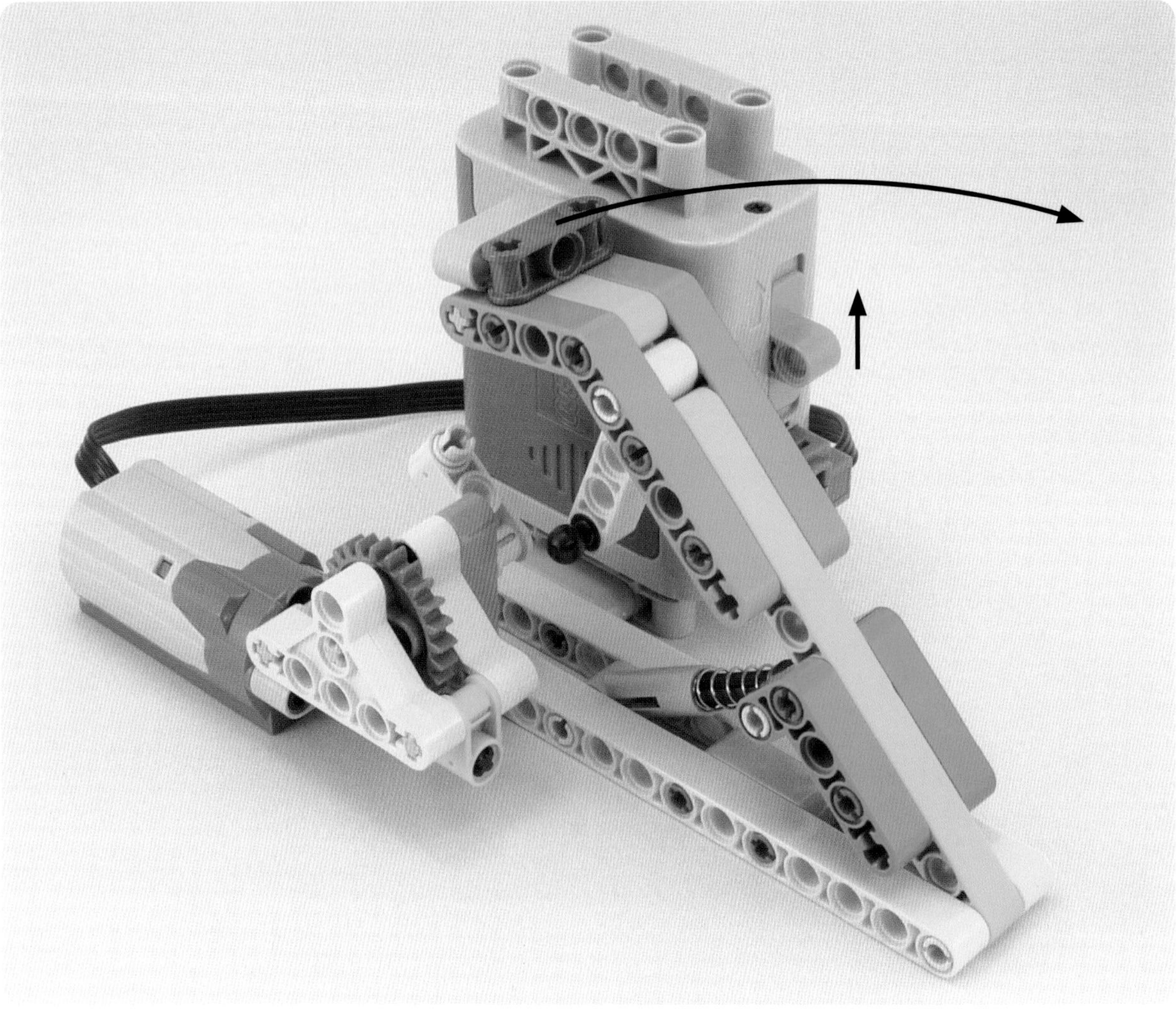

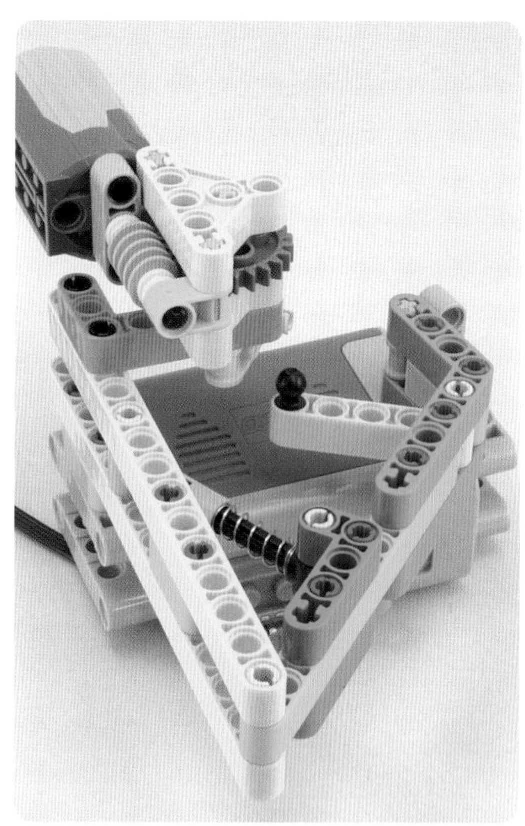

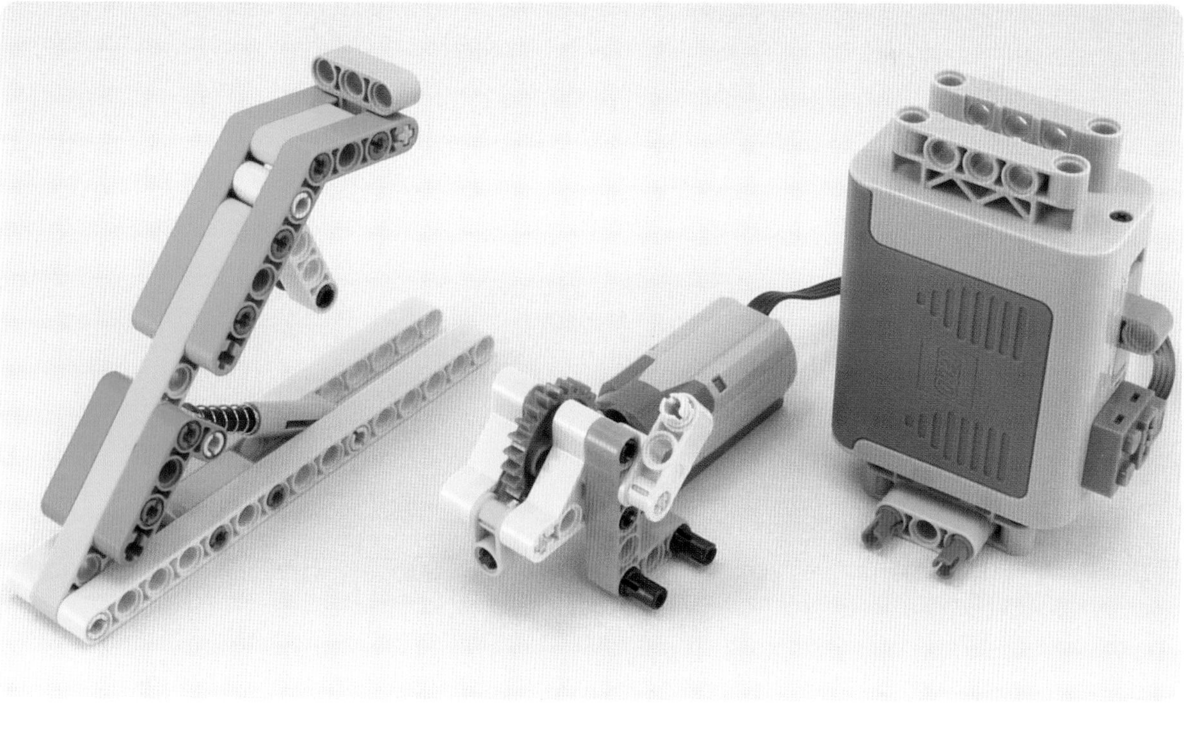

#243

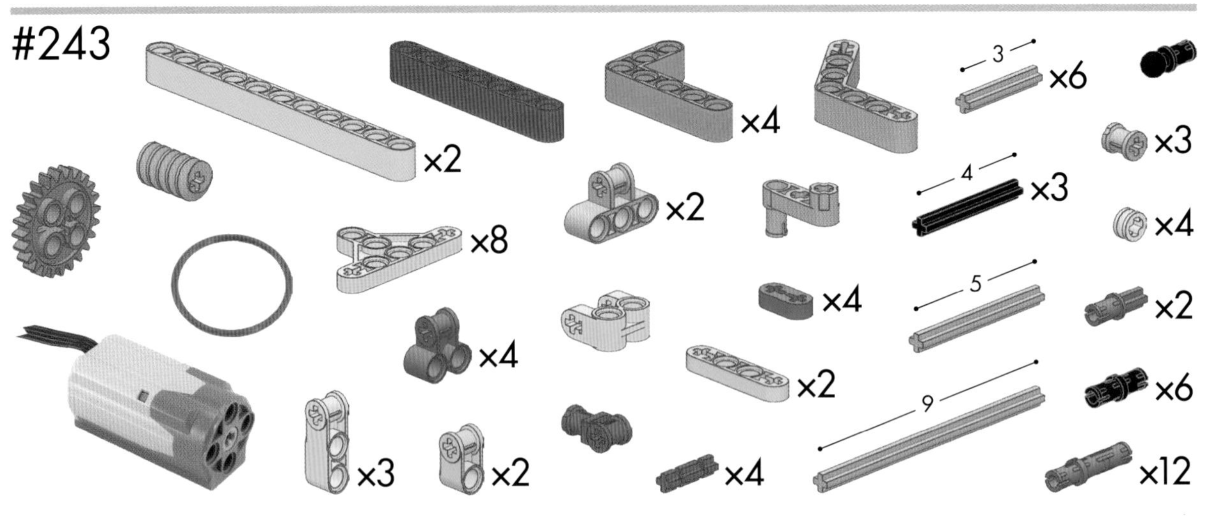

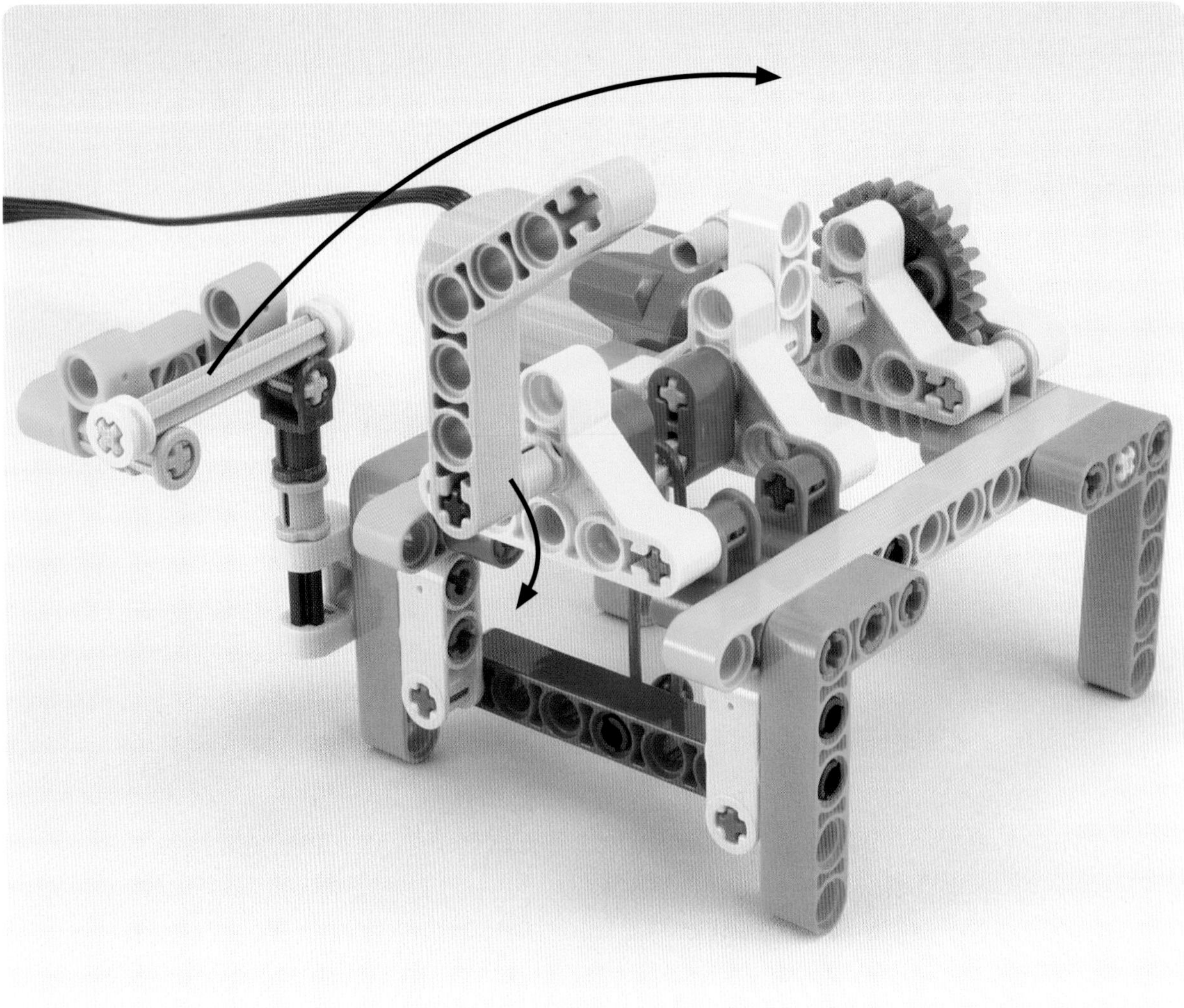

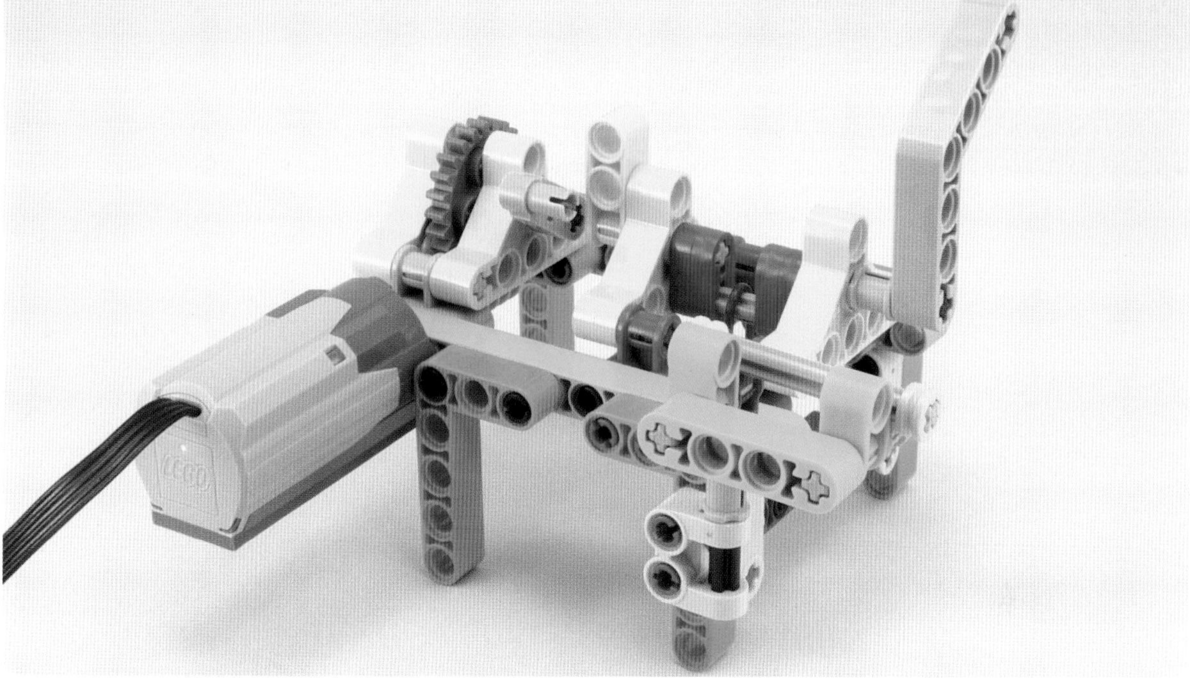

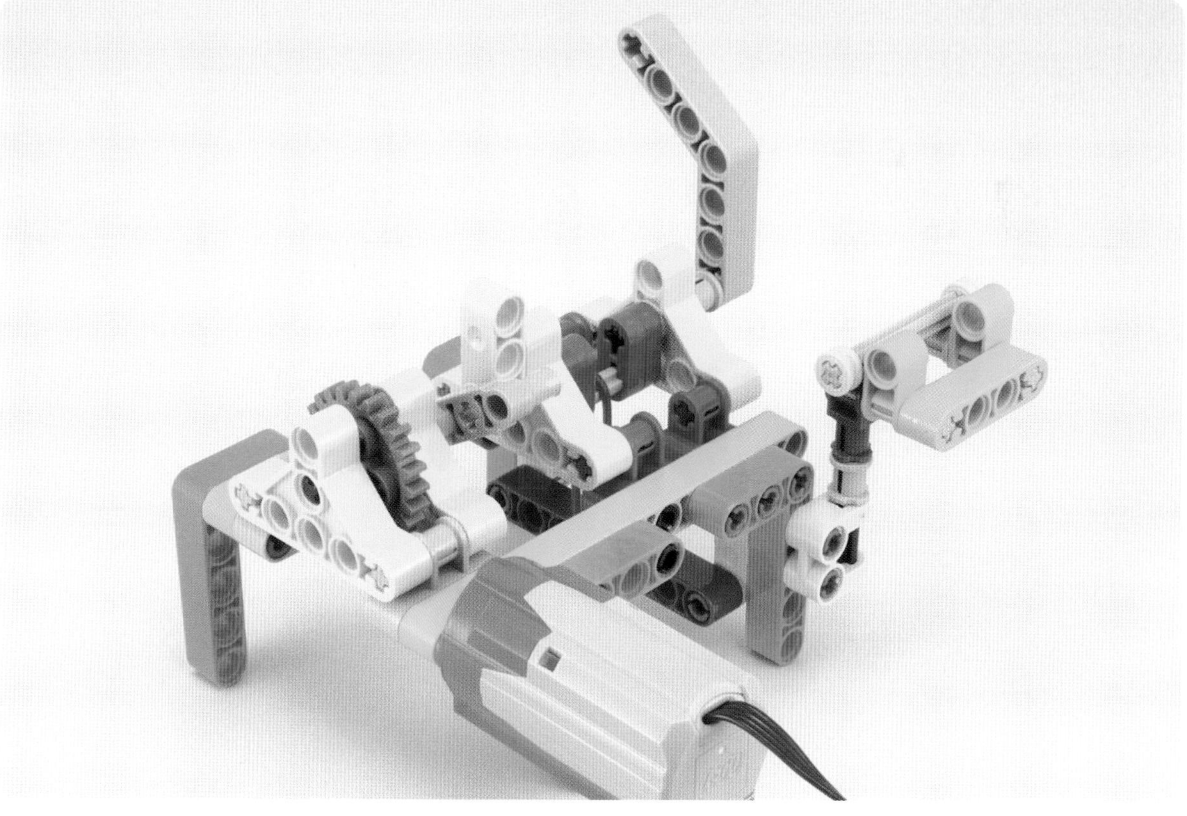

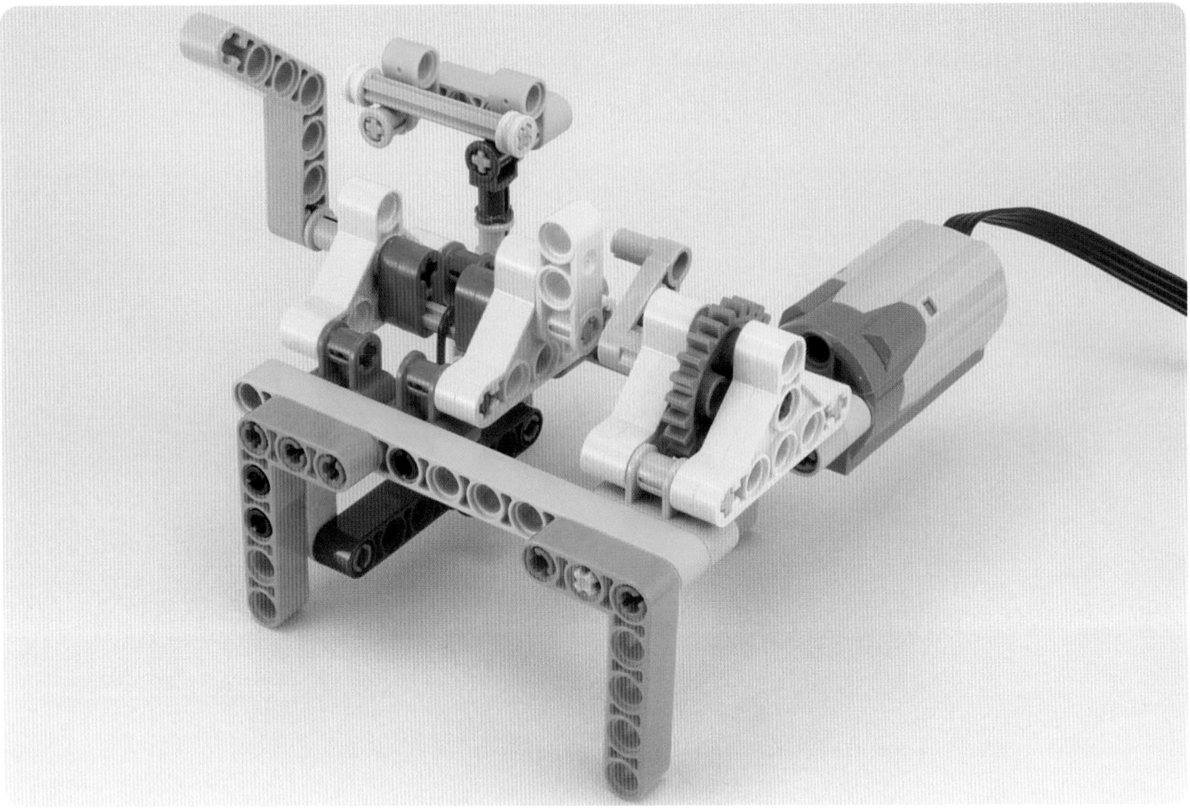

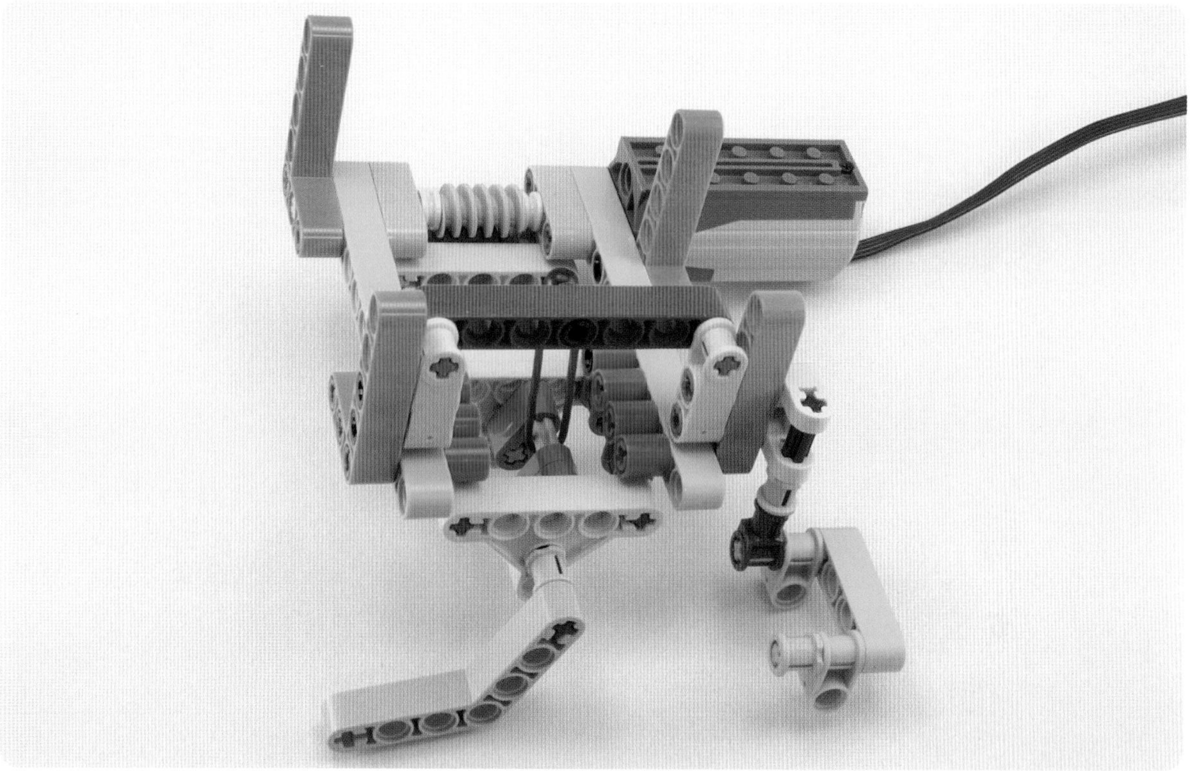

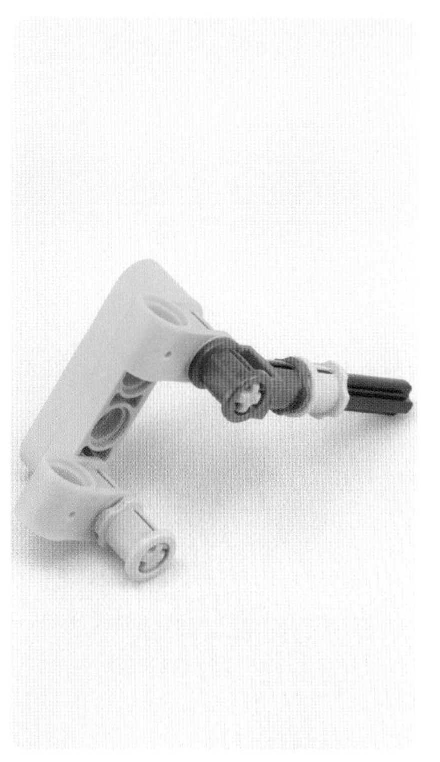

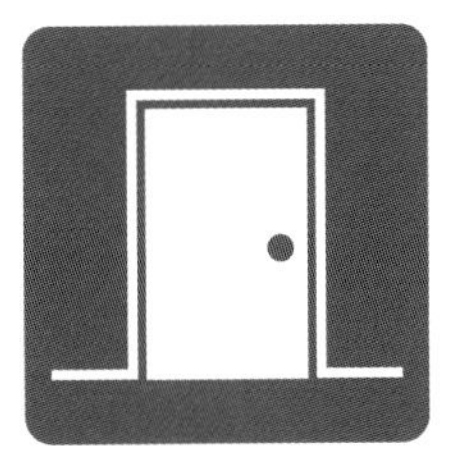

자동문

#244

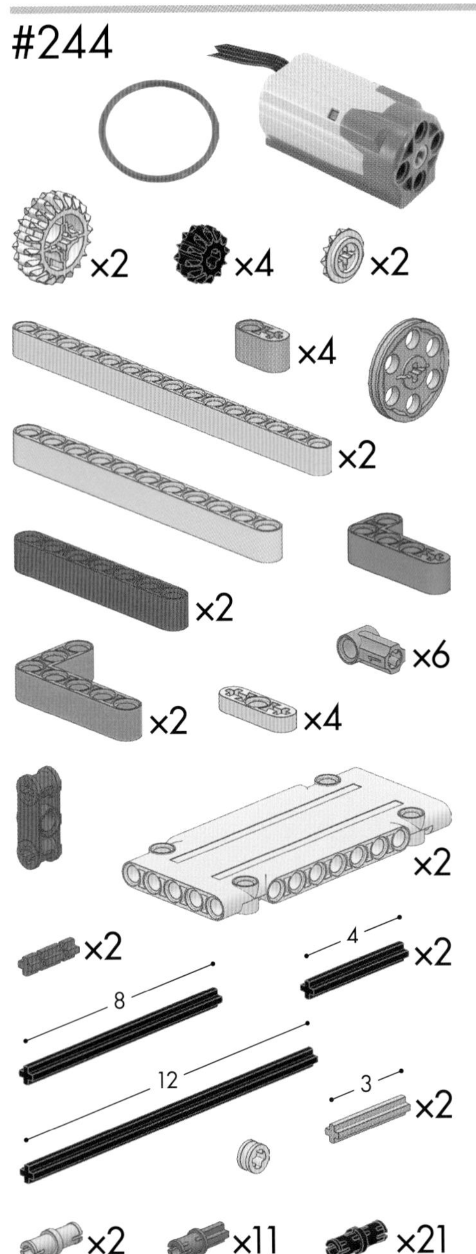

×2
×4
×2
×4
×2
×2
×6
×2
×4
×2
×2
4
×2
8
12
3
×2
×2
×11
×21

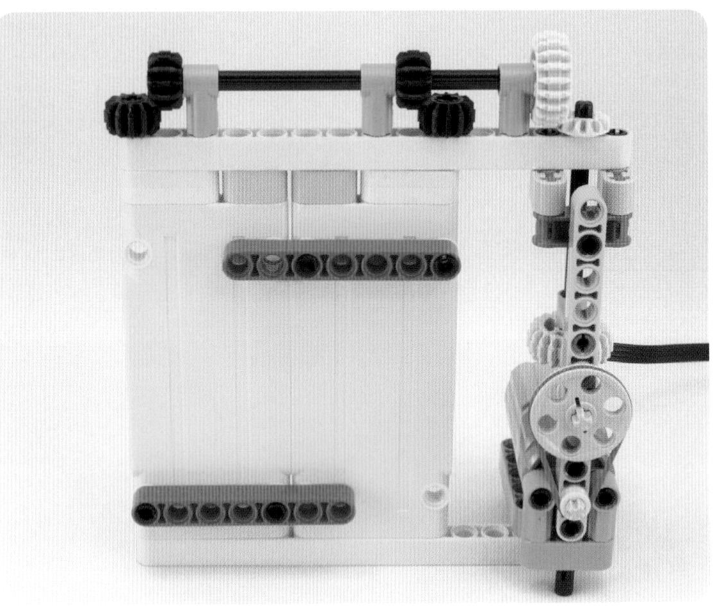

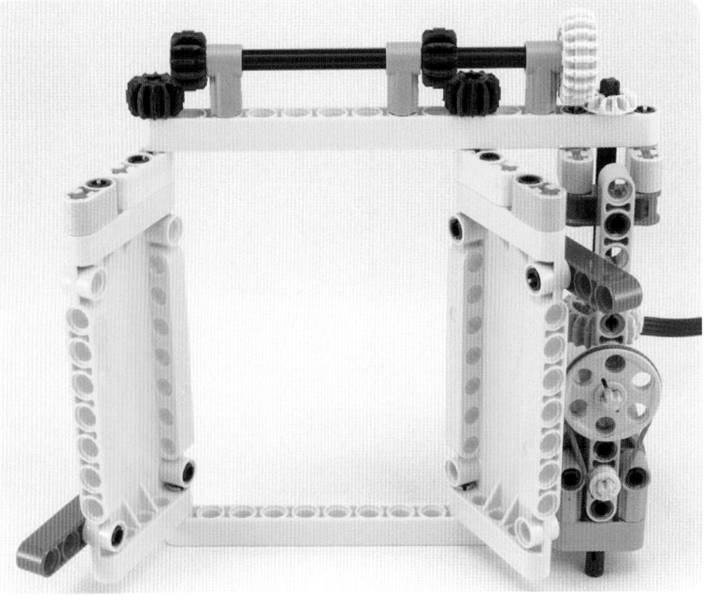

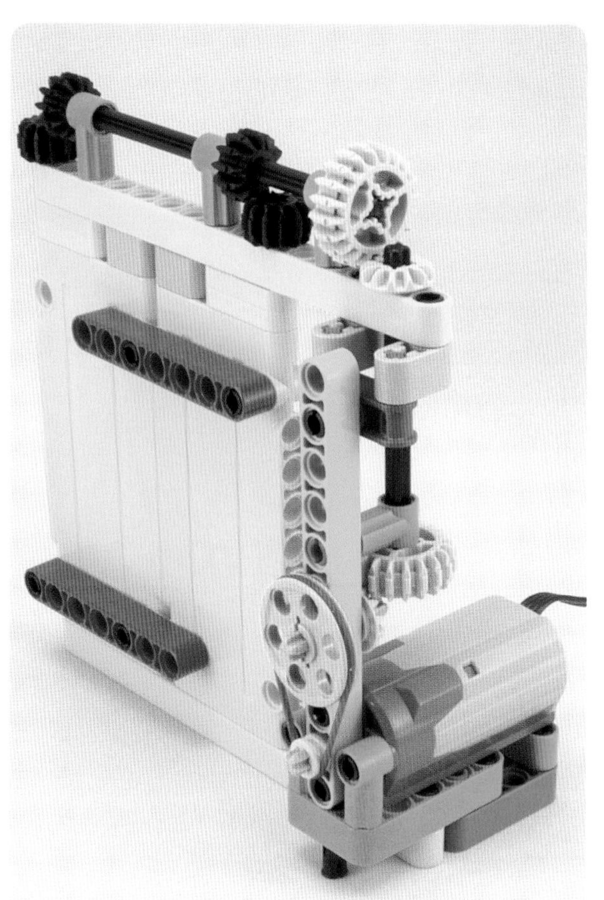

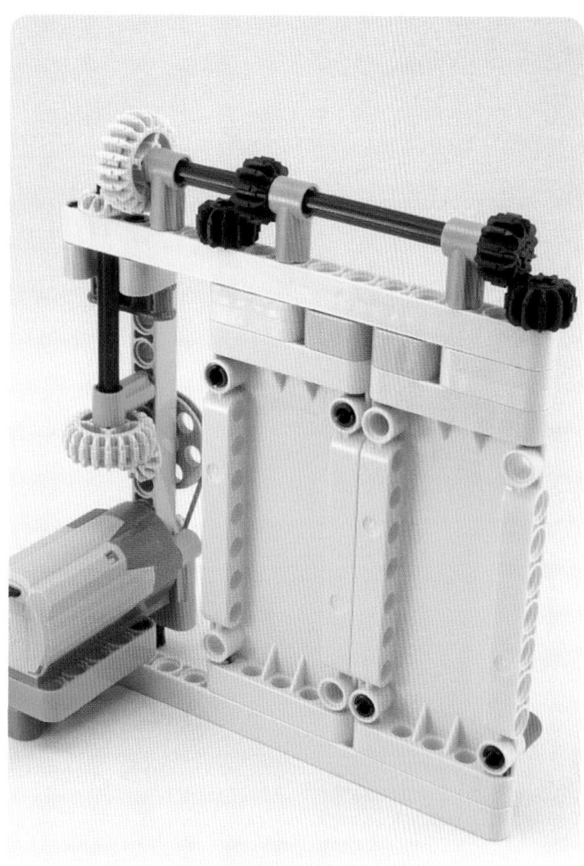

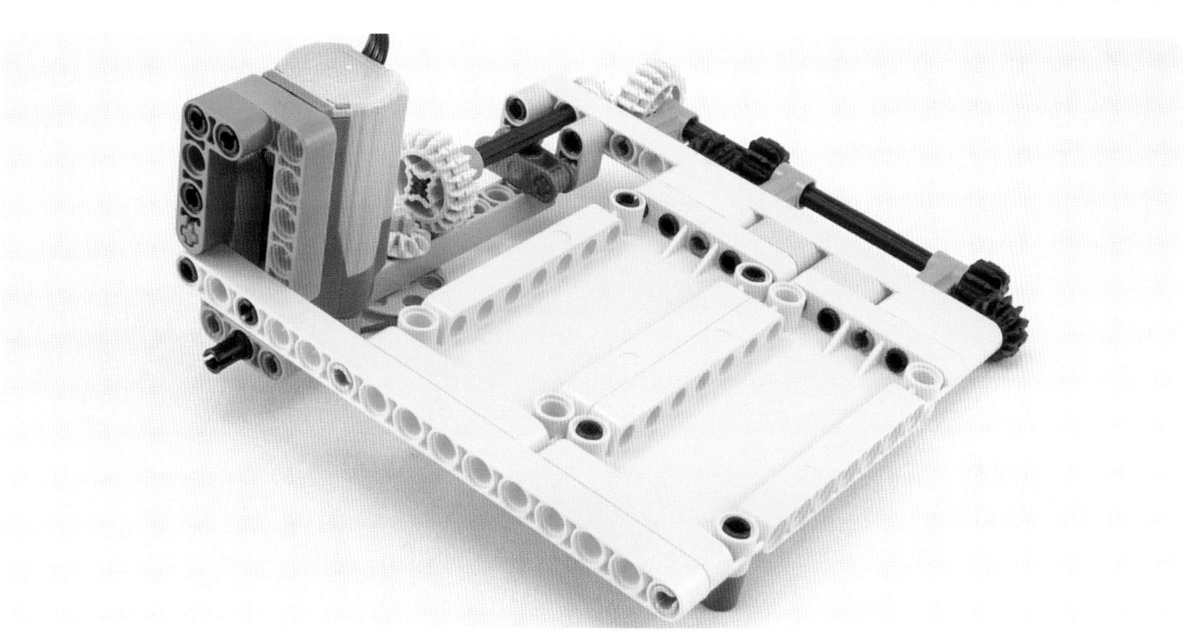

#245

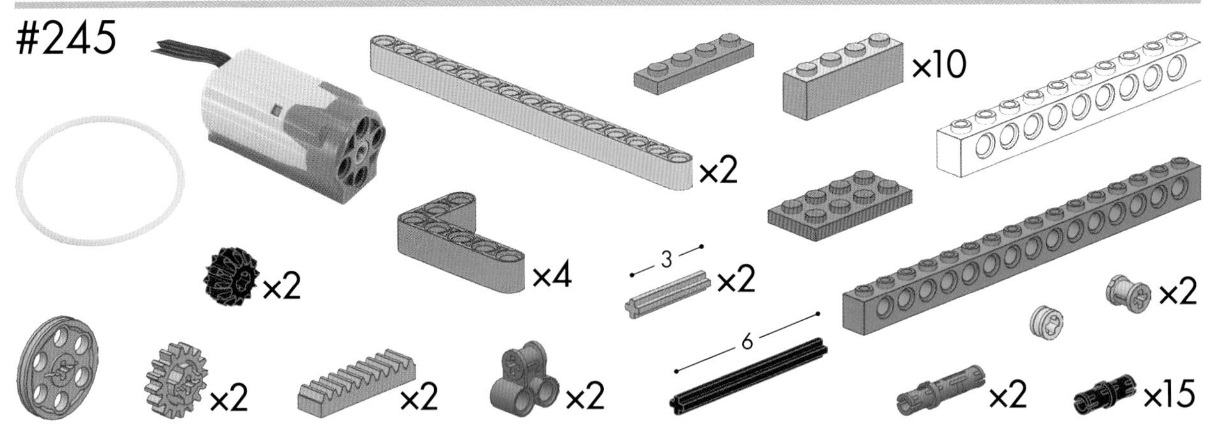

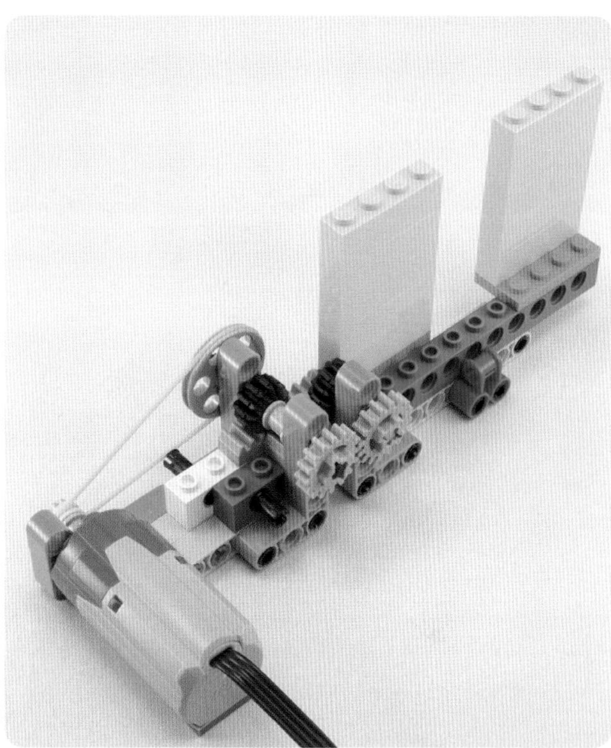

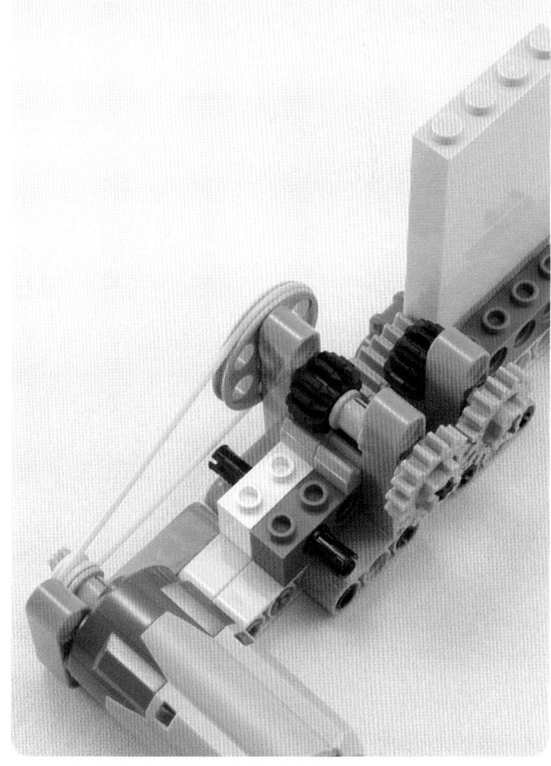

#246

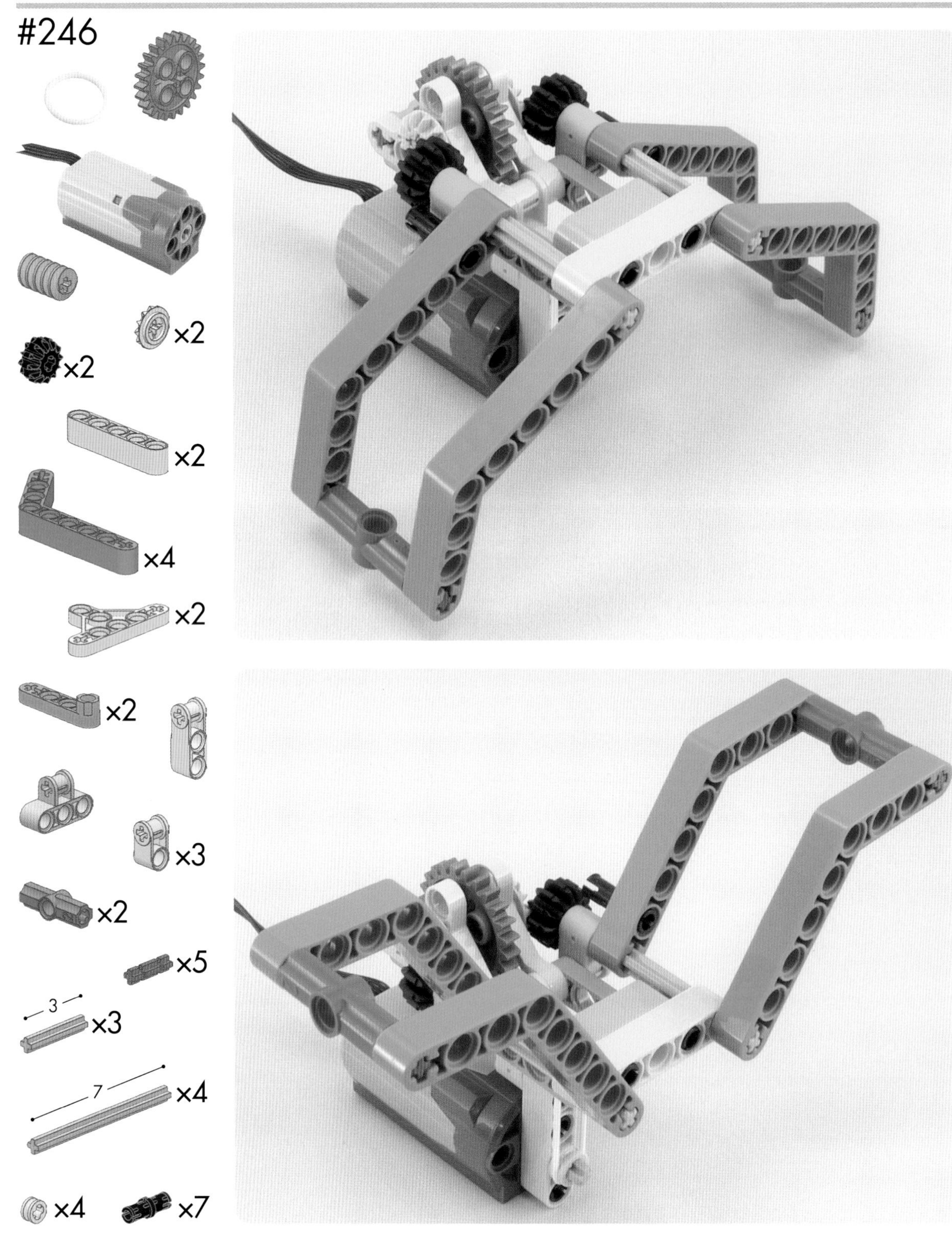

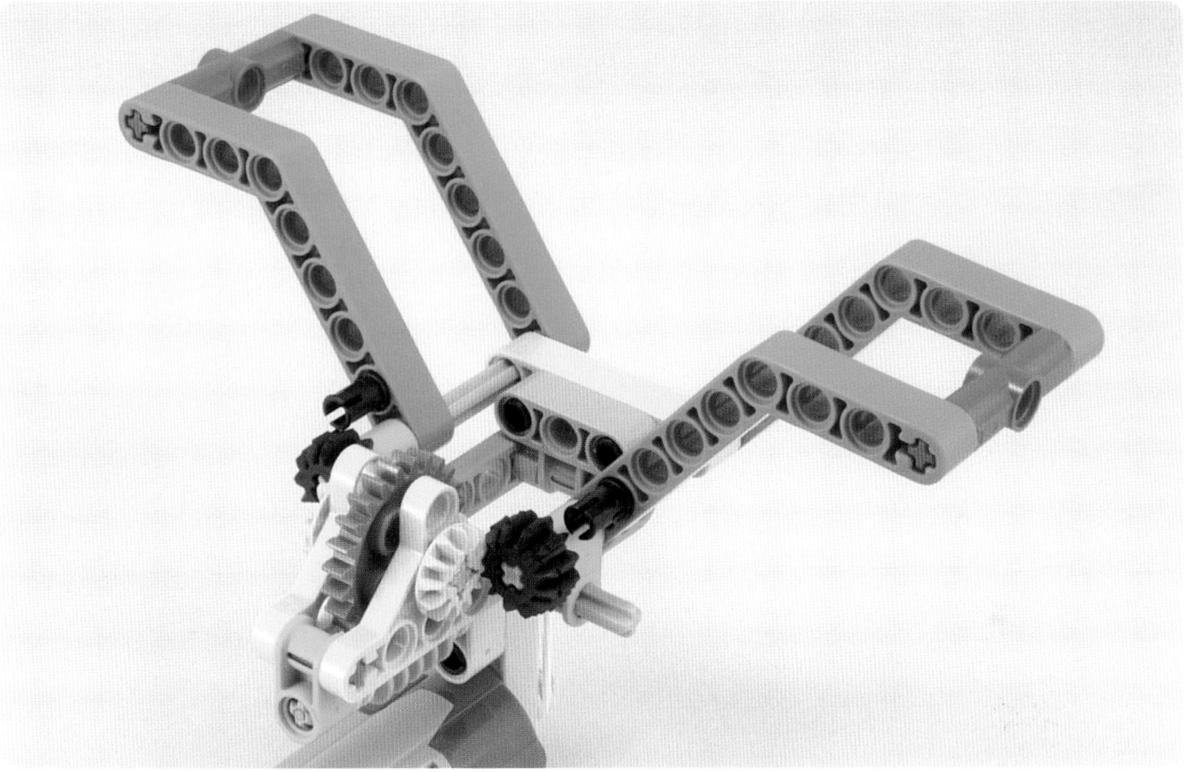

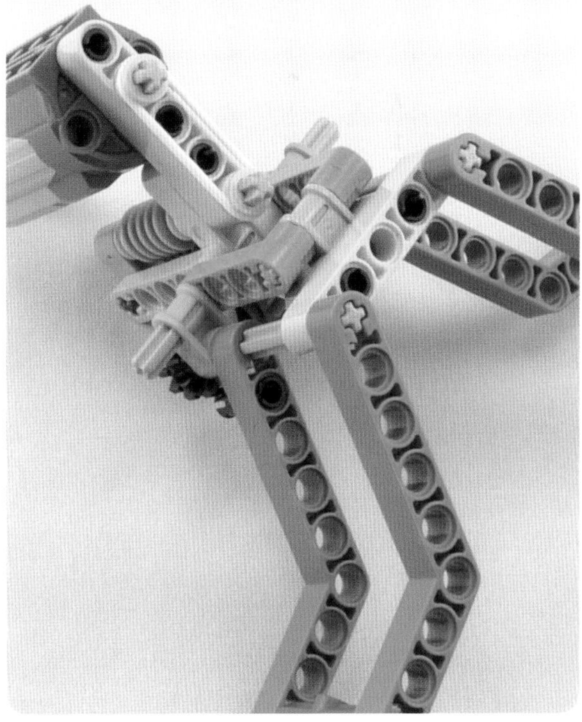

#247

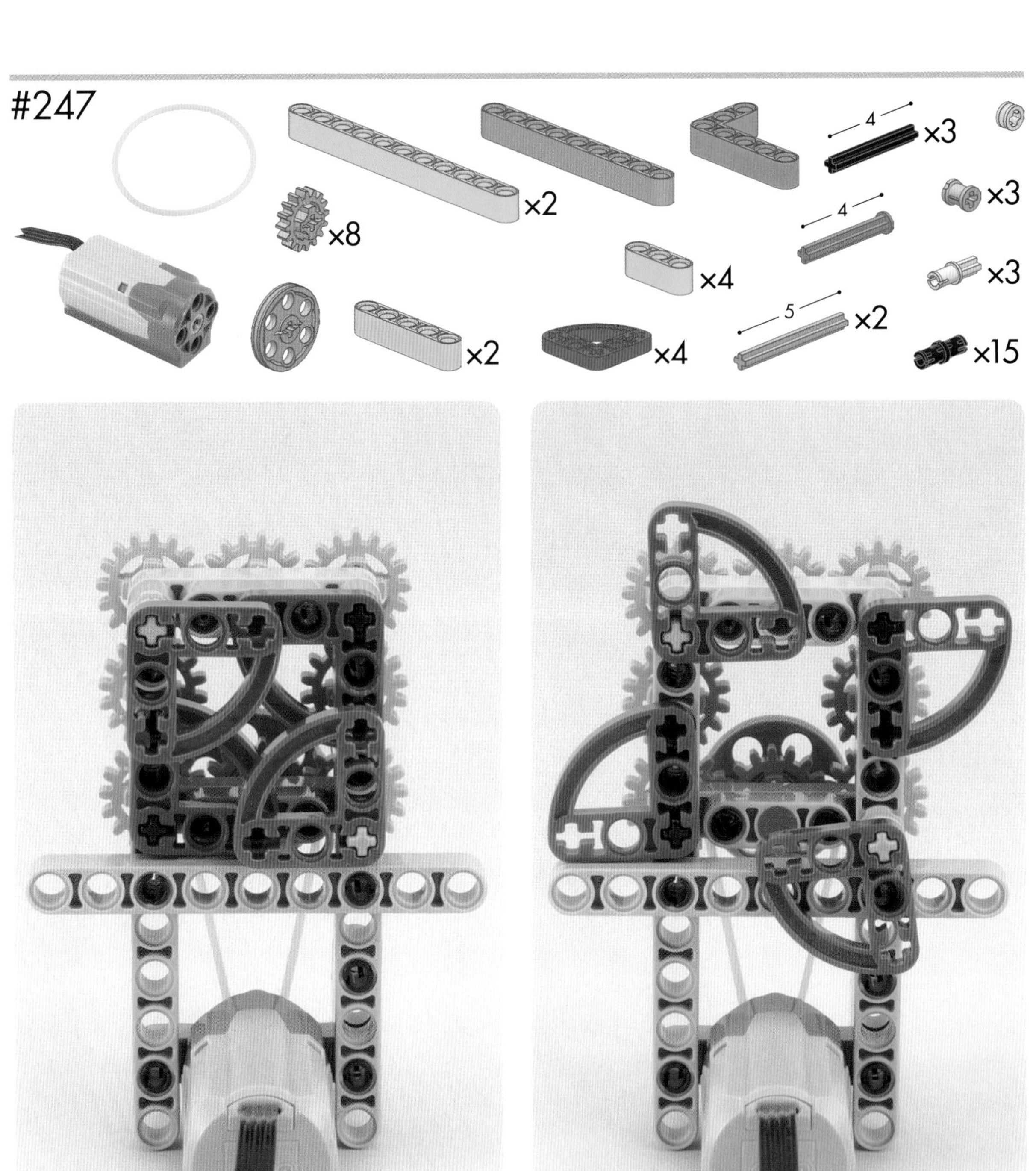

#248

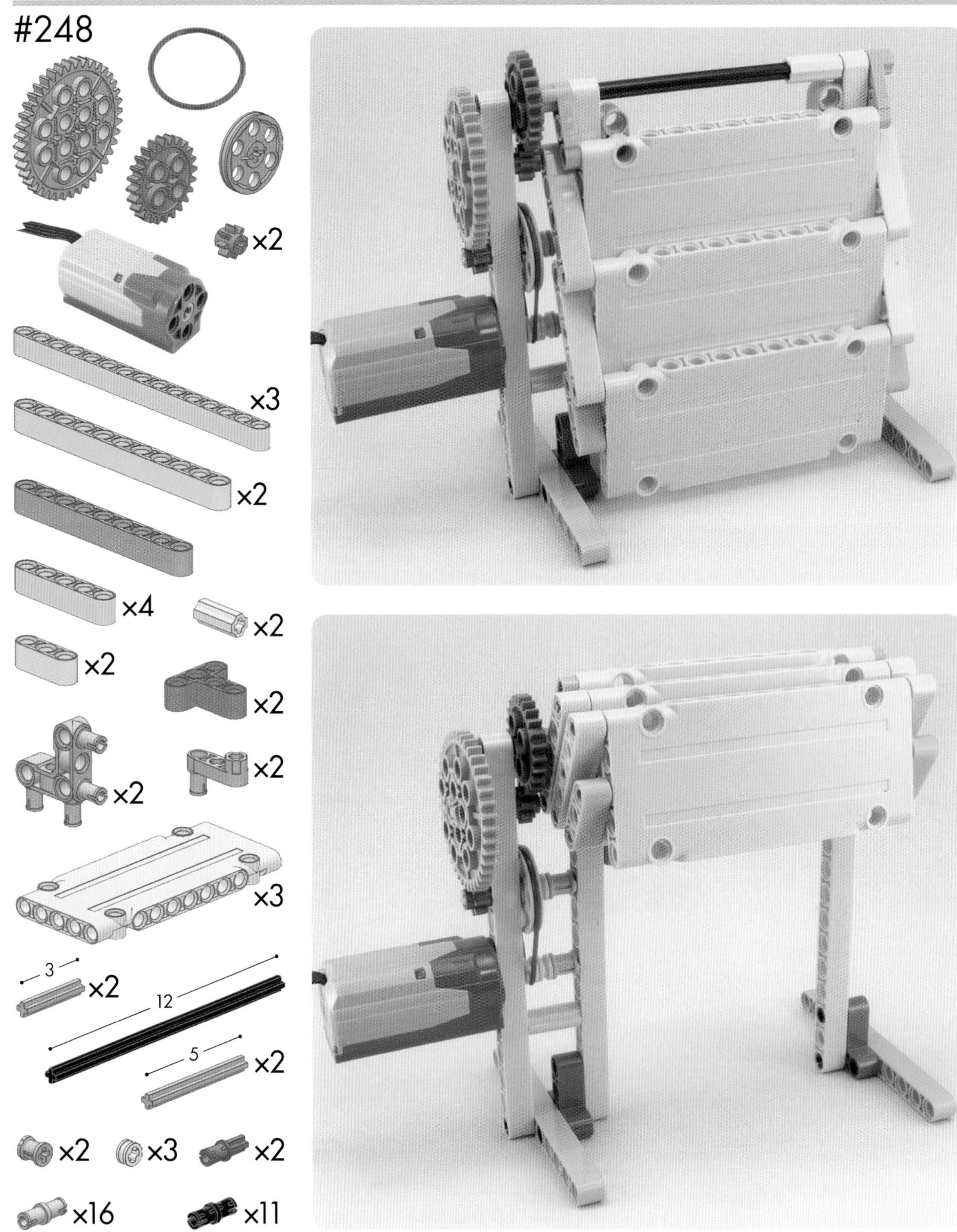

#249

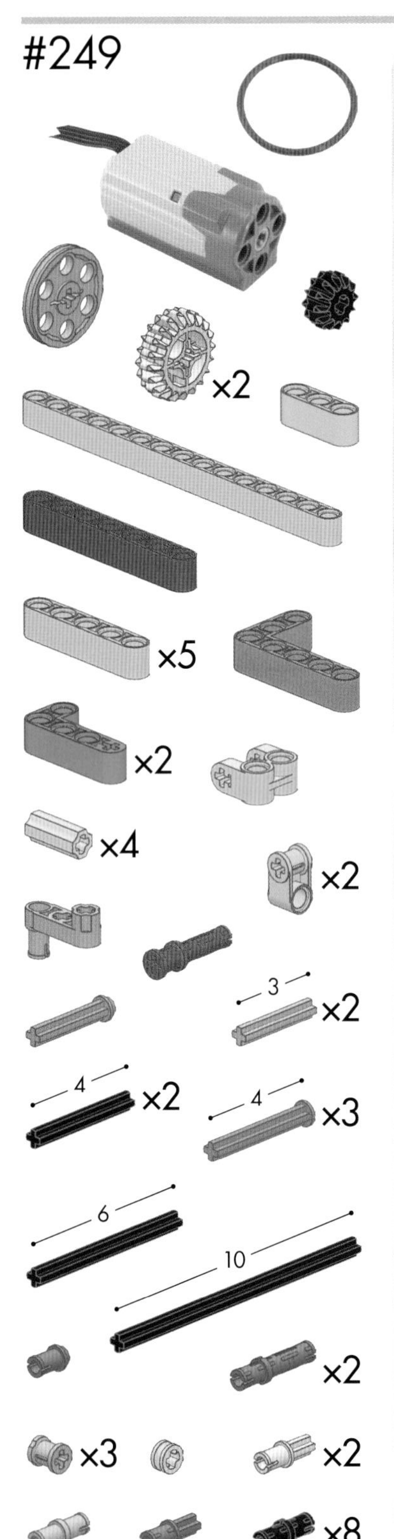

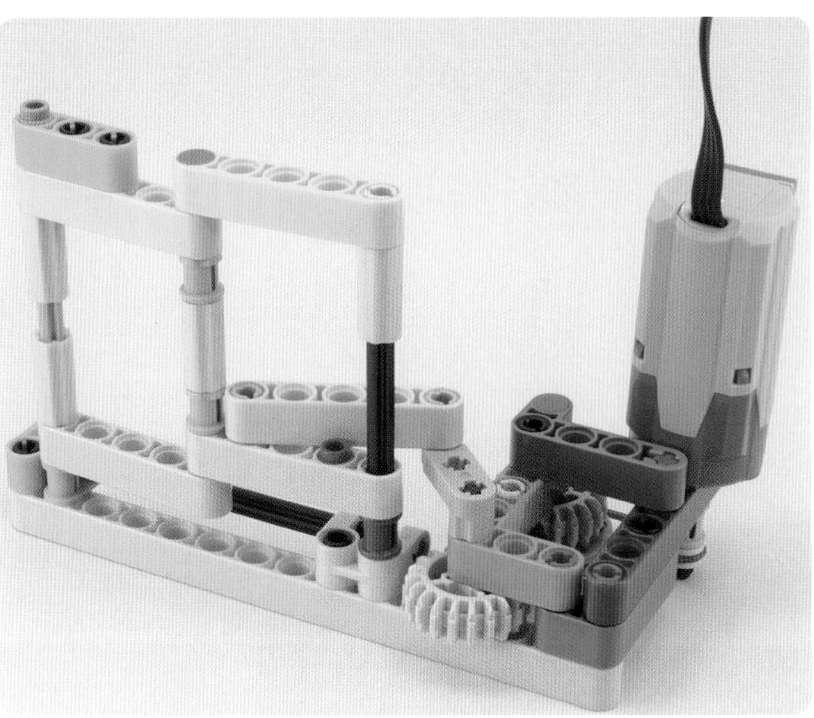

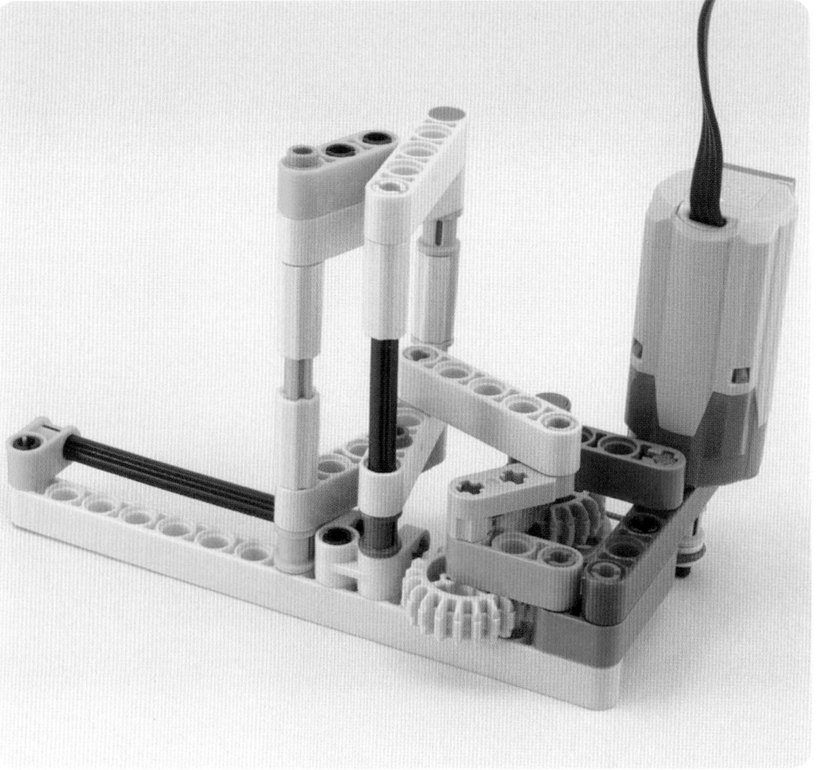

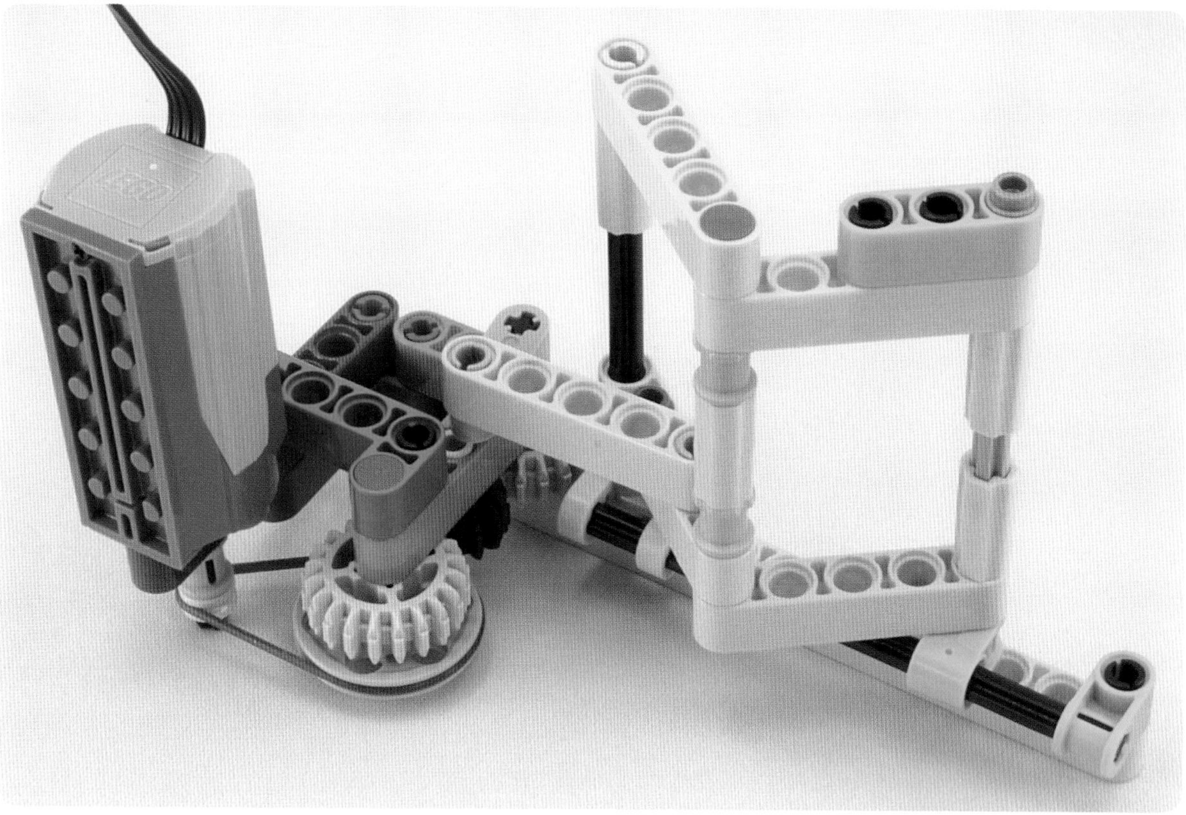

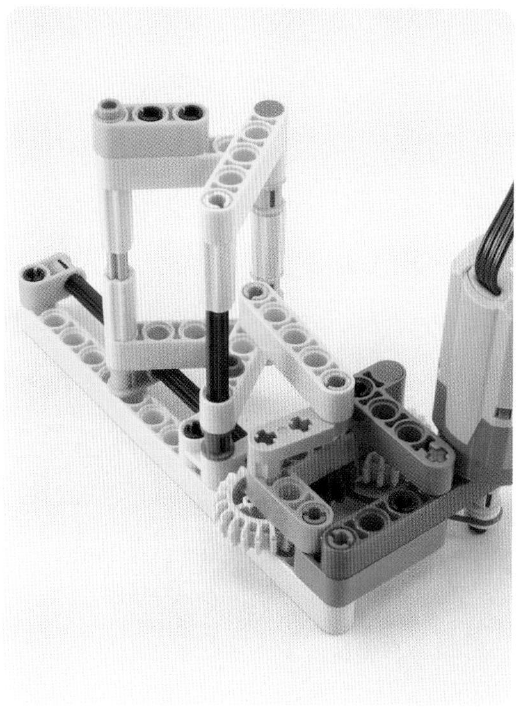

기계 팔

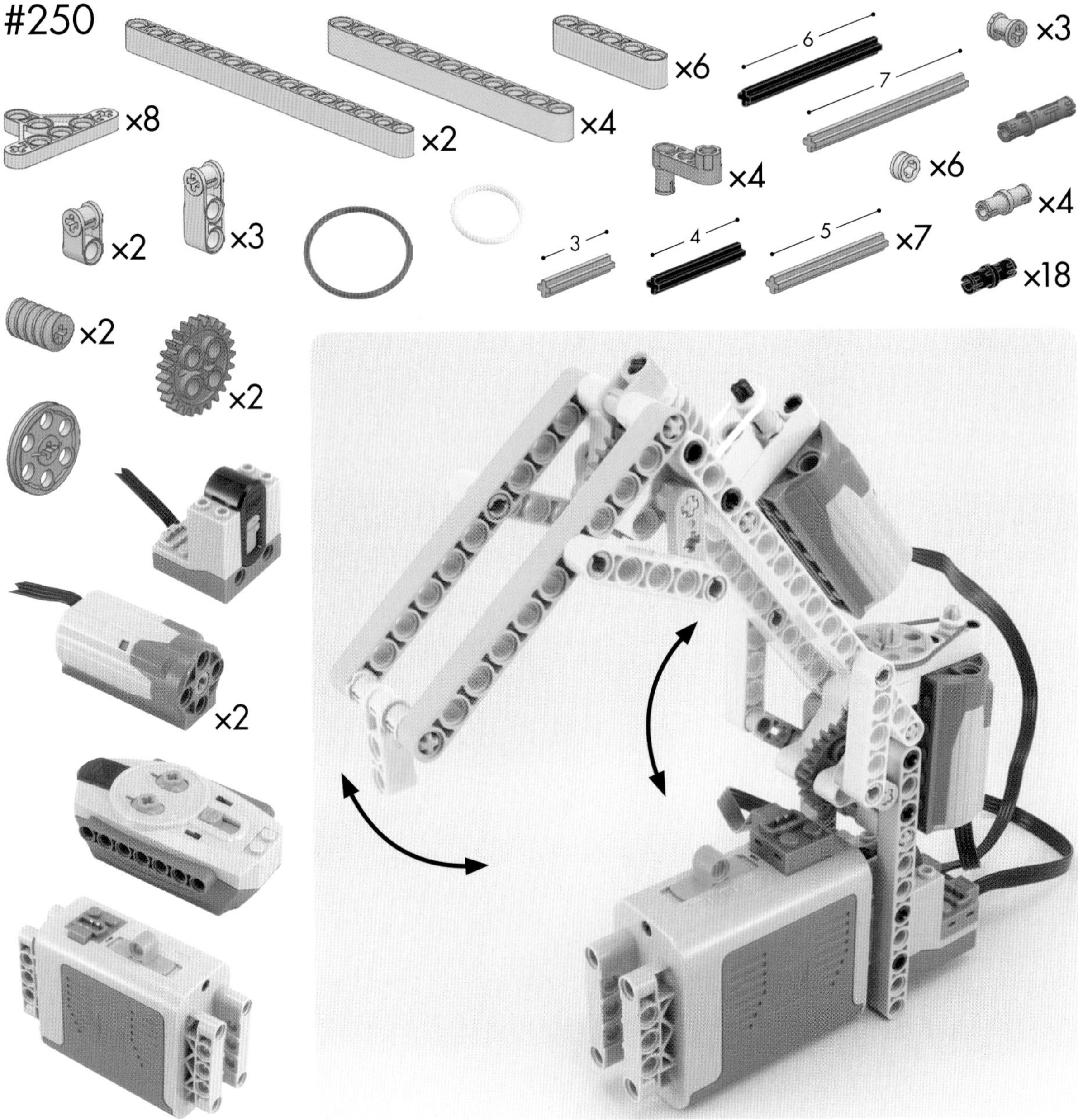

#250

×2 ×4 ×6 ×8 ×4 ×2 ×3 ×3 ×6 ×4 ×7 ×18 ×2 ×2 ×2

6 7 3 4 5

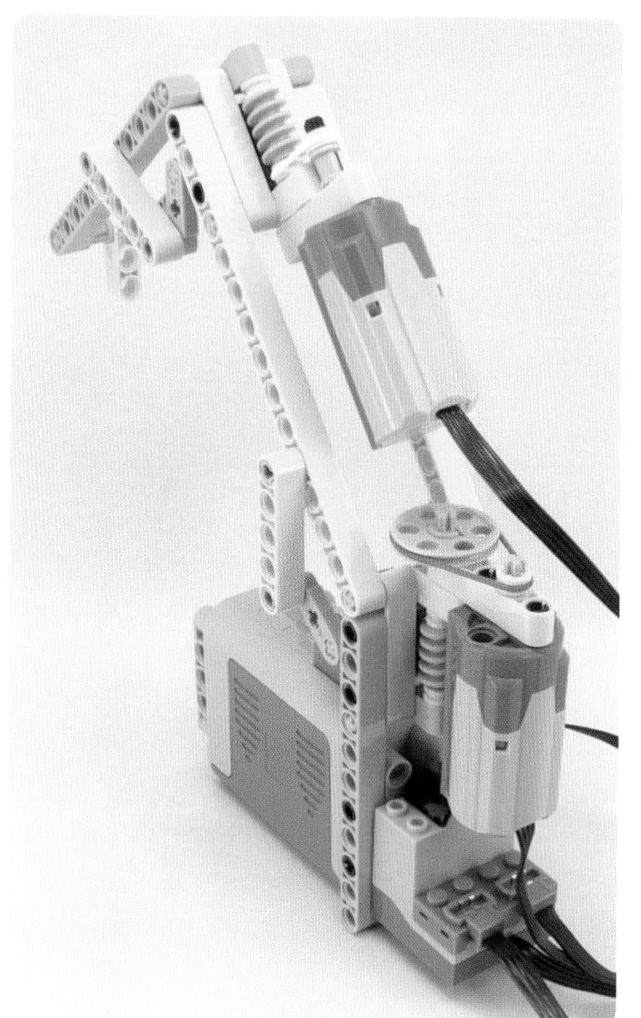

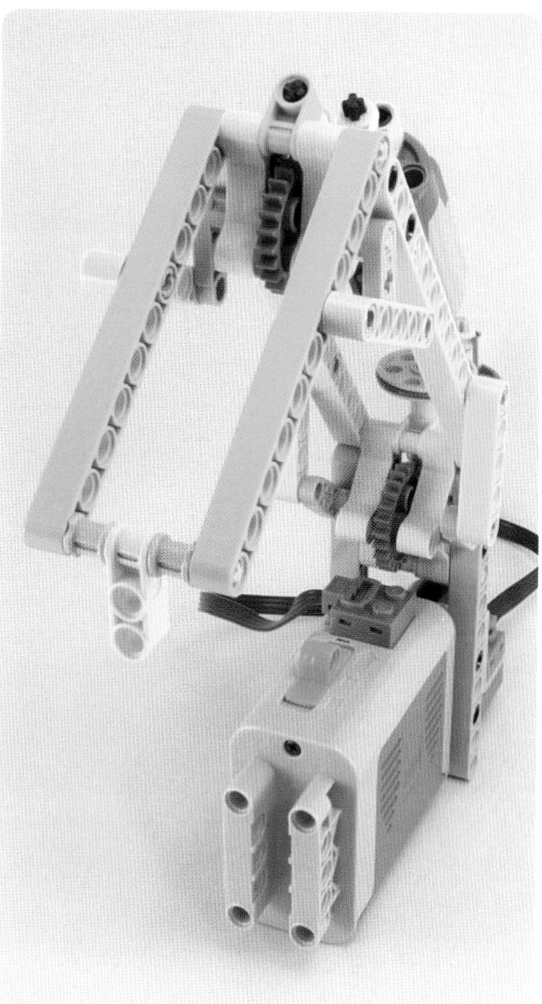

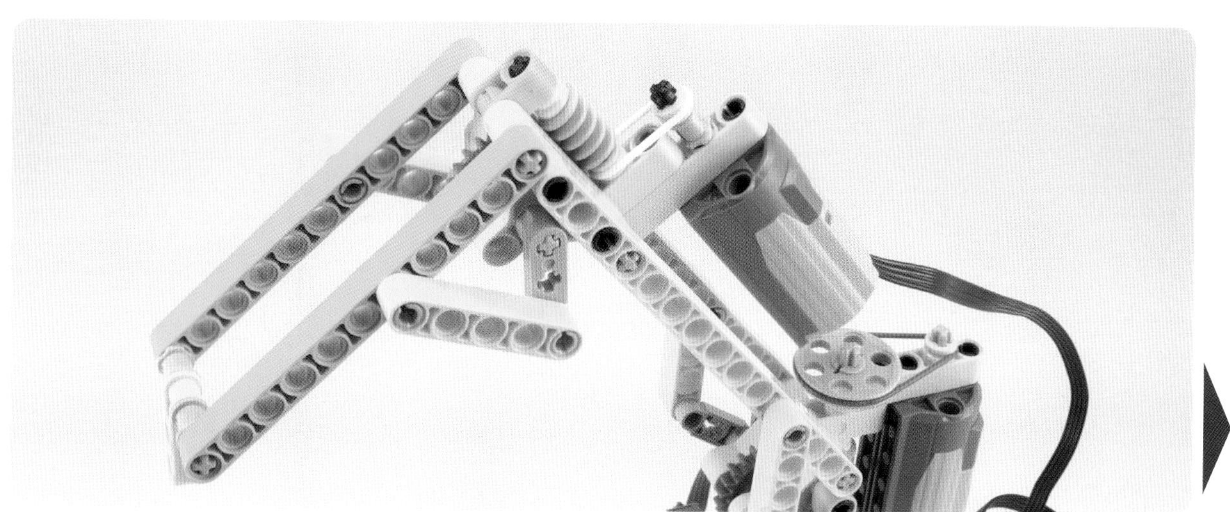

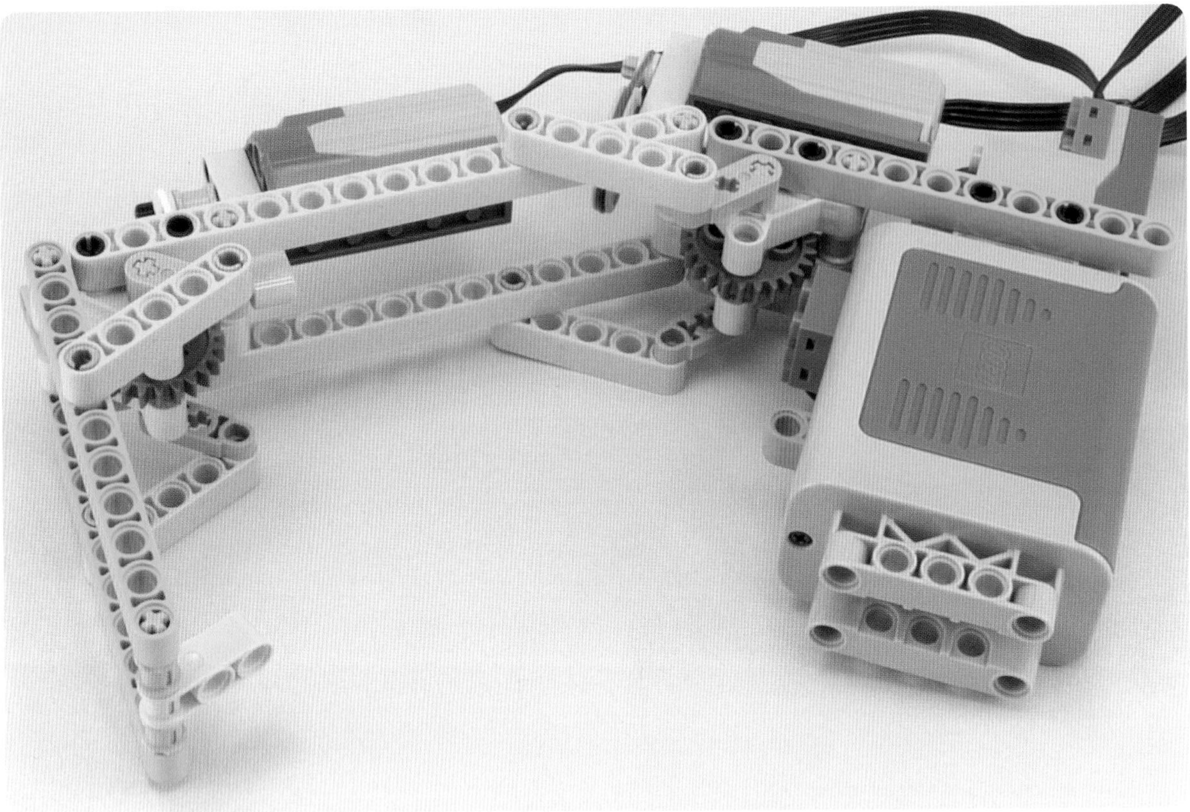

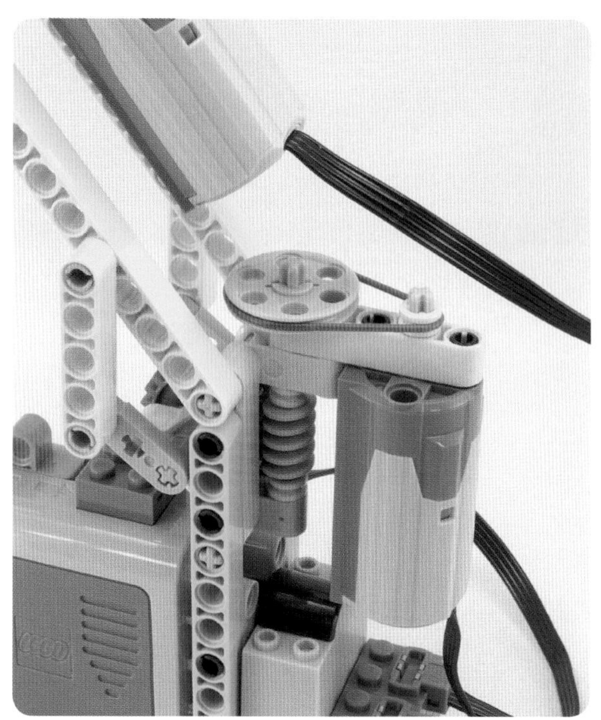

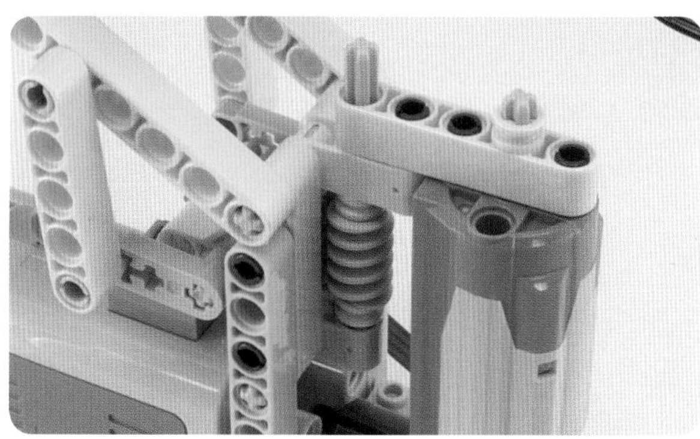

#251

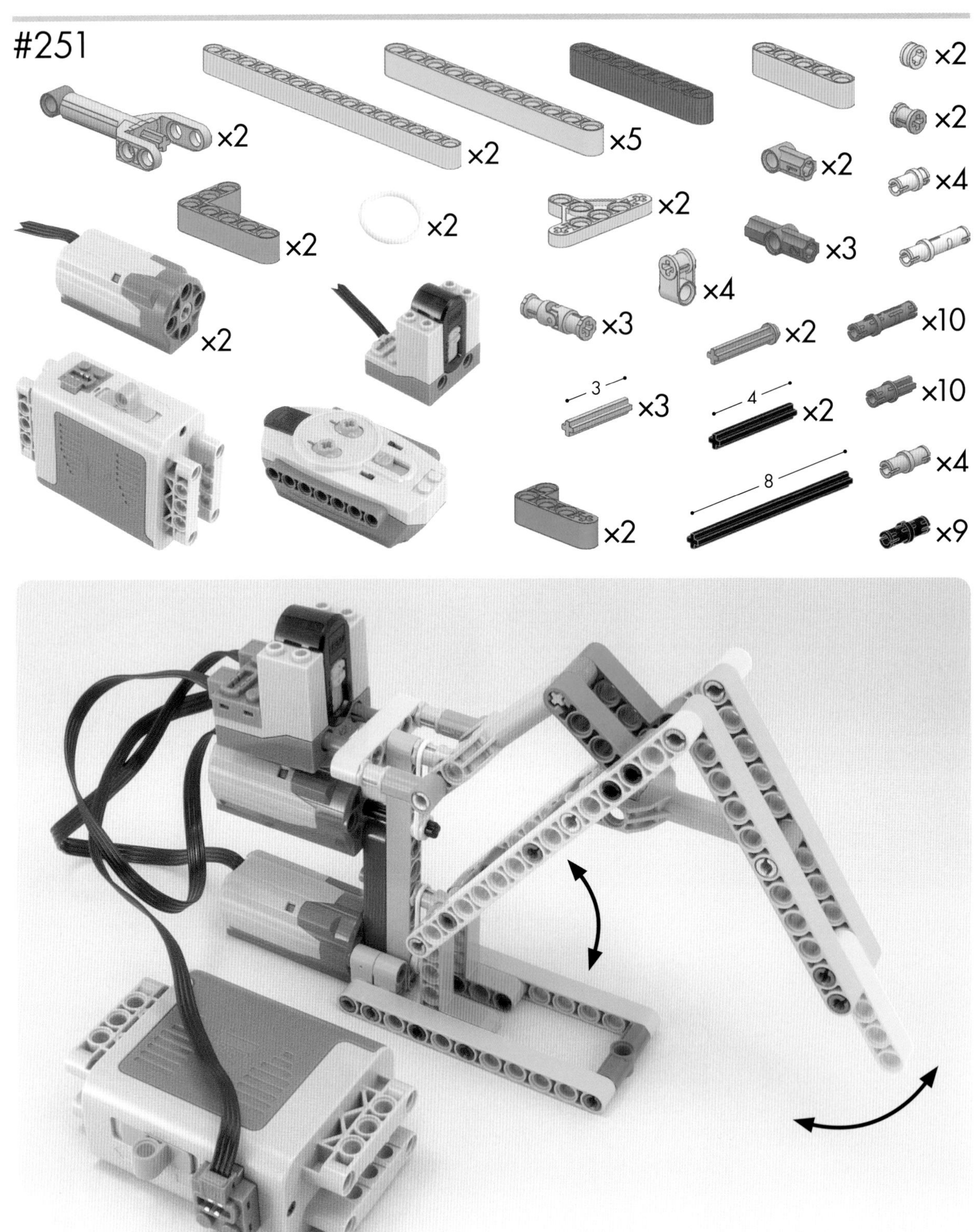

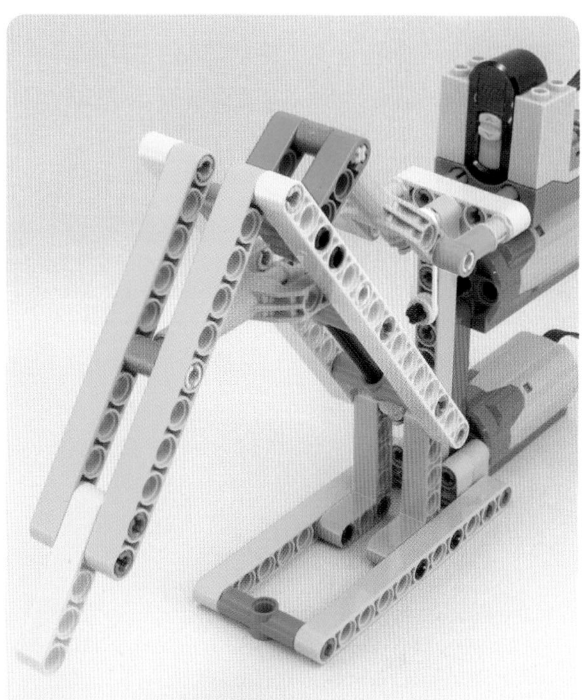

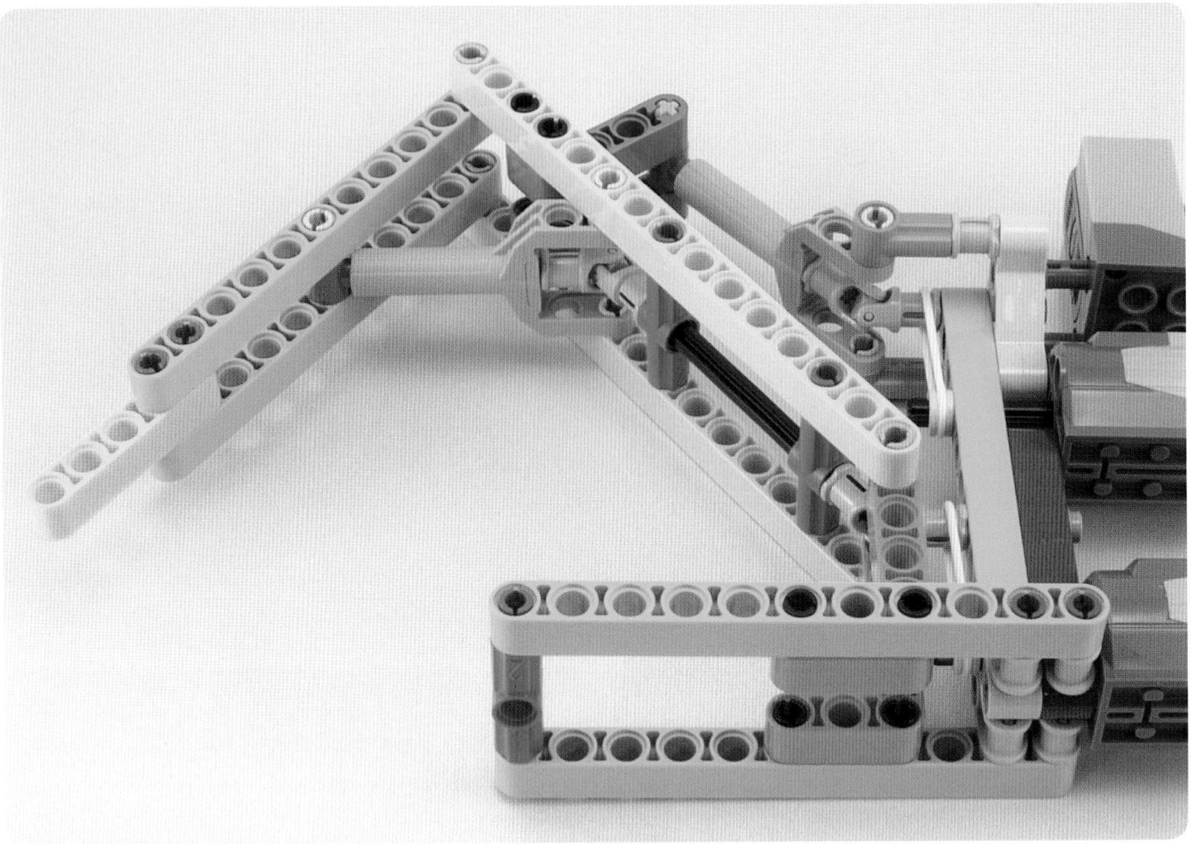

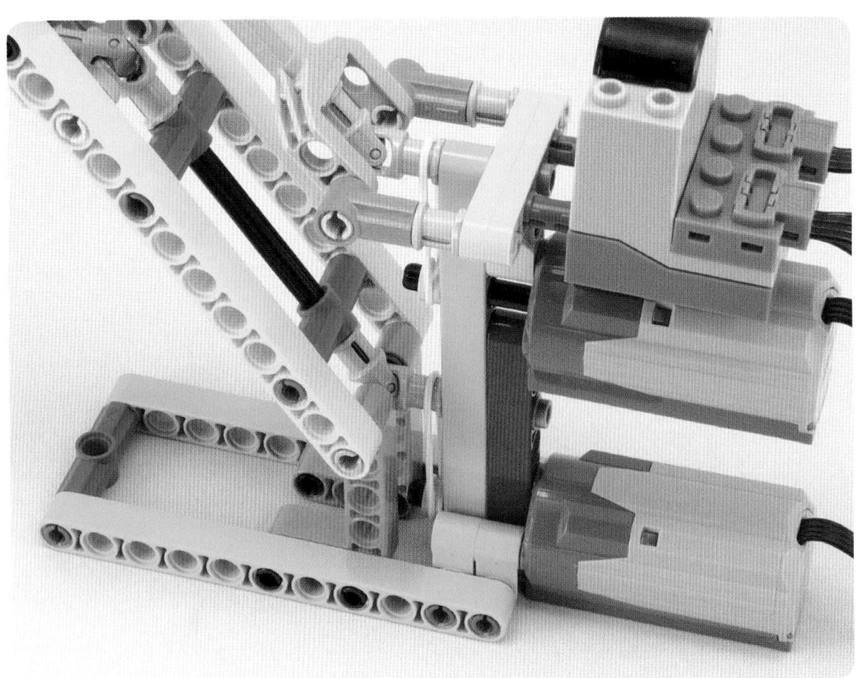

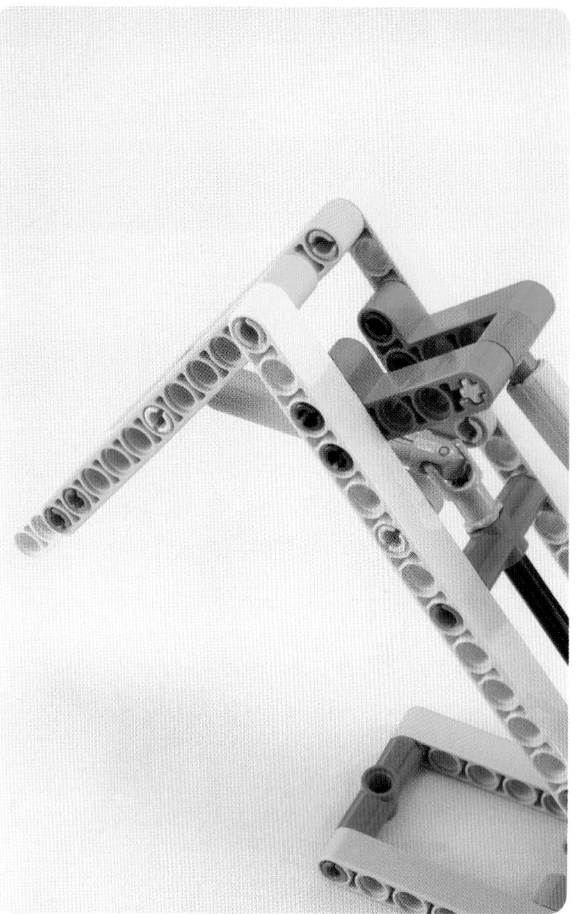

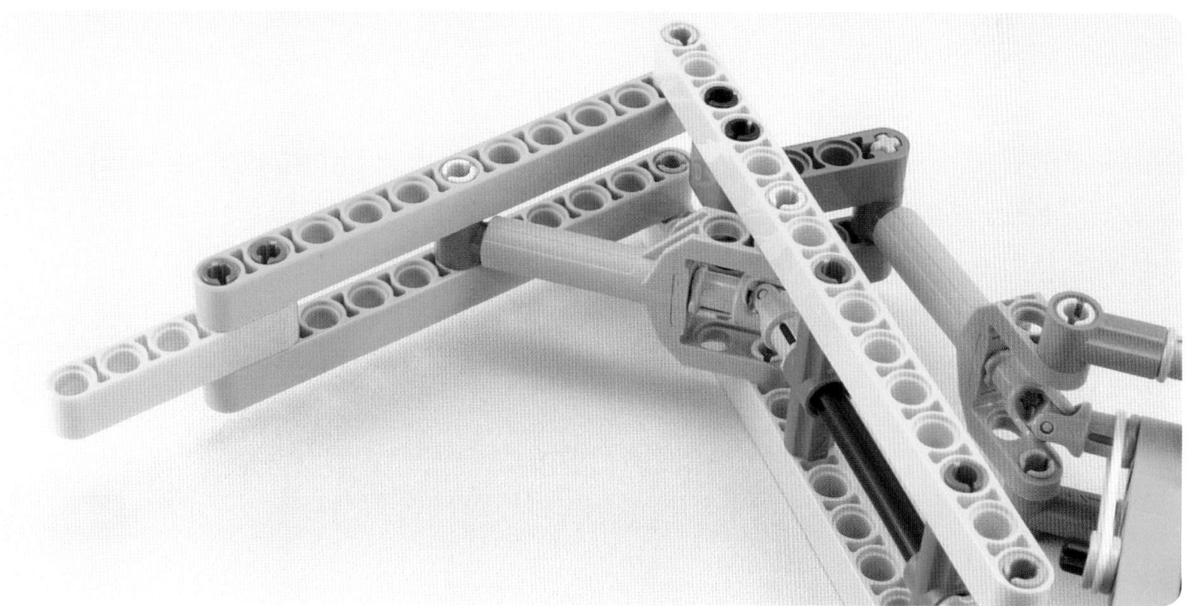

#252

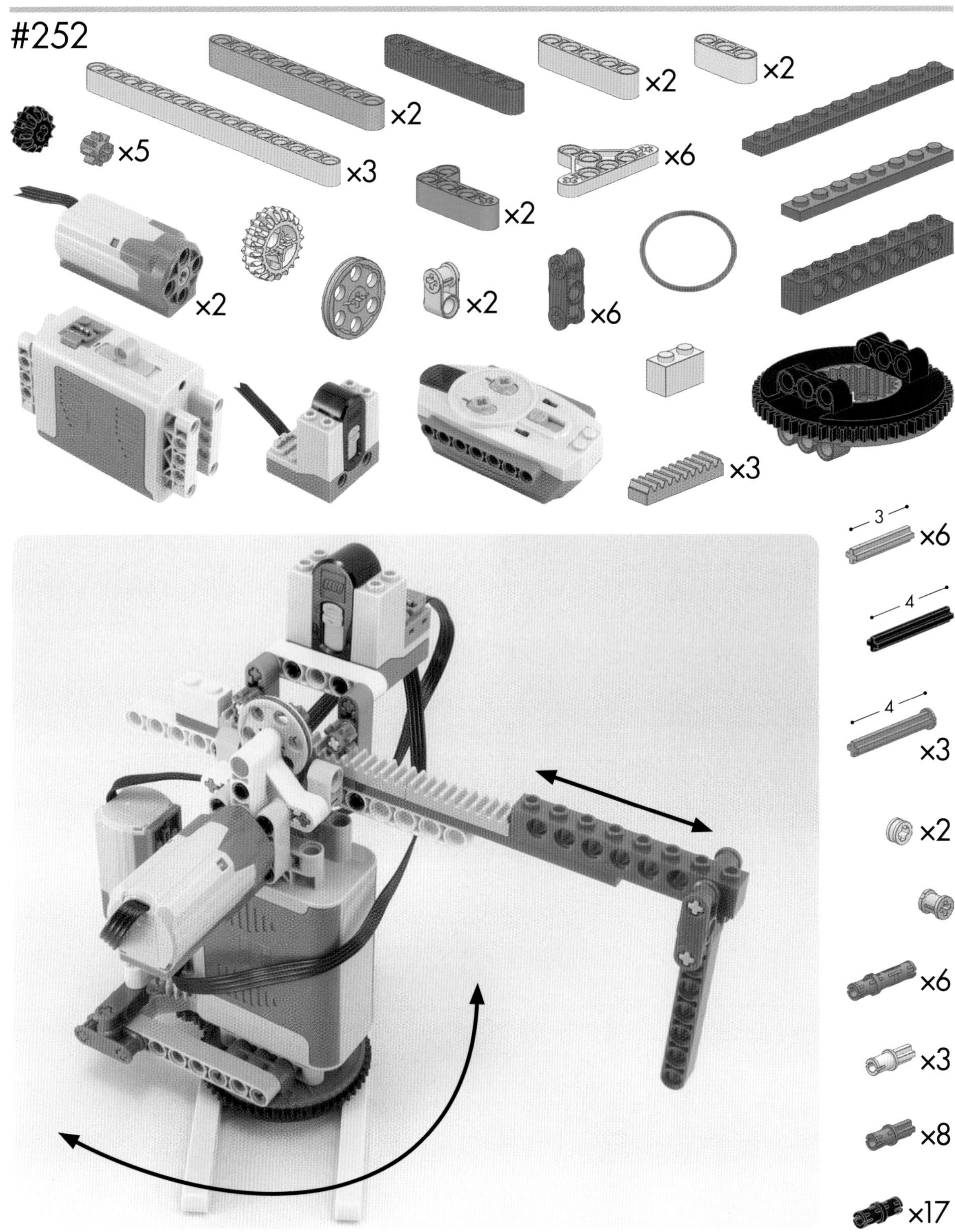

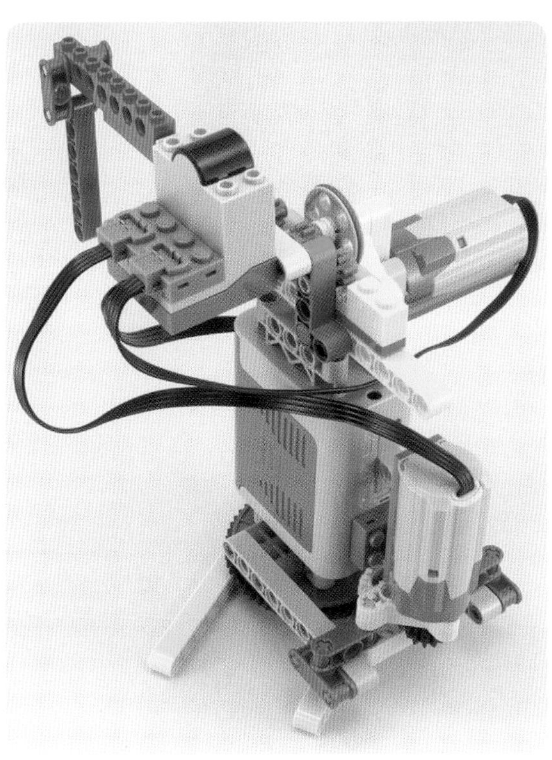

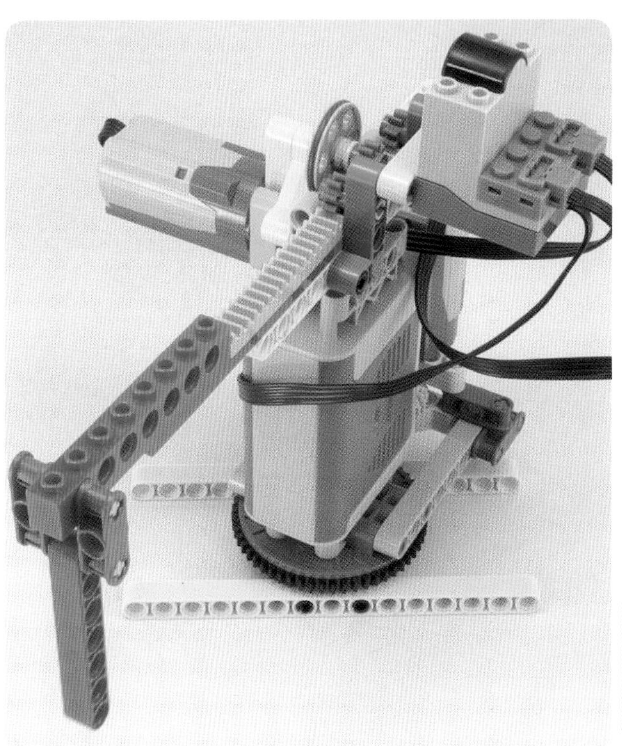

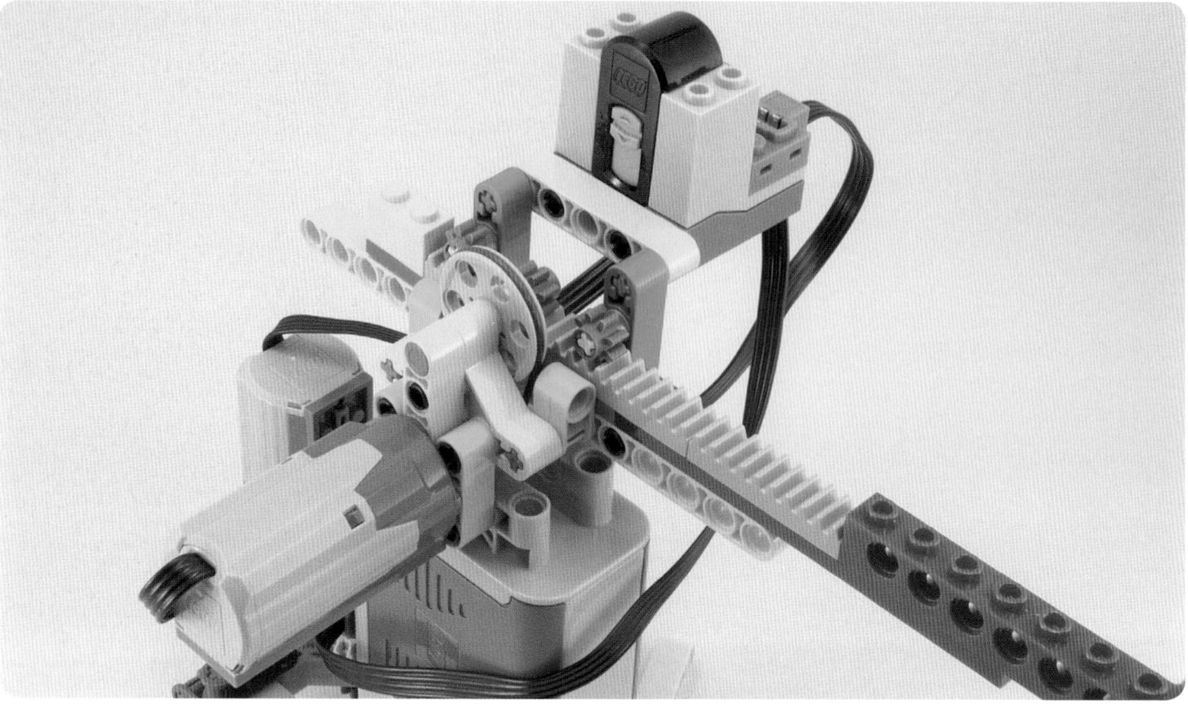

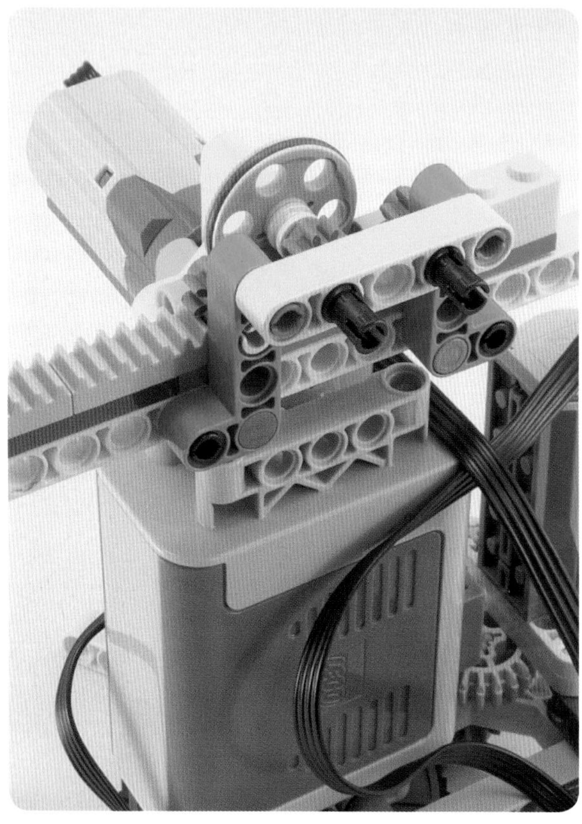

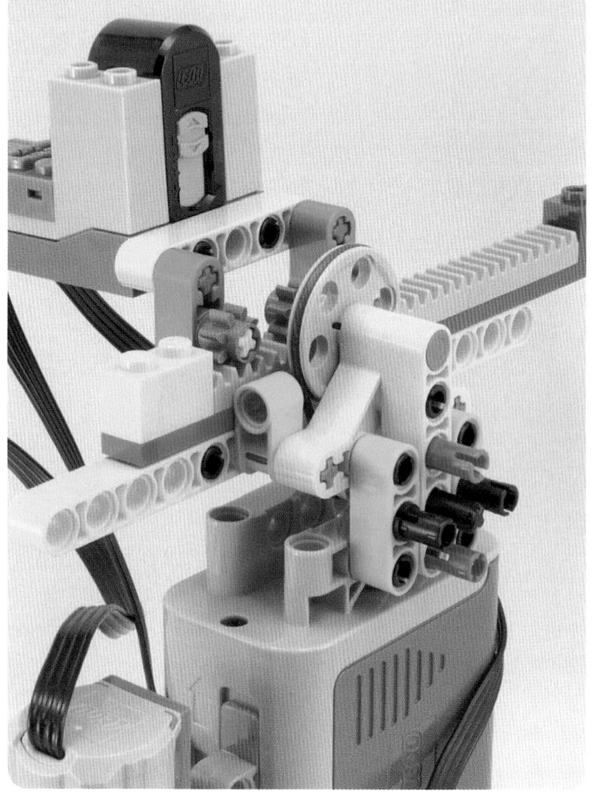

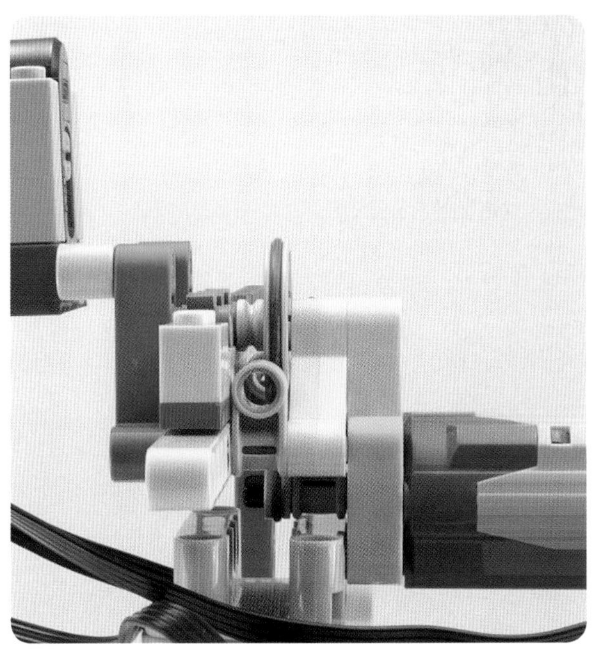

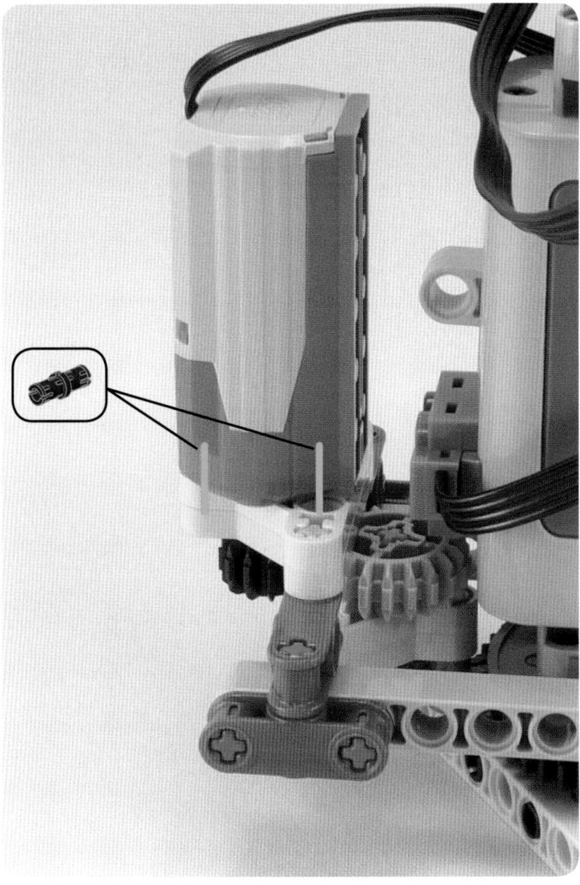

주의! 이 모델은 회전 중 부품이
이탈할 수 있습니다. 눈을 다치거나
주위의 물건이 깨지지 않도록 조심하세요.

회전하는 날개

#253

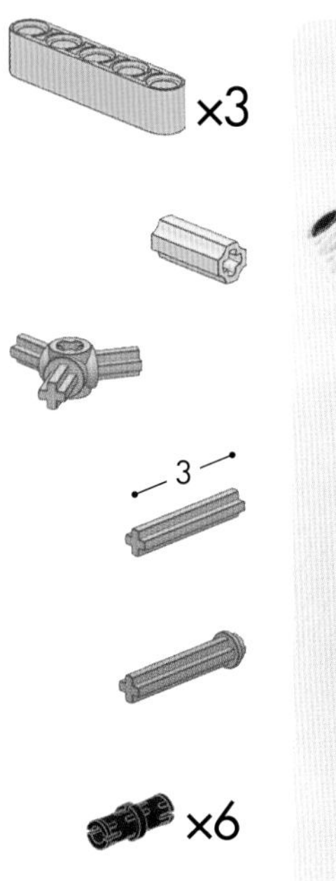

#254

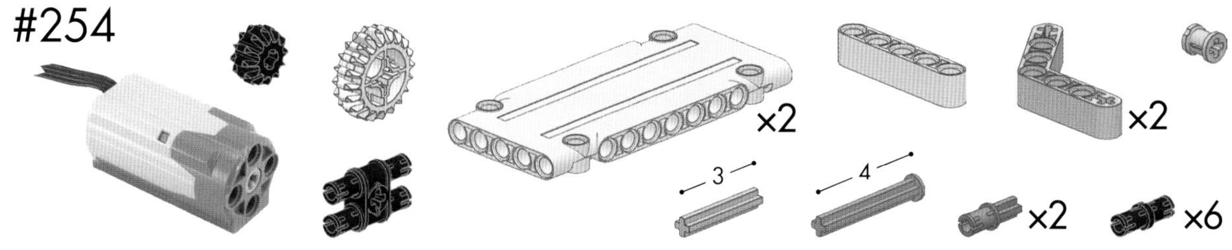

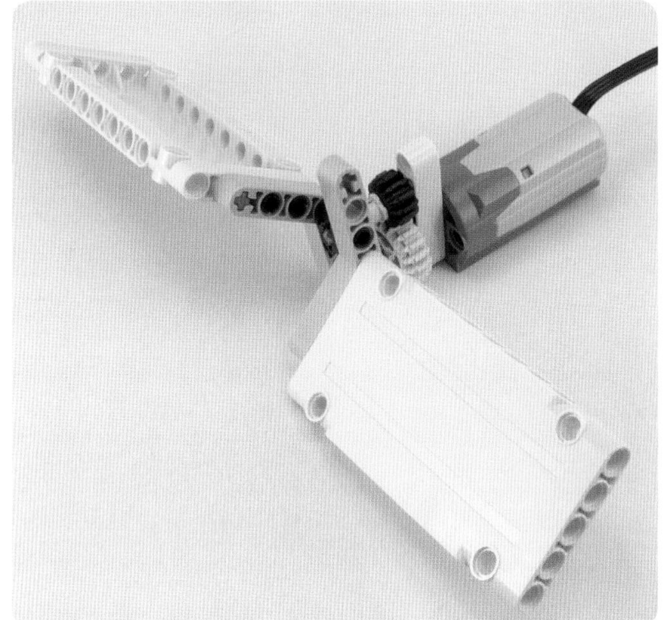

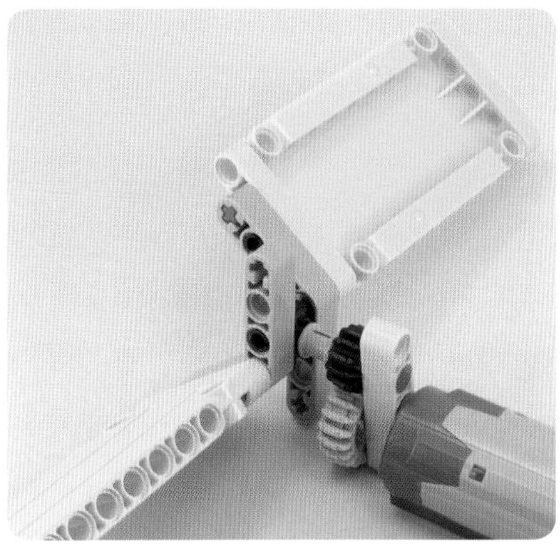

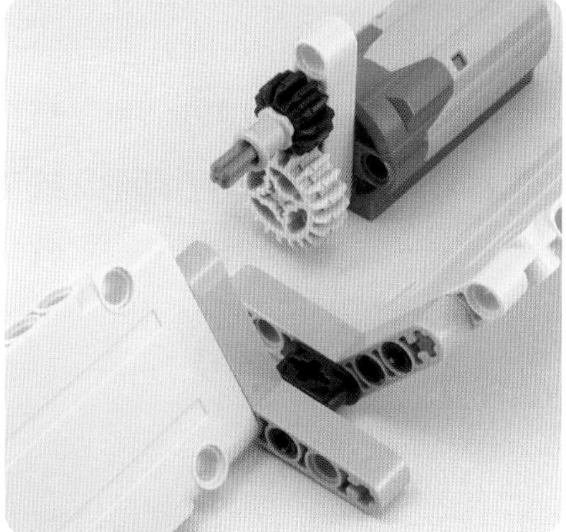

#255

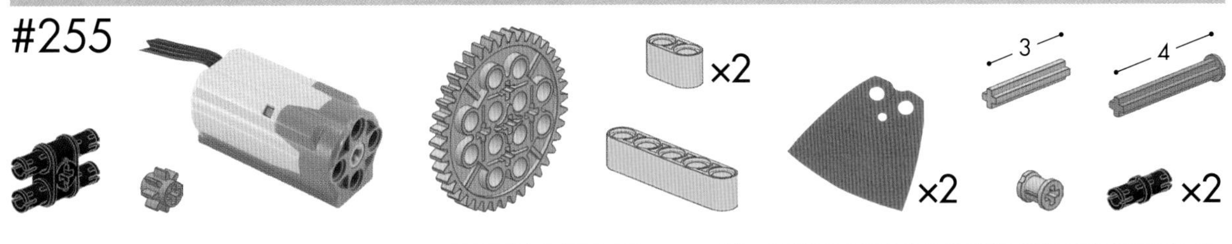

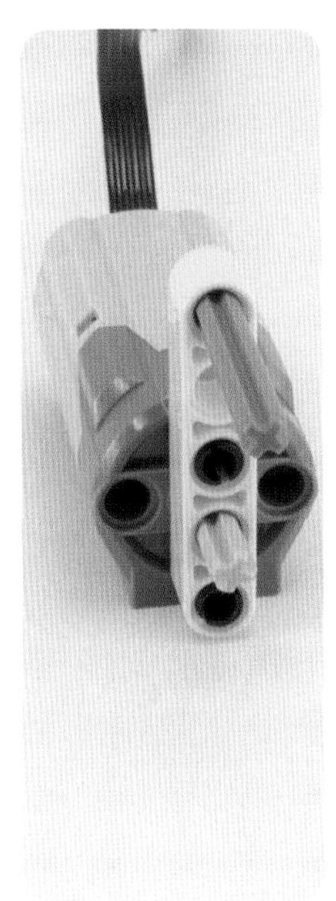

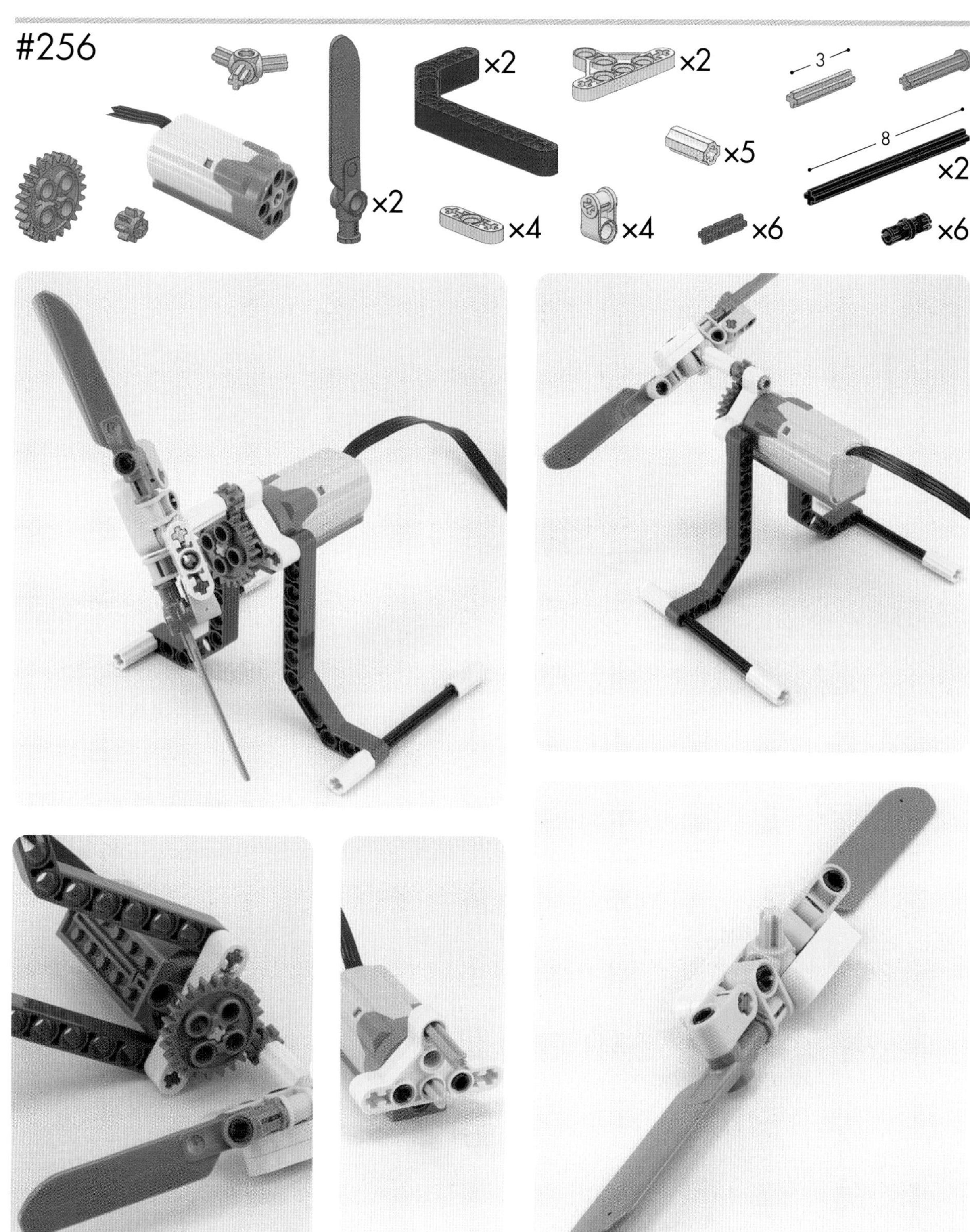
#256
×2
×2
×2
3
×5
8
×2
×2
×4
×4
×6
×6

#257

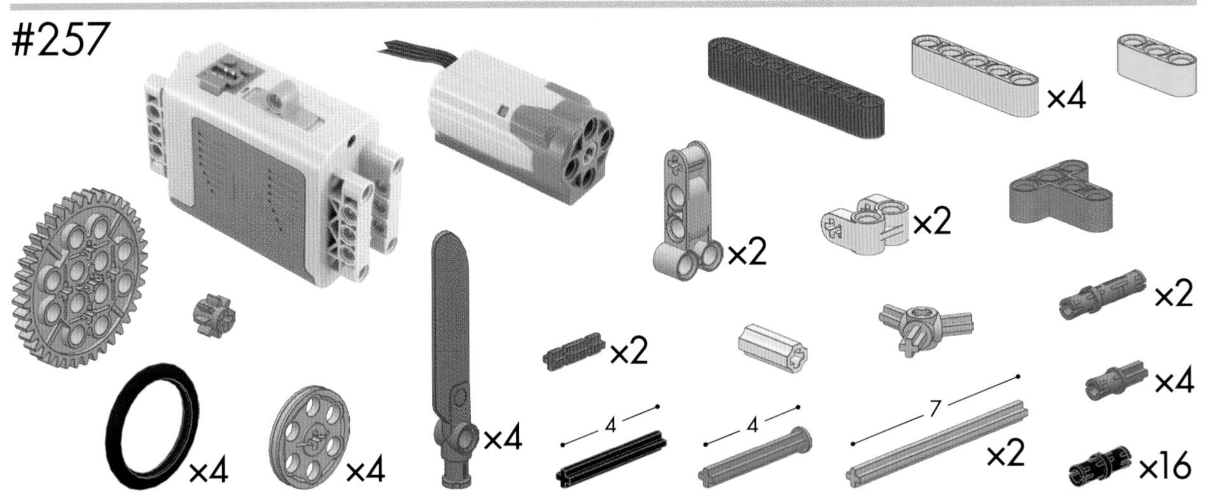

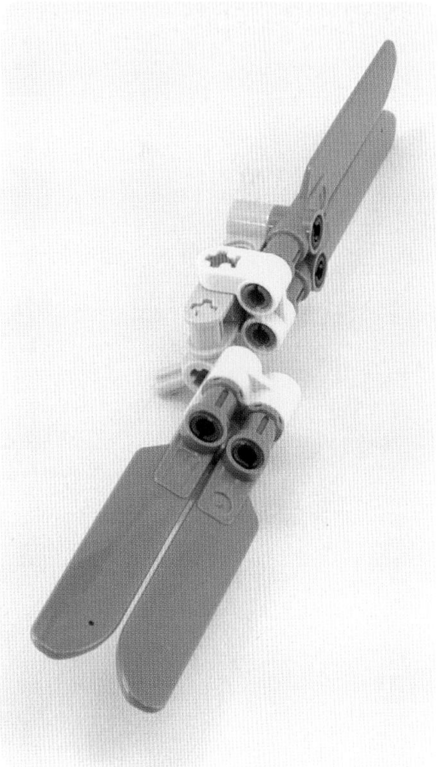

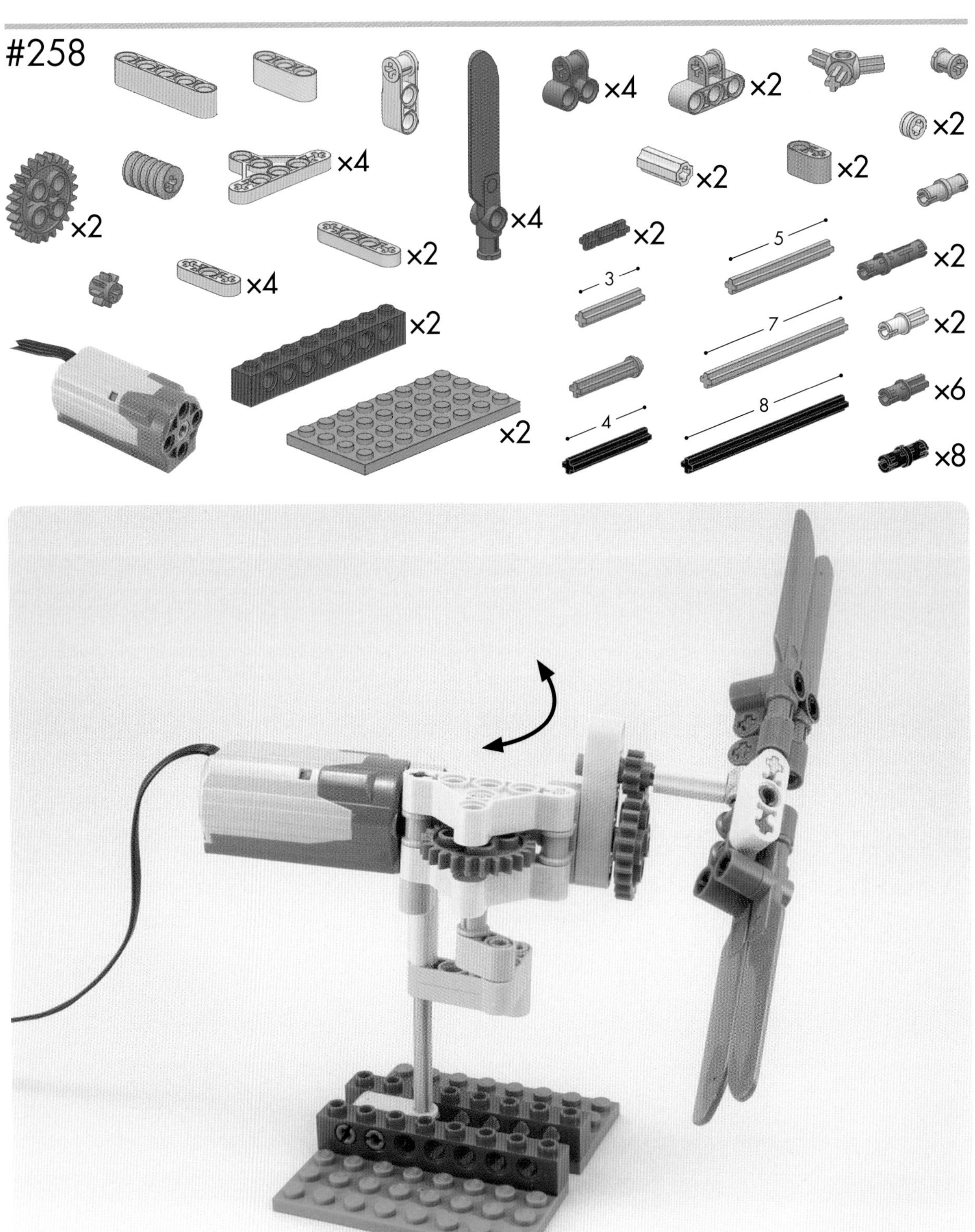
#258
×4
×2
×2
×4
×2
×2
×4
×2
×2
×2
×4
5
×2
3
×2
×2
7
×2
×6
4
8
×2
×8

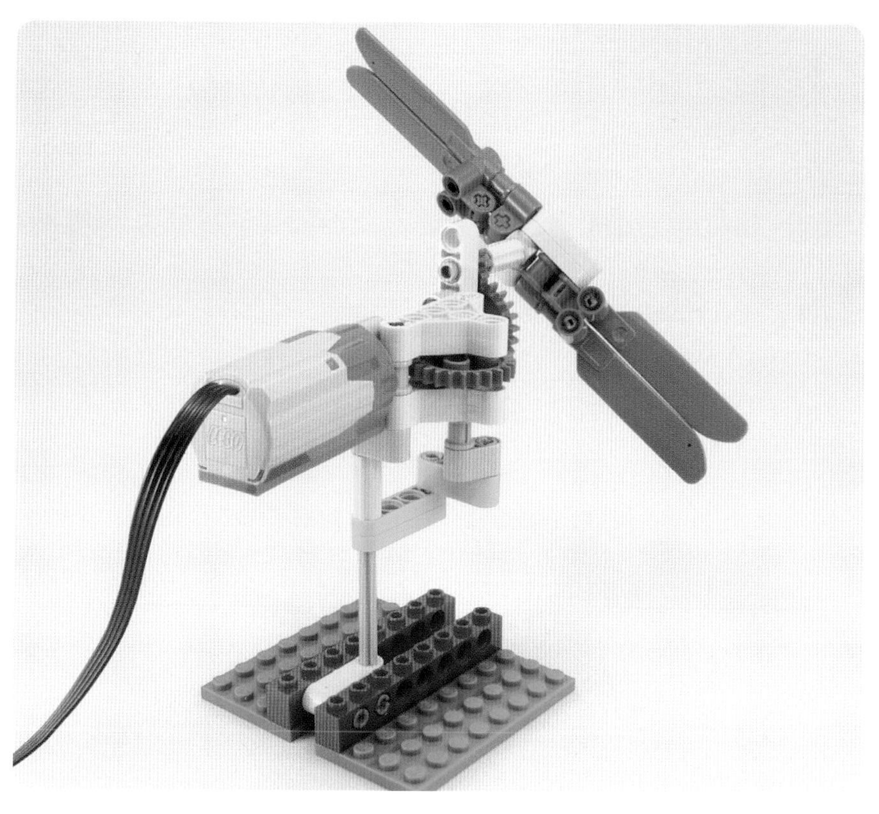
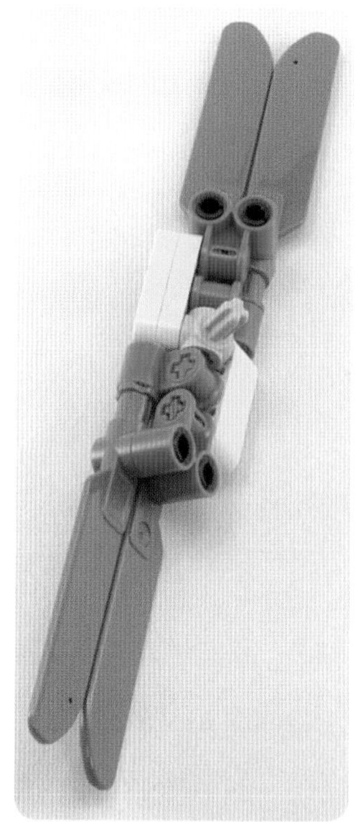

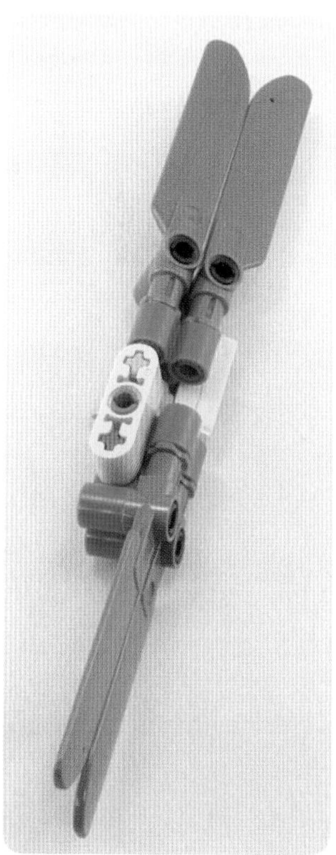

#259

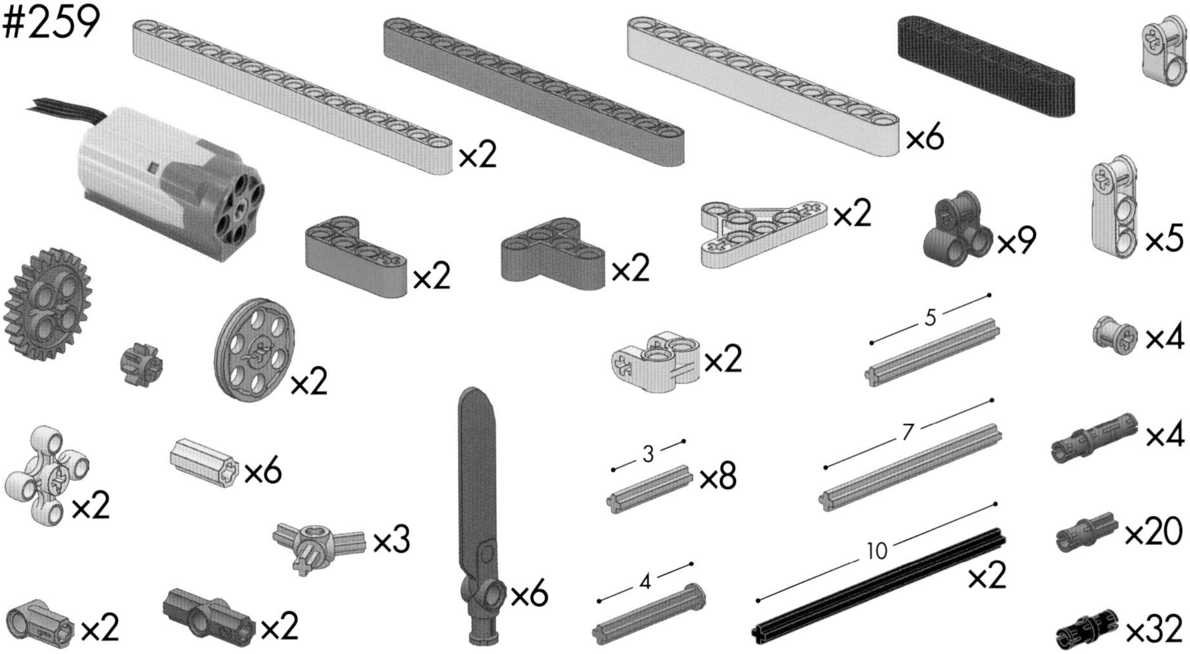

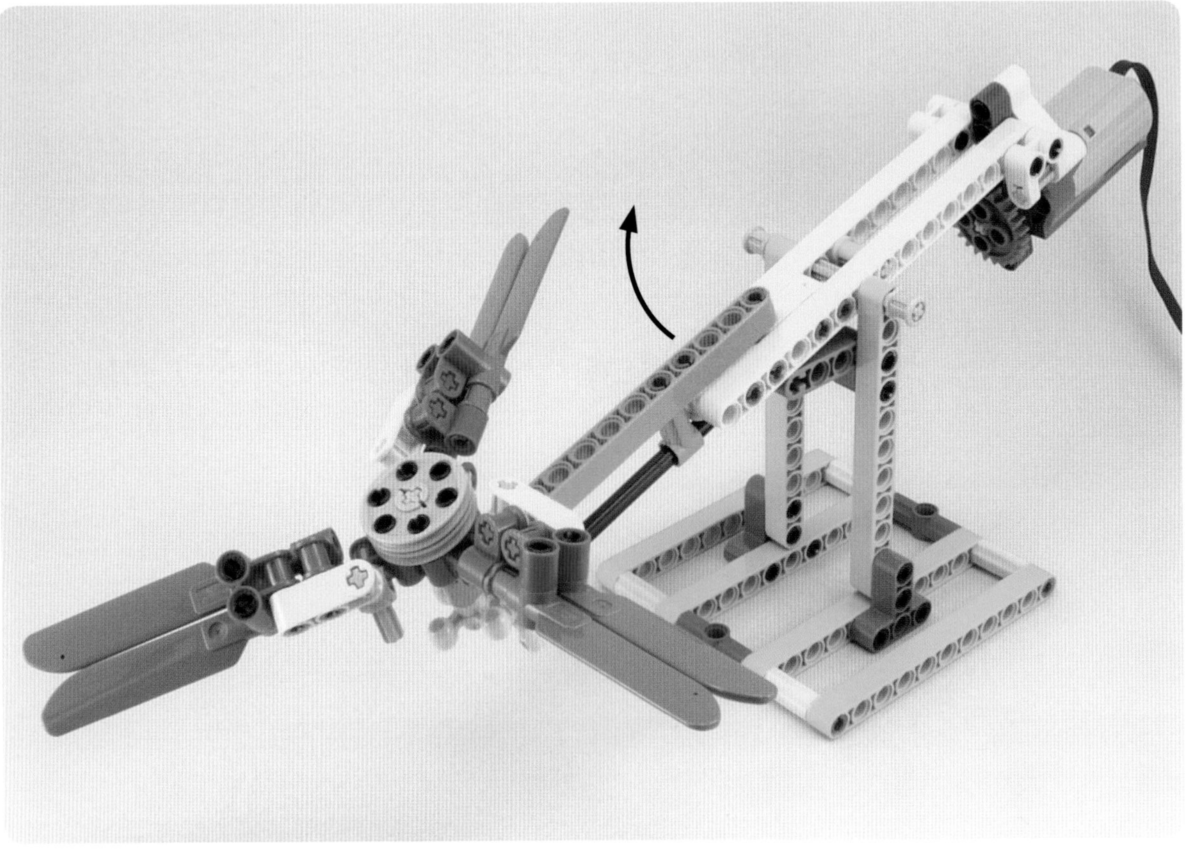

×2
×6
×2
×2
×2
×9
×5
×2
×2
5
×4
×2
×4
7
3
×8
×6
×2
×3
×20
10
×6
4
×2
×2
×2
×32

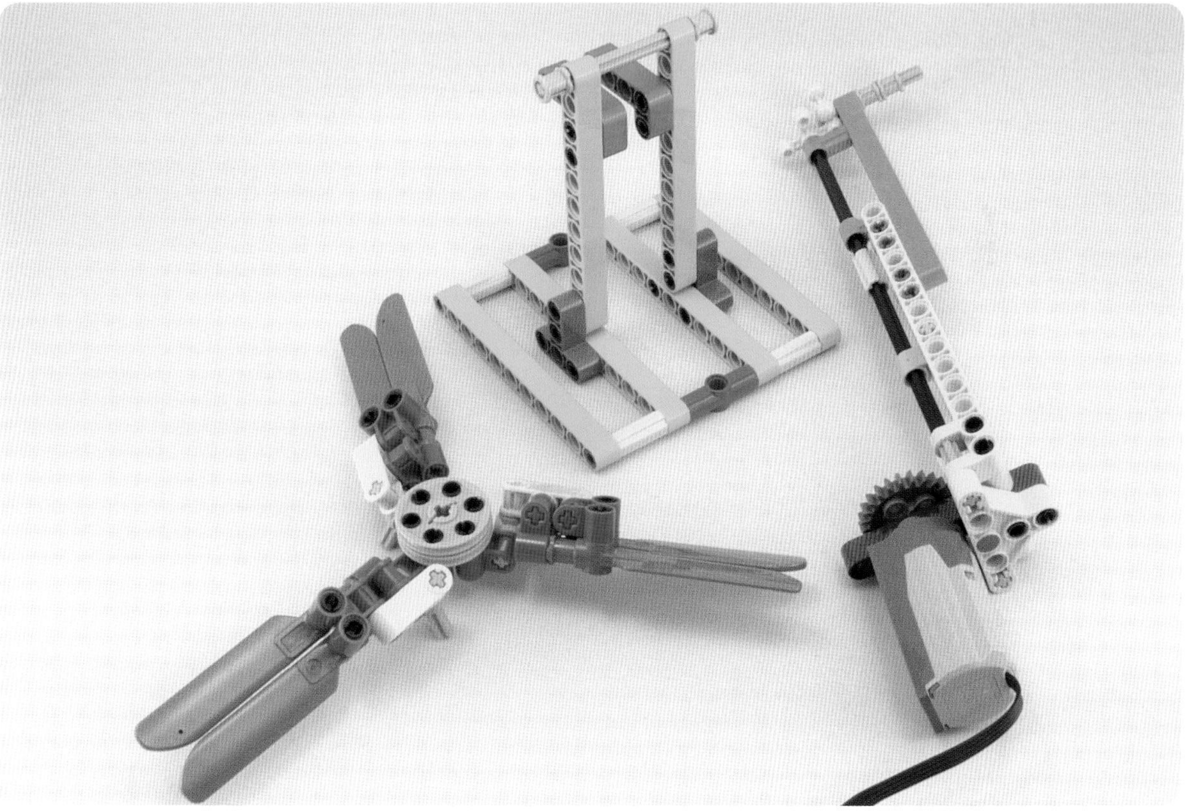

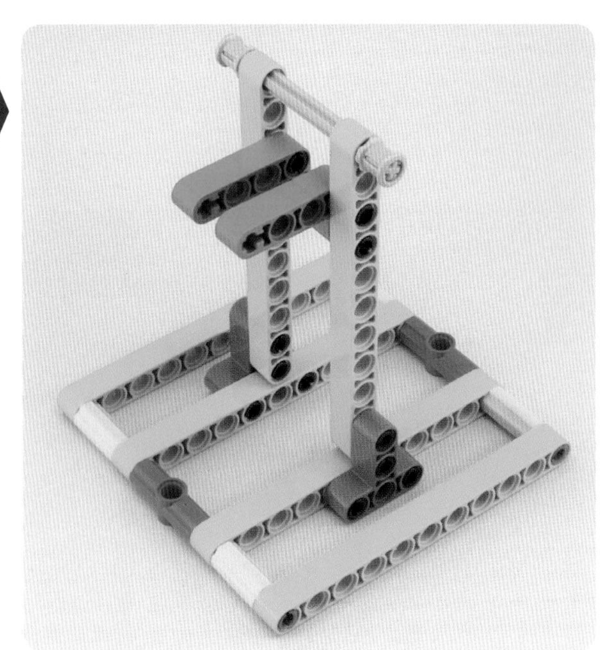

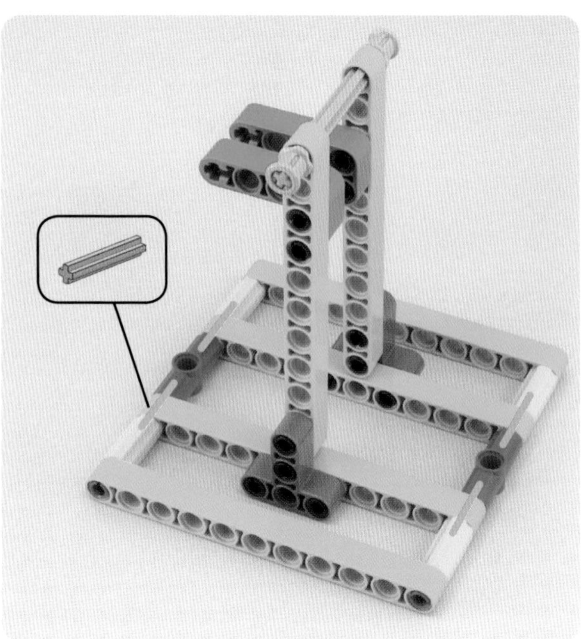

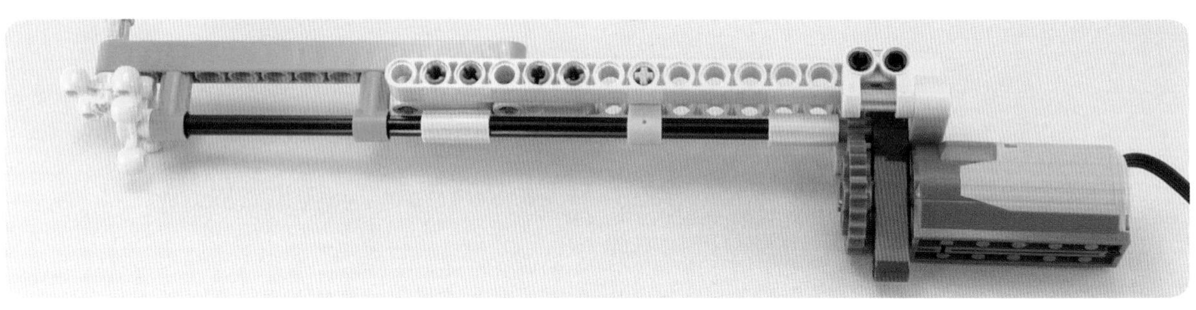

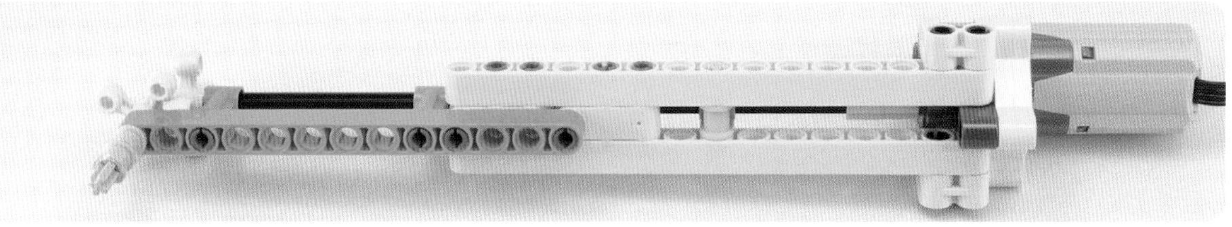

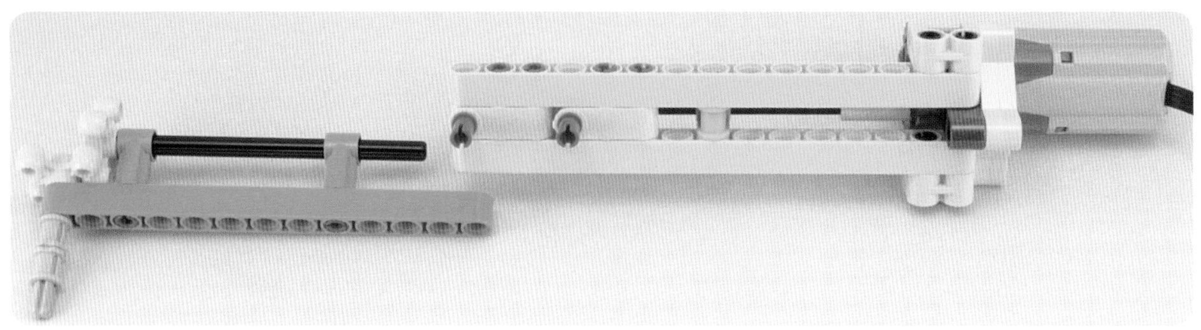

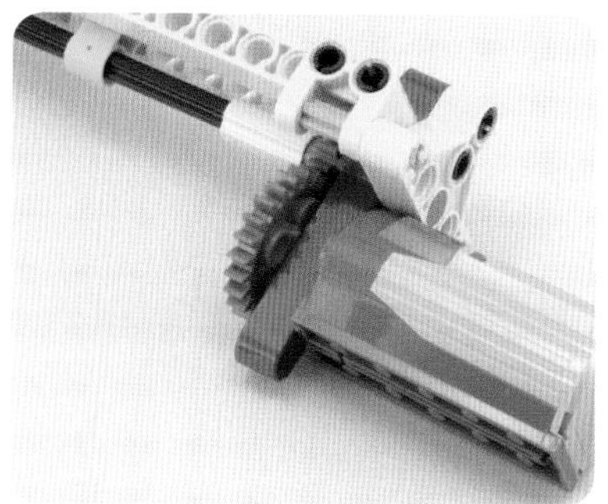

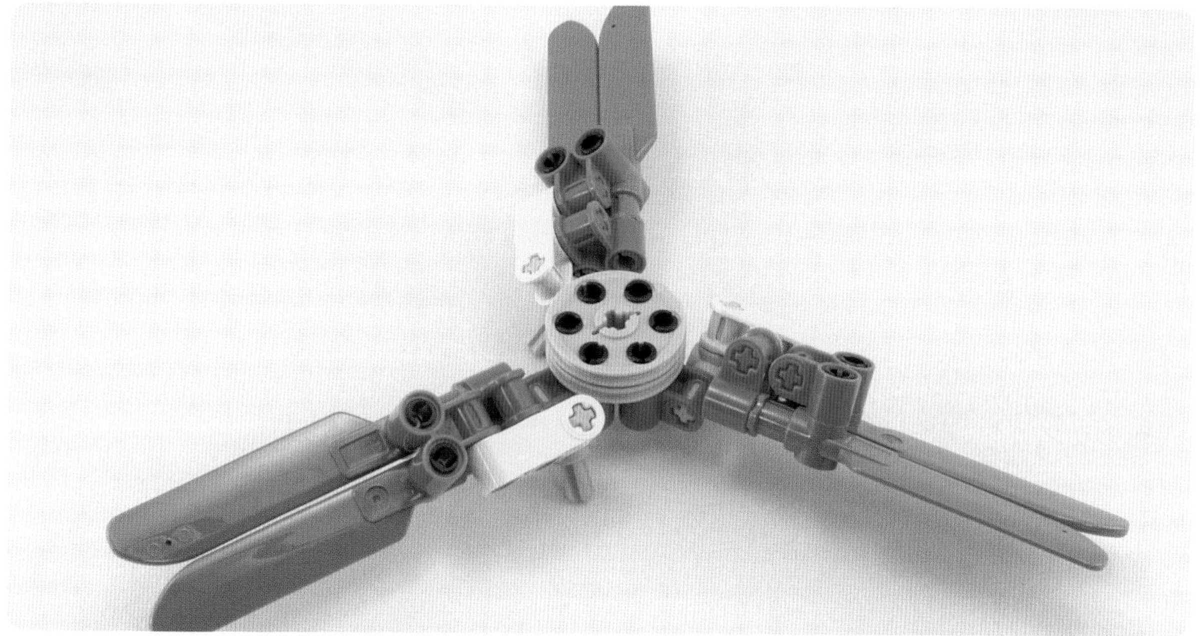
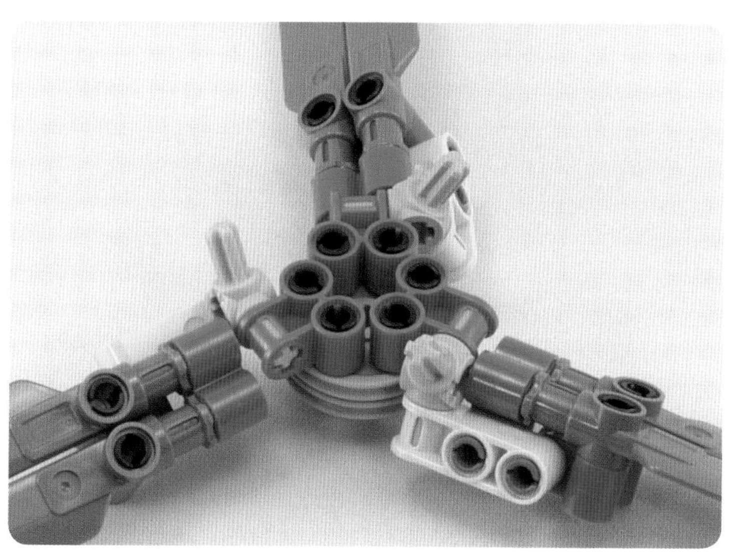
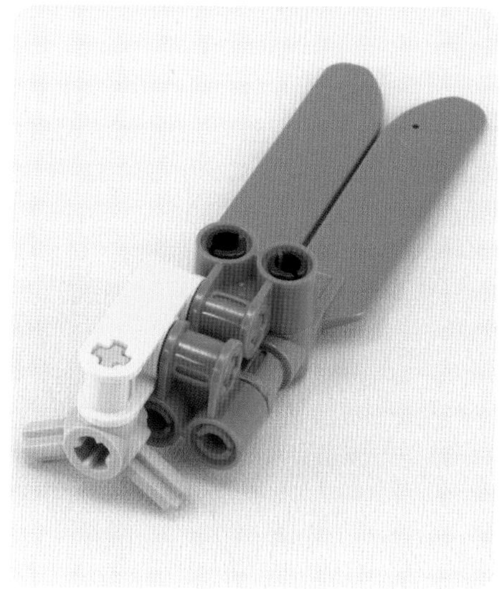

그림을 그리는 재미있는 장치

#260

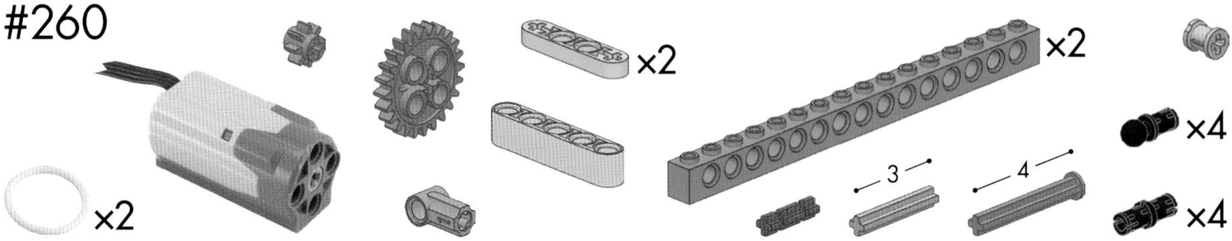

×2

×2

×2

3

4

×4

×4

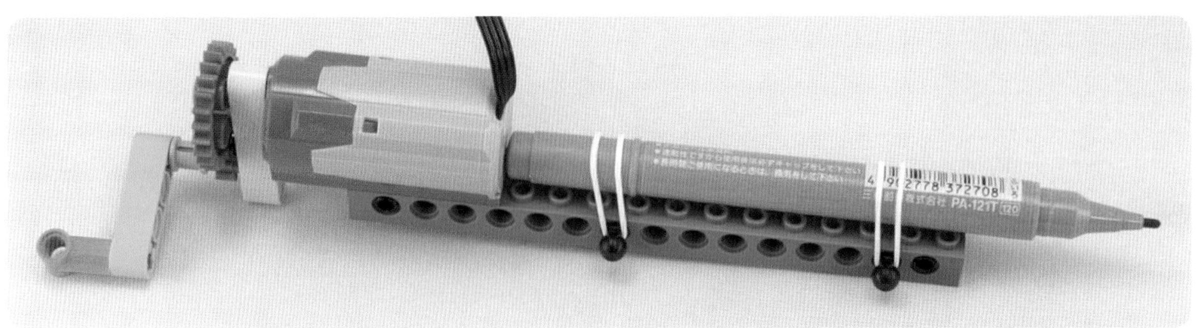
PA-121T

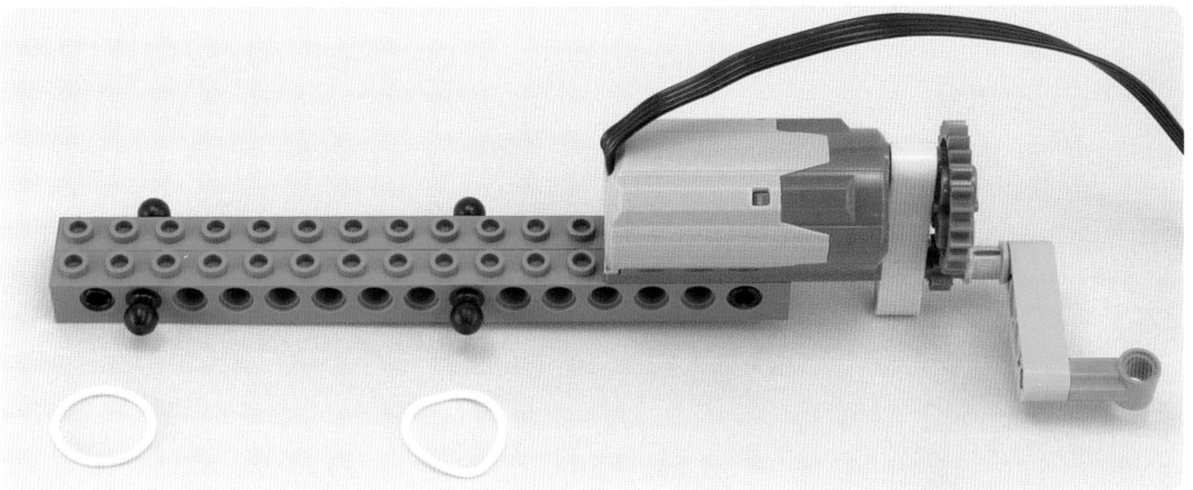

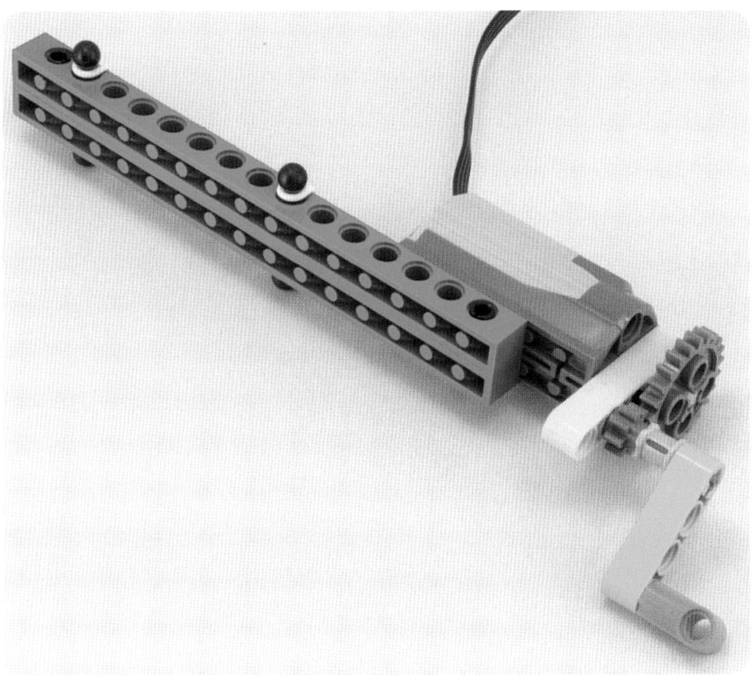

#261

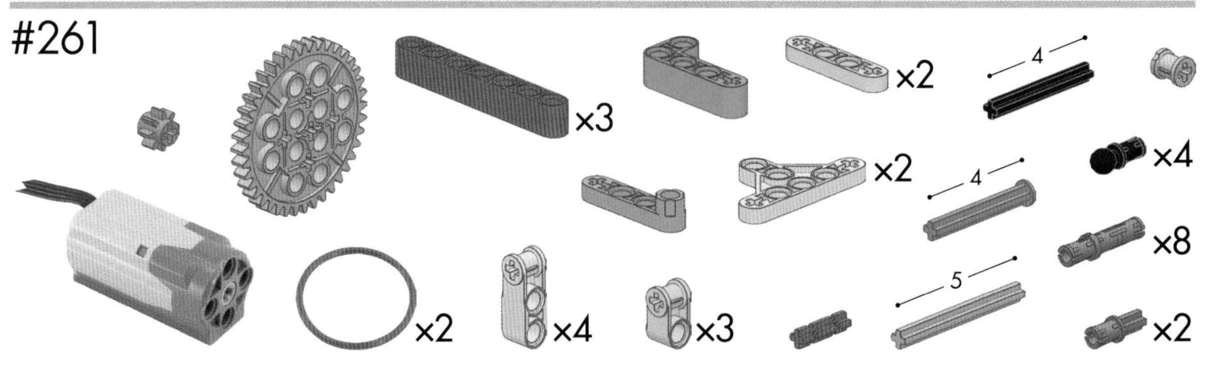

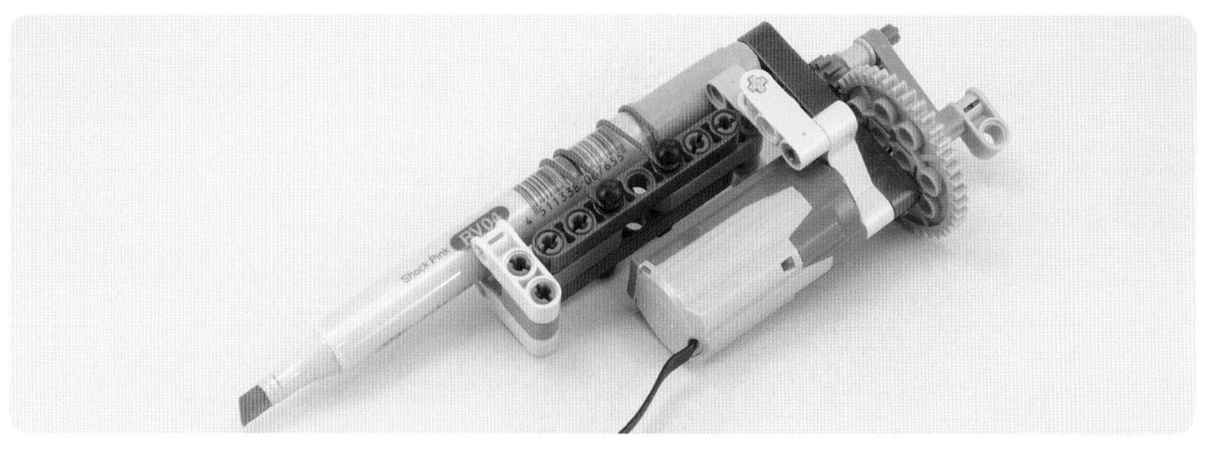
Shock Pink
BV04

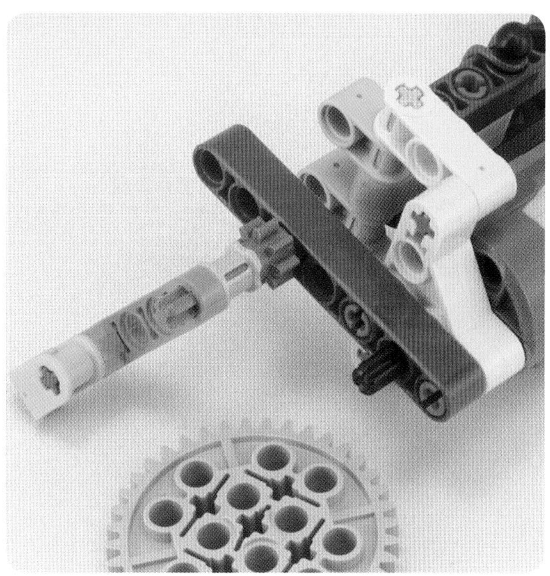

#262

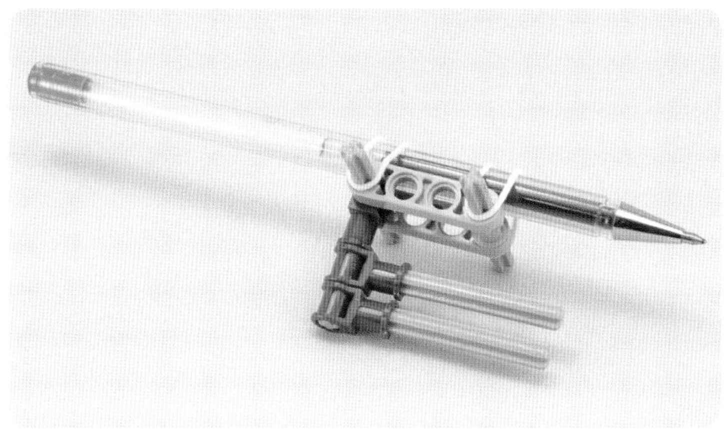

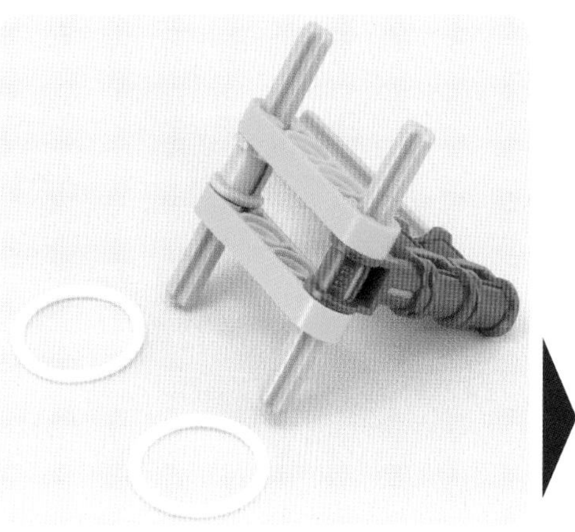

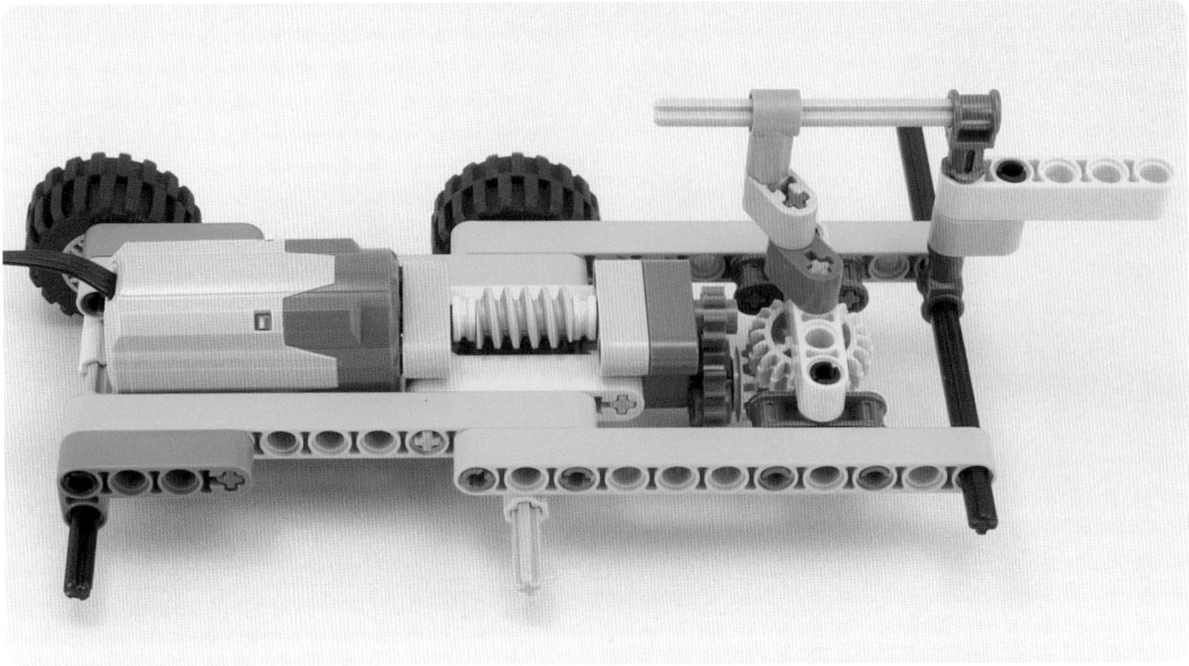

#263

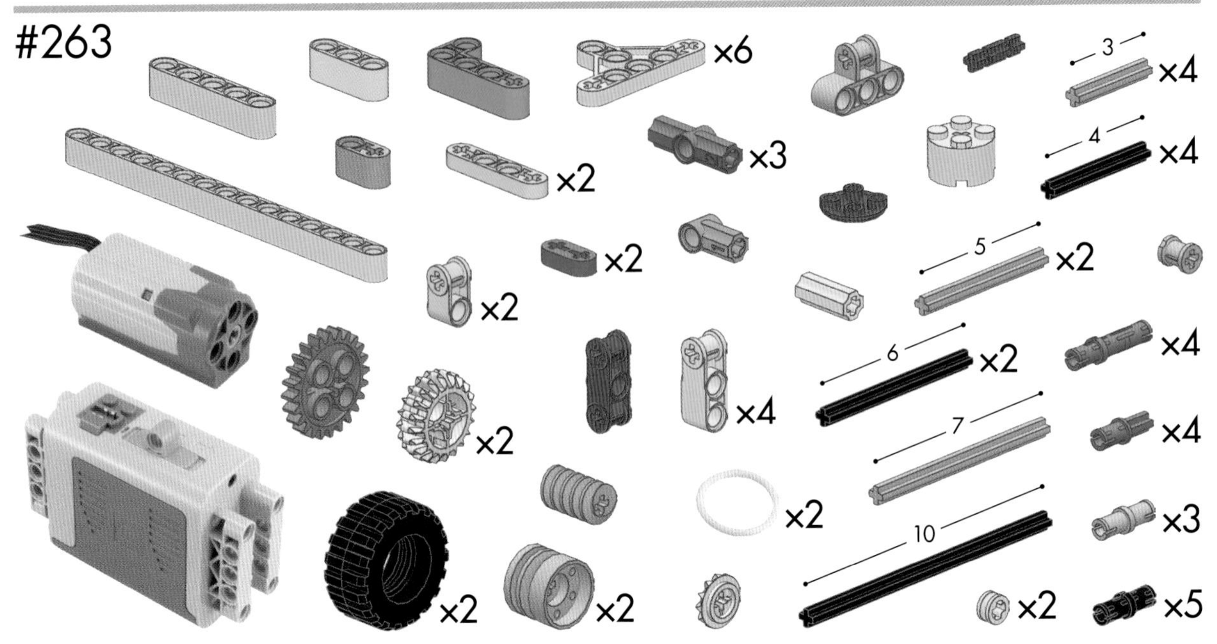

B05

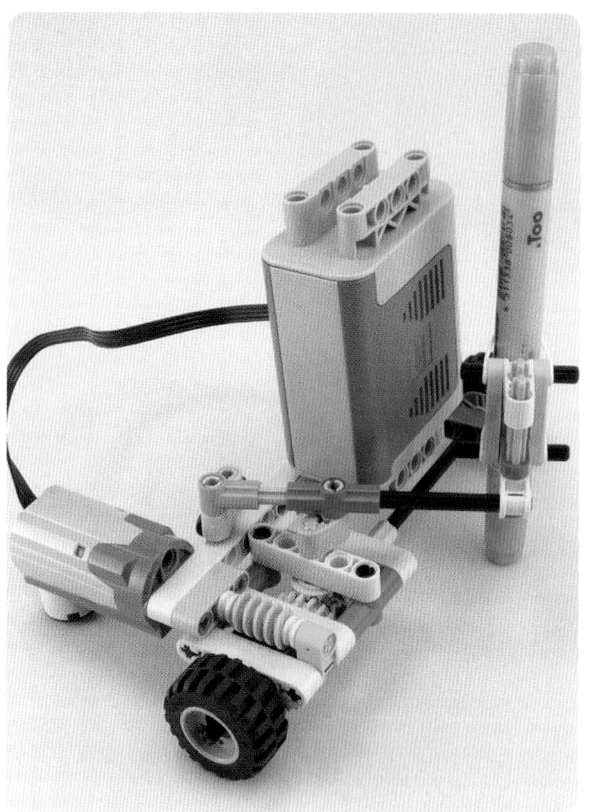
.Too

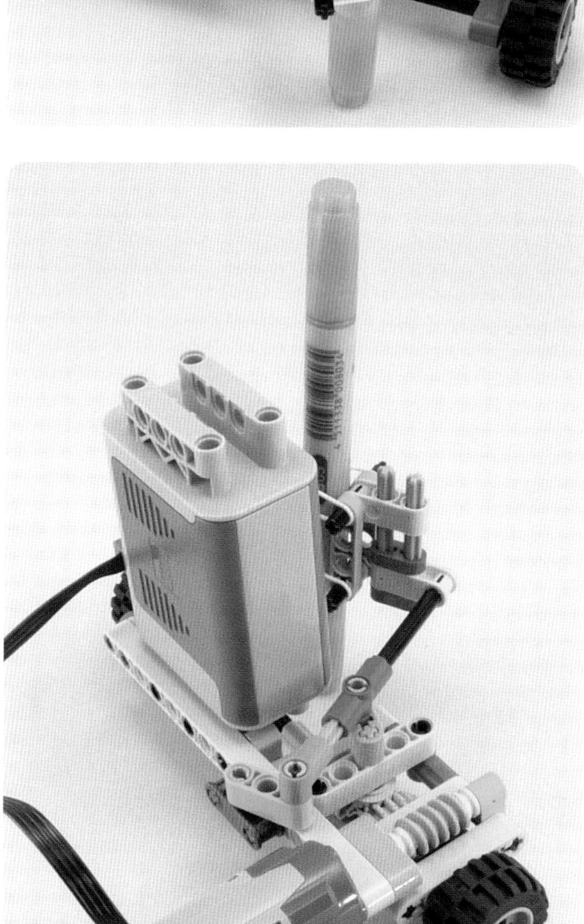

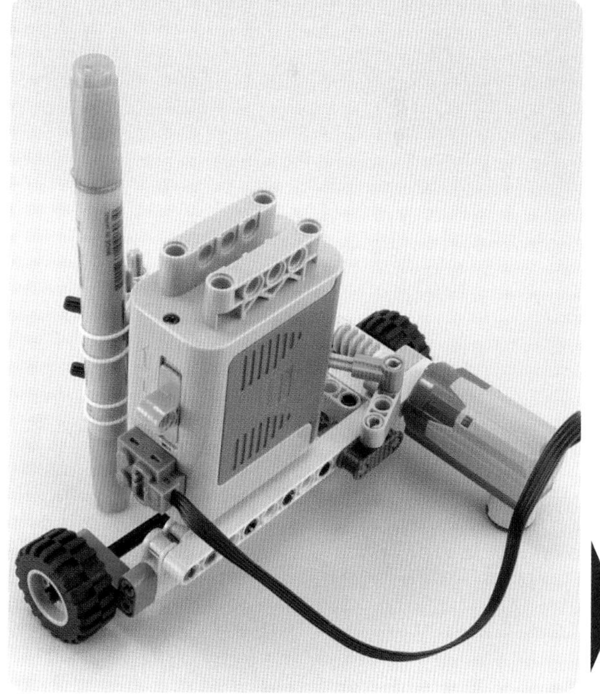

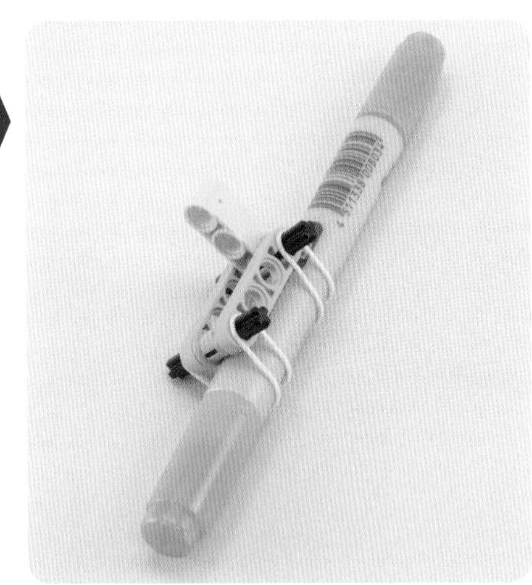

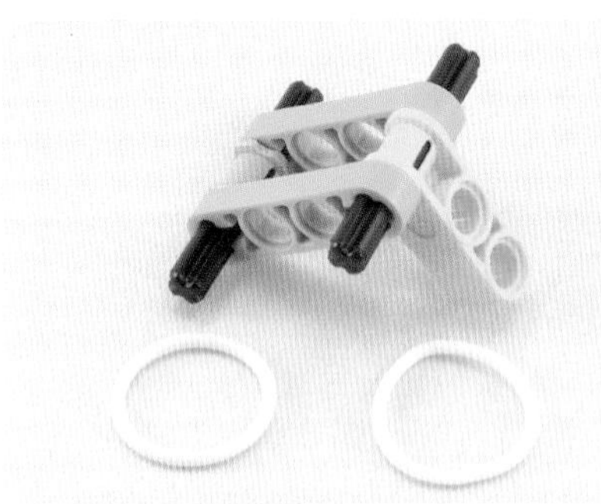

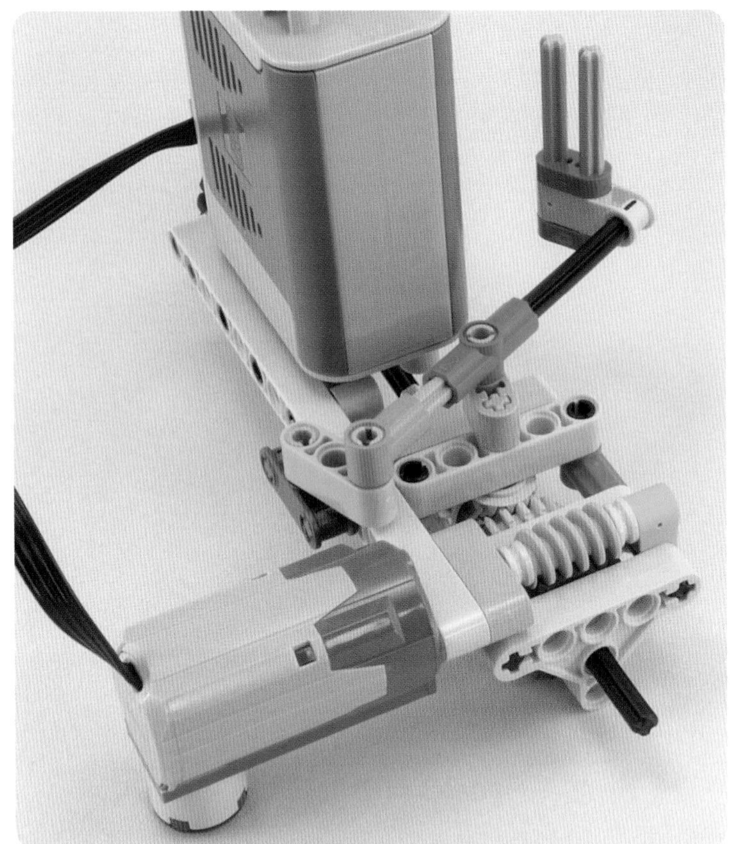

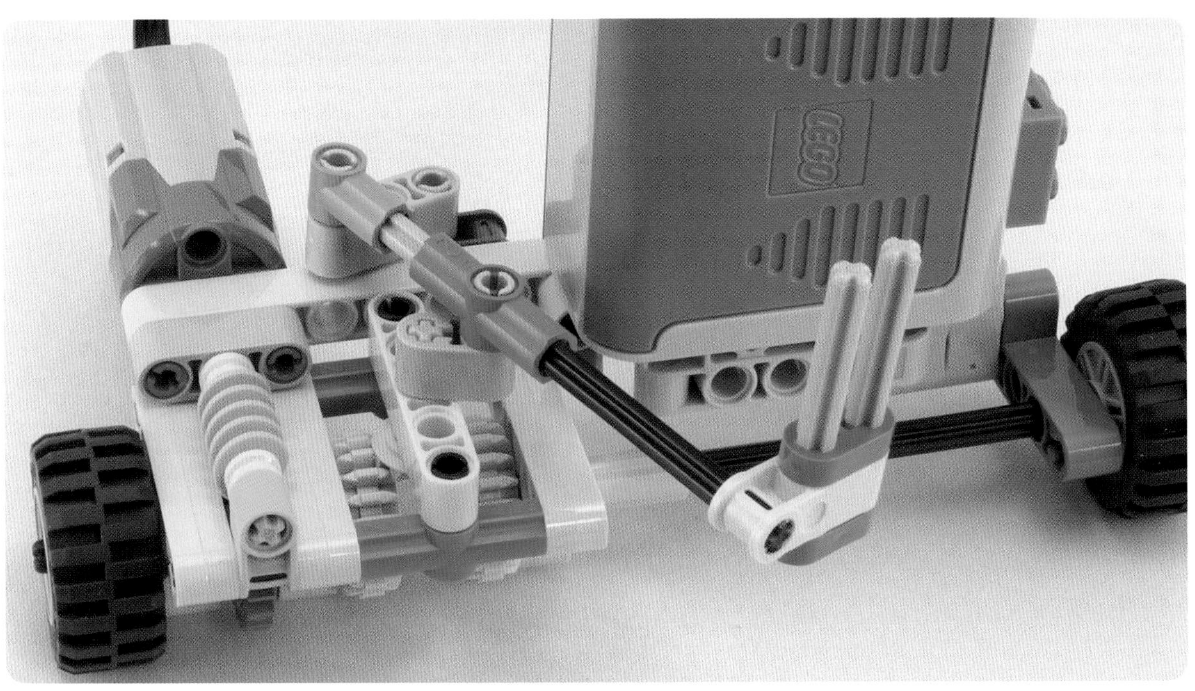

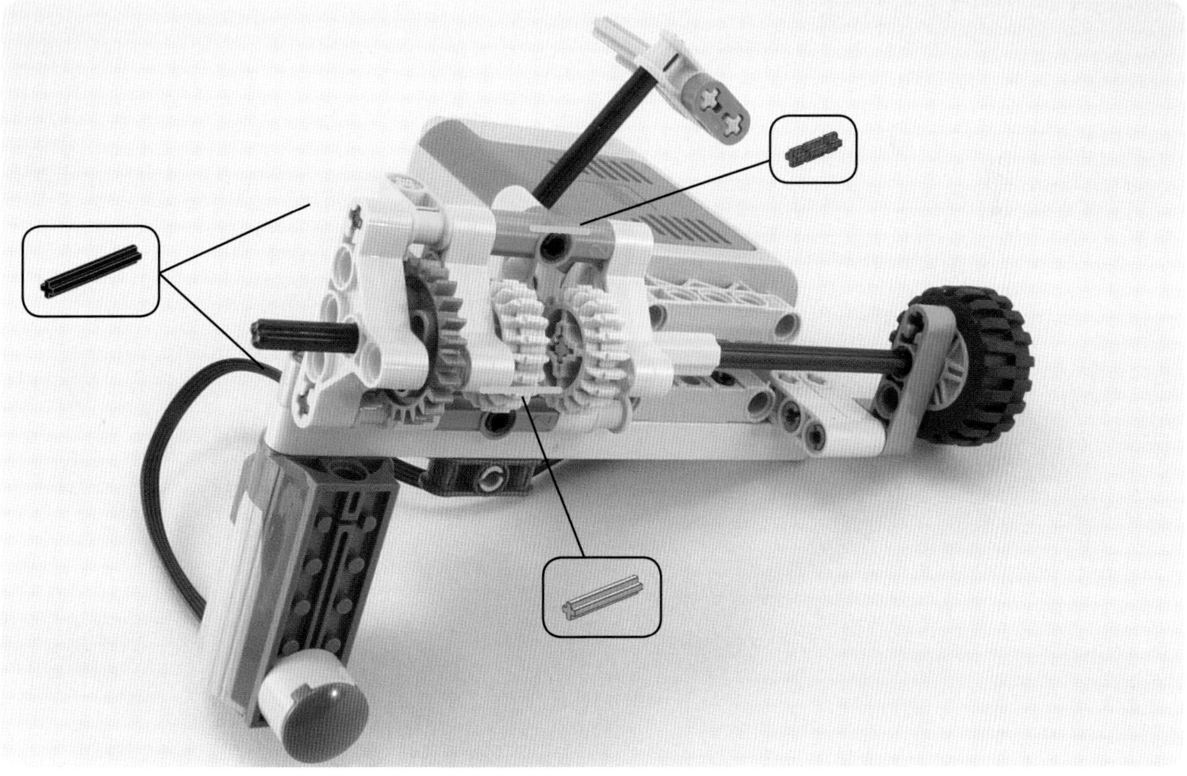

#264

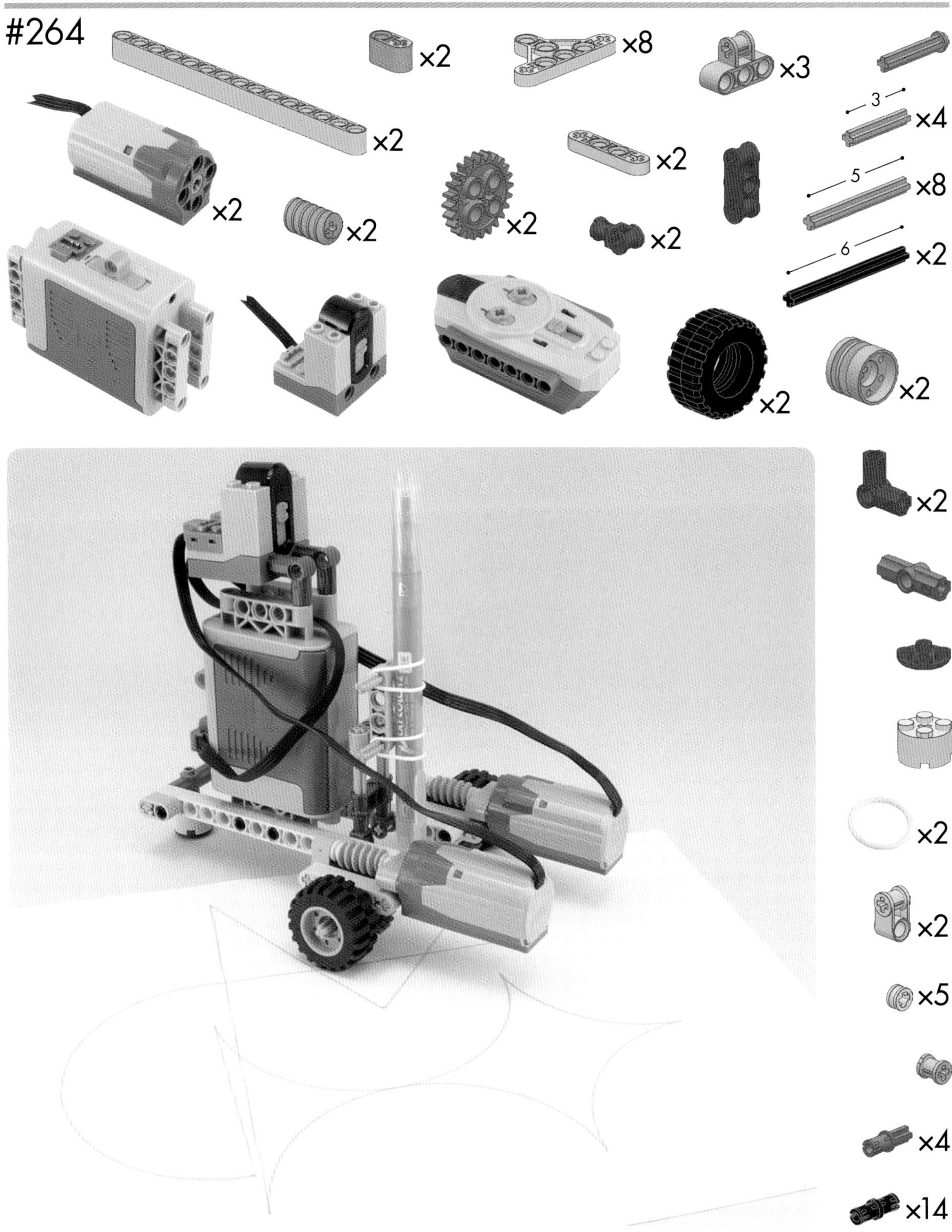

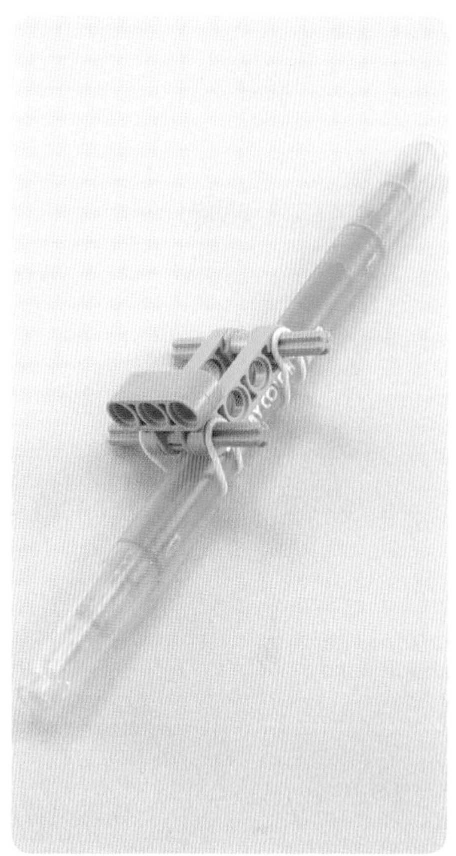

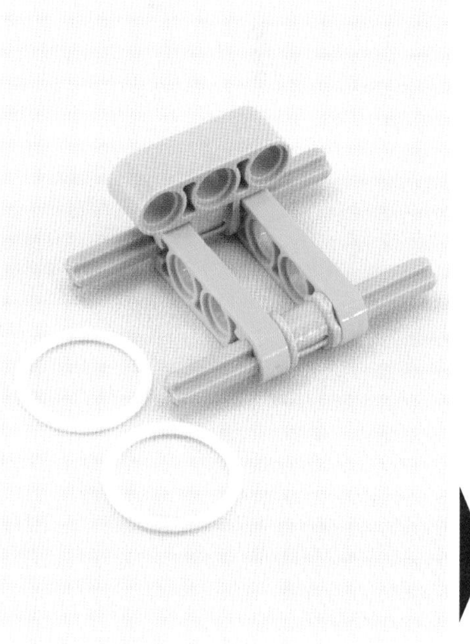

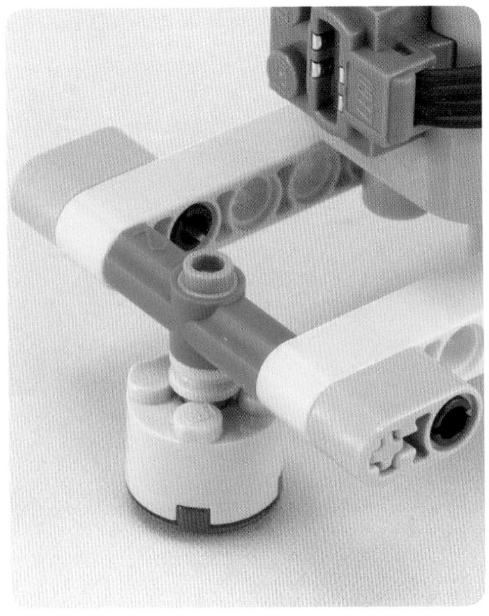

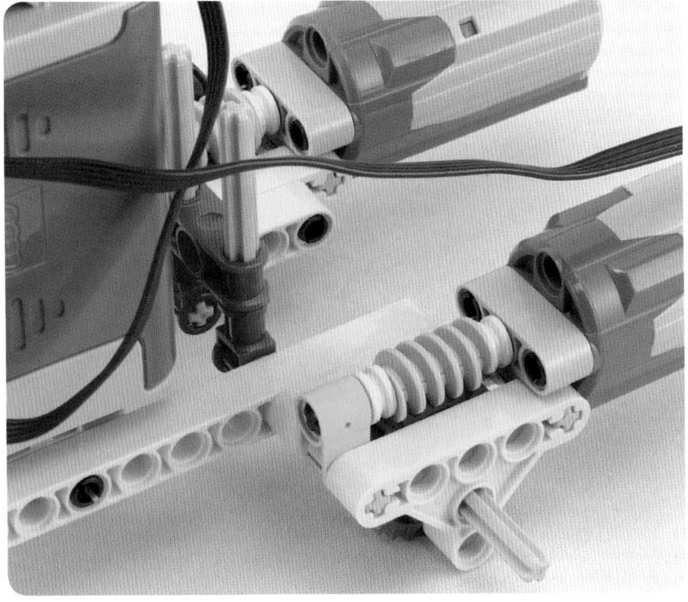

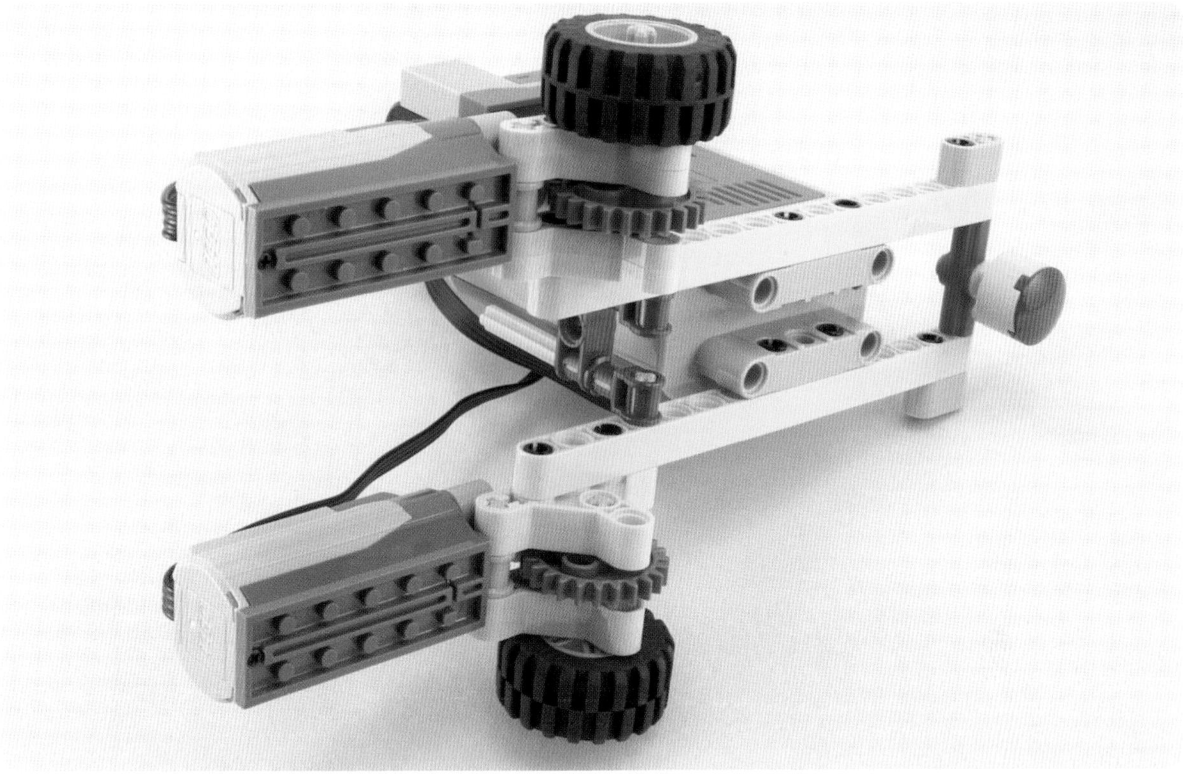

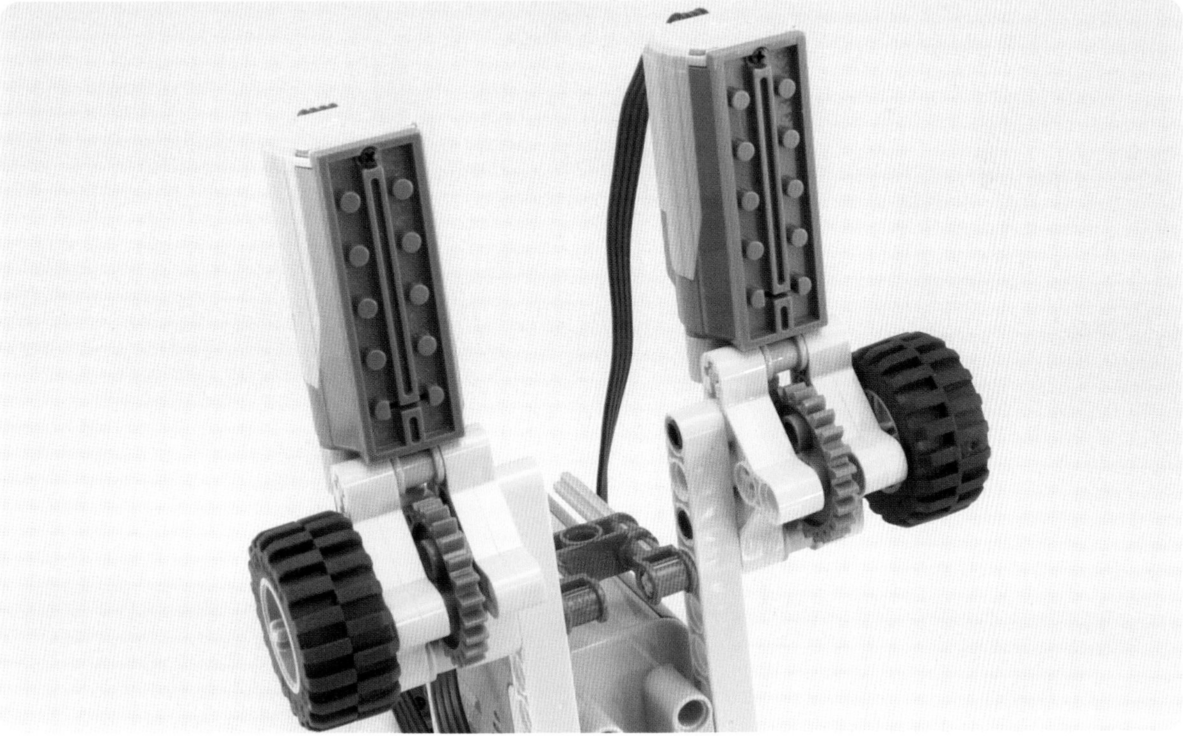

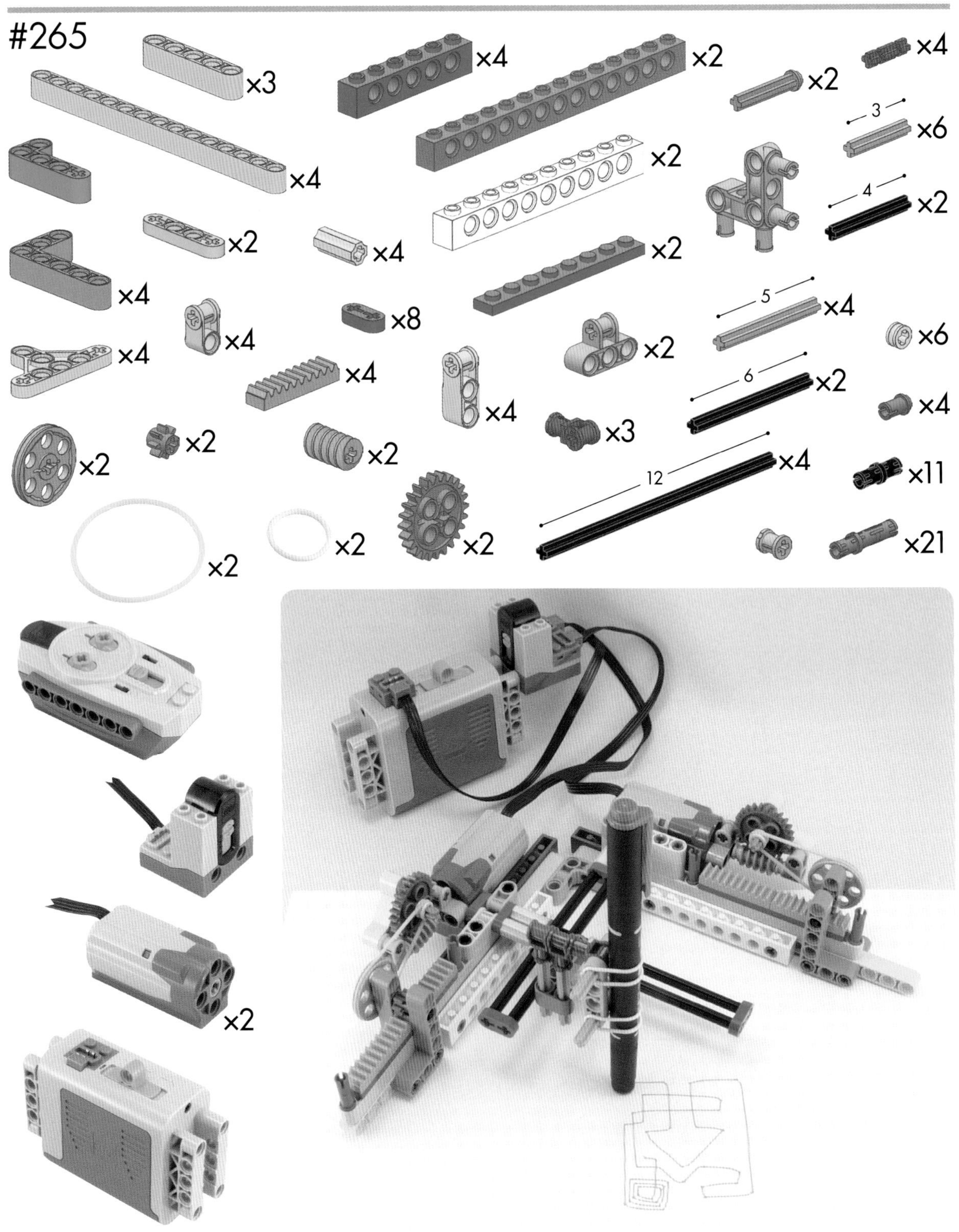
#265
×3
×4
×4
×2
×2
×4
×2
×4
×8
×2
×4
×4
×4
×2
×6
×2
×4
×2
×4
×2
×4
×6
×2
×4
×3
×2
×4
×2
×2
×2
×4
×11
×2
×2
×2
×21
×2
3
4
5
6
12

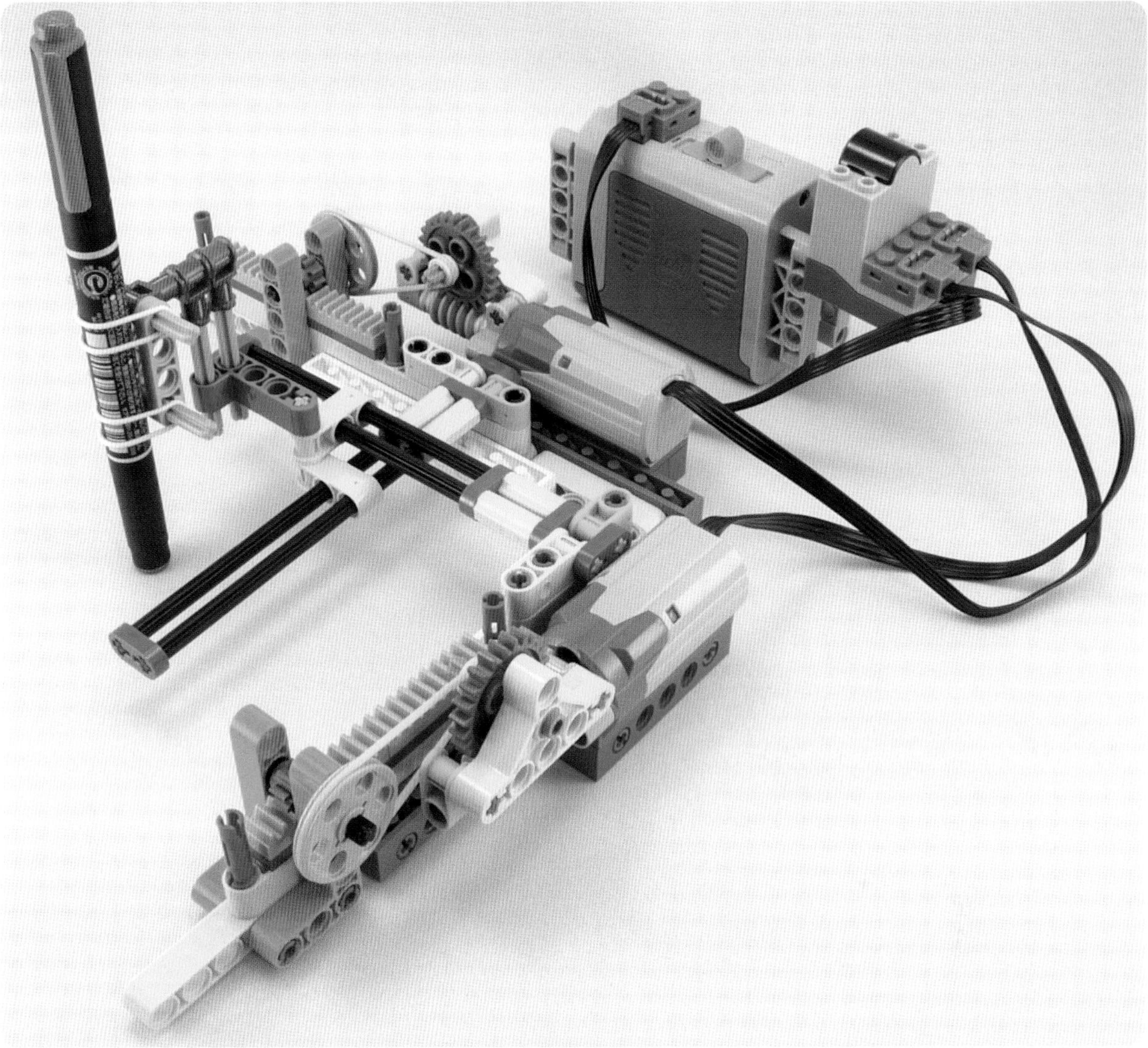

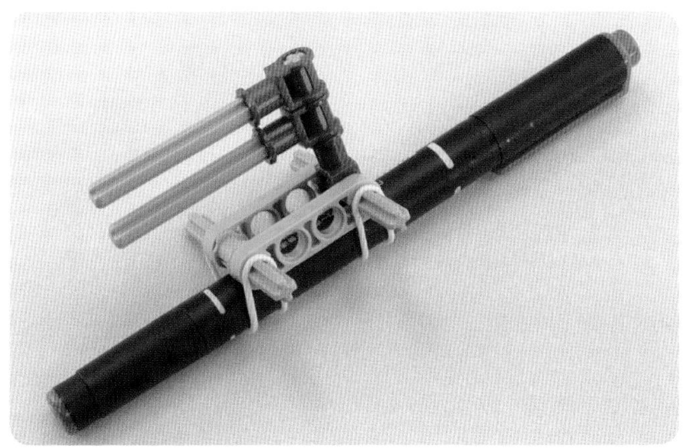

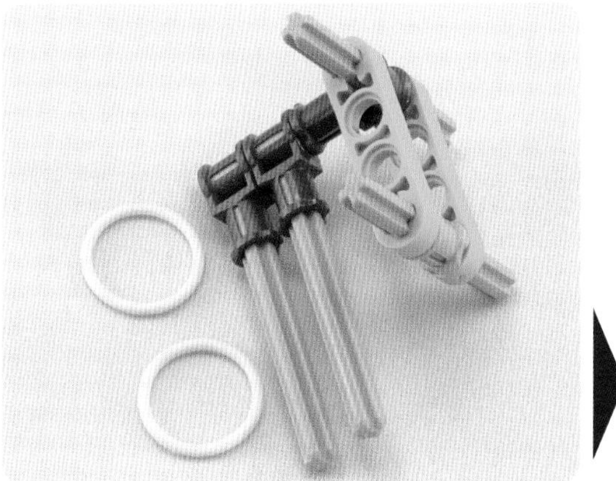

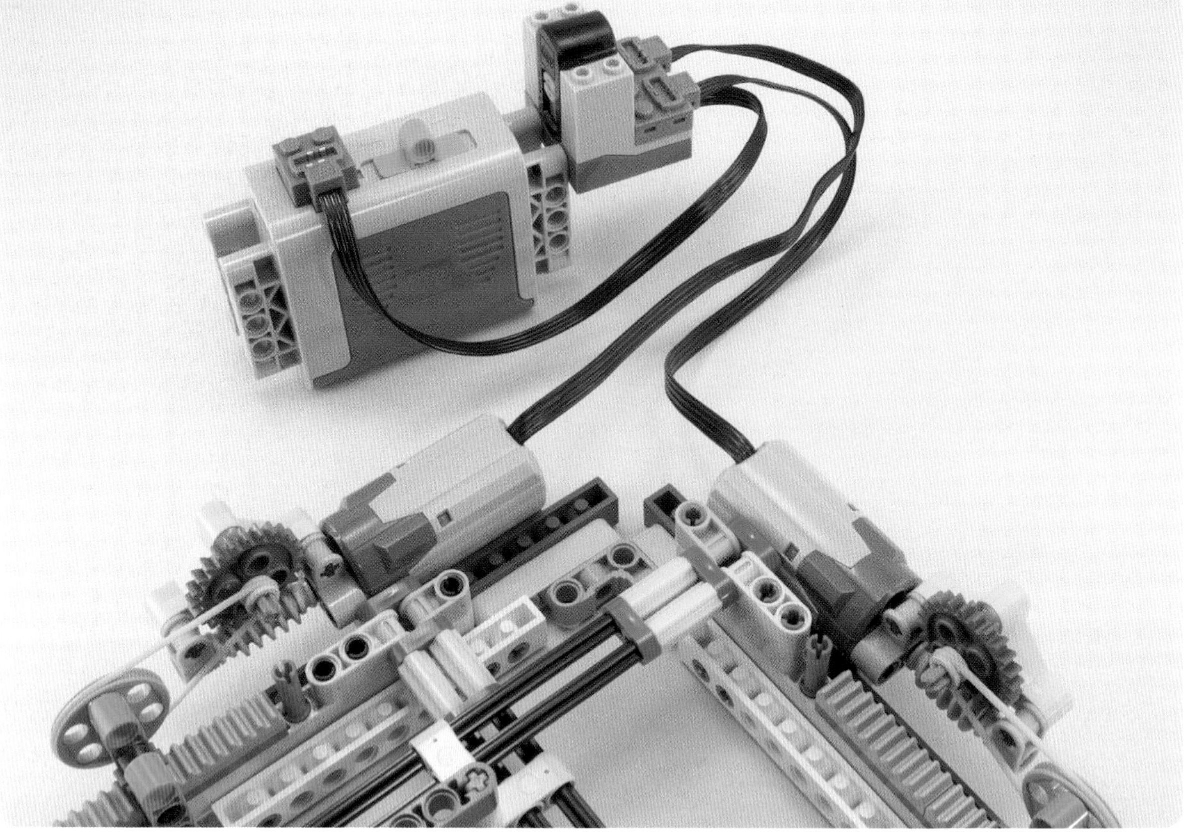

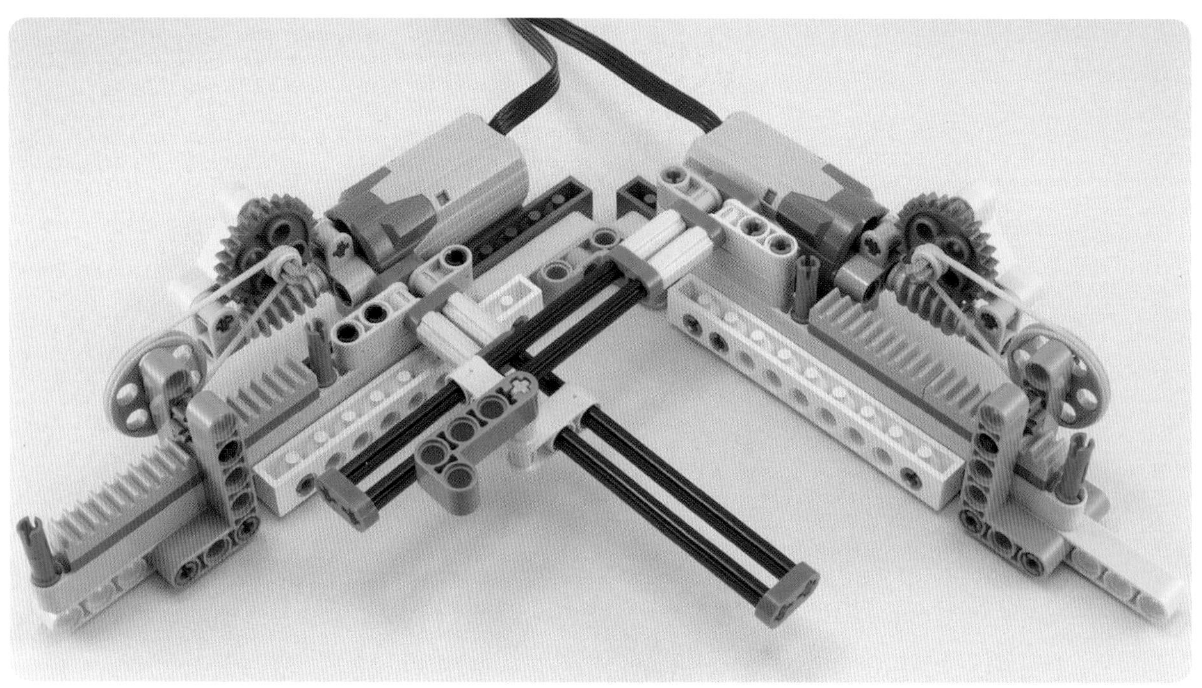

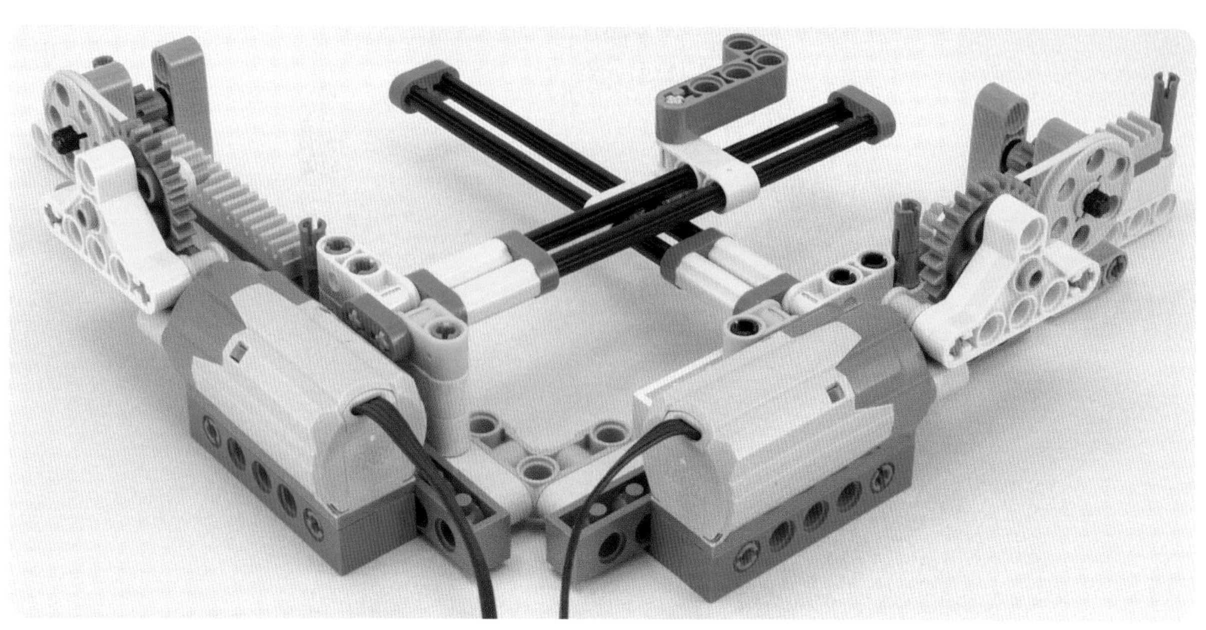

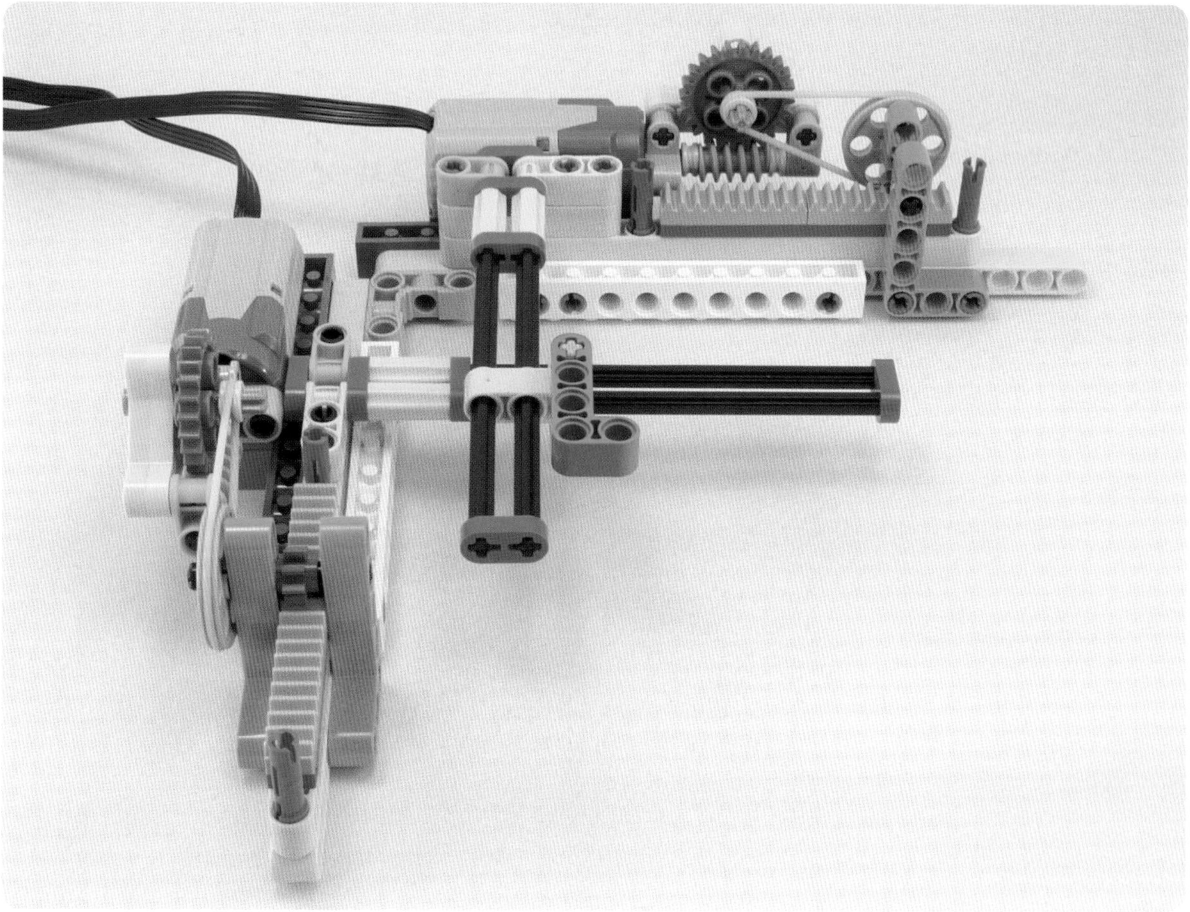

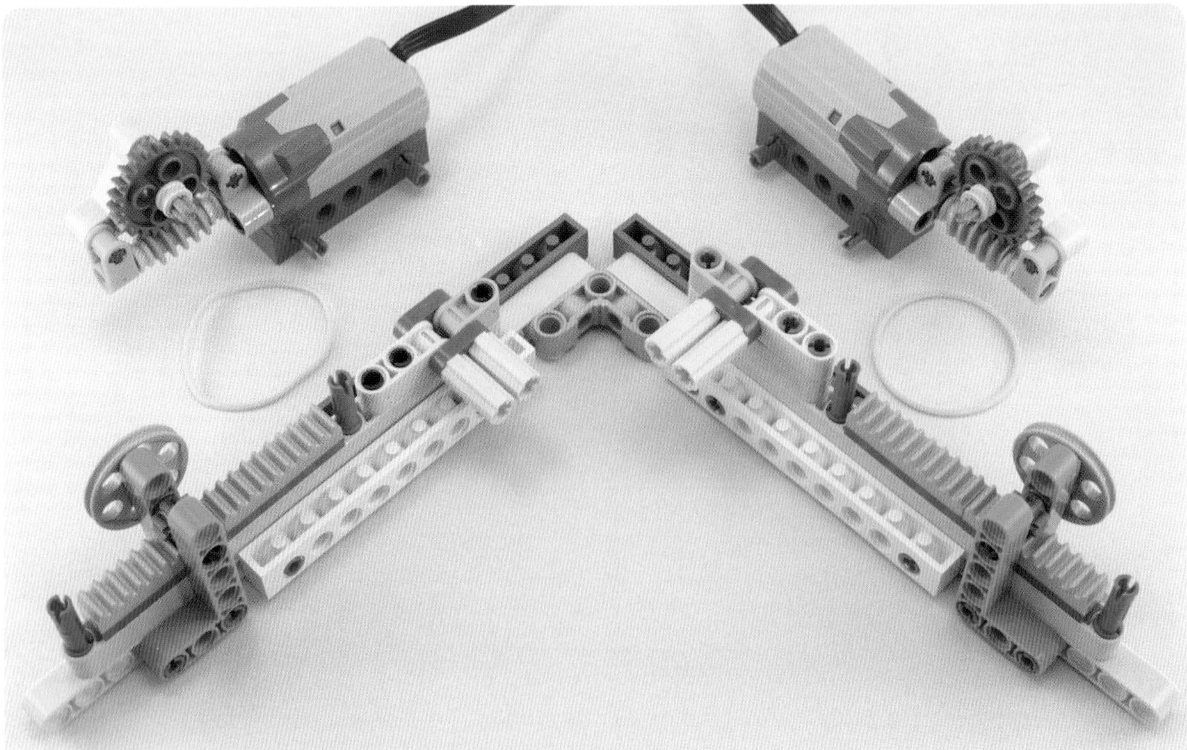

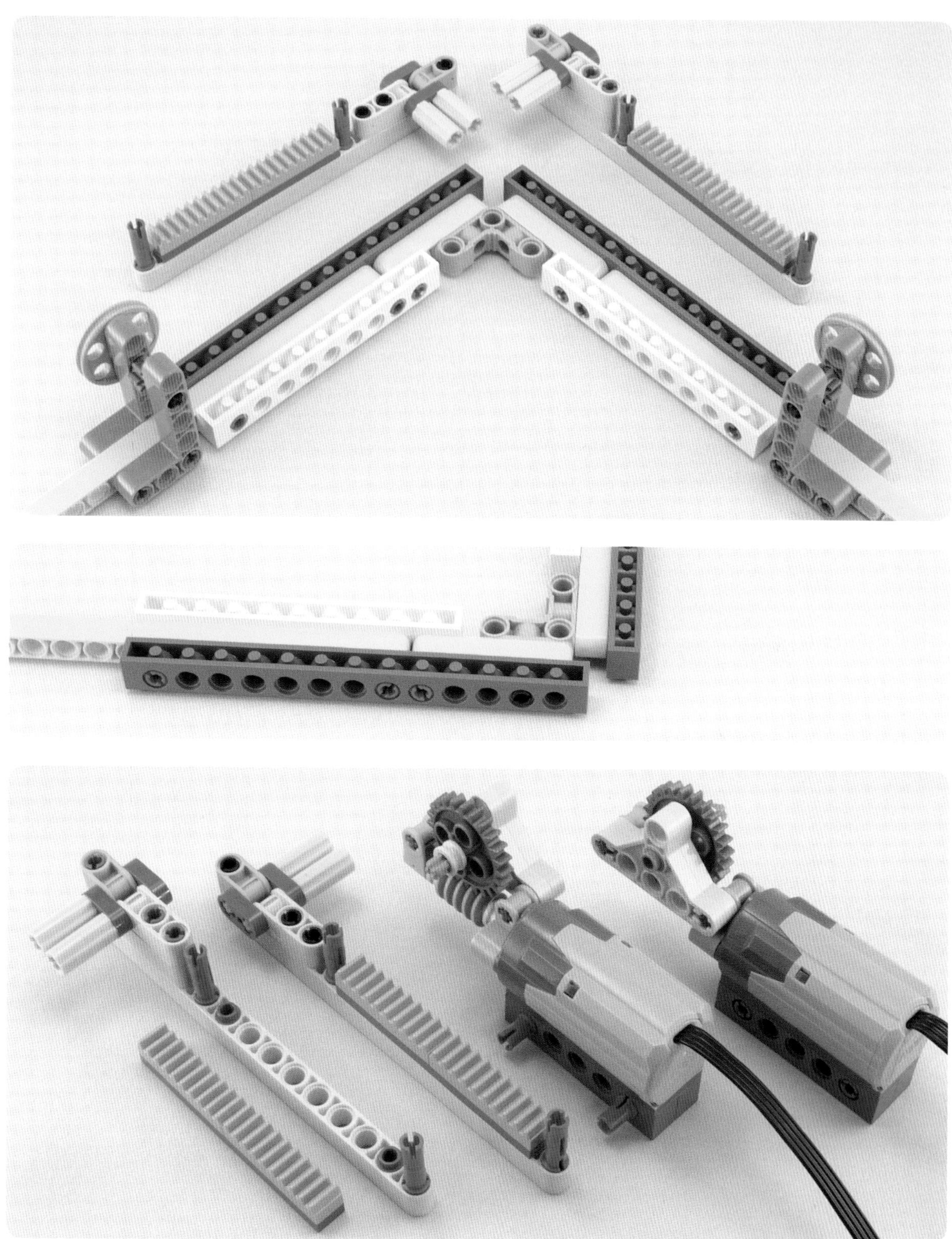

회전 운동을 이용한 복잡하고 재미있는 움직임

#266

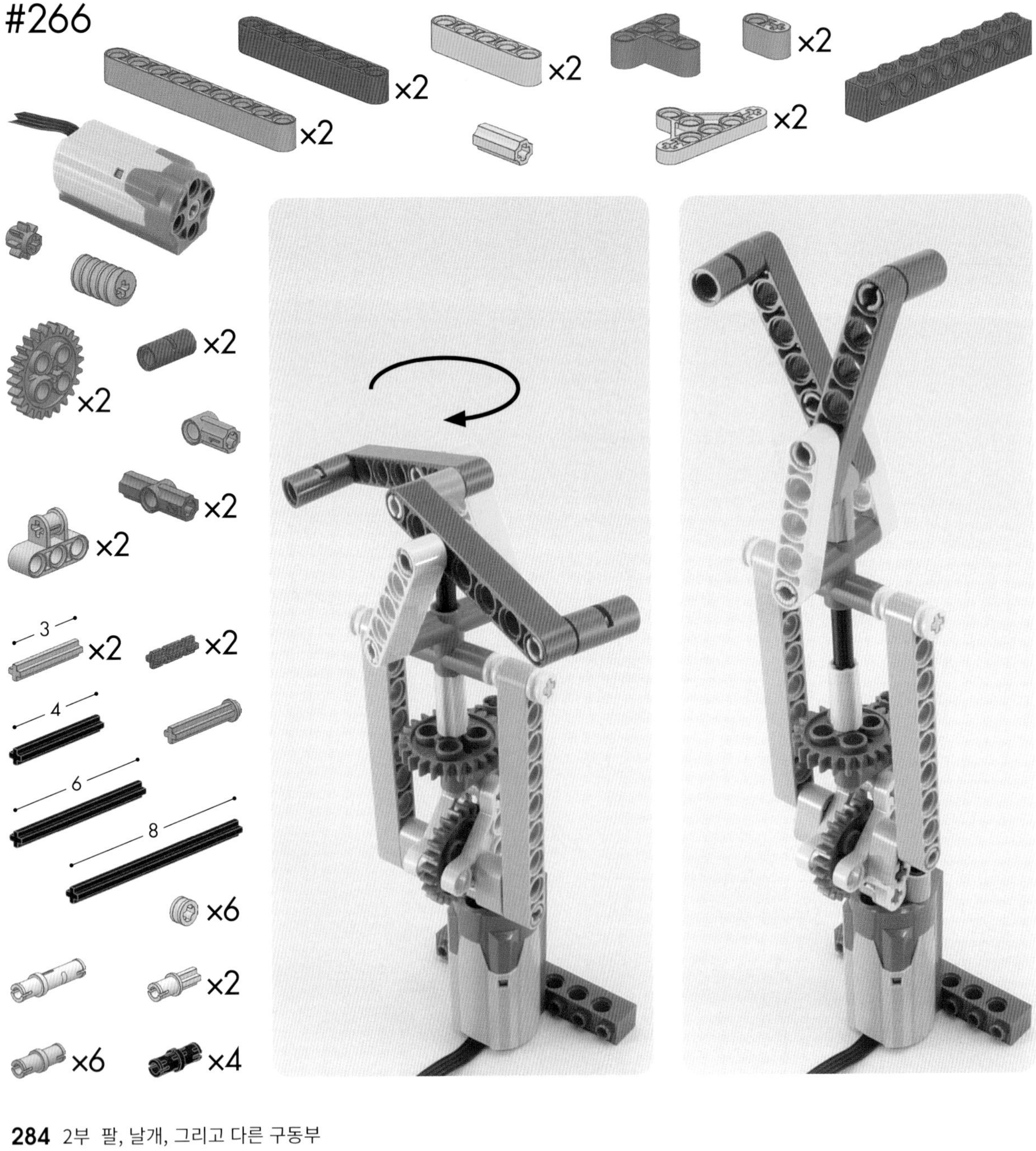

×2
×2
×2
×2
×2
×2
×2
×2
3
×2
×2
4
6
8
×6
×2
×6
×4

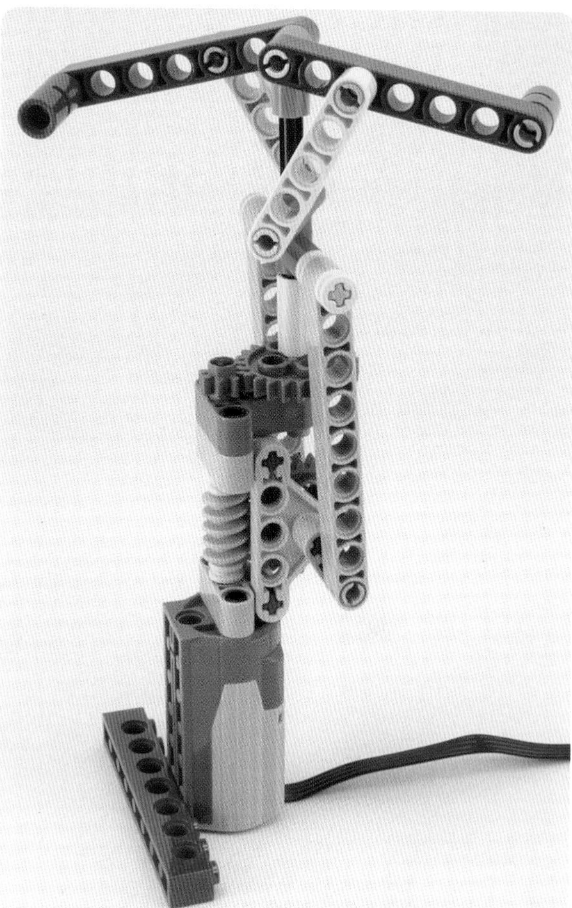

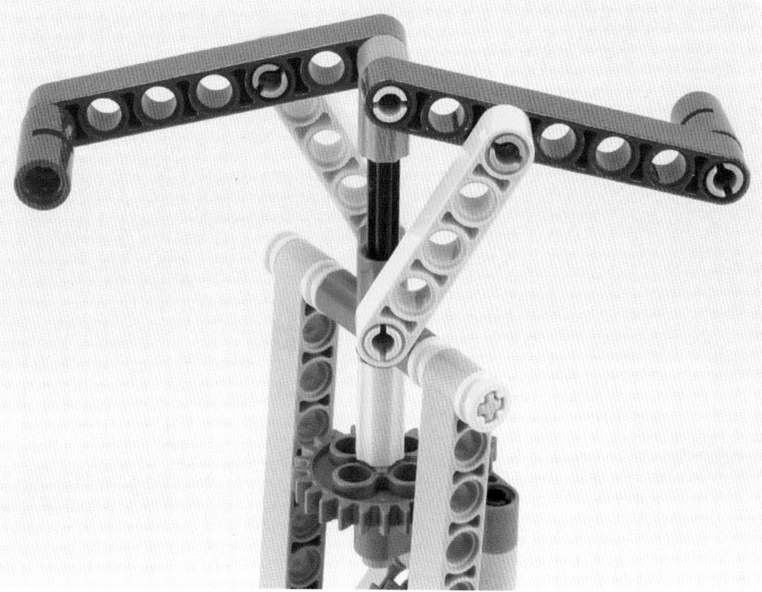

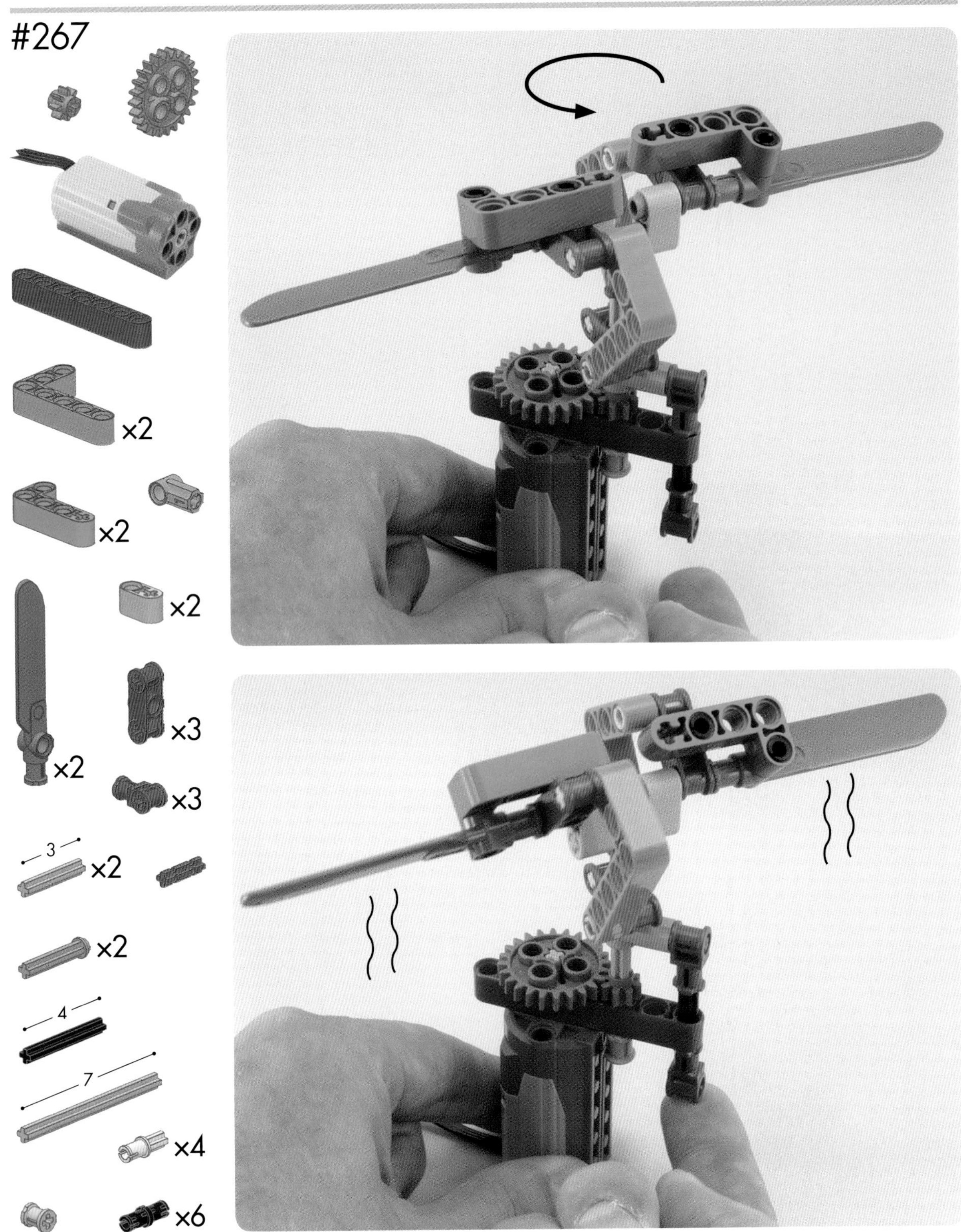
#267
×2
×2
×2
×3
×2
×3
3
×2
×2
4
7
×4
×6

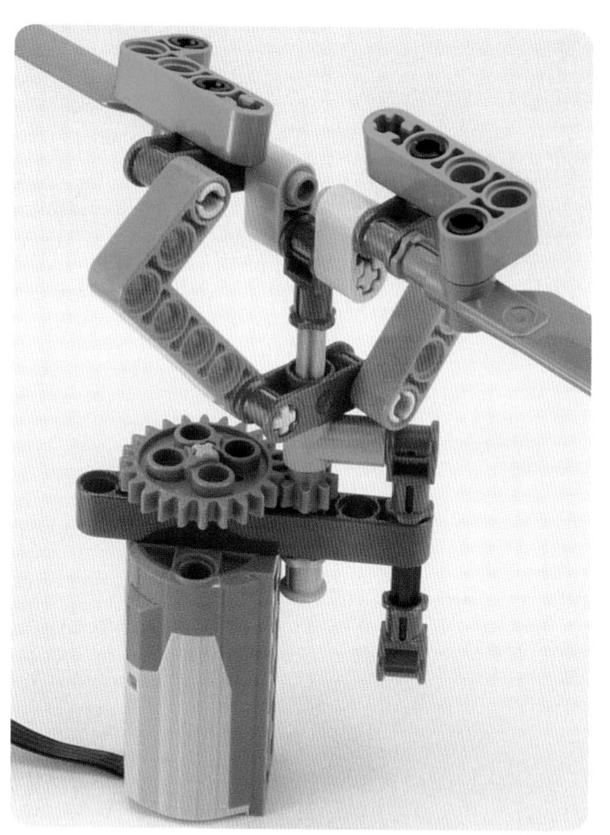

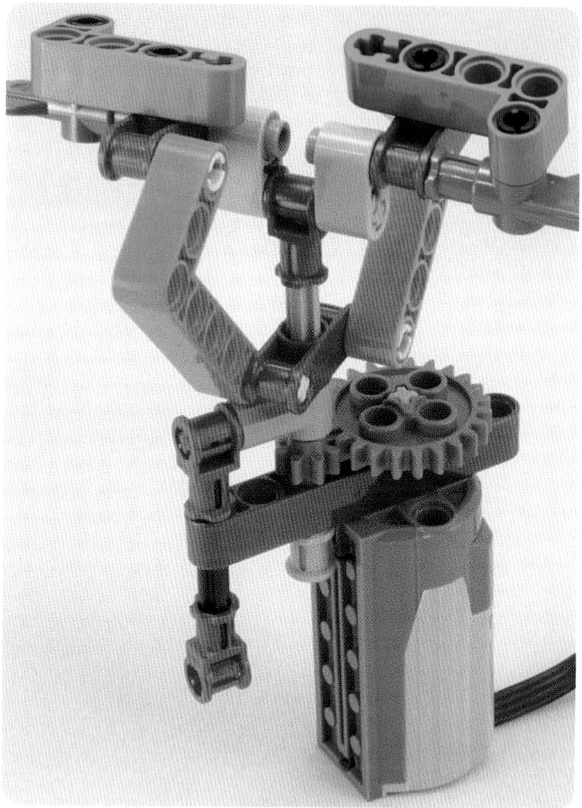

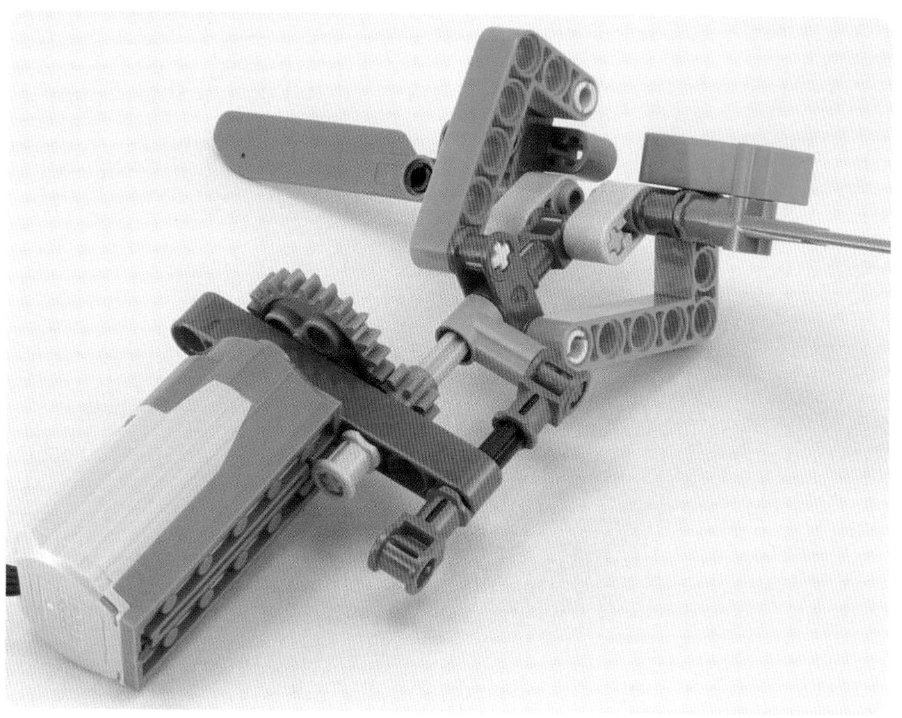

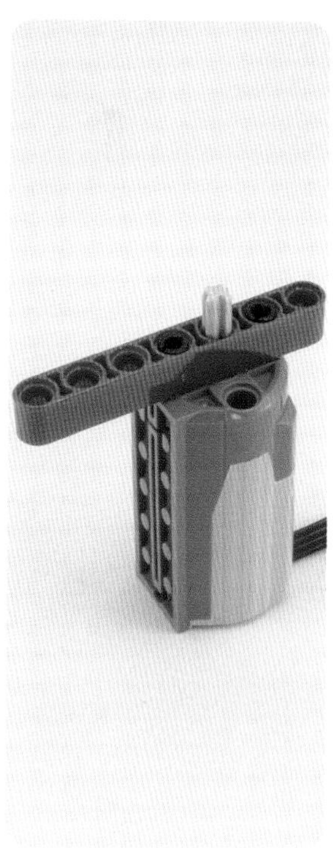

#268

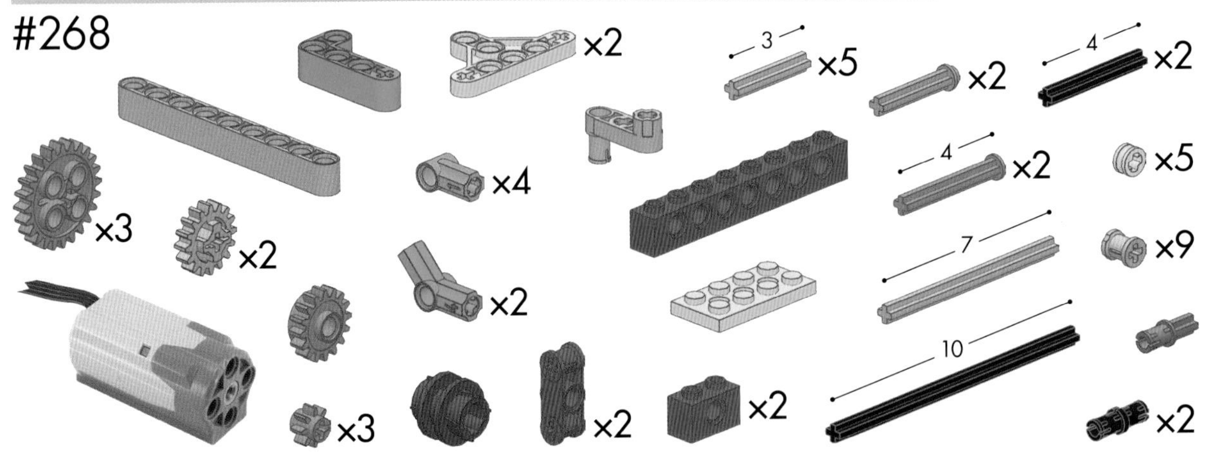

#269

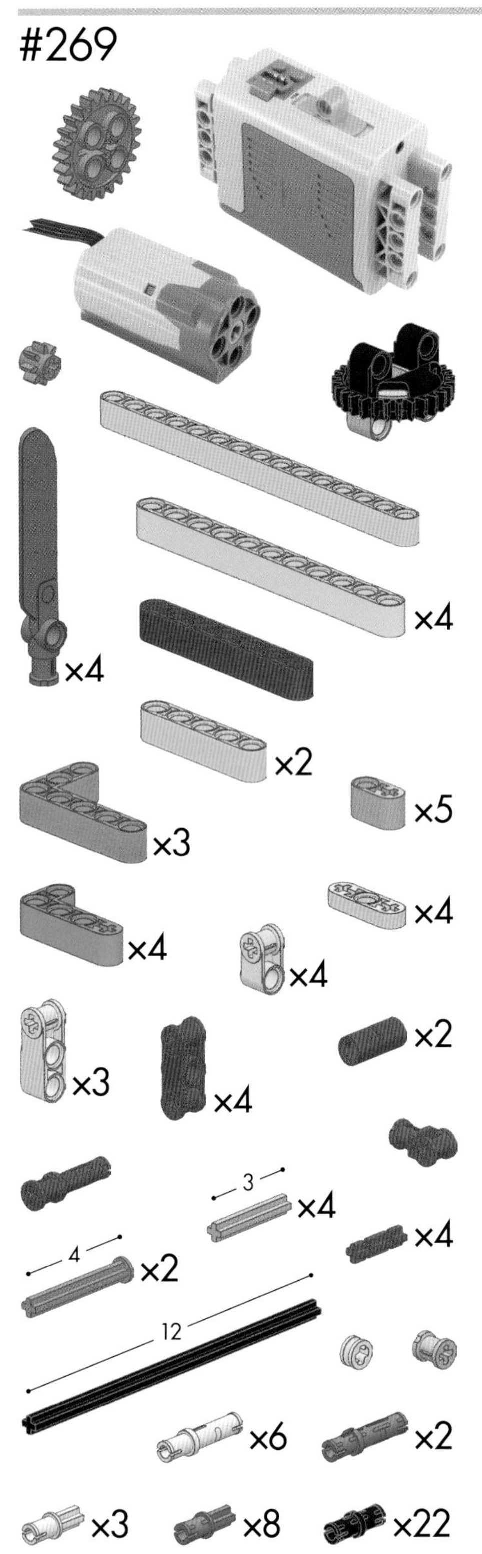

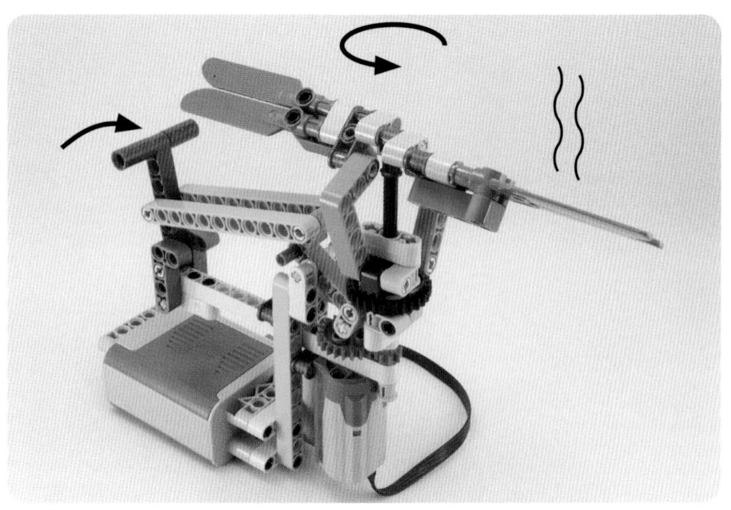

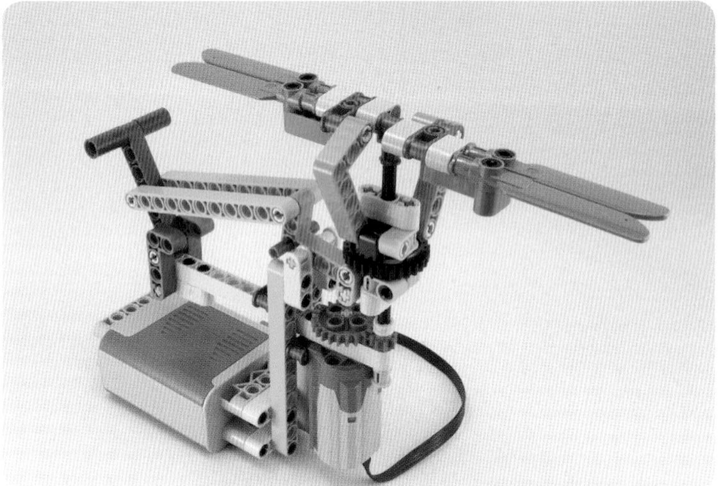

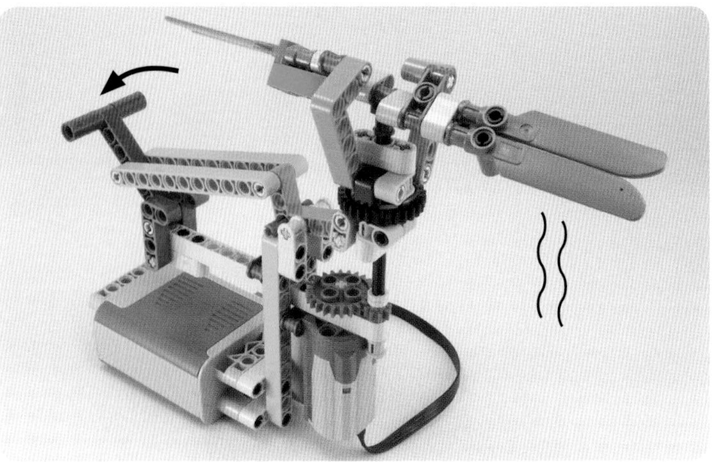

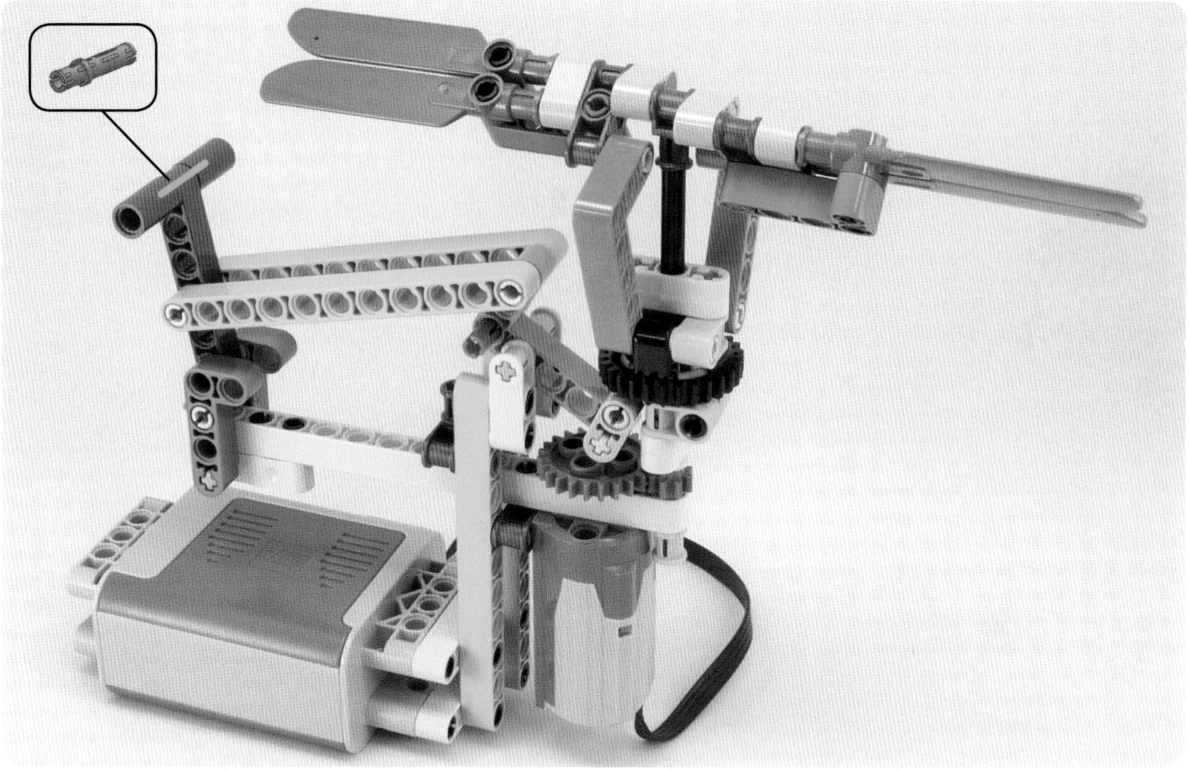

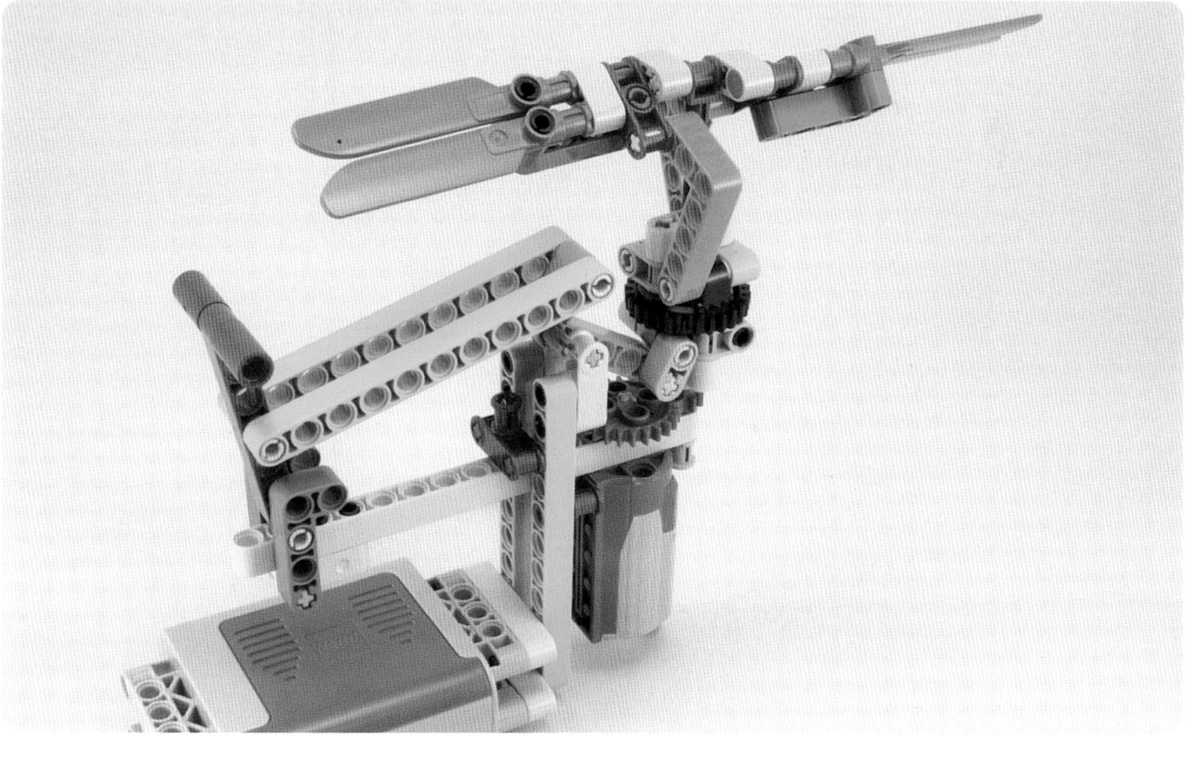

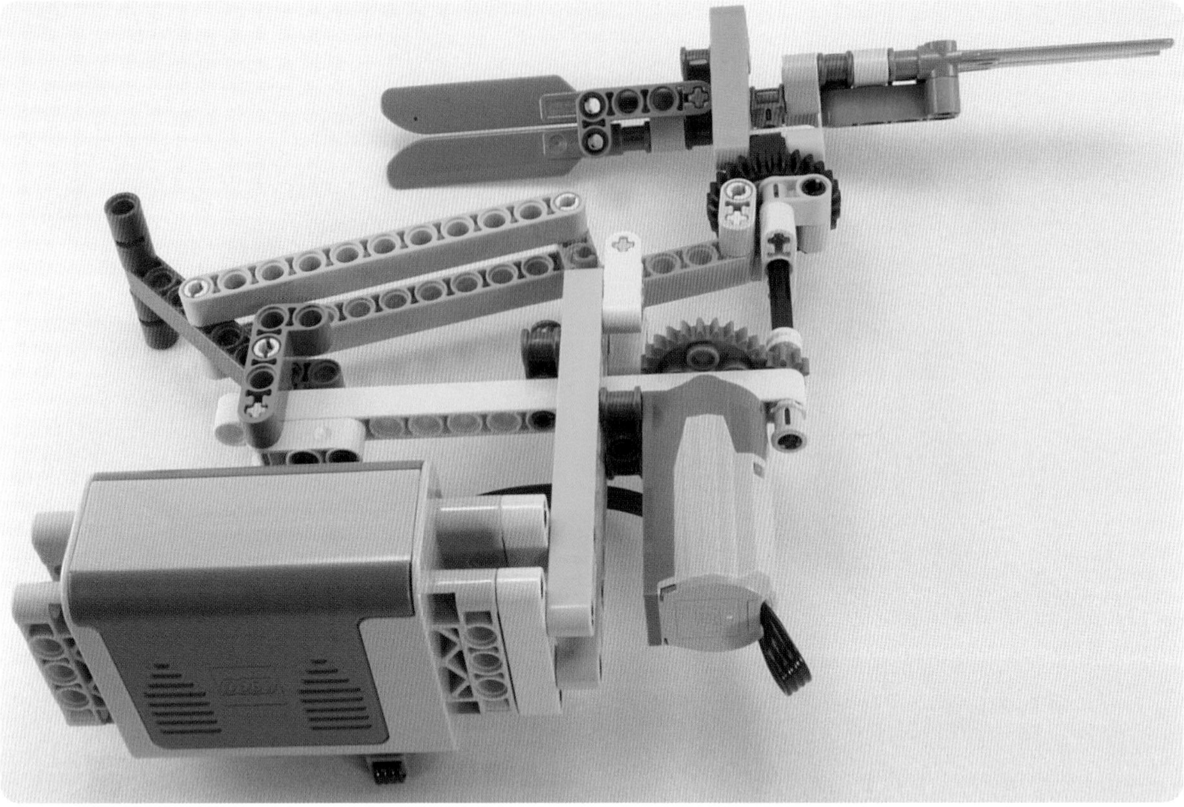

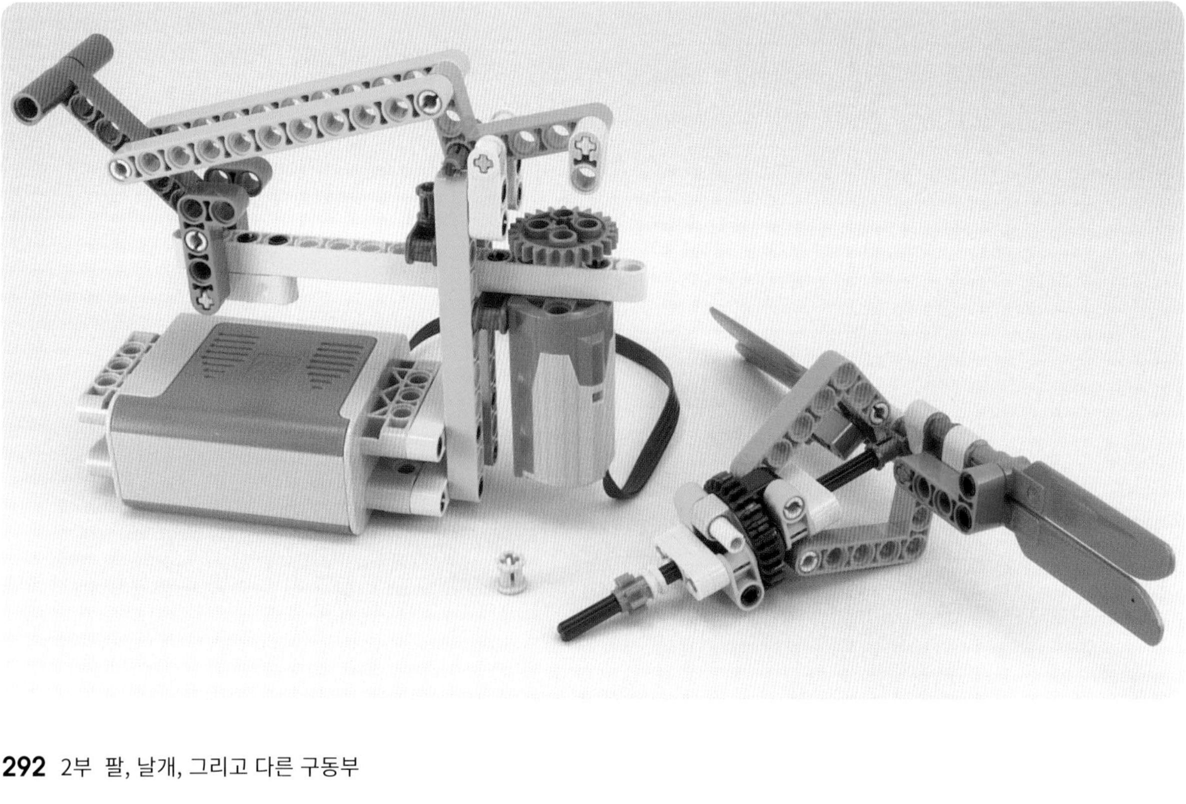

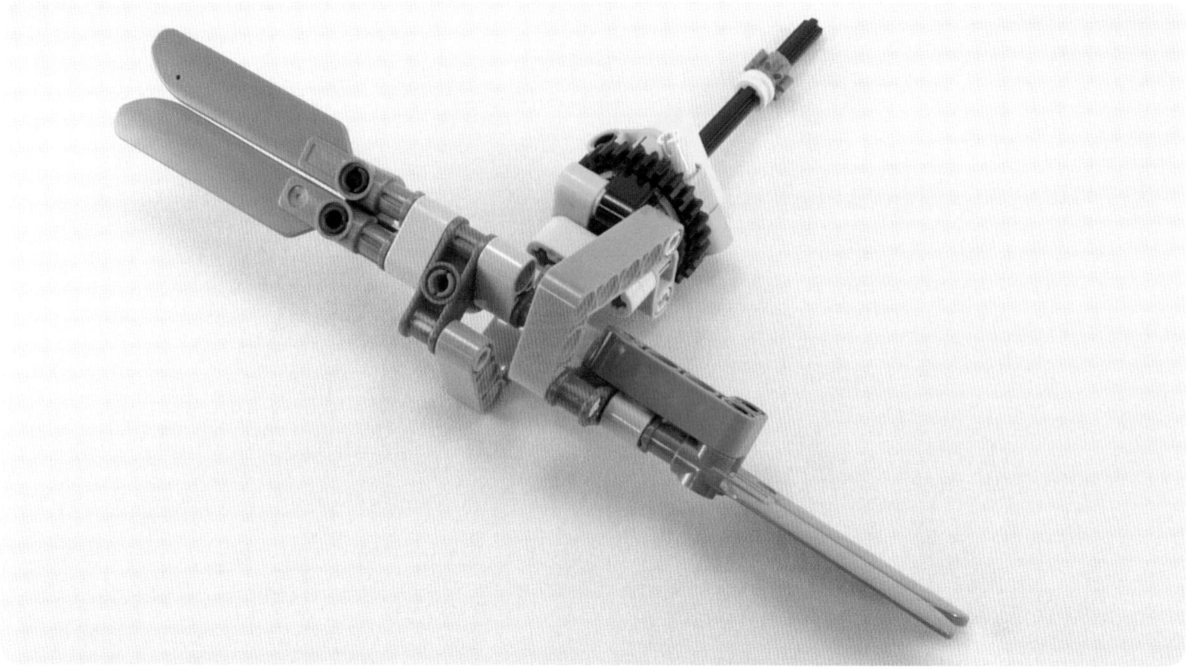

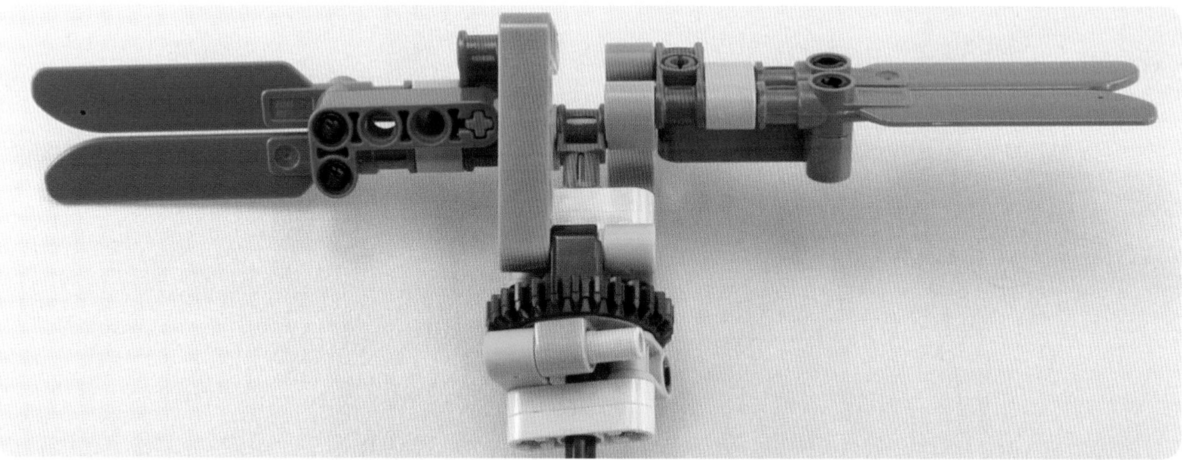

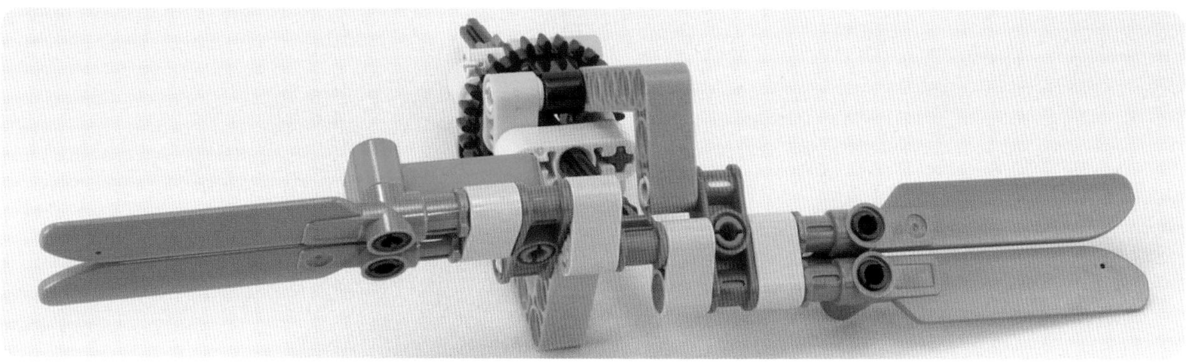

구동 장치의 모듈화를 통한 다양한 움직임

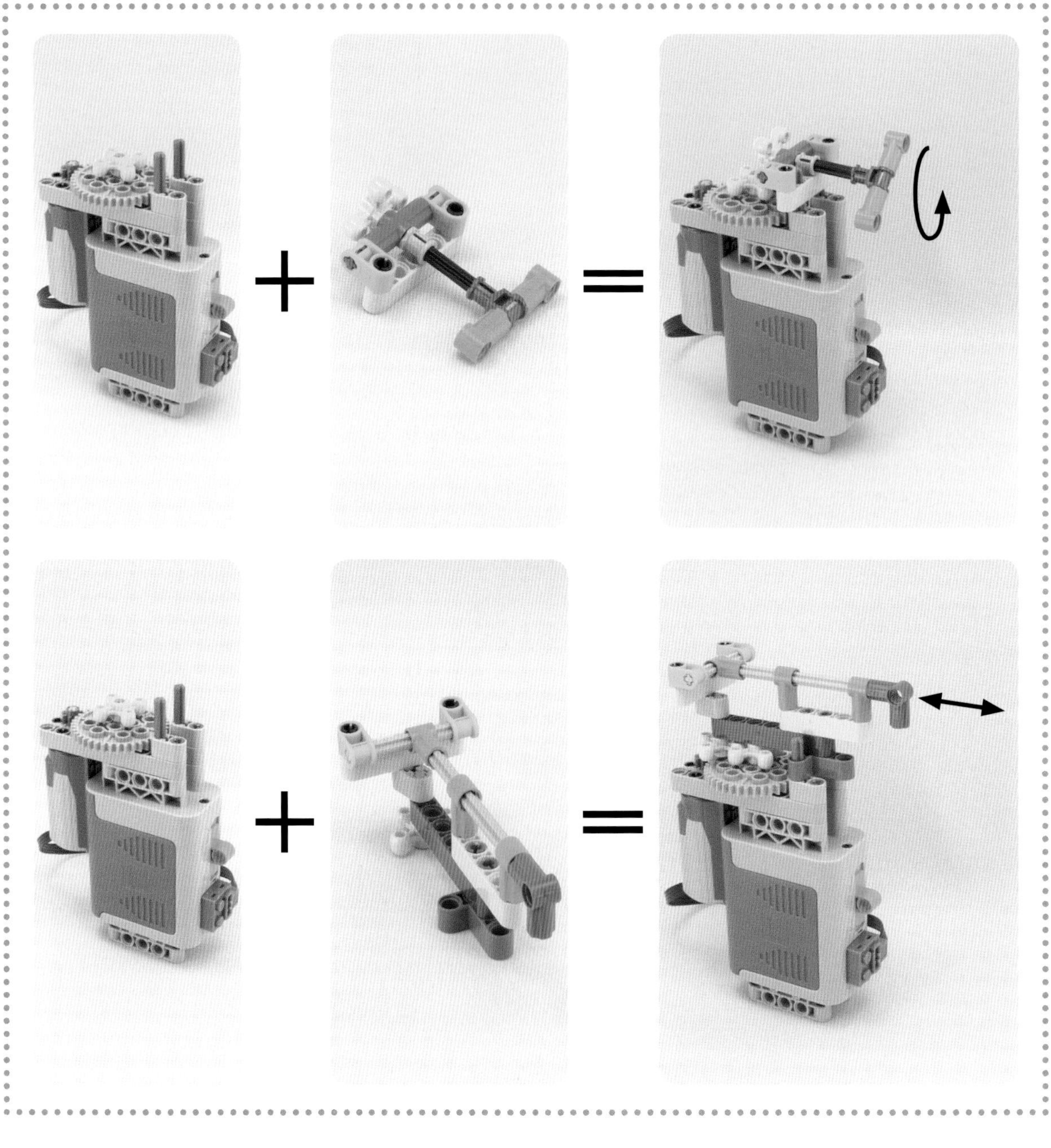

+

=

+

=

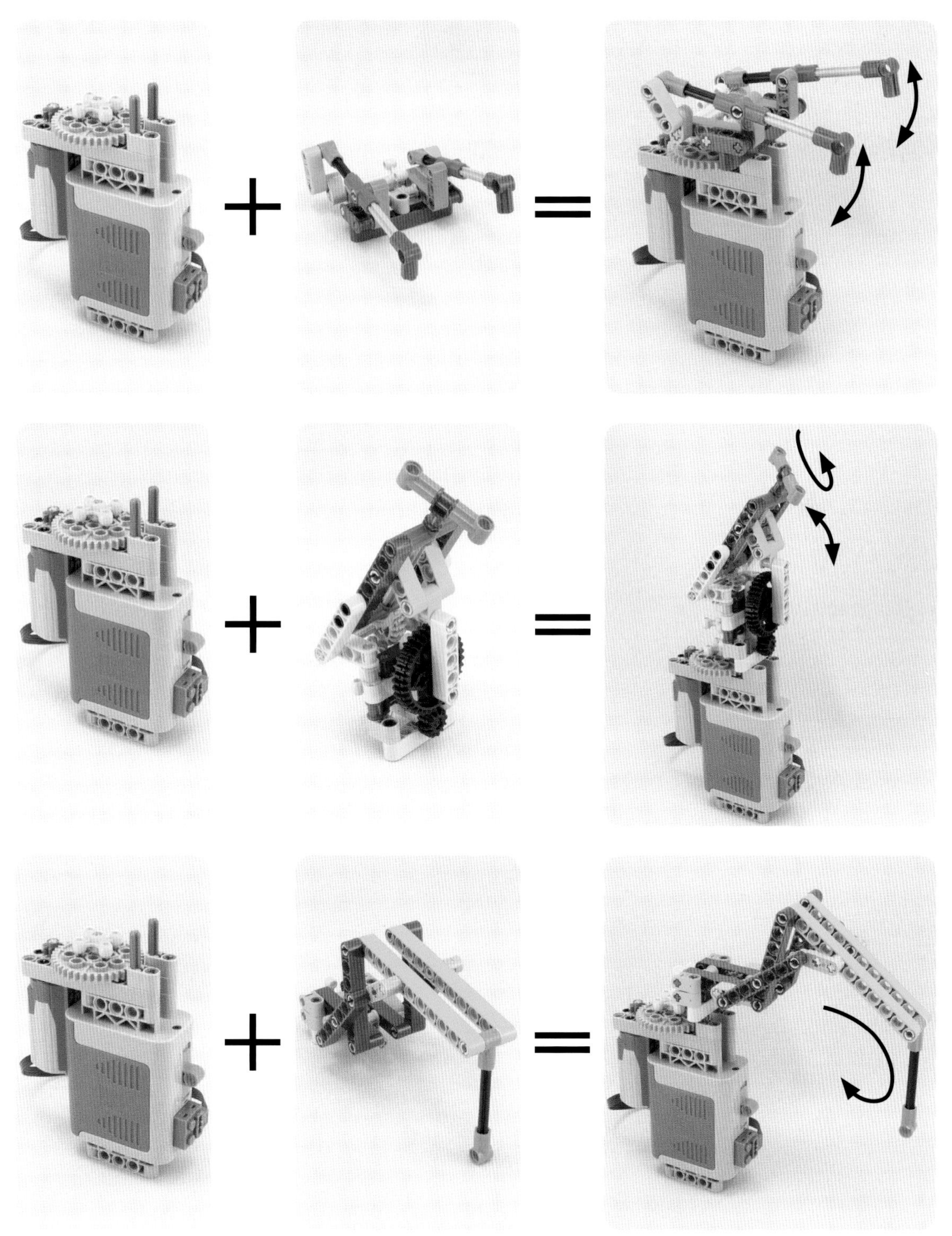

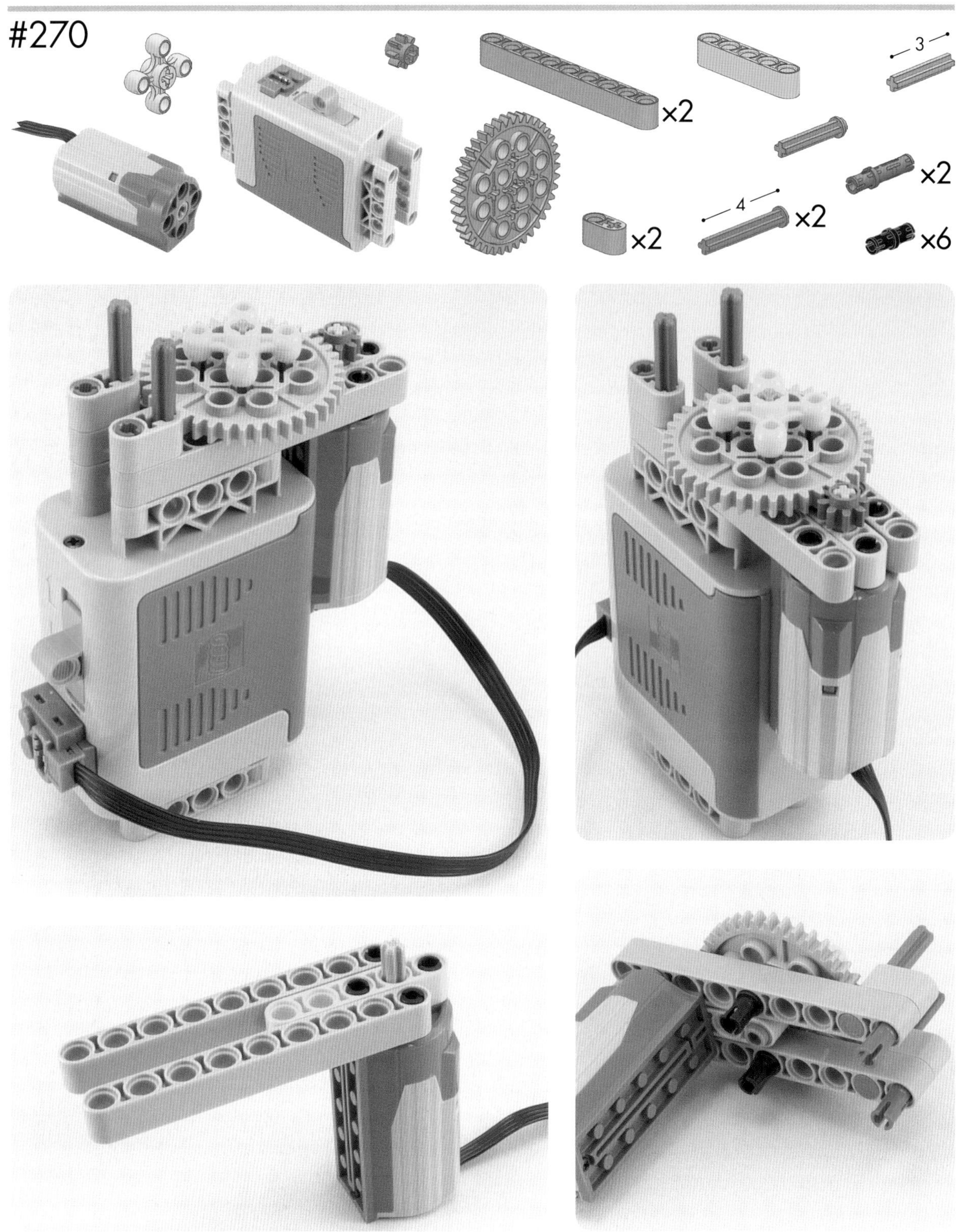
#270
×2
×2
×2
×2
×6
3
4

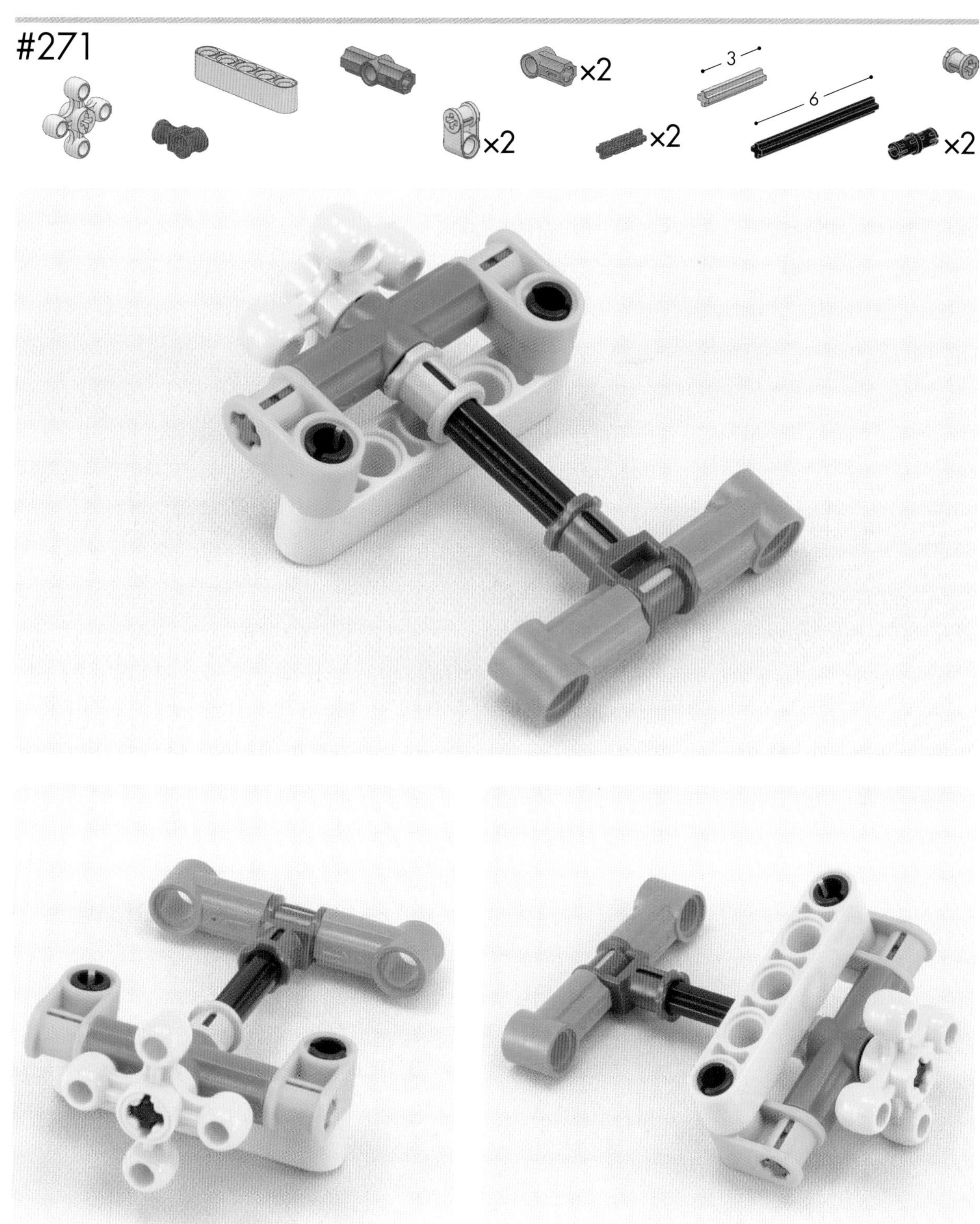
#271
×2
×2
3
×2
6
×2

#272

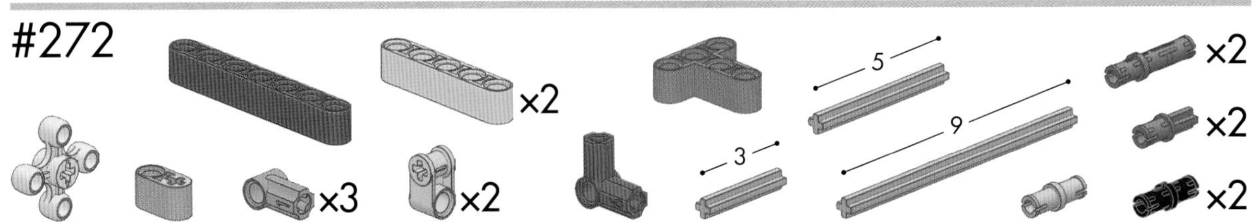

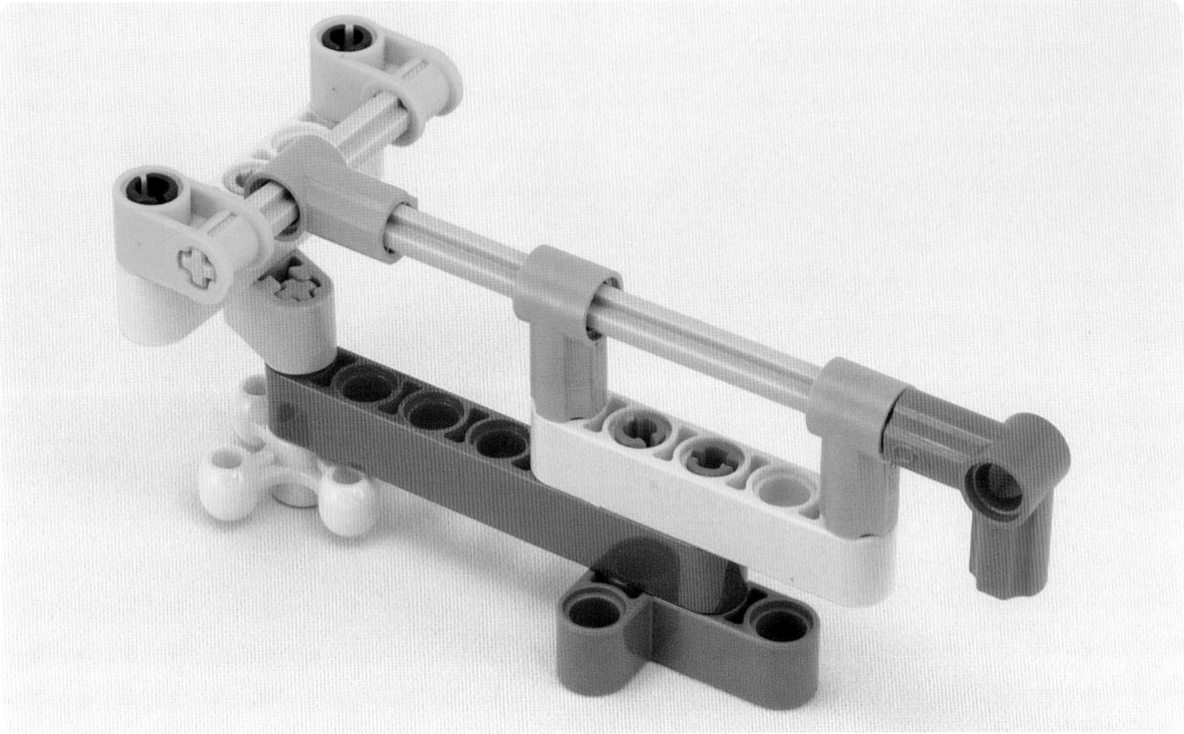

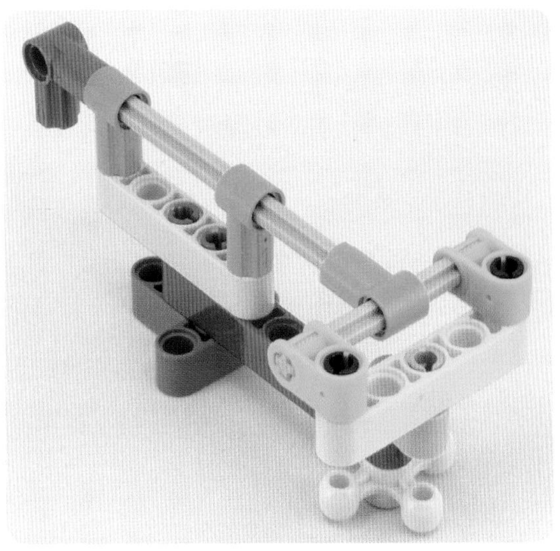

#273

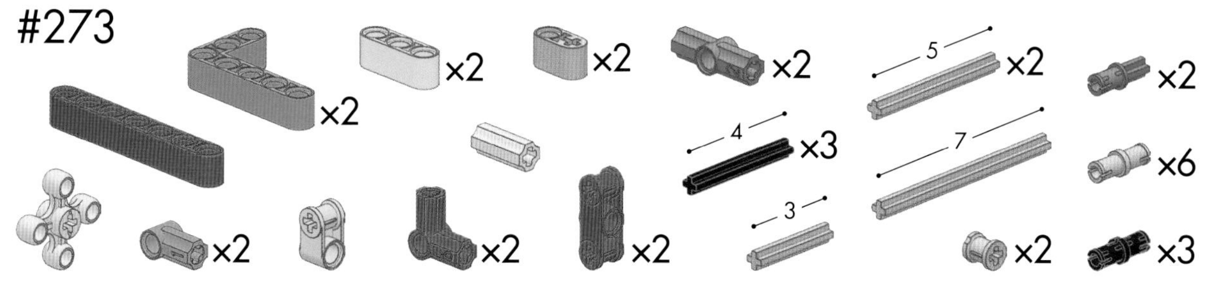

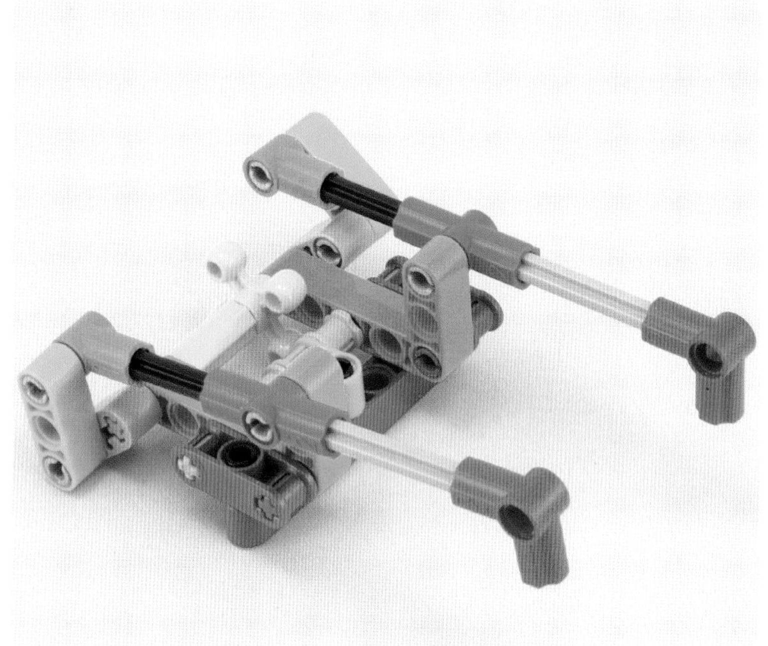

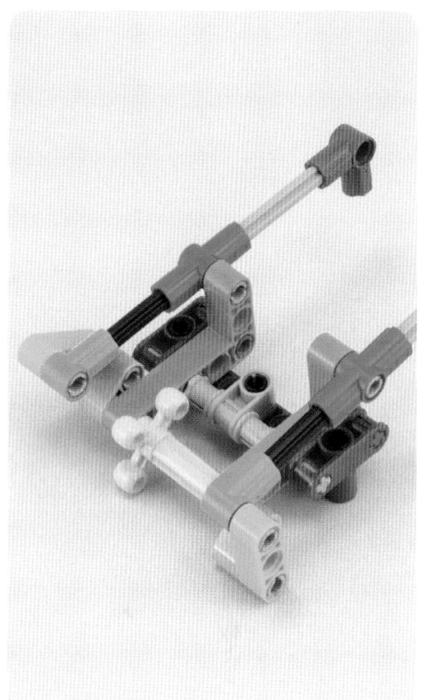

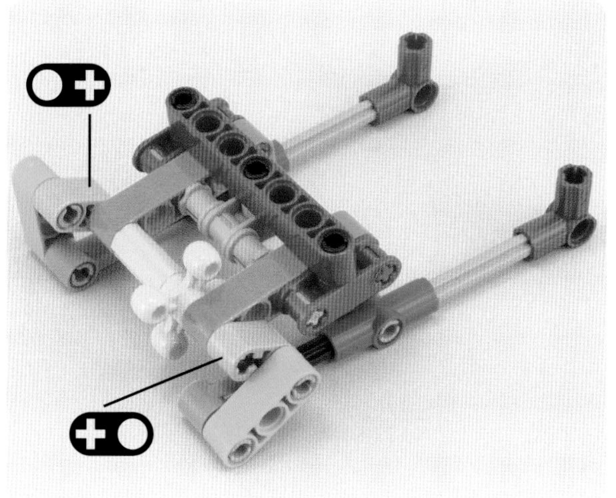

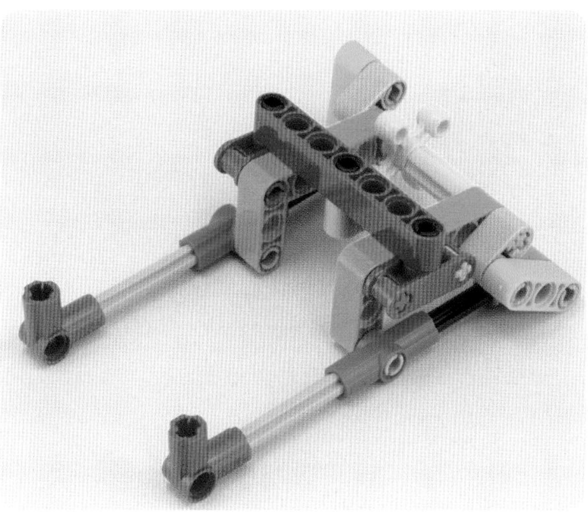

#274

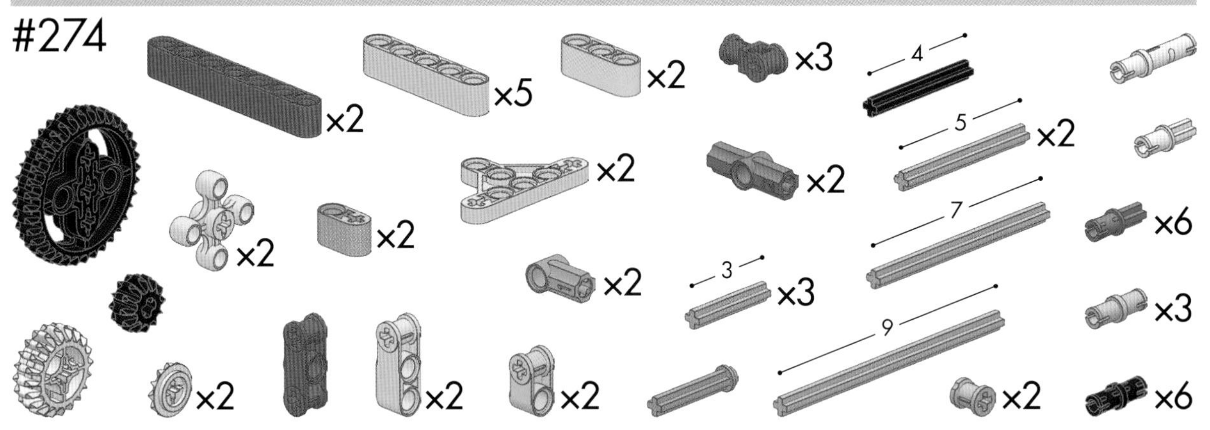

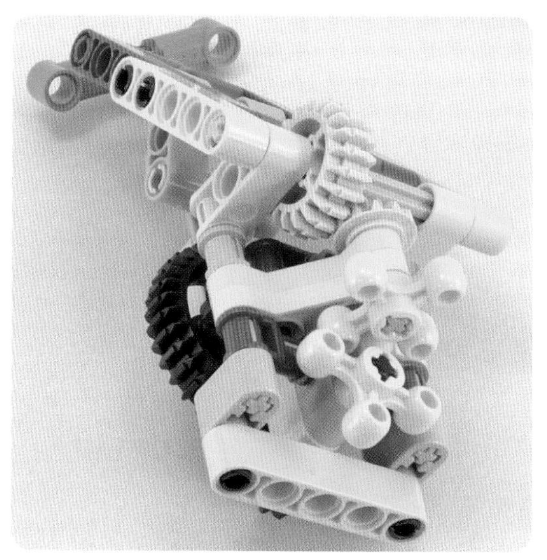

#275

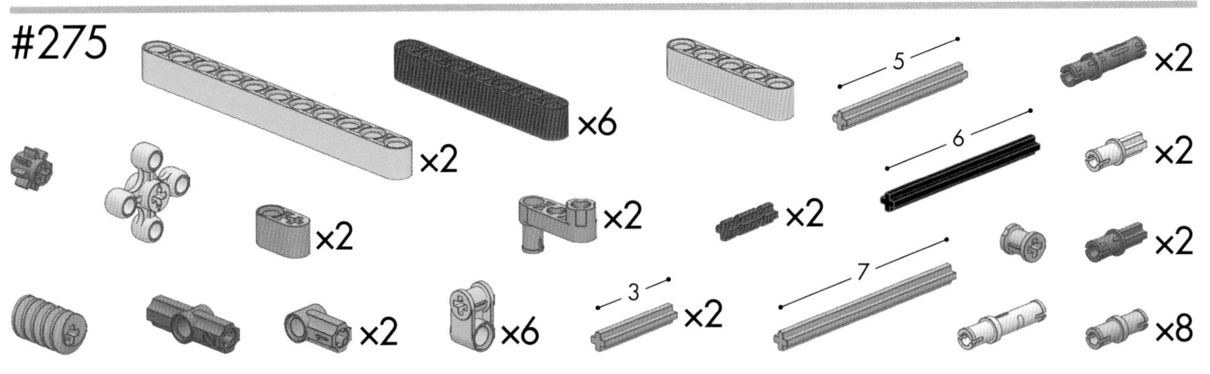

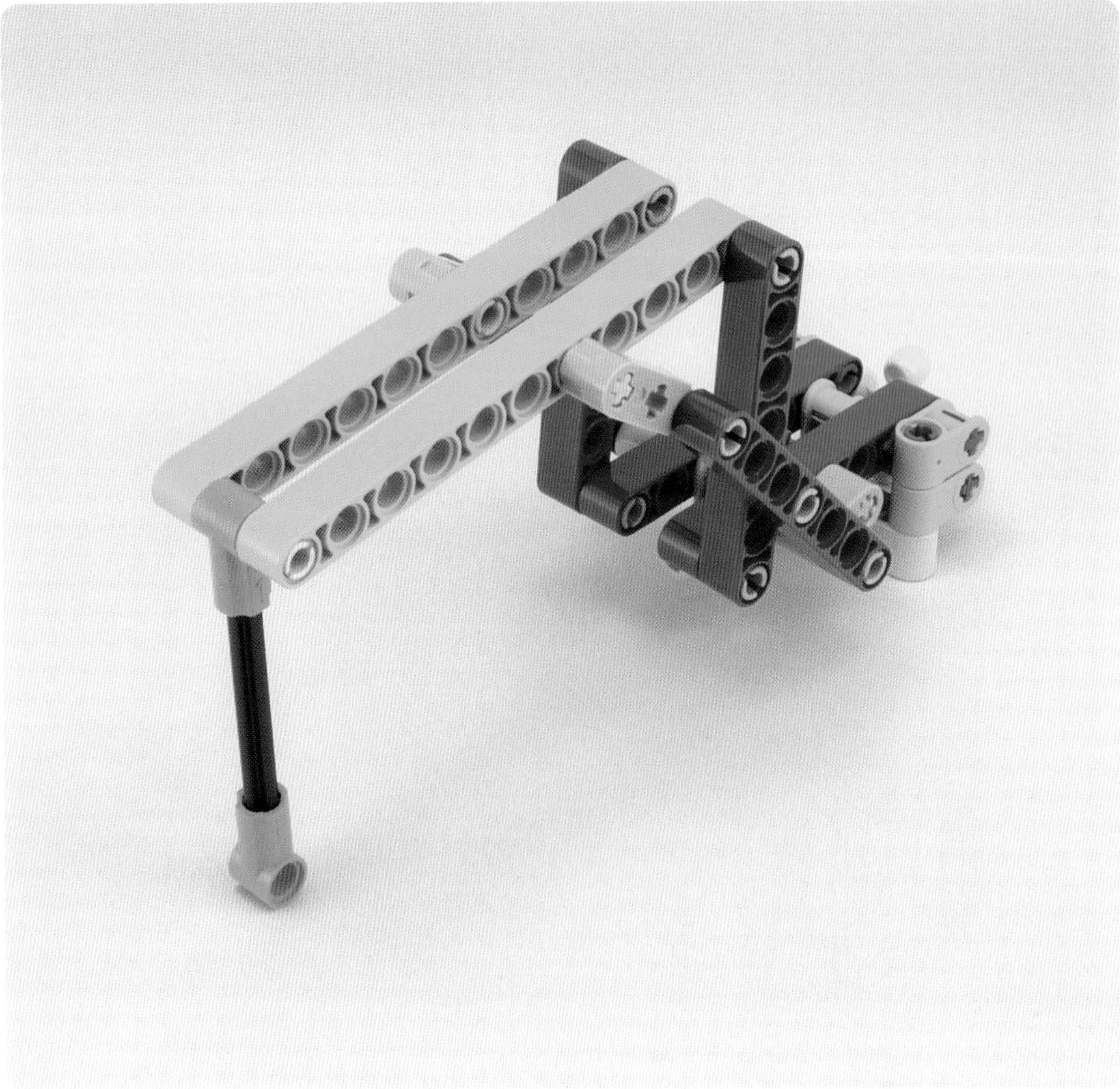

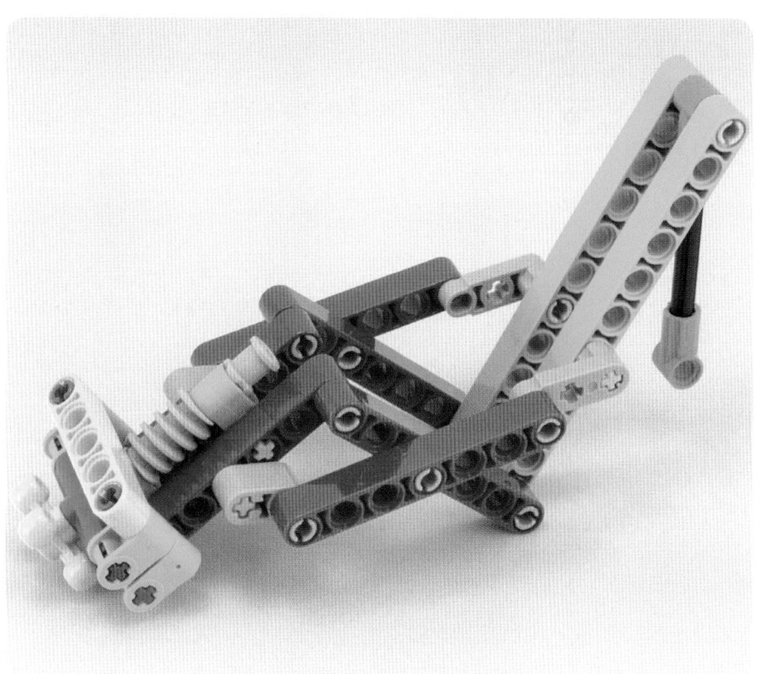

모듈형 장치의 조합

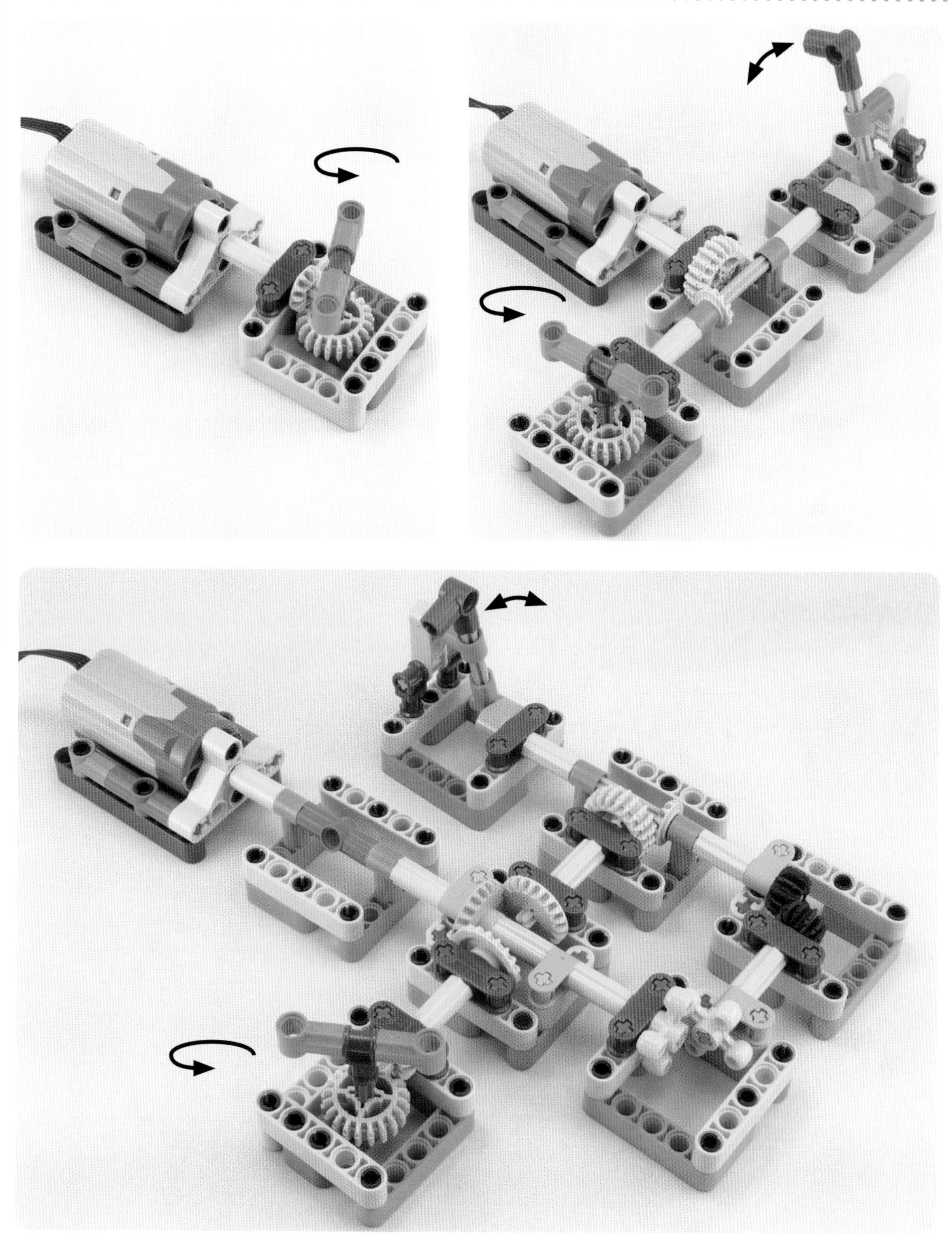

#276

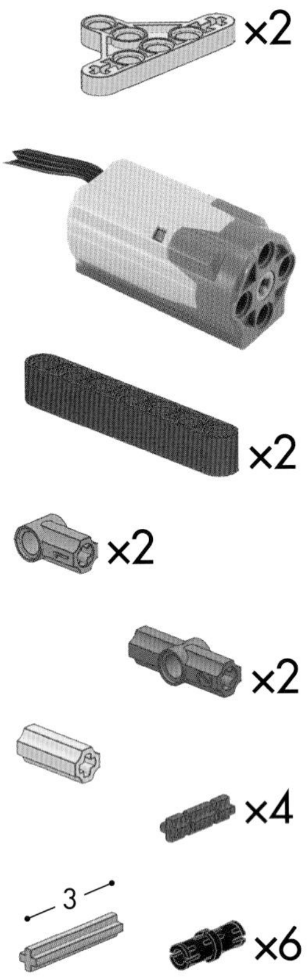

×2

×2

×2

×2

×4

3

×6

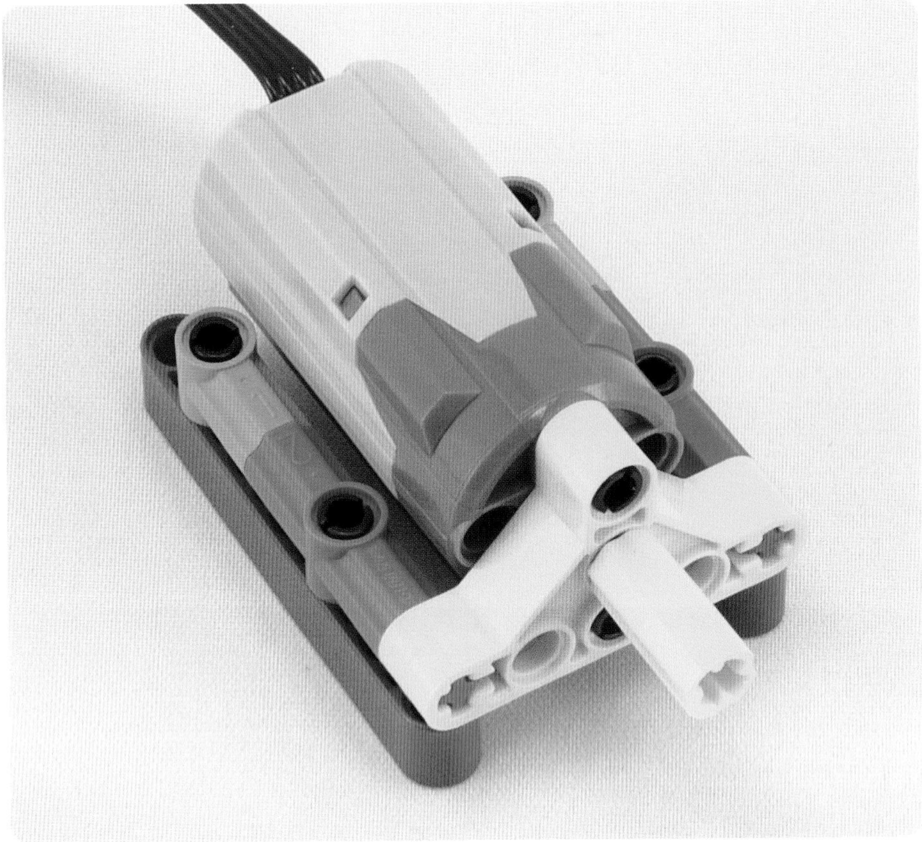

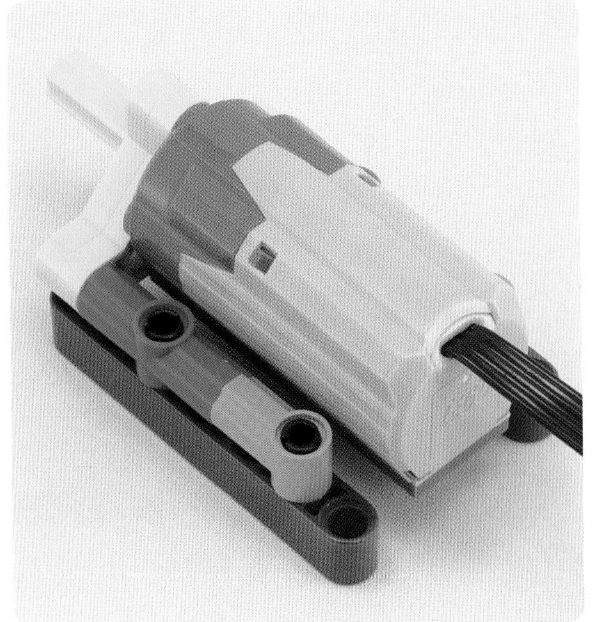

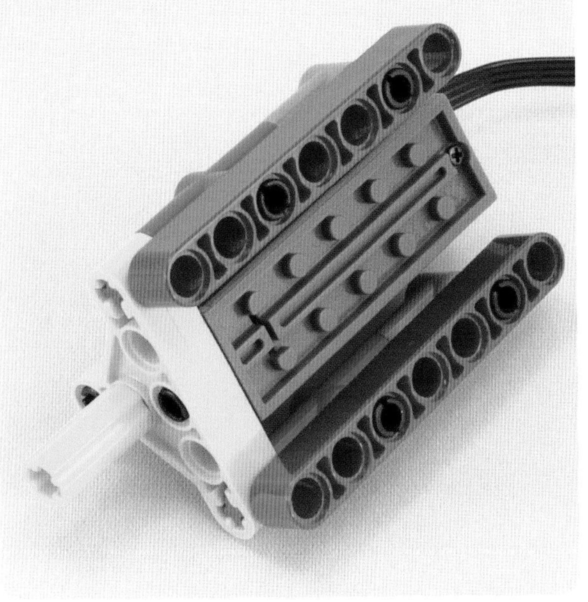

#277

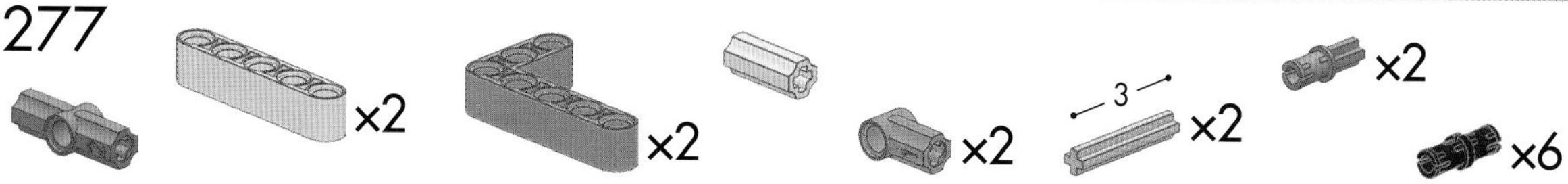

×2 ×2 ×2 3 ×2 ×2 ×6

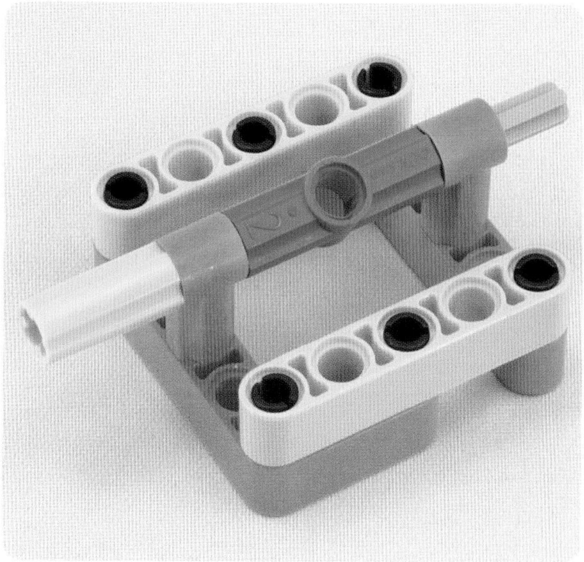

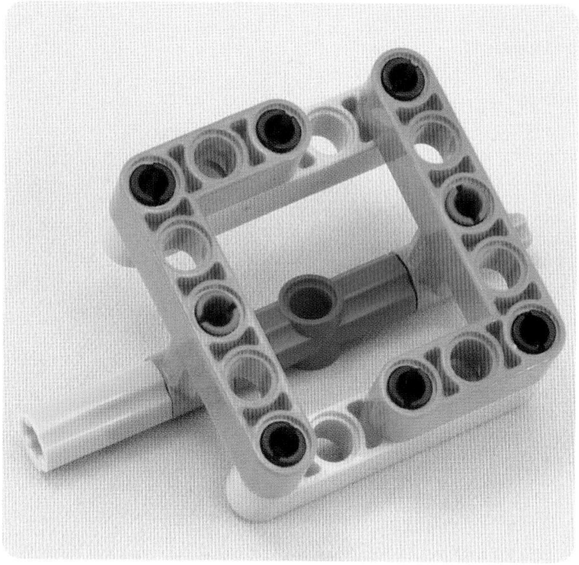

#278

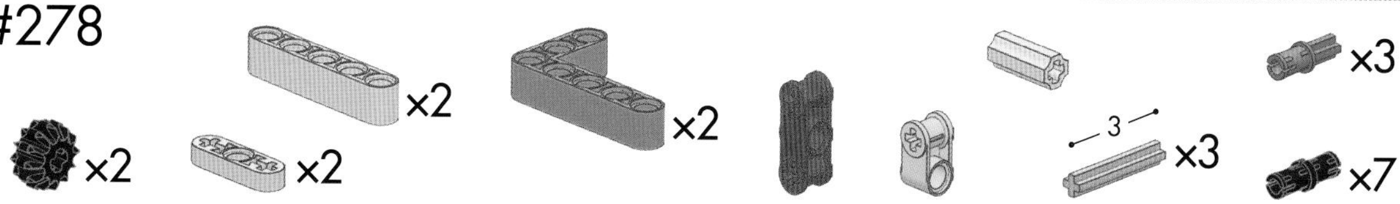

×2 ×2 ×2 ×2 3 ×3 ×3 ×7

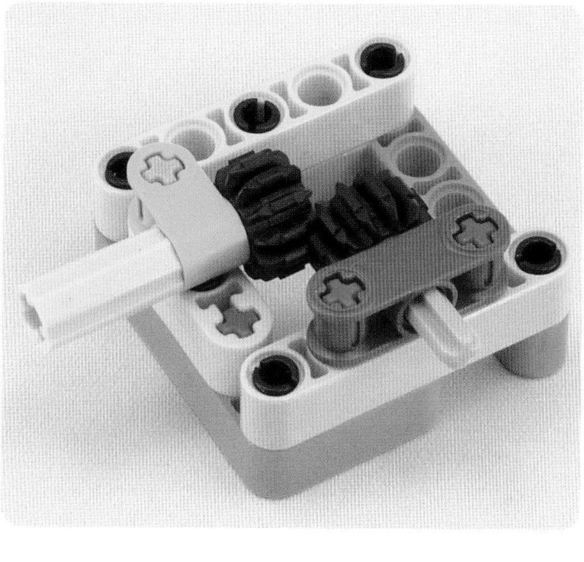

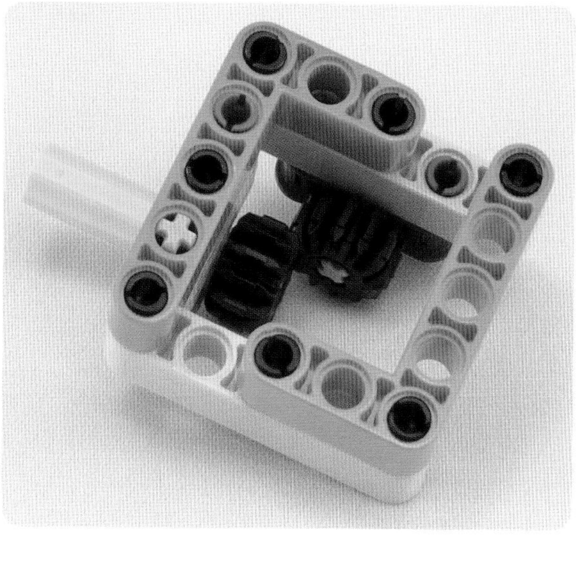

#279

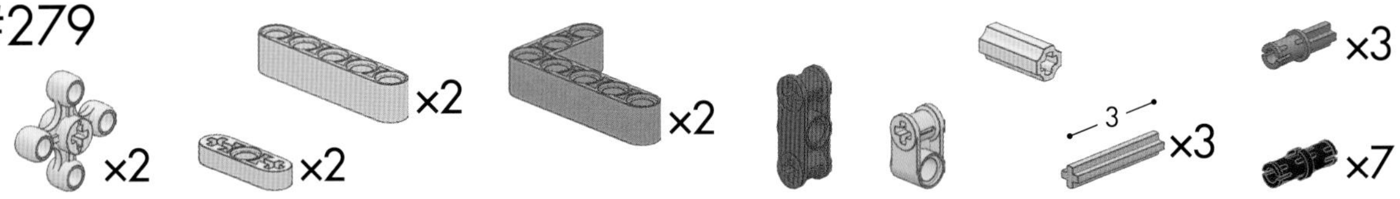

×2 ×2 ×2 ×2 3 ×3 ×3 ×7

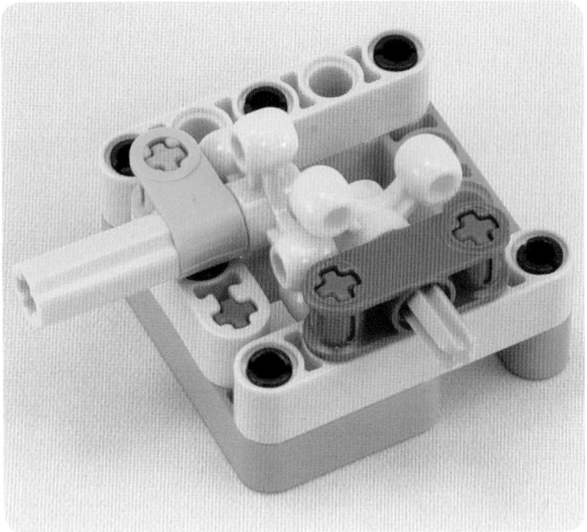

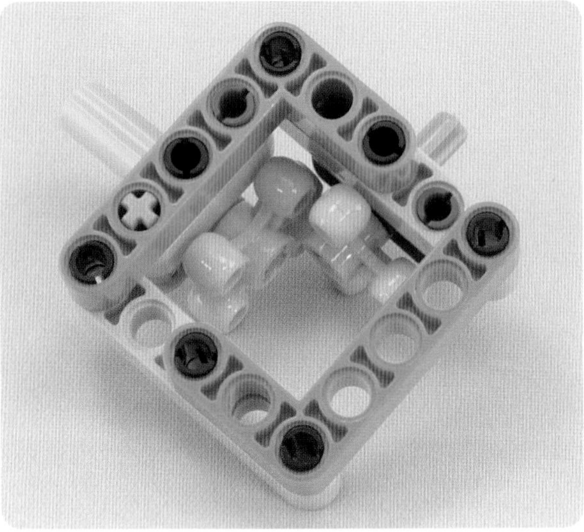

#280

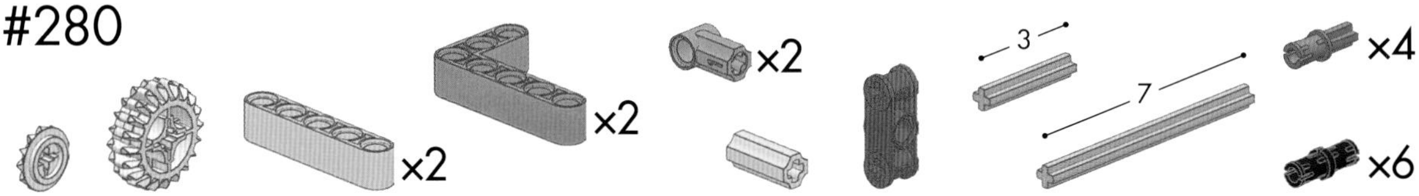

×2 ×2 ×2 3 7 ×4 ×6

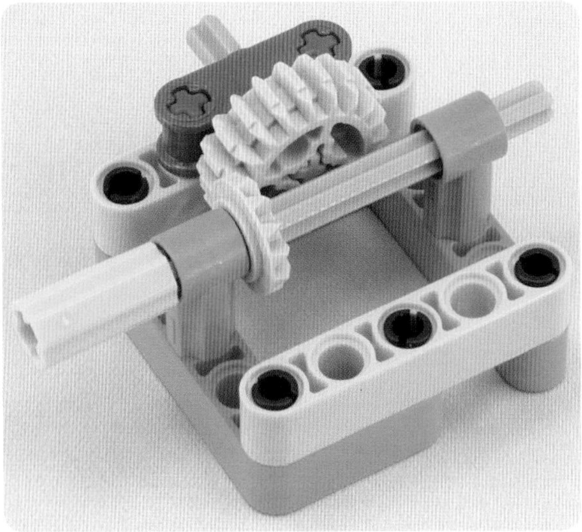

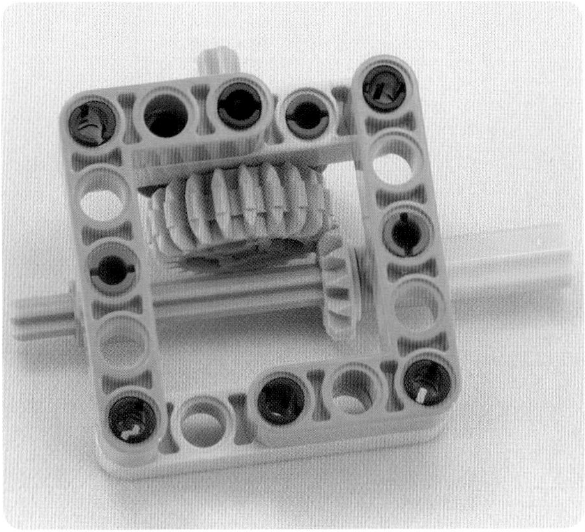

#281

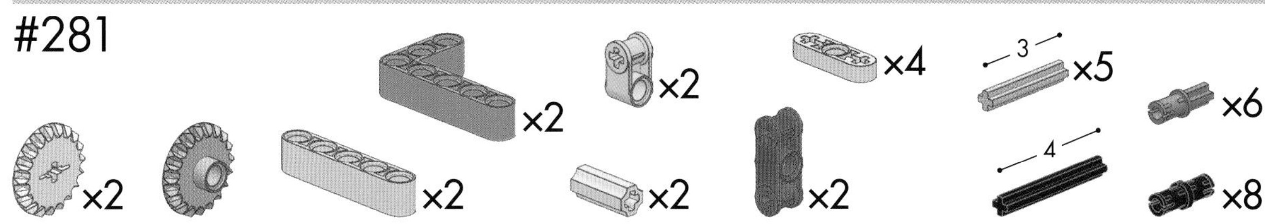

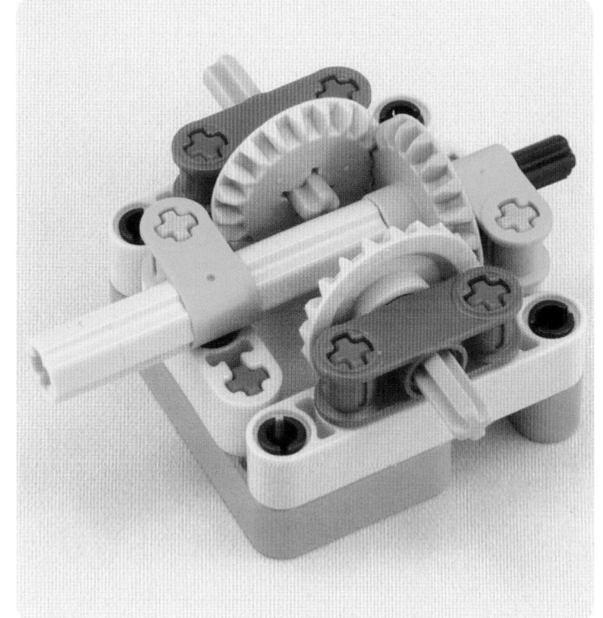

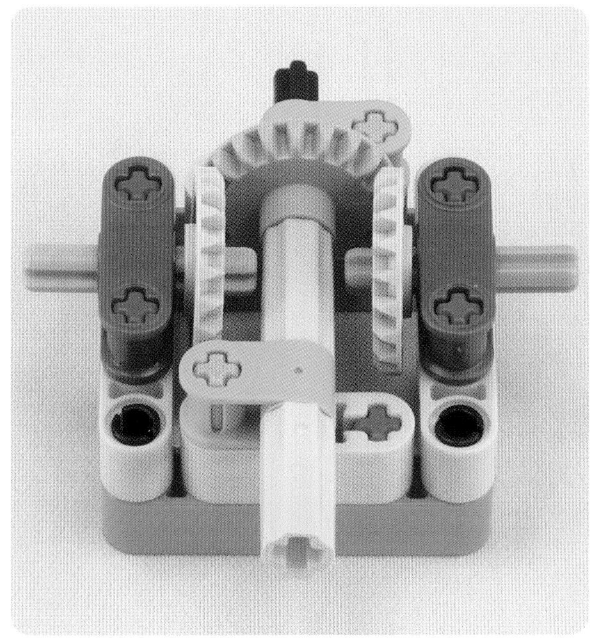

#282

×3

3 ×2

×2

4

×2

×7

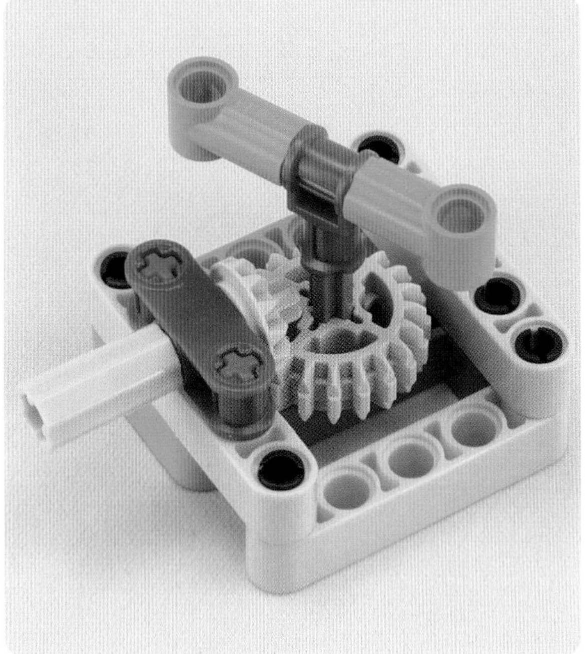

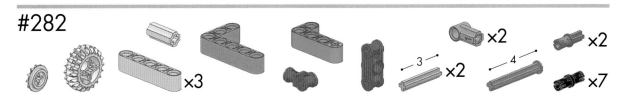

#283

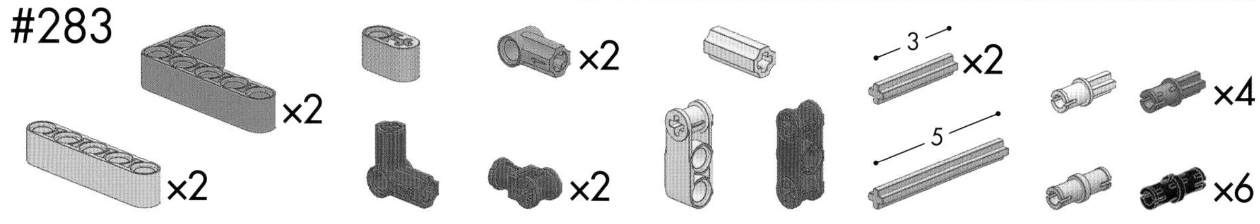

부품 목록

이 숫자는 1권에 등장하는 모델 중 하나를 만드는 데 필요한 부품의 개수입니다. 여러분이 이 책의 다른 모델을 만들기 위해서는 이 부품이 더 필요할 수 있습니다.

이 숫자는 1, 2권에 등장하는 모델 중 하나를 만드는 데 필요한 부품의 최대 개수입니다. 여러분이 두 개 이상의 모델을 만들기 위해서는 이 부품이 더 필요할 수 있습니다.

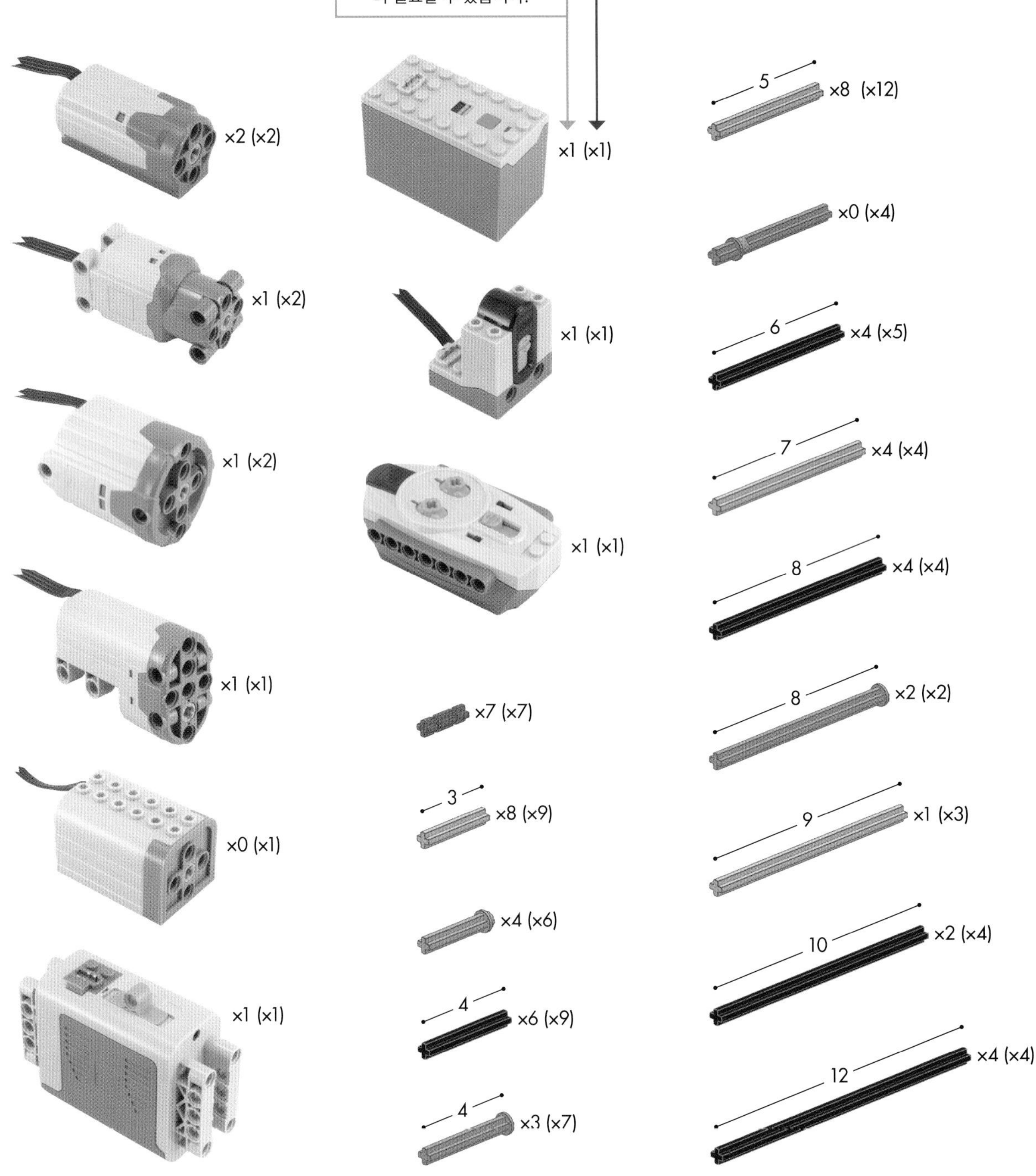

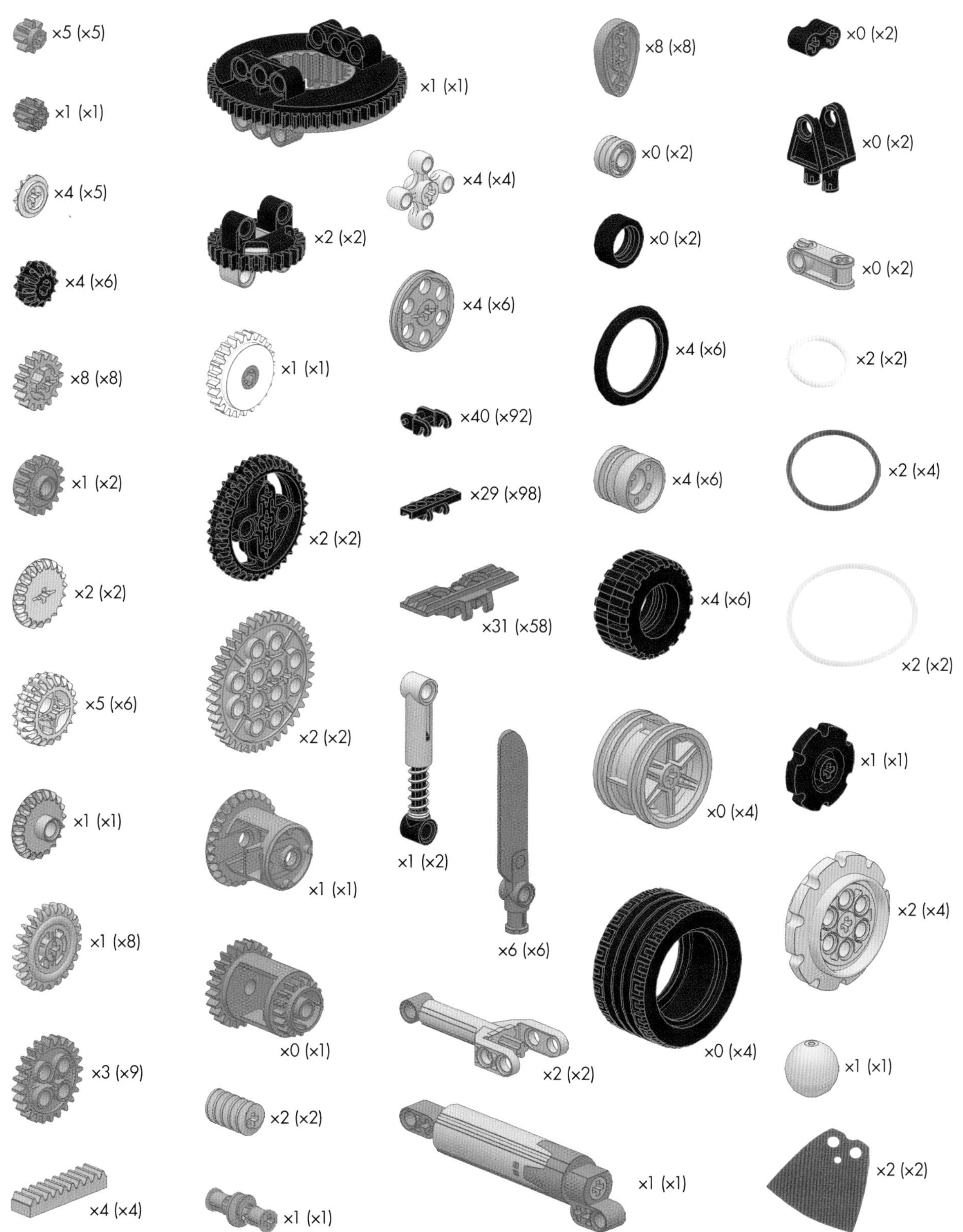
×5 (×5)
×1 (×1)
×4 (×5)
×4 (×6)
×8 (×8)
×1 (×2)
×2 (×2)
×5 (×6)
×1 (×1)
×1 (×8)
×3 (×9)
×4 (×4)
×1 (×1)
×2 (×2)
×1 (×1)
×2 (×2)
×2 (×2)
×1 (×1)
×0 (×1)
×2 (×2)
×1 (×1)
×4 (×4)
×4 (×6)
×40 (×92)
×29 (×98)
×31 (×58)
×1 (×2)
×6 (×6)
×2 (×2)
×1 (×1)
×8 (×8)
×0 (×2)
×0 (×2)
×4 (×6)
×4 (×6)
×4 (×6)
×0 (×4)
×0 (×4)
×0 (×2)
×0 (×2)
×0 (×2)
×2 (×2)
×2 (×4)
×2 (×2)
×1 (×1)
×2 (×4)
×1 (×1)
×2 (×2)

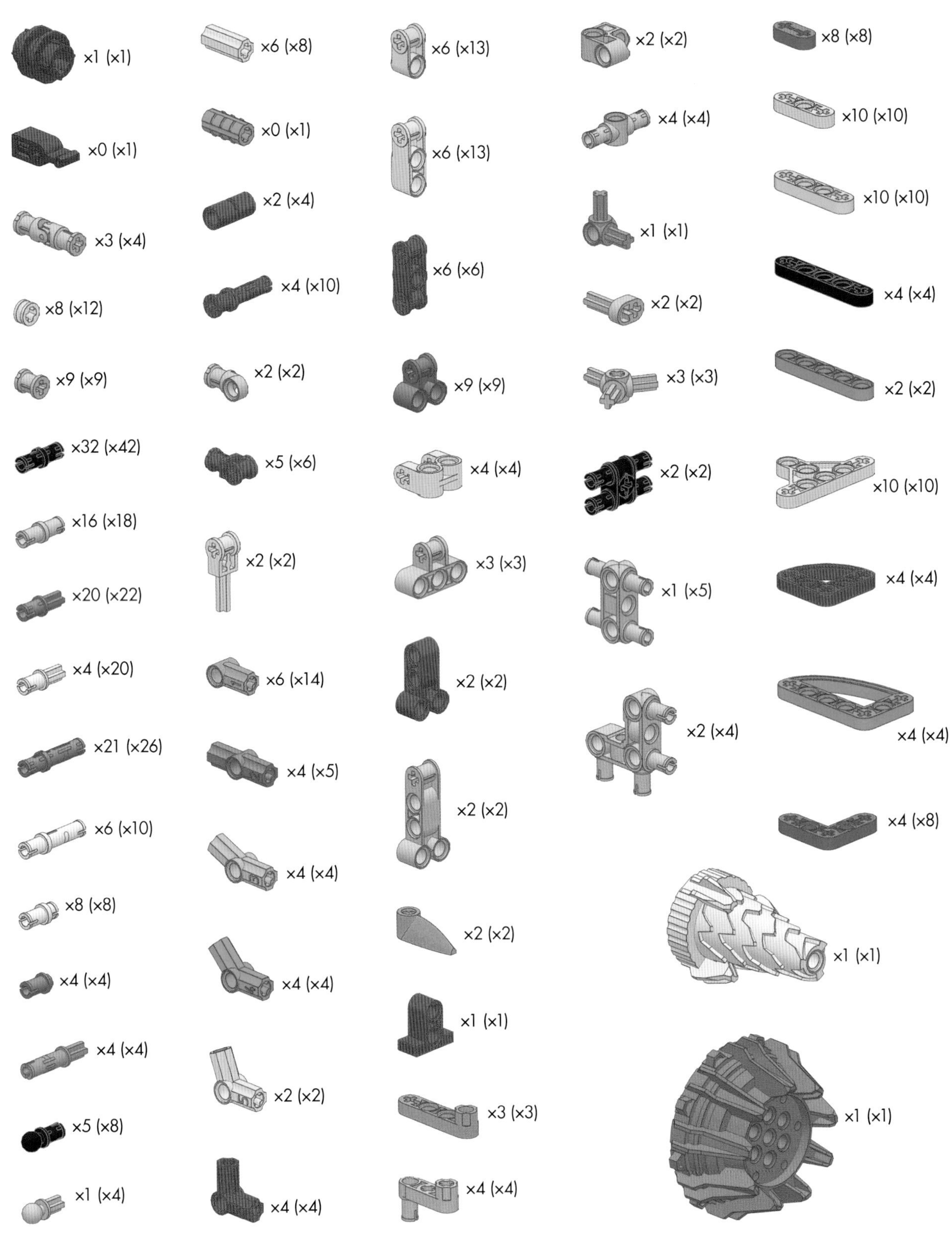
×1 (×1)
×0 (×1)
×3 (×4)
×8 (×12)
×9 (×9)
×32 (×42)
×16 (×18)
×20 (×22)
×4 (×20)
×21 (×26)
×6 (×10)
×8 (×8)
×4 (×4)
×4 (×4)
×5 (×8)
×1 (×4)
×6 (×8)
×0 (×1)
×2 (×4)
×4 (×10)
×2 (×2)
×5 (×6)
×2 (×2)
×6 (×14)
×4 (×5)
×4 (×4)
×4 (×4)
×2 (×2)
×4 (×4)
×6 (×13)
×6 (×13)
×6 (×6)
×9 (×9)
×4 (×4)
×3 (×3)
×2 (×2)
×2 (×2)
×2 (×2)
×1 (×1)
×3 (×3)
×4 (×4)
×2 (×2)
×4 (×4)
×1 (×1)
×2 (×2)
×3 (×3)
×2 (×2)
×1 (×5)
×2 (×4)
×8 (×8)
×10 (×10)
×10 (×10)
×4 (×4)
×2 (×2)
×10 (×10)
×4 (×4)
×4 (×4)
×4 (×8)
×1 (×1)
×1 (×1)

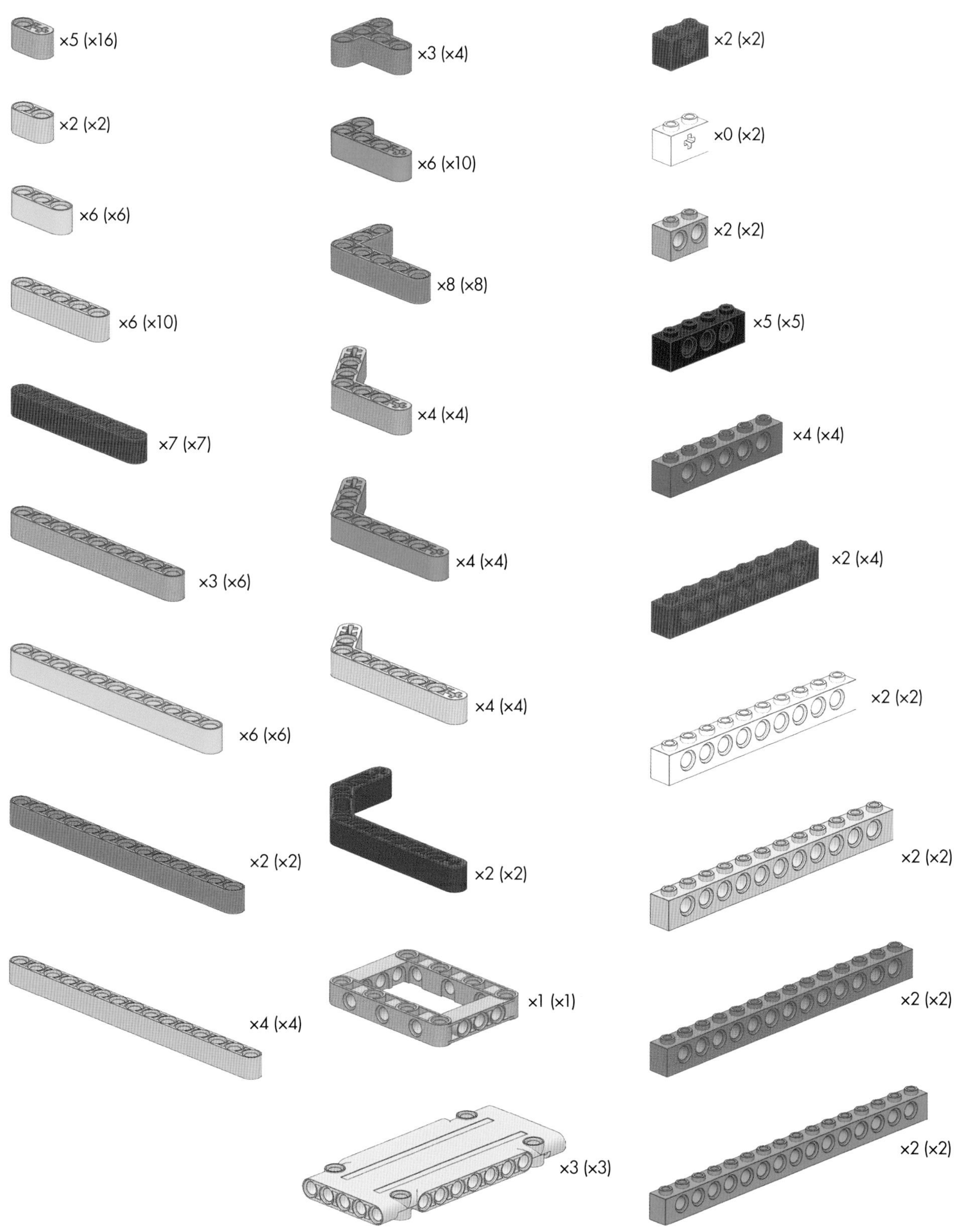
×5 (×16)
×2 (×2)
×6 (×6)
×6 (×10)
×7 (×7)
×3 (×6)
×6 (×6)
×2 (×2)
×4 (×4)
×3 (×4)
×6 (×10)
×8 (×8)
×4 (×4)
×4 (×4)
×4 (×4)
×2 (×2)
×1 (×1)
×3 (×3)
×2 (×2)
×0 (×2)
×2 (×2)
×5 (×5)
×4 (×4)
×2 (×4)
×2 (×2)
×2 (×2)
×2 (×2)
×2 (×2)

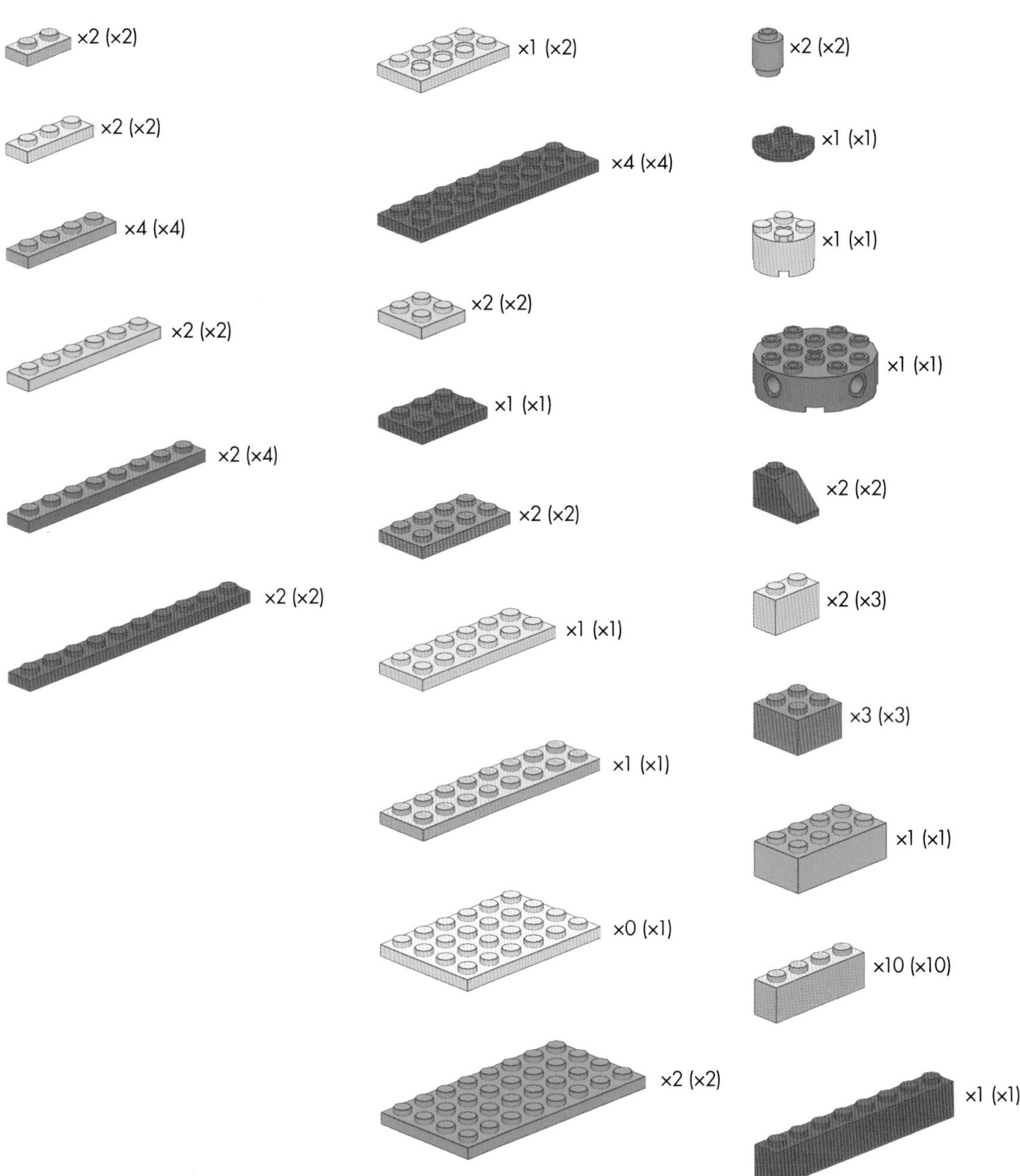
×2 (×2)
×2 (×2)
×4 (×4)
×2 (×2)
×2 (×4)
×2 (×2)
×1 (×2)
×4 (×4)
×2 (×2)
×1 (×1)
×2 (×2)
×1 (×1)
×1 (×1)
×0 (×1)
×2 (×2)
×2 (×2)
×1 (×1)
×1 (×1)
×1 (×1)
×2 (×2)
×2 (×3)
×3 (×3)
×1 (×1)
×10 (×10)
×1 (×1)